教育部“春晖计划”科研项目及西藏民族学院重点科研项目成果

西藏经济结构转型研究

毛阳海　等著

东南大学出版社
·南京·

图书在版编目(CIP)数据

西藏经济结构转型研究 / 毛阳海等著. —南京：东南大学出版社，2012.12
ISBN 978-7-5641-3965-0

Ⅰ.①西…　Ⅱ.①毛…　Ⅲ.①区域经济—转型经济—经济结构—研究—西藏　Ⅳ.①F127.75

中国版本图书馆 CIP 数据核字(2012)第 293498 号

西藏经济结构转型研究

出版发行:东南大学出版社
社　　址:南京市四牌楼 2 号　邮编:210096
出 版 人:江建中
责任编辑:张新建
网　　址:http://www.seupress.com
电子邮件:press@seupress.com
经　　销:全国各地新华书店
印　　刷:南京玉河印刷厂
开　　本:700mm×1000mm　1/16
印　　张:18
字　　数:340 千字
版　　次:2012 年 12 月第 1 版
印　　次:2012 年 12 月第 1 次印刷
书　　号:ISBN 978-7-5641-3965-0
印　　数:1~1000 册
定　　价:38.00 元

前　言

这本小书是2004年教育部“春晖计划”科研合作项目“WTO对西藏所有制结构及产业结构转型的要求(项目批准号:S2004-1-54002,海外合作者为美国哈佛大学社会学系胡晓江博士)”和2006年西藏民族学院重大科研项目“西藏经济结构转型研究”(项目批准号:06MYZ02)共同资助的成果。从内容上看,前一个课题是后一个课题的基础,后一个课题是对前一个课题的扩展和深化;从经费资助看,本书是两个课题共同资助的结果。本书的完成经历了7年多时间,其中,教育部“春晖计划”项目的最终成果初稿于2007年6月完成,于2007年底和2008年7～8月分别修改了2次;从2009年1月起,开始把两个课题的成果整合起来按照本书的篇目大纲进行写作,2009年12月完成了初稿,2010年修改了2次,2011年7～9月又进行了扩展和资料更新,最终形成了呈现在读者面前的这本小书。虽然中间有近2年时间只是断断续续开展这项工作,但7年多的时间也确实消耗了课题负责人和成员许多心血,写作和修改中的苦闷、充实和快乐,只有作者们自己最清楚。有三点需要特别说明的是:一是课题经费不多,两个课题统合起来也只有7.5万元,去掉两次进藏调研和资料、耗材购置的花费后,只有2万多元能用于写作、修改和出版,如果不是课题负责人和成员的奉献精神,以及东南大学出版社给予对口援藏政策,那么本书是难以完成和出版的。二是本书的内容设计超出了两个课题当初的设计,调整后的内容体系比当初的设计更充实、更完整和更有新意;两个课题累计发表的阶段性成果也达到了18篇。本书的完成和众多阶段性成果的发表,说明负责人和成员已经超额完成了上述两个课题的预定任务。三是本书是东南大学对口援藏的一项成果。为此,编写组要特别感谢对口支援西藏民族学院的东南大学。经过两校领导及相关二级单位领导的共同努力,近年来,对口支援工作开展得卓有成效,其中就包括东南大学出版社每年为西藏民族学院教师出版2～3部著作或教材。2010年这个任务完成得比较出色,东南大学出版社出版了西藏民族学院财经学院陈爱东、李爱琴两位教师的著作、教材各1部,这次出版本书是对口支援的又一重要成果。

本书属于民族经济和应用经济研究相结合的产物,研究主题是西藏的产业结构、所有制结构、区域结构(含城乡结构)三大经济结构的变迁、现状、未来转型的目标和路径,也涉及经济结构转型的环境资源条件和政策保障问题。理论界的类似研究大多只涉及其中的一个或至多两个方面，还没有见到把西藏的四大或三大结构统一起来进行研究的著作。我们的研究目的并不是刻意追求学理上的创新，而是想运用现有的产业经济、区域经济、发展经济、制度经济和转型经济的相关经典理论和普遍方法来分析西藏经济结构整体转型的现实问题，希望能解释清楚西藏经济结构转型的历程与现状，揭示出其转型的特点和规律，找到其转型的方向、目标和路径，提出一些有利于落后地区经济结构优化的政策建议。本成果的区域指向是西藏地区，但我们的研究不局限于西藏地区，为了对比的需要，在空间上还涉及全国和兄弟省区市尤其是西部地区，在学科上也不只是局限于民族经济，还涉及产业经济学、区域经济学、发展经济学、制度经济学、转型经济学等众多领域。我们的选题和研究有我们自己的特色。

西藏经济总量在全国范围看是微不足道的，但它的结构特征非常鲜明，其经济运营的环境资源条件、经济运行的推动力量、资源配置模式、成本与效率等方面，也有着典型性和特殊性。西藏的经济结构作为一种理论研究土壤，决非贫瘠荒芜之地，很有"开垦"、"耕耘"的价值。上世纪 90 年代以来，关于西藏经济发展问题的研究取得了长足进步，尤其是关于产业结构优化的研究取得众多有价值的成果。然而，以西藏经济为对象的研究如同西藏经济本身一样，仍显得相当的稚嫩和薄弱，主要的研究成果集中在经济史、宏观经济运行、区域经济、产业经济等方面，对于区域、城乡、所有制结构的研究很少，相关的实证研究和经济政策研究更是稀缺。本成果作者们希望在这些薄弱领域能作出一些贡献。

西藏在科学发展轨道上实现跨越式发展、全面建设小康社会、建设社会主义和谐社会，是一条缺少借鉴经验的新路，其目标体系、可行性、路径选择、政策保障等许多问题都需要深入研究。本课题所开展的经济结构转型研究，是实践科学发展观、转变经济发展方式的重要内容，也是构建和谐社会的重要经济途径。因此，本课题研究是有现实价值的。我们知道，如能进行相关、回归、方差、因子等实证分析，无疑会得出更多、更有说服力的结论，然而，受数据资料和研究者计量分析功力的限制，这些分析作的不多或者是"浅尝辄止"，这是本课题的一个缺憾，为了对这个缺憾有所弥补，书中插入了一些专栏，通过一些具体资料来支撑作者们的一些观点。

本书的内容主题是西藏的产业结构、所有制结构、区域结构(含城乡结构)三大经济结构的变迁、现状和未来转型的目标和路径，在内容的编排上，按"经济结构转型条件→产业等经济结构的历史变迁→产业等经济结构的演变现状→产业等经济结构未来优化的目标与方向"等顺序展开。带有创新意义的观点主要有：(1)经济结构应包括四大结构，即产业结构、区域结构、城乡结构、所有制结构，只研究产业结构不足以反映经济结构变化的全貌。(2)在西藏坚持按比较优势原则确立发展战略更为可行和更为有利，需要发展集比较优势和竞争优势于一身的特色经济。(3)西藏的产业结构演进的产值比重排序是由“一三二”演进到“三一二”，进而到“三二一”，属于逆向演变或迂回演进。(4)西藏目前的产业结构的形态特征是：产业产值结构已经演进到较高层次的按“三二一”排列的扁平化“J”型结构，产业就业结构则仍属于层次较低的“凹”型反“J”型结构；从内涵特征看，则具有“输血型”、消费型、传统型特征。(5)西藏产业结构转型的外部目标主要推动“四化”，即新型工业化、城镇化、信息化或现代化、生态环境净化和美化。(6)走适度的新型工业化道路，是西藏产业结构高度化可行的路径选择。西藏最佳的产业发展路径应该是以旅游产业、文化产业、环保产业、信息产业为战略产业，通过它们来带动西藏适度的新型工业化、城镇化和信息化。(7)西藏经济结构已经由非典型过渡到典型的二元经济结构。西藏二元经济的特殊性，最主要体现为其转换是在经济体制转变或经济转型的大背景下进行的，呈现出从二元经济结构的演化转变到经济体制演化的“双重演化”特征，这一特征决定了西藏二元经济的发展和转换是工业化和市场化两方面相互制约，共同作用的过程。(8)西藏国有经济布局和结构的战略调整的内容主要包括两个方面：一是将传统国企改造成同“归属清晰、权责明确、保护严格、流转顺畅”的现代产权制度相适应，同公司制现代企业制度相适应，同竞争性市场环境相适应的新国企；二是通过国有经济的有进有退，鼓励发展民营经济，在保持国有经济控制力的同时，构建民营经济占支柱地位的混合所有制经济。

本书既不同于学院派理论研究，也不属于战略或规划研究，大致属于“中观”层次的应用研究，重视实地调查和对统计资料、他人研究成果和调查资料的综合运用，重视数量描述。在分析产业、区域、城乡结构变迁时，自然而然使用了考证方法和时间序列分析方法；在分析经济结构现状时，自然要运用结构分析和比较分析方法；在进行因素分析时也使用了简明的回归分析方法。受资料和作者水平的限制，本书的内容体系可能还有不少缺陷，谬误和瑕疵也可能不少，衷心希望专家和读者批评指正，以利于我们进一步完善。

本书的编著分工是：毛阳海（前言、导论、第一章），毛阳海、李继刚（第二章），魏小文、黄林、苟凌滨（第三章），毛阳海、陈朴、路赟（第四章），毛阳海、朱文莉、刘强（第五章），杨西平、杨本峰、陈东（第六章），焦忠武、周莉蓉、李爱琴（第七章），李继刚、毛阳海（第八章），沈宏益、杨淼、秦国华、毛阳海（第九章），陈爱东、张志恒、朱文莉（第十章）。

本书能够顺利完成，除了编著者们的努力外，与一些师友们的支持是分不开的。首先是 2004 年，我在国家社科院经济所做访问学者期间，在实施教育部课题方面曾得到韩朝华等老师的指导，得以较系统地学习了经济结构理论，且积累了一些资料和思路；2006—2009 年，在厦门大学学习期间，在赖小琼等老师的指导下，结合西藏民族学院的重点课题撰写了与本书关系密切的若干论文，其间，也得到了赵丽霞、朱国清等朋友的热情帮助。其次，课题组成员撰写了若干分报告，奠定了本书大部分章节的基础。而且，主编及部分编者曾参与西藏自治区财政厅、工商联和堆龙德庆县委托课题，获得许多第一手资料及进藏调查的条件支持，也为本书的完成提供了便利条件。因此，我们对上述委托课题的负责人及成员也深表谢意。再次，西藏民族学院财经学院张献岭书记、秦国华副院长，财务资产处的杨西平处长(原财经学院院长)，不仅全力支持课题负责人外出学习，还一直关注着课题实施进程；西藏民族学院副院长乔根锁教授、王学海教授以及科研处处长陈立明教授都对本课题负责人给予过长期关心和鼓励，他们为两个课题的实施创造了条件和宽松的环境。我带的在读研究生——西藏民族学院“中国少数民族经济”2009 级硕士生蒋守建、胡祯、高惠敏、常君爱及 2010 级硕士生郭鹏、郭良玉做过全书校对工作。我的已读大三的儿子毛云聪，由于学习文化产业管理专业的缘故，也为本书的文化产业部分整理过资料，并参与过本课题讨论，提供过一些新鲜的、颇有见地的想法。我的妻子多病，却也为我外出学习和专心写作分担了许多家务，对这种亲情的感念，是无法用言语来表达的。

东南大学出版社总编张新建老师及其他编辑同志为本书付出了许多劳动和智慧，才使得本书看上去那么精美。当然，尽管本书主编、编者和出版社编辑们付出了巨大努力，不足和瑕疵也在所难免，欢迎读者朋友批评指正。

毛阳海

2012 年 2 月 8 日写于西藏民族学院寓所

目　录

导　论

一、研究背景

（一）研究对象的特殊性和重要性

本书所研究的区域——西藏自治区（以下简称“西藏”）集民族地区、边疆地区、贫困地区、高原地区于一体，是建设国家安全屏障和生态安全屏障的重要地区。它位于我国的西南边陲，面积122万多平方公里，约占全国总面积的1/8，居全国第二位。到2009年底，人口为290.03万人①，人口密度约为每平方公里2.36人，是我国人口分布最稀薄的地区。西藏位于青藏高原西南腹地，约占我国境内青藏高原总面积的49%②，青藏高原平均海拔4 000～5 000米，西藏平均海拔达到了近4 500米，如果说青藏高原是“世界屋脊”，那西藏可以称为“世界屋脊的屋脊”。西藏的年平均气温低于10℃，其中藏北高原年均气温在0℃以下；降雨量总体偏少，年均在400毫米以下，大体上由东南到西北递减，且边缘多于腹地，90%以上集中在4～9月（雨季），多为夜雨，多为降雪和冰雹。由于大部分地区海拔高、气温偏低，故有“高寒缺氧”之说。其实，西藏地域辽阔，不是所有地方都“高寒缺氧”，多样性和差异性明显。在内地习惯上分为南方、北方，南北气候差异较大，西藏地跨南北，既可以感受到江南气候，也可以感受到北方气候，而且河谷小气候、山体垂直气候差别明显。故有“高原气候变化无常，一日需备三季装；山下鲜花山上雪，午愁烈日早愁霜”；“一年无四季，一日见四季”；“一山分四季，十里不同天”之说。

西藏北邻新疆，东连四川，东北与青海相邻，东南连接云南，南与缅甸、印度、不丹、尼泊尔等国毗邻，西与克什米尔地区接壤，陆地国境线长度约4 000公里，是我国西南边陲的重要门户，具有极为重要的政治、军事战略地位。西藏和青海是我国和南亚、东南亚地区主要的河流发源地和上游流经地区，以藏青为主体的青藏高原哺育了黄河流域文明、长江流域文明和印度河流域文明，整个青藏高原又是北半球气候的重要启动区和调节区，也是我国乃至南亚、东南亚重要的生态安全屏障。这里的生态环境基本上保持了原生态，成为西藏社会经济发展可资利用的、经济价值

① 此为统计年鉴数据，据第六次人口普查数据，西藏人口达到了300.216 6万人。

② 青藏高原总面积约290万平方公里，在我国境地约250万平方公里。

巨大的绿色品牌。

不仅西藏的自然生态环境非常特殊和重要，西藏的文化环境也非常特殊和重要。西藏是我国主要的藏族聚居地区之一，也是我国以藏民族文化为主体、多民族文化汇聚的重要的民族文化富集区之一。这里的文化特别是宗教文化得到了很好的保护、传承，藏民族和其他民族的文化如同自然生态那样，基本上保持了原生态。独特、原生态的本土民族文化成为西藏社会经济发展又一禀赋独特、价值巨大的资源。

西藏的经济同样具有特殊性和重要性。首先，西藏自上世纪 90 年代以来已经进入经济结构转型的活跃时期和关键时期，经济转型问题值得理论界关注。一方面，按照钱纳里的“发展型式”理论，总产业结构变化的 75%～80%会发生在人均国民生产总值 100～1 000 美元的发展区间，国内学者一般也把人均 GDP 达到 1 000美元作为产业结构转型进入关键时期的标志。[①] 西藏的人均 GDP 分别在 1996 年、2005 年突破 300 美元、1 000 美元，标志着西藏的经济结构在 90 年代中后期开始进入活跃时期，在 2005 年以后进入关键时期。另一方面，西藏自从 90 年代初期开展“一江两河”中部流域综合开发(1990)，出台大力发展第三产业的决定(1992)，确立“稳定发展第一产业，有重点地发展第二产业，大力发展第三产业”的产业发展战略(1994)，开始构建社会主义市场经济体制(1993)以来，产业结构、区域结构、城乡结构、所有制结构都逐步进入了转型的活跃时期和关键时期。其次，西藏的经济结构转型与全国及绝大多数省域相比，具有明显的特殊规律，相关的研究颇有理论价值和现实价值。其中，产业结构的特殊性更为明显。从产值结构看，全国属于凸型结构，即第二产业长期处于强势产业地位，而西藏属于凹型结构，第二产业长期属于弱势产业，而且第三产业增加值占全自治区 GDP 的比重高出全国平均水平 10 个百分点以上，似乎已经摆脱了非典型二元结构特征；但从从业人员结构来看，第一产业仍占有 58%左右的劳动力，这一比例比全国高出约 16 个百分点，仍呈现非典型二元结构特征。第三，西藏毗邻人口大国和新兴工业国家——印度，是我国架设“南亚大陆桥”、构建青藏国际大通道的必经之地，经贸地位也十分重要。第四，中央第五次西藏工作座谈会为西藏确定了“在科学发展的轨道上推进跨越式发展”的基本思路，给西藏未来的发展描绘了更宏伟的蓝图(六项战略定位)[②]，这次会议之后，国家将进一步加大对西藏的投资力度和政策支持力度(“十二五”时期中央对西藏的财政支持将突破 3 000 亿元)，西藏的政治、文化、生态、经济地位会进一步提升，国内外对西藏的关注度也会进一步上升。

---

① 李悦. 产业经济学(第三版)[M]. 中国人民大学出版社，2008:487.

② 朱晓明. 第 5 次西藏工作座谈会：新世纪西藏工作的重要里程碑. 中国民族报，2010-2-1.

（二）研究的条件

研究的条件主要有五个：一是本书的主要作者都来自西藏的高校或研究机构，都多次进藏调研或在西藏工作多年，对西藏的了解比较全面、深入。二是作者们有良好的经济学教育背景，涉及理论经济、应用经济诸多学科，在理论和方法上基本上没有障碍。三是主编和部分作者关注西藏经济已有20余年，其他作者也有多年关注西藏经济的学术经历，积累的资料和思路比较丰富，且编者们的学生、同学遍布西藏，随时获取资料的条件较好。四是作者们公开发表的相关研究成果已有多部著作，近百篇论文，打下了较为扎实的研究基础。五是本书是教育部“春晖计划”科研项目“WTO对西藏所有制结构及产业结构转型的要求”(S2004-1-54002)和西藏民族学院重点科研项目“西藏经济结构转型研究(06MYZ02)”共同支持的课题成果，在资金、资料等条件方面有较好保障。

二、研究目的和意义

研究目的主要有三个方面：一是现有的关于西藏经济结构的研究，基本上只涉及上述四大结构的某一方面或两个方面，本书作者期望通过对三大结构的研究，能够揭示出西藏经济结构转型的总体特征，也期望这种在国际上已较为普及、国内开始流行，但在西藏经济理论界还所用甚少的研究经济结构的范式，能为推进西藏的经济结构研究做出贡献。二是现有的关于西藏经济结构的研究，基本上只关注了其调整和优化问题，没有引入转型概念，不容易让人们看清楚经济结构变迁的阶段特征和质变特征，也不容易让人们看清楚未来经济结构演进的目标方向。本文引入经济学常用的转型概念，旨在改进现有的从调整和优化视角来探究经济结构演进问题所存在的不足。三是注意将主流的经济理论参照和方法工具，同西藏的经济结构研究结合起来，期望能在西藏经济研究方面做出一些学理上的贡献，也期望本研究成果能为西藏有关部门制定经济结构调整的规划和政策提供一些参考。

意义：(1)对西藏经济结构进行整体研究，并且引入转型概念，是对西藏经济结构研究范式的一种创新，有利于人们了解西藏经济结构转型的全貌。(2)本文采用了一些统计描述和计量分析方法，得出了一些实证分析结论。尽管这种实证研究还比较粗浅，对西藏经济结构研究也有理论意义和现实意义。(3)西藏的经济结构转型，也是西藏实践科学发展观、转变经济发展方式和构建和谐社会的重要路径，这种研究无疑符合西藏的发展战略和时代主题，具有重要的现实意义。

三、研究方法、研究主题和分析框架

（一）研究方法

本书遵循经济学的研究范式，将规范分析和实证分析相结合，运用经济学的理论参照和方法工具来研究西藏具体的经济结构转型的特点和规律。具体来说，运用较多的方法是结构分析法、比较分析法、时间序列分析法，也少量使用了相关回归方法。

（二）研究主题

本书的研究主题是西藏的产业结构、所有制结构、区域结构(含城乡结构)三大经济结构的变迁、现状和未来转型的目标和路径。由于转型问题的复杂性，也会涉及制度变迁、技术进步、文化与社会发展、生态环境保护与改良等方面对经济结构转型的影响等相关问题。

（三）分析框架

本书围绕上述主题，按照以下分析框架展开：首先，我们将经济结构视为一个整体，从横向上按三大经济结构展开，同时兼顾经济结构转变的环境条件、制度变迁、工业化道路、城镇化战略等相关专门问题。其次，在纵向上，按“经济结构转型条件→产业等经济结构的历史变迁→产业等经济结构的演变现状→产业等经济结构未来优化的目标与方向”等顺序展开。

第一章

相关概念界定和相关理论梳理

本章主要是对全书所应用的基本概念和理论参照进行界定和梳理。其中理论述评部分从横向上看包括产业结构调整与演进理论,区域经济理论,制度变迁和所有制结构调整理论等;从纵向上看包括国际、国内和西藏三个层次的相关理论和应用研究。同时,本章就它们对于西藏经济结构转型研究的适应性及产业发展实践的指导作用进行了评述。

第一节　关于经济结构转型的概念与目标方式的界定

一、关于结构转型概念的一般界定

(一)关于"经济转型"一词的内涵

"转型(Transition)"一词的原意是指从一种形态转变到另一种形态的进程,具体到社会进程,则意味着从一种社会经济和政治形态向某种其他的社会经济和政治形态的转变。转型被用于描述经济质变方面就有了"经济转型"或"转型经济"概念。

国际学术界关于转型经济的界定主要有以下几种观点①:

观点一:波兰的巴尔采罗维奇认为,转型"首先是大规模民主化,然后是资本主义"。

观点二:捷克的克劳斯认为,捷克的转型是"从社会主义经济向资本主义经济、从供给约束型经济向需求约束型经济、从地区经济向独立的国家经济、从以加工工业占主导地位的经济向服务业占主导地位的经济"的转变进程。

观点三:马其顿经济学家 K·博戈椰夫在《经济转型》中提出,前苏联及东欧前社会主义国家"现在进行的转型的最终目标是,从中央计划管理的公有制占主导地位的社会主义社会制度转变成或变成市场经济和私有制占主导地位的社会制度"。

① 王振东.中国转型经济的政治经济学分析[M].北京:中国物价出版社,2002:3-5.

观点四:克罗地亚经济学家D·沃伊尼奇在其论文集《转型的经济与政治》中提出,“转型”是与“改革”有着本质差别的概念。过去社会主义国家曾长期进行的改革,其任务是通过加强某些市场因素来完善社会主义的社会制度;而转型的任务具体来说就是实现三个多元化:所有制多元化、市场多元化和政治体制多元化。实现经济和政治转型,将使这些转型国家逐步发展成为“民主的、人道的市民社会”。

观点五:1996年世界银行的发展报告《从计划到市场》把转型的长期目标说成是“建立一种能使生活水平长期得到提高的繁荣的市场经济”,是一种“深入到规范行为和指导管理的体制转型,既是社会转型,也是经济转型”。

国内经济学家也对经济转型或转型经济概念做过归纳,大致有如下四种结论:

其一,将经济转型理解为从较低层次的经济发展阶段向较高层次阶段的转变过程。这种界定主要是从生产力角度来考虑的,强调的是经济形态的转型。

其二,将经济转型理解为从计划经济向市场经济体制的转变过程。把我国的转型或转轨理解为从社会主义计划经济向社会主义市场经济的转变或过渡。这种界定主要是从经济体制角度来考虑的,强调的是制度形态的转型。

其三,是将上述两种见解综合起来,认为中国经济转型是经济形态和经济体制双重转换同时并存。

其四,认为社会经济形态二重基本结构的理论应该是考察和研究转型经济的基本理论框架①。依据这一基本理论框架,转型经济既存在着从计划经济向市场经济的转型,也存在着基本社会制度的选择。对于社会主义国家的经济转型来讲,“转型”不能“转向”,经济转型是要转变国民经济的运行机制,是社会主义制度的自我完善,而不是由社会主义转向资本主义②。

综合起来看,国内外经济学家所界定的经济转型,包括了生产力转型、制度转型和经济运行机制、经济形态转型等内涵。其中,生产力转型、经济形态转型是可以包括经济结构和经济发展方式转型的。人们习惯于将经济结构的变化称之为结构调整、结构优化、结构升级或结构演进,结构转型一词使用较少。笔者认为,经济结构变迁不只是一些结构指标的量变,也隐含了技术进步、制度变迁、经济增长方式转变和经济运行机制转换等诸多转型要素在内;那么,经济结构所发生的质变或者隐含了技术进步、制度变迁、经济发展方式转变和经济运行机制转换等诸多转型要素在内的经济结构变化,就可以称之为经济结构转型。

---

① 根据马克思、恩格斯的经济思想,生产关系和交换关系是形成社会经济形态的二重基本结构。前者被称为纵向经济关系系统,后者被称为横向经济关系系统,亦即“经济曲线的横坐标和纵坐标”。

② 王振东.中国转型经济的政治经济学分析[M].北京:中国物价出版社,2002:3-5.

（二）关于经济结构转型的外延问题

关于经济结构的外延问题，一般有三种说法：一说是只包括一大结构，即把经济结构等同于产业结构；二说是包括三大结构，即产业结构、区域结构和城乡结构；三说是包括四大结构，即产业结构、区域结构、城乡结构、所有制结构。第三种说法为中国社会科学院著名经济学家刘国光先生在分析中国经济结构演变时较早提出和采用，后来成了中国经济蓝皮书经常采用的结构分析范式。本书也采用这种界定和分析范式。

二、经济结构转型的必然性与目标方式

（一）经济结构转型的必然性

经济结构转型有其内在的必然性。以产业结构为例，其转型的必要性主要表现在：(1)产业结构高度化的需要。结构高度化是指结构高知识化、高技术化、高加工度化和高附加值化的动态过程。因为生产力是由低到高不断演进的，人类生活需求的层次也是由低到高不断变化的，社会制度、文化等各方面也会从落后到先进、从传统到现代演化。这就是推动产业结构高度化的内在动力。克拉克、库兹涅茨、钱纳里、刘易斯等人早就阐述过产业结构高度化的内在必然性、目标以及路径。(2)效率优先和国家产业政策调整的要求。在国家资源稀缺的状况下，发展经济只能选择不平衡模式。在市场经济条件下，投入要素当然会更多地流入效率高一些的产业，进而形成农业(第一产业)所占份额下降，第二产业(工业和建筑业)、第三产业(服务业)所占份额上升的结果。当前的国家产业政策也把第二、三产业置于优先发展的地位，这是综合考虑城乡居民生活已步入初步小康，大量过剩的农业人口需要向城镇转移，大量下岗工人需要安置等方面后作出的当然选择。注重服务业的发展，还带有明显的改善基础设施条件、充分发挥人力资源的作用、实现充分就业和减少资源消耗的策略考虑。(3)技术进步因素的作用。技术进步的路径一般是从农业技术为主逐步演变为工业技术为主，进而演变到信息技术为主，致使社会形态也逐步由农业社会过渡到工业社会，进而过渡到信息社会。技术进步也导致结构性失业加剧，农村以及传统产业的劳动力逐步过剩，必然涌向城镇和新兴产业，进而推动着就业结构由“一二三”向“三二一”转变。(4)制度因素的作用。我国在改革开放以前，产业结构升级和高度化的进程非常缓慢，改革开放以后，这种演进的步伐明显加快。一个重要的原因是，产业结构的调整，取决于投入要素在产业间的移动及充分地发挥作用。在计划经济条件下，缺乏保障要素流动的户籍制度、资产或产权交易制度，生产要素的流动靠计划调拨手段强制实现，供求机制、价格机制、竞争机制发挥不了作用，要素流动也就变得比较困难，或者勉强实现了流动，

又不能充分地发挥作用。在这种情况下，产业投入保持了相对稳定，产业结构也保持了相对稳定。而在市场经济条件下，产权制度、资产交易制度和户籍制度等方面的市场化改革，促使要素流动变得特别容易和活跃，从而推动产业结构向着提高效率的方向转型。(5)对外开放因素的影响。随着对外开放的领域和力度不断加大，尤其是国家加入 WTO 以后，商品与劳务的进出口、人力与资本的进出对我国产业结构调整的导向与推动作用不断加大，一些发达国家与地区的中低层次产业的主体也大量向我国转移，这些因素加上经济知识化、市场化、全球化带来的机遇与挑战，构成了产业结构转型的外来推动力。

按照钱纳里的"发展型式"理论，总产业结构变化的75%～80%会发生在人均国民生产总值 100～1 000 美元的发展区间，国内学者一般也把人均 GDP 达到 1 000 美元作为产业结构转型进入关键时期的标志①。西藏的人均 GDP 分别在 1996 年、2005 年突破 300 美元、1 000 美元，标志着西藏的经济结构在 90 年代中后期开始进入活跃时期，在 2005 年以后进入关键时期。

从上面的分析中不难看出，无论是从结构转型的动因还是从结构转型的影响来看，技术进步、制度变迁、对外开放、管理创新等都和结构转型紧密地联接在一起。一个显而易见的事实是，国家扩大对外开发为国内经济结构转型带来了外在压力和拉动力，而实现经济体制和经济发展方式的两个根本性转变，则给经济结构转型带来了内在动力。

(二) 经济结构转型的目标方式

1. 经济结构转型的目标方向

经济结构转型如同制度转型一样，也会涉及转型的目标和方向问题。经济结构转型的目标方向大致有四个方面：一是产业结构转型的方向是协调化和高度化，目标是由"下坡型"结构(三次产业比重呈"一二三"排列)逐步演变为"上坡型"结构(三次产业比重呈"三二一"排列)。这种产业结构的转型目标，从产业结构的关联变化看，符合配第一克拉克定理；从产值结构变化看，则符合库兹涅茨法则②。二是城乡结构转型的方向是城乡一体化，目标是由以乡村经济为主的低层次非典型二元经济结构转变为以城镇经济为主的高层次二元经济结构，最终转变为以成熟的城镇服务经济为主体的一元经济结构。三是区域结构转型的目标方向是由低层次平衡发展转换为不平衡发展，进而过渡到高层次的平衡协调发展格局。四是所

---

① 李悦. 产业经济学(第 4 版)[M]. 北京：中国人民大学出版社，2008：487.

② 配第一克拉克定理和库兹涅茨法则是揭示经济发展过程中产业结构变化的经验性学说。配第一克拉克定理的主要内容是：随着经济发展，人均国民收入水平的提高，劳动力首先由第一产业向第二产业移动，进而向第三产业移动。库兹涅茨法则是从国民收入和劳动力两方面在产业之间的移动来描述产业序列的移动规律。

有制结构转型的方向是由单一所有制转变为混合所有制，目标是由以国有经济为主的单一所有制经济过渡到以非公有制经济为主体，多种所有制并存的混合所有制经济。

2. 经济结构转型的方式

经济结构转型的方式从转型速度看大致可以分为“激进式”和“渐进式”，从政府和市场所发挥的作用看，一般可以分为市场主导型、政府主导型、政府和市场共同作用型。我们认为，首先，我国及内部各区域的结构转型只能是“渐进式”的。实践证明，经济结构转型的道路是相当漫长的，因为它要受到经济制度选择、生产力水平等多种因素的制约。如我国由单一的公有制经济转变为多种所有制经济并存的混合所有制经济，经历了 30 多年；产业结构由“下坡型”(反 J 型)转变为“钟型”(倒 U 型)，经历了约 40 年。因此，在经济结构转型问题上，不能犯急躁冒进的错误，更不能运用行政手段强行搞跨越式转型，而是要考虑和现有生产力水平相适应，走渐进式转型之路。其次，我国的经济体制属于社会主义市场经济体制，在相对宏观的转型领域，一般属于政府主导型，在相对微观的领域，一般属于市场主导型。在我国，产业结构转型一般属于市场主导型，西藏等少数地区例外，是政府主导型，即政府产业政策起了主导作用；城乡结构转型、区域结构转型、所有制结构转型则属于政府主导型，西藏也不例外，都是主要通过政府的区域发展战略、城镇化战略和经济制度改革来实现这些结构转型。

第二节　产业结构调整理论述评

产业经济学一般把产业结构转型理论分为产业结构演变理论、产业结构调整理论。国内学者在应用这些理论研究国内产业结构问题时，也做出了促使其发展和中国化的贡献。中国化的产业结构理论对于西藏的产业结构研究和产业结构优化似乎更有指导意义。

一、关于产业结构研究的基本问题

研究产业结构首先需要明确两个基本问题：一是产业结构的涵义和产业分类；二是分析产业结构所用的指标和方法。关于第一个问题，现在一般把产业结构界定为各产业之间的关系结构①；产业划分一般采用三次产业分类法。产业分类的国际、国内标准是在变动之中的，研究者需要使用最新的行业分类标准。虽然现在

① 王述英，白雪洁，杜传忠. 产业经济学[M]. 北京：经济科学出版社，2006：203.

的三次产业分类法似乎成了产业结构分析的基础,但不要忽略马克思的两大领域分类和两大部类划分在我国仍有实用价值,在投入产出分析中尤其如此。①

分析产业结构的指标可以有很多,但按照库兹涅茨理论,最基本的指标是两个:一是国内(或地区)生产总值(GDP),二是从业人数。方法也有不少,但最常用的是三个:一是结构分析(常用比重、贡献率等指标);二是产业关联(投入产出)分析;三是相关回归分析。在研究西藏产业结构的成果中,上述指标和方法都或多或少得到了使用,由于西藏没有进行过投入产出调查,产业关联分析使用很少。

二、国外产业结构研究主流理论

(一)产业结构演变理论

产业结构演变理论可分为封闭型产业结构理论和开发型产业结构理论。②

1. 封闭型产业结构理论

该理论体系不考虑外贸对产业结构的影响,主要包括以下三个方面:

(1) 关于产业结构演化规律问题的研究。最常用的理论是“配第—克拉克定理”和“库兹涅茨法则”。

① “配第—克拉克定理”。其主要结论是,劳动力会随着人均国民收入水平的提高,依次在第一、二、三产业之间转移。

② “库兹涅茨法则”(“人均收入决定论”)。由库兹涅茨(Simon Kuznets)于20世纪40年代提出,主要贡献是揭示了部门产值结构和就业人口结构变动的规律,进一步证明了配第—克拉克定理。其核心结论是:随着人均GDP水平的提高,农业部门的国民收入比重和劳动力比重均处于不断下降之中,工业部门和服务部门的国民收入比重和劳动力比重大体上呈上升趋势,但非农产业在不同的人均GDP组距内,变化的速率是不同的。

(2) 关于产业关联问题研究。主要是里昂惕夫的投入产出分析法和赫希曼的产业关联理论。

里昂惕夫于20世纪30年代提出的投入产出分析法是产业关联分析的一种重要工具。赫希曼(A. O. Hirschman)运用投入产出分析法对产业间的关联关系与工业化的联系做了进一步研究,提出了选择主导产业的“赫希曼基准”,主张发展中国家应当优先发展产业关联度较高的产品的生产。

(3) 关于工业化发展阶段的研究。霍夫曼(Walther Hoffmann)的“工业化经

---

① 李悦.产业经济学(第4版)[M].北京:中国人民大学出版社,2008:482.

② 李悦.产业经济学(第4版)[M].北京:中国人民大学出版社,2008:484-493.

验法则”是这方面的代表性成果。

2. 开放型产业结构理论

该理论体系考虑了外贸对产业结构的影响,其代表人物主要有斯密、李嘉图、赫克歇尔、俄林、波特和钱纳里等。

(1) 比较优势理论。通常可以分为外生(静态)比较优势学说和内生(动态)比较优势学说。前者着重考虑区域经济发展中的先天因素的约束和比较优势的静态化,后者强调经济发展中的后天因素和比较优势的动态化。①

① 静态比较优势理论。主要包括李嘉图的比较成本说和赫克歇尔(Eli Heckscher)、俄林(Bertil Ohlin)共同创立的要素禀赋理论(也称 H-O 模型)②以及里昂惕夫(Wassily Leontief)提出的“里昂惕夫悖论”。③

A. 李嘉图的比较优势学说。其基本观点主要是:a. 即使一国在两种商品的生产上都处于绝对劣势,但由于比较优势的存在,它仍然可以通过参与国际贸易获利。b. 各国应基于比较优势(即绝对劣势较小者,绝对优势较大者)来进行专业化生产和安排贸易结构。一国应出口劳动生产率相对高的产品,进口劳动生产率相对低的产品,即一国的生产模式由比较优势来确定。④

B. 要素禀赋理论。也叫“要素比例理论”或 H-O 模型,它进一步揭示了不同国家和地区的不同产业之间产生比较优势的源泉除了比较成本高低外,还有要素禀赋的差异。其主要结论是:不同国家的要素禀赋即要素的丰裕程度不同,一国的比较优势在很大程度上是由它的自然禀赋决定的;要素禀赋决定国际贸易结构,即一国应生产和出口较密集地使用其丰裕生产要素的产品,进口较密集地使用其稀缺生产要素的产品;生产要素价格存在均等化趋势,即自由贸易的最终结果必然是两国的生产要素价格完全一致。

“斯托尔帕—萨缪尔森定理”则认为,自由贸易的确会出现要素价格均等化结果,但是,如果政府违背比较优势原则,增加对比较劣势产业的补贴,将使一国相对稀缺要素的所有者的收入相对提高,相对丰裕要素的所有者的收入相对降低。

② 动态比较成本说。筱原三代平的“动态比较成本说”是其中的重要代表。该学说认为:产品的比较成本优劣势是可以转化的,因此,对那些潜力巨大且对国民经济有重要意义的产业,要扶持它成为强有力的出口产业。Krugman(1987)考

---

① 胡健,董春诗. 比较优势理论研究的最新进展——一个文献述评[J]. 西安财经学院学报,2006(5).

② 参见 Leontief, “Domestic Production and Foreign Trade: The American Capital Position Re-Examined”, Proceedings of the American Philosophical Society 97(1953), pp. 331-349。

③ 保罗·R·克鲁格曼. 国际经济学——理论与政策(第六版)[M]. 北京:中国人民出版社,2006:37.

④ 张真康认为,比较优势理论是由英国经济学家托伦斯(Torrens. R)提出来的,李嘉图只是发展了该理论。

察了比较优势的动态演变。他的实证研究发现，资源禀赋并不是决定比较优势的唯一要素，比较优势也不是一成不变的，边干边学所带来的外部规模经济是技术进步的唯一源泉。这意味着比较优势是可以通过政府适当的产业政策和贸易政策影响和培养的。

(2) 竞争优势理论。波特(Porter)的“钻石模型”是竞争优势理论的代表。①他总结出了影响国家竞争优势的六个因素：①生产要素。包括基本要素(先天要素)和推进要素(后天创造或培育的要素)；②国内需求；③相关支撑产业；④企业的战略结构和竞争。⑤政府的作用。⑥机会。这六个方面的因素共同构成了一个动态的激励创新的竞争环境(即著名的“钻石体系”)。1990 年，波特又提出，一个国家持续的经济增长过程可以分为生产要素驱动、投资驱动和创新驱动等依次递进的阶段；处于要素驱动阶段的国家拥有的只是初级生产要素带来的“资源优势”，处于投资驱动阶段的国家则拥有“效率优势”，处于创新驱动阶段的国家拥有高级要素带来的“创新优势”。这三种竞争优势的级差关系是，“资源优势”＜“效率优势”＜“创新优势”。但他仍然认为，国家竞争优势的差异从根本来说仍然是要素禀赋的差异。

(3) 钱纳里的“发展型式”理论。美国经济学家钱纳里运用回归分析等统计方法，构造了反映结构转换的主要变量的典型性关系的“发展型式”，并从产值结构和就业结构两方面得出了一个具有一般意义的“标准结构”。根据“发展型式”理论，总结构变化的 75％～80％发生在人均国民生产总值 100～1 000 美元的发展区间，其中最重要的积累过程和资源配置过程都将发生显著的、深刻的变化。这个“标准结构”没有考虑制度因素的影响，只是一种经验数据，它可以作为一种比较的参照，但不宜作为切实可行的标准。

(二) 产业结构调整理论

主要有刘易斯的二元结构转变理论、赫希曼的不平衡增长理论、罗斯托的主导部门理论和筱原三代平的两基准理论。

1. 二元结构转变理论②

该理论由刘易斯(Sir Arthur Lewis)首先提出。“二元结构”是指现代工业部门和传统农业部门。刘易斯认为，经济发展的过程就是要通过扩大现代工业部门，促使二元经济变成一元经济。兰尼斯(Gustav. Ranis)和费景汉(John C. H. Fei)对刘易斯模型作了改进，他们把经济发展过程区分为三个阶段：农业经济、二元结

---

① 宁冬莉.比较优势和竞争优势——发展中国家的两难选择[J].商业研究，2005(18).

② 根据李悦的《产业经济学(第 4 版)》(中国人民大学出版社，2008)的第 488-489 页和叶静怡的《发展经济学》(北京大学出版社 2003 年第 1 版)第 65-84 页整理。

构经济、成熟经济(商业化经济),主张农业部门和工业部门之间应平衡发展。

2. 赫希曼的不平衡增长理论

赫希曼(Albert O. Hirschmann)认为发展中国家要依据"关联效应"原理,精心选择和优先发展产业结构中关联效应最大的产业。即应选择不平衡发展战略,选择能对较多产业产生带动和诱导作用的产业,作为支持和发展的重点。

3. 罗斯托的主导部门理论

罗斯托把经济成长划分为六个阶段;并认为每个阶段都存在相应的起主导作用的产业部门,每个阶段的演进是以主导产业部门的更替为特征的。①

4. 筱原三代平的两基准理论

所谓两基准是指收入弹性基准和生产率上升基准(也叫"比较技术进步率基准")。前者主张把积累投向收入弹性大的行业或部门,后者主张把积累投向生产率(全要素生产率)上升最快的行业或部门。这一理论后来得到了拓展,形成了包括收入弹性基准、生产率上升基准、防止过度密集基准、丰富劳动内容基准、环境基准等在内的多基准理论。

(三)产业结构演变模式理论

主要有"雁行形态说"、"产品循环说"和同时开发模式三种。其中:"雁行形态说"是赤松要在1960年提出的一种揭示工业化后进国家参与国际分工实现产业结构高度化途径的理论,后来,小岛清等学者对此理论进行了验证。该模式的基本型是工业后进国可采用的产业发展模式,即"进口—国内生产—出口"模式。该演变模式理论对后发展地区更有指导意义。"产品循环说"是费农提出的一种揭示发达国家参与国际分工实现产业结构合理化途径的理论。来自该模式的一个重要启示是,经济欠发达国家可以回避风险大、花费大的技术研发过程,直接利用先进国的资金和技术,并和本国的优势资源相结合,这样可以大大缩短工业化进程。

三、国内学者对产业结构理论的发展

(一)国内学者对比较优势理论的发展

国内经济学者们也在比较优势理论的发展和中国化方面做出了自己的贡献,林毅夫教授无疑是其中的杰出代表。他的主要贡献是提出了要素禀赋结构决定论和比较优势战略理论。前者的主要内容是,一个国家具有比较优势的产业、产品、技术结构是内生决定于这个国家的要素禀赋结构的。一个国家如果能坚持按其当

① 回顾影响是指对为自己提供生产资料的部门的影响;前瞻影响是指对新工业、新技术、新原料、新能源的出现的诱导作用;旁侧影响是指对地区社会经济发展的影响。

前的要素禀赋结构所决定的比较优势来选择产业，产品、技术，整个经济就会有最大的竞争力。否则其发展目标载体的企业必然没有自生能力，在开放竞争的市场中无法生存。[①] 后者的主要内容是，发展战略可以分为遵循比较优势的发展战略和违背比较优势的发展战略（包括赶超战略和保护落后产业的战略）。遵循比较优势发展，整个经济的发展速度加快，产业和技术结构会自然而然升级。如果违背本国比较优势发展战略，政府扶持的产业和企业在开放、竞争的市场中就不具有自生能力，必然缺乏竞争力。其次，推行经济赶超战略，将使广大人民不能均等地分享经济发展的好处，甚至造成收入分配状况的恶化。将比较优势与竞争优势完全割裂、相互对立，对国家（或地区）经济发展路径的选择具有潜在的危害性，它可能引导国家（或地区）在制定经济发展战略时选择违背自己比较优势的发展战略。[②]

（二）国内学者对其他产业结构理论的发展

在改革开放以前，我国经济理论界对于产业结构理论的研究遵循的是前苏联经济理论分析范式，主要集中于两大部类和“农轻重”关系的研究。

80年代中后期，国外研究产业结构的著作和教材开始被翻译介绍到中国。90年代以来，我国学者在产业结构理论的发展方面做出了一定贡献，主要体现在以下几个方面。[③]

1. 趋势分析论

我国学者利用本国产业结构演变的原始数据，通过统计分析和与产业结构经典理论对比，得出了一些与西方学者不同的结论。例如，刘伟的实证分析结论是，我国的产业结构演变趋势和配第—克拉克定理基本吻合，但演变速度较为缓慢，且就业结构与产值结构的变动呈明显的非相关性。造成这种非相关性的根源在于非市场的行政机制。孙尚清指出，产业结构向协调化和高度化方向演进是产业结构优化升级的方向。[④]

2. 机理分析论

主要是研究产业结构及其变动对经济增长的效应，以及结构效应得以实现的机制性条件。率先对产业结构机理进行系统研究的国内学者是周振华，他运用系统论和投入产出研究方法，揭示了国内产业结构对经济增长的影响以及国内产业

---

① 林毅夫.自生能力、经济转型与新古典经济学的反思[J].经济研究，2002.

② 林毅夫，李永军.比较优势、竞争优势与发展中国家的经济发展[J].管理世界，2003(7).

③ 李悦.产业经济学(第3版)[M].北京：中国人民大学出版社，2008：342-358.

④ 孙尚清.经济结构的理论、应用与政策[M].北京：中国社会科学出版社，1991：172-290.

的结构关联效应、结构弹性效应、结构成长效应和结构开放效应。① 郭克莎也对我国改革开放以来的资源流动和产业结构变化对经济增长的作用进行了研究。

3. 现状分析论

主要是运用实证描述和经验估计等方法,对我国产业结构的形态特征、演变过程与演变目标方向进行研究。如谷书堂等人通过比较研究得出结论,钱纳里的"标准结构"不能作为衡量一国产业结构状况的标准。"标准结构"与实际产业结构状况的偏差,来源于各国资源禀赋和社会制度的差异。② 刘世锦依据"标准模式",考察了我国产业结构的现状,得出的结论是:与"标准模式"相比,我国 GDP 中第二产业所占比重偏高,服务业的比重偏低。他对我国"十五"时期开始的新一轮结构调整的特征进行了归纳。③

4. 关联分析论

主要是对影响产业结构发展变化的因素开展研究。国内外主要有两种不同看法:一是单因素论,二是多因素论。我国学者一般坚持多因素论。如李悦在 1988 年首次提出了关联分析论,后来又完善了这一理论。他认为,是科技进步、社会供给结构、社会需求结构、国外的供给与需求四大类直接关联因素影响并决定着产业部门结构的发展变化规律。

5. 主导产业选择理论

中国学者提出了适合于发展中国家的三项主导产业选择基准:即重点扶植短缺性产业的短替代弹性基准、产业的增长后劲基准、产业的瓶颈效应基准。④

四、产业结构理论对于西藏经济结构研究的指导意义

在以林毅夫教授为代表的国内经济学家的努力下,比较优势理论和竞争优势理论已经中国化,可以被用来研究国内的国际贸易、区域发展、产业发展等问题。在西藏也不例外。这些理论的理论参照或指导意义主要体现在:

(一)发挥比较优势应成为西藏经济结构调整的重要原则

支持这个观点的理由是:

(1) 比较优势理论具有较普遍的适应性。比较优势理论中的"两利相权取其重,两害相权取其轻"的思想,无疑是指导区域经济开放与发展的普适原则。所以,萨缪尔森称它为"国际贸易不可动摇的基础"。依照该理论,即使像西藏这

① 周振华.现代经济增长中的结构效应[M].上海:上海三联书店,1991:32.

② 谷书堂,等.经济和谐论[M].北京:中国经济出版社,1993:88-92.

③ 刘世锦.中国"十五"产业发展大思路[M].北京:中国经济出版社,2000.

④ 臧旭恒.产业经济学(第三版)[M].北京:经济科学出版社,2005:334-335.

样的后发展地区，只要采取正确的发展战略，也可从国际分工和国际交换中获得利益。

(2) 林毅夫基于比较优势理论而提出的欠发达国家和地区的发展战略的选择问题很有启示意义。按照林毅夫的理论，欠发达的西藏地区奉行而不是违背比较优势发展战略，对于促进经济跨越式发展和产业结构的升级是有利的。因为从西藏现有的要素结构看，比较优势显然要大于竞争优势。

(3) 比较优势理论是动态的、开放的理论，经过发展的比较优势理论已经基本上能适应西藏经济的实际情况。当初，李嘉图的比较优势理论有不少假定条件不符合西藏的现实经济情况，尤其是单一要素假定、完全竞争假定、“交易成本为零”假定更是这样。但是动态化的比较优势理论放宽了李嘉图模型的假定条件，增强了模型的适应性。如 H-O 模型就基本能适应西藏经济发展的环境资源条件。例如，统计数据显示，从西藏的进出口商品结构看，资源密集型初级产品占出口商品的主要份额，资金和技术密集型工业制品占进口商品的主要份额，这种贸易结构恰恰是符合西藏的资源禀赋状况并可以用 H-O 模型加以解释的。

(4) 西藏经济社会仍处于工业社会初期，劳动生产率总体不高，基于比较优势制定和实行发展战略，大力发展特色经济，要比违背比较优势透支政府资源强行实行赶超战略，会更有效率，更有利于可持续发展。西藏在上世纪 60、70 年代违背比较优势原则生搬硬套内地经验，盲目上项目，工业不切实际地追求“填空白”、农业不切实际地追求“过长江”，造成了极大浪费；而 90 年代中期以来，遵循比较优势大力发展特色产业和优势产业，经济反而实现了持续快速发展。实践已经证明，在西藏坚持按比较优势原则确立发展战略更为可行和更为有利。

(二) 在西藏制定产业发展战略需要兼顾比较优势理论和竞争优势理论

不断发展的比较优势理论和竞争优势理论并不是对立关系，后者实际上是前者的进一步发展，在现实中不必要也不可能把二者割裂开来。西藏虽然是一个后发展地区，也属于现代经济部门和传统经济部门并存的二元经济社会，既需要进行存量调整，发挥现有资源优势，也需要培育效率优势和创新优势。尤其是可持续发展战略和跨越式发展战略并行的情况下，更有必要坚持发挥比较优势和竞争优势双重基准。

波特总结出的影响竞争优势的六个方面的因素，要比比较优势理论中的单因素或三因素说更有解释力。事实上，像中央财政补助与全国对口支援这样的推进要素(后天要素)，在推动西藏经济发展方面所起的作用要远大于先天的资源禀赋因素。

竞争优势理论把经济增长过程划分为要素驱动、投资驱动和创新驱动三个阶段，相应地区分出资源优势、效率优势和创新优势三优势。这对于防止和纠正西藏跨越式发展的偏差是很有益处的。

需要强调指出的是，西藏选择实施跨越式发展战略和重视发展特色经济，恰恰是体现了比较优势和竞争优势双重基准，但是在具体执行过程中，要特别防止出现偏差。因为，跨越式发展战略极容易导致违背比较优势的发展战略和政策的出现；而过于重视发展特色经济，又容易导致忽视竞争优势尤其是效率优势和创新优势的倾向。因此，在西藏，更需要强调比较优势和竞争优势的结合。我们认为，实现跨越式发展目标并不必然要求选择跨越式发展路径，遵循比较优势原则同样可以实现目标。像西藏这样受到环境、科技、成本较强约束的地区，更需要发展集比较优势和竞争优势于一身的特色经济，如果离开当地资源禀赋，无论是跨越式发展战略，还是创新战略，都不会有理想的结果。

（三）西藏的产业结构演变具有一般性和特殊性

西藏的产业结构演变在大的方向上没有违背一般规律，如西藏产业结构演变的趋势和配第一克拉克定理、人均收入决定论、二元结构模型是符合的；但是，演变的速度、程度、路径等和经典理论揭示的具体“标准”却存在一定的差异。如西藏的产业结构呈现出第三产业比重偏高、第二产业比重特别是工业比重偏低的扁平型“三二一”结构，和国际“标准结构”及全国倒 U 型结构相比差异很大。在西藏，照搬西方产业结构理论研究产业结构和指导实践是不可取的，也是有害的；但是，过于强调西藏的特殊性，违背和扭曲产业结构演变的一般规律，也是不可取和有害的。例如，当不平衡发展战略发展到一定程度，就不宜再无视产业关联原理过于强调第三产业“大力发展”。自 2001 年以来，西藏的第三产业在 GDP 中所占比重已突破 50%，2004 年以来更是维持在 55%左右的高位，甚至超过了上海跃居全国第二位，现在和将来的一段时间，更应该强调一、二、三产业协调推进经济发展的产业发展战略。

第三节　区域结构理论综述

由于区域经济理论一般都要包括城乡结构和城市化问题，因此，笔者把城乡结构理论也放在这部分加以介绍。

一、国外区域经济理论研究简述

（一）区域空间结构理论（或区位论）

最早的区域空间结构理论是农业区位论和工业区位论，到 20 世纪 40 年代，又有学者提出了城市区位论和市场区位论。而现代区位理论主要是沿着两个方向在发展:一是区域分析方向,注重实证分析。二是空间结构方向,注重研究区域社会经济空间组织的形成机制。①

(1) 古典区位论:即成本决定论。古典区位论的标志性成果是杜能于1826年提出的农业区位论。韦伯在1909年创立了工业区位论。该理论的核心是通过运输、劳力和集聚因素相互作用的分析与计算,找出工业产品生产成本最低的点作为工业企业布点的理想区位。

(2) 近代区位论:即利润决定论。在近代,城市、市场、消费与商业问题成为西方区位理论研究的核心。克里斯泰勒于1932年系统阐明了"中心地理论"。他将区域内城市等级与规模关系形象地概括为正六边形模型。廖什于1940年发表的《区位经济学》,构建了市场区及市场网的理论模型。他提出,正确地选择区位是要谋求最大市场和市场区。

(3) 现代区位论:即综合决定论。现代区位论的创始人和主要代表人伊萨德指出,合理的区位选择和产业配置必然受多种因素影响,必须对多种因素进行综合分析。20世纪60年代以来,现代区位论更强调行为因素的作用。克鲁梅指出区位选择不是孤立的,区位决策者的思想行为和价值观,往往成为区位的决定因素。从20世纪70年代起,区域开发和空间结构改善问题在现代区位论中占有突出地位。

(二) 区域经济发展理论

主要有以下几种:

(1) 平衡发展理论。纳克斯最早提出该理论,他主张地区间、产业间平衡发展,但这种理论只适用于较高发展阶段和较小地区。该理论认为,落后国家解决供给不足和需求不足两种恶性循环的关键,是实施平衡发展战略,即同时在各产业、各地区进行投资,以促进各产业、各部门协调发展。

(2) 不平衡发展理论。赫希曼等人提出的不平衡发展理论,主张地区间、产业间不平衡发展。认为区域间经济增长的不平衡性是增长本身不可避免的伴随情况和条件。因此,从地理的角度来看,增长必然是不平衡的。② 该理论强调关联效应和资源优化配置效应,认为优先投资和发展的产业,必定是关联效应最大的产业,也是该产业产品的需求价格弹性和收入弹性最大的产业。

(3) 梯度推进理论。梯度推进理论起源于弗农提出的"工业生产生命周期阶段论"。该理论认为,区域经济的发展取决于其产业结构的状况,特别是其主导产

---

① 安虎森.区域经济学通论[M].北京:经济科学出版社,2004:488;陆大道.区域发展及其空间结构[M].北京:科学出版社,1999:98.

② 艾伯特·赫希曼.经济发展战略[M].北京:经济科学出版社,1991:166.

业在工业生命周期中所处的阶段。如果某区域的主导产业部门处于创新阶段,则说明该区域处于高梯度区域。随着时间的推移生产活动将逐渐从高梯度地区向低梯度地区转移。

(4) 增长极理论。佩鲁于 1950 年首次提出了增长极理论。他所指的增长极是指推进型产业或企业。到了 20 世纪 60 年代初,罗德文首次将增长极理论应用于区域规划中,增长极被赋予地理空间含义。增长极理论的主旨是主张把少数条件好的地区和产业培育成经济增长极,以便通过增长极的极化和扩散效应,影响和带动周边地区和其他产业发展。在发展的初级阶段,极化效应是主要的,当增长极发展到一定程度后,极化效应削弱,扩散效应加强。

(5) 区域累积循环因果理论。缪尔达尔认为,在一个动态的社会过程中,经济各要素之间存在着循环累积的因果关系。累积因果有两种相反的效应,即回流效应和扩散效应。强大的回流效应和弱小的扩散效应是经济发展不平衡的重要原因。

(6) 核心—外围理论。核心—外围理论,首先由普雷维什于 1949 年提出,后来,弗里德曼将这一概念引入区域经济学,藤田等人则进一步提出了一个“核心—外围”模型。弗里德曼的核心—外围理论认为,区域发展过程表现为不平衡发展,核心区的增长必然扩大它与外围区之间的发展差距。区域核心—外围二元结构形成的理论基础是区域经济的不平衡增长理论。

(7) 点轴开发和网络开发理论。点轴开发理论最早由萨伦巴和马利士提出。它是增长极理论的延伸。该理论十分重视“点”(增长极)和“轴”(交通干线)的作用,认为交通干线迅速增加人流、物流和降低运输成本的作用会使产业和人口向沿线聚集,进而使交通干线连接地区成为经济增长点,沿线成为经济增长轴。增长点和增长轴是带动区域经济增长的领头羊。

网络开发理论是点轴开发理论的延伸。“点”和“轴”的向外扩散和推移就形成了网络。网络开发理论坚持均衡发展观,注重于推进城乡一体化,加快整个区域经济全面发展。

(8) 新经济地理理论对产业区位和集聚经济的再发现。克鲁格曼采用规范模型方法,把区域经济理论研究纳入主流经济学。他建立的模型证明了工业活动倾向于空间集聚的一般性趋势,阐明了现实中产业区的形成具有“路径依赖性”,产业空间集聚一旦建立起来,就倾向于自我延续下去。

(三) 城乡结构理论简述

城乡结构是一种特殊的地域结构,因此,地域结构理论,如增长极理论、“核心—外围”理论、极化与扩散理论等,也是城乡结构的理论基础。除此以外,还

有一些专门研究城乡结构或城乡关系的理论，代表性成果主要有：①

(1) 马克思主义城乡关系理论。恩格斯是最早提出“城乡融合”概念的人。他在1847年指出，在未来的共产主义社会中，城市和乡村之间的对立将消失。而消除城乡差别的重要途径，就是通过消除旧的分工，通过城乡的融合，使社会全体成员的才能得到全面发展。列宁指出，在所有的现代国家，城市是人民的经济政治和精神生活的中心，是进步的主要动力。另外，马克思主义的城乡关系理论还认为，城市的发展加剧了城乡之间的对立，未来的社会不是固化城乡的分离，而是实现城乡融合。城乡融合、城乡一体化要通过大力发展社会生产力以及伴随着工业化现代化的发展来实现。

(2) 霍华德的“田园城市”理论。最早提出城乡一体化思想的是霍华德(Ebenezer Howard)。他在1902年指出：“城市和乡村必须成婚，这种愉快的结合将迸发出新的希望，新的生活，新的文明。”从而形象地说明了他的“城乡一体化”的观点。20世纪60年代，芒福德(Lewis Mumford)指出：“城与乡，不能截然分开；城与乡，同等重要；城与乡，应当有机结合在一起。”他主张重建城乡之间的平衡，以便使全部居民在任何地方都享受到真正的城市生活的益处。

(3) 城乡一体化理论。1989年，麦基(McGee, T. G.)在对亚洲一些国家进行长期研究后提出了“建立在区域综合发展基础上的城市化(即 Desakota)”概念，其实质是城乡之间的统筹协调和一体化发展。道格拉斯(Mike Douglass)提出了采取城乡一体化的方式，认为建立城乡联系的区域网络系统可以促进区域城乡经济共同增长。斯卡利特爱泼斯坦(Tscarlett Epstein)与杰泽夫(David Jezeph)从第三世界国家的发展背景入手，提出了包括乡村增长区域、乡村增长中心和城市中心的三维城乡合作模型。巴拉查亚(Bhishna Nanda Bajracharya)主张通过发展小城镇，加强小城镇与乡村的联系来促进乡村的发展。

(4) 城市经济组织理论。利普顿(Lipton)认为，不发达国家在处理本国的城乡关系时存在一种“城市偏向”，这种城市偏向不仅使穷人更穷，还引起农村地区的内部不平等。科布纳基(Corbridge)认为，城乡联系是一些社会基本结构(如阶级关系、政治制度等)作用的结果。“城市偏向”的症结在于一系列不利于农村的价格政策(如低廉的食品价格)、偏向城市工业的投资战略、乡村地区技术的缺乏以及基础设施的落后。朗迪勒里(Londineli)认为，发展中国家要获得社会和区域两方面发展，必须有一个完整、分散的城镇体系，中小城市的社会经济基础可以使农村发生变化，因而有利于城乡平衡发展。

---

① 颜华. 我国统筹城乡发展问题研究[D]. 东北农业大学经济管理学院管理学博士学位论文；李泉. 中外城乡关系问题研究综述[J]. 甘肃社会科学，2005(4).

二、国内学者对区域经济理论的发展和运用情况简述[①]

(一) 关于区域经济协调发展问题研究

(1) 关于促进东、中、西三大地带区域经济的协调发展问题。国内不少学者主张,地区发展的战略重点是由东到西梯度推进,这是对梯度推进理论的发展与运用。如吕政等人指出,改革开放以来,生产要素大量地向东部地区流动,产业由东部向中西部"梯度转移"并没有实现,三大地带的发展差距在持续扩大。陈栋生认为,中部地区已成为全国的"经济凹地",中央政府应重新思考中部发展问题。他建议采取东中西协力联动的战略推进西部大开发。杜平认为,西部大开发要综合考虑工业化、信息化、城市化、现代化和法制化等 5 个要求;肖金成和严汉平认为,制度创新对于西部大开发具有重要意义。

(2) 关于东北老工业基地的调整和改造问题,吕政等学者主张走先改革、后改造的道路。要发挥本地区比较优势,争取融入全球、特别是东北亚地区的产业分工体系。

(3) 关于我国地区经济差距的成因问题。王绍光、胡鞍钢(1999)列出了各种导致地区发展不平衡的历史、自然、政策因素。林毅夫、刘培林(2002)认为,各地区采取不同的发展战略,在一定程度上加剧了地区经济的不平衡。Chow(2000)的实证研究表明:财政分权加强了总体的区域经济不平衡性,也加大了城乡差距和沿海内陆的差距。中国社科院财政税收研究中心与澳大利亚国立大学的一项合作研究(2002)表明:我国现行的转移支付制度在一定程度上扩大了地区差距。赵伟(2001)的研究证实了"开放理论假说",他认为,中国最近 20 年以来区域经济差距急剧扩大的主要原因是非均衡的区域开放。此外,还有学者在分析区域经济发展差距的原因时,提出过"产业结构假设"、"所有制结构假设"、"知识和科技进步假设"等。

(二) 关于区域不平衡发展理论的应用与发展

(1) 我国学者提出的"都市圈"模式是对增长极理论的发展与应用。这个模式将全国划分为"京津冀、沈大、吉黑、济青、湘鄂赣、成渝、珠三角、长三角、大上海"等九个都市圈。[②] 近两年来,我国的都市圈已扩展到 10 多个。

(2) 关于点轴开发理论和网络开发理论的应用问题。90 年代初,我国实行的

---

① 这一部分资料的主要来源:林斐.与时俱进的中国区域经济发展研究——十六大后中国区域经济发展理论研讨会综述[J].经济学动态,2003(10);谭小芬等.中国地区经济差距成因问题的研究综述[J].经济学动态,2004(2).

② 林善炜.中国经济结构调整战略[M].北京:中国社会科学出版社,2003:350.

沿边开发战略和长江开发战略就是点轴开发理论的应用。在我国的珠三角、长三角地区，由于经济发展已达到较高水平，网络开发已成为当地发展模式的主要选择。

（三）统筹城乡发展研究

(1) 统筹城乡发展问题。一是对我国城乡发展不协调的现状及原因的研究。如马晓河(2004)将我国城乡发展的不协调归结为城乡公共品供给失衡、资源要素流动和劳动力转移失衡、居民收入增长失衡等“五大失衡”问题。二是对统筹城乡发展的目标与意义的研究。代表性观点主要有：陈锡文、刘世锦、韩长赋等人(2003、2004)都认为，统筹城乡发展是我国解决“三农”问题的根本途径或关键点；宋洪远等人(2003)认为，统筹城乡发展是相同发展阶段国际经验的启示；叶兴庆(2004)认为，统筹城乡发展是全面建设小康社会的重大任务。三是对统筹城乡发展的对策思路问题的研究。韩长赋(2003)强调，统筹城乡发展必须推进农村经济结构战略性调整，加快城镇化过程，合理调整国民收入分配结构；胡乃武(2004)认为，统筹城乡发展的重点领域包括统筹城乡基础教育、统筹城乡居民迁徙权、统筹城乡就业、统筹社会保障等；李佐军(2004)认为，统筹城乡发展的关键是建立城乡统一的制度；刘志澄等许多学者认为，发展壮大县域经济是统筹城乡发展的切入点；还有许多学者，如何菊方、季建林等，从统筹城乡财税政策、户籍改革、社会保障等方面提出了统筹城乡发展的具体建议。①

(2) 关于新型工业化和城市化问题。叶裕民认为，我国的城市化水平和工业化水平在量上是基本适应的，但深层次矛盾并没有消除，工业化没有为城市化提供足够的就业机会，以建制镇为主的城市化道路也没有为新型工业化提供有效的空间依托。

第四节　所有制结构理论综述②

一、关于所有制和所有制结构内涵的理解

（一）关于所有制的内涵

关于所有制的内涵，理论界有基本一致的界定。一般认为，所有制有广义和狭义之分。广义的所有制既包括生产资料所有制，也包括信息、知识及劳动力的所有

① 宋海英，姜长云，杜妍妍. 统筹城乡发展研究述评[J]. 新观察，2005(3).

② 陈芳. 十五大以来所有制结构问题研究综述[J]. 连云港职业技术学院学报，2002(3).

制。狭义则仅指生产资料归谁所有的制度，是占有权与所有权的统一。本章采用狭义的所有制概念。

所有制可按性质分为公有和私有两大类型。现阶段的公有制经济主要包括国有经济、集体经济、混合所有制中的国有成分和集体成分，它从根本上决定着社会主义基本制度的性质；私有制主要有个体经济、私营经济和外资经济三种类型。

（二）关于所有制的存在形式

对于所有制的存在形式，尤其是公有制的存在形式，在学术界并没有达成共识。苏戎安认为，公有财产制和共有财产制是否能成为社会主义公有制，关键看劳动者是否成为社会财产的主人，不能笼统地讲“共有”就是公有。① 宗寒认为提倡共有实质上是把社会主义公有制瓜分和分割为一个个私有制。② 桑潮流认为，劳动公有制既是“劳动占有”，又是“公有”。在社会主义初级阶段，公有制实现形式多样化是应有之义。③ 于光远和晓亮都认为社会主义所有制的形式是“社会所有制”，而不应该是“社会主义公有制”。晓亮认为公有制在任何社会都存在过，因而把公有制或国有制作为社会主义社会的本质特征未必恰当。社会主义的本质特征只能是社会所有或社会所有制。梁清强也认为社会所有制在社会主义条件下是公有制的一种重要形式。

关于国有经济的主体地位问题，也存在较大分歧。较有代表性的观点认为，国有经济的主导作用应体现在竞争力和控制力上，导向作用是保证国民经济沿着社会主义方向前进。十五大突破性的认识是国有经济的支配地位限制在重要行业和关键领域，着眼于国有资产整体质量的提高。陈华杰认为要实现控制和主导，国有企业必须履行四大职能：振兴战略产业、调控经济运行、提供公共产品和上缴财政收入。

对国有经济的结构变动，即“进退”问题，一直存在争议。一些人认为国有经济分布领域和规模的缩小，会削弱政府对经济的控制力；张卓元等则认为相反，因为政府对经济的控制力主要不是取决于产权，而是取决于政权。许多学者认为，要提高国有经济的控制力，就要从战略上调整国有经济布局，即“有进有退”、“有所为，有所不为”，这也是政府的思路。如陈文科主张国有经济应退出竞争性行业，进入战略性基础性产业和特殊产业；退出夕阳产业，进入高新技术产业；退出劣势产业，进入优势产业。④ 童计莒对进退类别行业作了具体划分，共分为四种：一是国有工

---

① 苏戎安.关于共有制概念的几个问题[J].社会主义研究，1999(8).

② 宗寒.不宜用‘共有制’代替‘公有制’[J].社会主义研究，2000(6).

③ 桑潮流.准确理解马克思的公有制观及相关问题[J].社会主义经济理论与实践，2001(5).

④ 陈文科.论“公有制为主体”[J].社会主义经济理论与实践，1999(4).

业垄断或以垄断为主的行业,包括三种类型 15 种行业;国有工业无须垄断经营但应保持一定控制力的行业,主要包括三种类型 35 个行业;第三、四类是一般性的竞争行业,国有工业应退出。①

(三)关于所有制的实现形式

李运福指出,所有制的实现形式是生产资料所有者(产权主体)为使自己产权收益最大化而采取的各种措施、方式方法等的总称。一般有狭义和广义之分。狭义是指产权的组织形式,如独资企业,合伙制企业,股份有限公司等等。广义的实现形式除产权方式外,还应包括企业的治理结构,如资本运作方式,资产流动与交易方式,剩余产品的分配方式等等。一般情况下所有制与实现形式是交织在一起的。这里主要指公有制的实现形式。

钟盛熙认为公有制的实现形式应是指劳动者对生产资料共同占有的具体形式,它包括两个不同的层次:一是公有主体的范围和具体形式,不同占有方式形成了诸如社会所有制、国家所有制、股份合作制等等。二是公有财产的组织形式和经营方式,一般表现为企业的组织形式和经营方式。陈文通认为公有制的实现形式确切地说应当是财产所有权的实现形式。所有权本身包含法律上的所有权和经济上的所有权。两权的统一是直接的实现形式,两权分离是间接实现形式。直接的实现形式主要有两种情况:一是单质型(独资型),如我国过去的单一所有制。二是混合型(多元资本型),如合伙制、股份制。陈淮认为国有经济的基本存在形式应当从国有企业转变为“国有资本”,国有资本同样是公有制经济的具体实现形式。②

(四)关于所有制结构的内涵

关于所有制结构的内涵,也没有形成统一的界定。如黄少安将所有制结构分为浅层结构与深层结构、宏观结构与微观结构、静态结构与动态结构。李运福等人从所有制范围和层次上将其分为整体结构和分体结构,前者是指涵盖整个国民经济的所有制结构,后者又可分为两个:一是指公有制内部的各种公有制形式的结构,其中公有制的主体地位相对稳定;二是指非公有制内部中的各种所有制形式结构,它们处于不断变化中。

比较有代表性的含义:所谓所有制结构是指生产资料所有制结构,即不同的生产资料所有制在社会经济中所处的地位,所占的比重以及它们之间的相互关系。这一定义可以从四个层面上来理解:第一,是生产资料归谁所有;第二,不同的所有

① 童计苣.国有经济经济发展的控制性力量[J].社会主义经济理论与实践,2001(1).

② 陈淮.关于国有经济改革的若干思考与辨析[J].社会主义经济理论与实践,2001(2).

制在社会经济中所处的地位，所占比重，通常总会有一种占支配地位的所有制形式；第三，所有制的实现形式；第四，同时也反映出该社会哪个阶级占统治地位以及各阶层之间的关系。①

二、所有制的改革和探索的实质

新中国的第一次所有制改革是社会主义改造，它曾经促进过生产力的发展，但后来受极左思潮和计划体制的影响，逐步形成了单一的所有制，又阻碍了生产力的发展。改革开放以后，我国相继开展了农村联产承包责任制改革(1979)、城镇所有制改革(1984)、现代企业制度改革(1994)，逐步形成了国有经济、集体经济、个体经济、外商投资经济、股份制经济等混合所有制结构，承包经营、租赁经营、股份制经营等公有制经营方式也迅速发展起来。党的十五大提出："公有制为主体、多种所有制经济共同发展，是我国社会主义初级阶段的一项基本经济制度"，"公有制实现形式可以而且应当多样化"，"要从战略上调整国有经济布局"，使得国有企业改革和国有经济布局调整等所有制改革开始全面展开。②

关于所有制改革的实质，理论界也没有形成统一意见。例如，白津夫等认为当前的所有制改革是对"超前"的公有制的生产关系的调整。陈文通认为是探索和解决公有制如何与市场经济相结合的改革。张允金认为以前因为过多地强调公有制是反映社会主义本质的一个主要方面，结果忽视了所有制与其他社会因素之间的相互关系。张大军认为今天的所有制结构从某种意义上说是经过了一个否定之否定的过程，是一种"之"字形变化，主要体现在生产要素已成为商品进入市场交易，目标是建立社会主义市场经济体制，比以往任何时候都有活力。③

三、关于非公有制地位及所有制结构内部的比例关系的探索

大多数学者认为，非公有制经济将长期存在。杨永华认为即使到了"共产主义阶段，居民也要拥有一定的财产"，只要不是用来奴役他人的劳动，也是允许存在的。④ 公有制与非公有制之间是相互支持、促进、协作依存和竞争伙伴关系，共生共进的新型关系。也有人在论述二者的关系时，担心放开公有制与非公有制经济的竞争，尤其在混合所有制经济中的竞争，有可能使非公有制经济取得主导地位，

---

① 陈芳. 十五大以来所有制结构问题研究综述[J]. 连云港职业技术学院学报，2002(3).

② 中共中央党史研究室第三研究部. 中国改革开放 30 年[M]. 沈阳：辽宁人民出版社，2008：169-171、335-339.

③ 张大军. 改革的"雷区"——关于所有制改革问题研究[M]. 北京：新华出版社，1997.

④ 杨永华. 论社会主义初级阶段的非公有制经济[J]. 社会主义经济理论与实践，1999(1).

直至取代公有制经济的主体地位。

关于所有制结构内部的比例关系，学界的看法也不统一。例如，赵凌云认为“多元均衡”是当前中国所有制结构的理想格局。张卓元认为，合理的所有制结构应该是：主要考虑国有经济能否发挥其控制力的作用，如若能，即使在经济总量中下降到 20%多一点也不可怕。他对 2010 年中国所有制结构的“三三制”预测表示怀疑，原因在于非公有制经济的发展和它在经济总量中比重估计偏低。晓亮也以为非公有制的比重有可能超过 1/3。

笔者认为，判断公有制经济是否处于主体地位，不能看其在产值、资产等总量中所占的比重，而要看它和它背后的社会主义政权对国民经济的控制力。这一方面是因为控制国民经济的最大力量不是企业产权，而是社会主义政权；另一方面，现有的相关数据只计算了存量，而没有把非公制经济创造的税收流量算到国有经济名下，人为缩小了国有经济的控制力，夸大了非公有制经济的竞争力。

第五节　西藏经济结构研究文献综述

一、引入比较优势和竞争优势理论参照的西藏产业发展研究

这是西藏经济研究的相对薄弱的一个领域，迄今还很少有人明确地运用比较优势和竞争优势理论来研究西藏的产业结构和区域布局的安排以及发展战略的选择问题。有一些研究成果只是隐含了类似的思想或不自觉地运用了相关概念。

(1) 孙勇提出，西藏既难以选择集中资金加速工业化的赶超型发展战略，也难以选择保证平衡发展的变通型战略，但建立自然资源开发部门，利用开发使农业人口进行劳务积累、更新观念、开阔视野是有很大好处的。他还认为，自然资源丰度是一个区域社会中低级发展阶段赖以发展生产的重要条件，在经济结构尚未达到多元阶段时，自然资源的组合状况更具有决定产业序列能否持续的意义。① 这显然体现了比较优势思想。

(2) 俞允贵、文德明、金巴杨培指出，西藏出口商品主要是农畜土特产品，进口商品主要是耐用消费品和生产资料，这等于不自觉地证明了西藏的贸易结构符合要素禀赋论。②

(3) 张可云指出，在日益走向开放的过程中，青藏高原的隐性优势向显性优势

---

① 孙勇. 西藏：非典型二元结构下的发展改革——新视角讨论与报告[M]. 北京：中国藏学出版社，1991:8-10, 67.

② 俞允贵，文德明，金巴杨培. 西藏产业论[M]. 北京：中国藏学出版社，1994:80.

的转变以及劣势的转化将受区际比较优势的影响。可以说,张可云是研究藏区经济的学者中第一个使用了“区际比较优势”词汇的人,但是他并没有系统地运用比较优势理论来进行研究。①

(4) 陈刚在2004年所做的实证研究表明,西藏的产业比较劳动生产率由高到低依次为第二、三、一产业。② 这等于给政府按比较优势确定优先发展产业提供了一个证据。方敏认为,在影响西藏产业结构演化模式的因素中,除了与收入水平相联系的普遍因素的影响外,自然资源禀赋、市场规模、贸易及资本流入,也是影响经济结构变化的一般因素。③ 史云峰把西藏的资源禀赋结构划分为自然环境、人文环境和制度环境三个方面,并认为,西藏的自然环境恶劣、人文环境保守、制度环境缺失,使西藏的发展环境异常严峻。④ 可见,进入21世纪后,一些研究西藏经济问题的学者,已经有意识地运用了比较优势理论,但在系统性和深度方面仍有欠缺。

二、关于西藏产业结构调整和演化问题的研究

这方面的成果相对较多,其中较有代表性的主要有:

(1) 关于西藏产业结构所代表的经济社会结构层次水平的判断。孙勇是第一个对西藏经济结构层次水平做出判断的学者。他在1991年就指出,西藏经济形态既不是自然经济,也不是现代经济,是独特的非典型二元结构。工业不是经济增长的主导部门,传统农牧业仍对经济生活起着主导作用。西藏发展和改革的主题,就是转变双重非典型二元结构。

(2) 关于西藏产业结构的形态、特征与问题的研究。俞允贵等人认为,西藏自身的生产力结构决定了西藏的劳动密集型、以农牧业为主体的产业结构。王韶泉较早地把西藏的产业产值结构形态描述为“V”字形结构。⑤ 笔者较早地把西藏“V”字形产业结构与全国的“A”字形产业结构做了比较分析;同时归纳出西藏产业结构的输血型、消费型、粗放型特征。⑥ 宋洪远、廖洪乐通过计算产值结构与就业结构的偏离度,揭示了这两种结构形态的差异。⑦ 方敏对西藏改革开放后的产业结构形态进行了分阶段描述,她和陈刚也是率先运用计量经济模型分析西藏产

① 张可云.青藏高原产业布局[M].北京:中国藏学出版社,1997:189.

② 转引自方敏.西藏产业结构演化模式分析[J].西藏研究,2005(3).

③ 方敏.西藏产业结构演化模式分析[J].西藏研究,2005(3).

④ 史云峰.西藏资源禀赋结构与跨越式发展战略分析[J].西藏发展论坛,2004(6).

⑤ 王韶泉.西藏第三产业比重偏高的成因、影响及趋向[J].西藏统计通讯,1995(3).

⑥ 毛阳海.西藏现行产业结构对经济的影响[J].中国统计,1996(12).

⑦ 宋洪远,廖洪乐.关于西藏产业结构调整与经济发展战略问题的思考[J].管理世界(月刊),2003(1).

业结构演化的学者。① 牛治富认为，西藏各产业间的关联度低是一个突出问题，根据统计方法可以得出这样的结论：全区各大产业的发展几乎无相关关系，相关系数均在 0.7 以下。②

(3) 关于西藏产业结构演变的成因分析。俞允贵等人探讨了生产力结构、需要结构、分配结构和外贸结构对产业结构演化的影响。王韶泉认为，西藏第三产业在 GDP 中所占比重偏高与财政的贡献有直接关系。沈开运从投资的角度分析了自改革开放以后产业结构的变动原因。③ 方敏把消费结构、市场化程度、科技进步、收入弹性、劳动生产率变化等因素作为解释变量，运用回归模型进行分析，得出了“中央长期一贯的扶持、兄弟省(市、区)的支援及与内地的商品和劳务往来，才是实际的主要影响因素”的结论。杨明洪、沈颖通过实证分析发现，财政投入在西藏农业生产中发挥了重要作用，社会环境和人力资本对西藏农业增长的(边际)影响不显著。④ 王太福、王代远、王清先认为，中央和全国发达地区帮助西藏发展的模式属于“扩散模式”，但所期望的“扩散—工业化”模式并没有形成，仍属于“扩散—供给型”模式，今后应努力改变“扩散—依赖型”状态，走“扩散—工业化—现代化”道路。⑤

(4) 关于西藏产业结构演变的目标和路径分析。孙勇等人提出，西藏发展和改革的主题，就是转变双重非典型二元结构。肖怀远对西藏产业政策、产业结构、产业发展问题进行了较系统的分析和研究。⑥ 李玲燕等人对产业发展提出了许多对策：如西藏产业发展应当实现梯度成长、农牧业不能作为现阶段的主导产业、“旅游立区”不可行、工业化是西藏经济发展的必然选择等。⑦ 温军认为，西藏的发展必须改变传统产业发展模式，走产业可持续发展道路，实现产业的资源化、特色化、社会化与生态化发展。宋洪远、廖洪乐着重分析了西藏产业结构演进与工农、城乡发展的关系，提出推进结构调整的路径是，加大农业和农村基础设施建设，扩大非农部门投资规模，加快非农产业发展和小城镇建设，促进农民就业转移和人口集中，缩小城乡差别。王太福等人在设想西藏第三步跨越式发展的目标规划时，提出了西藏 2050 年时的产业结构，其中的产值结构大致为 6%∶34%∶60%；就业结构为 10%∶30%∶60%。⑧ 笔者继 2000 年提出西藏需要走“适度工业化”道路的

---

① 方敏.西藏产业结构演化模式分析[J].西藏研究，2005(1).

② 牛治富.西藏跨越式发展研究[M].拉萨：西藏人民出版社，2004：162-163.

③ 沈开运，牛治富.西藏经济的过去、现实及展望[J].西藏研究，2001(3).

④ 杨明洪，沈颖.西藏农业经济增长的实证分析：1980—2003 年[J].四川大学学报，2006(2).

⑤ 王太福，王代远，王清先.西藏经济跨越式发展研究[M].拉萨：西藏人民出版社，2004：124-126.

⑥ 肖怀远.西藏产业政策研究[M].北京：中国藏学出版社，1994.

⑦ 李玲燕，李曦晖.西藏产业发展前瞻后顾[J].西藏研究，1995(2).

⑧ 王太福，王代远，王清先.西藏经济跨越式发展研究[M].拉萨：西藏人民出版社，2004：139.

基础上,于 2008 年又论证了西藏走"适度的新型工业化道路"的必然性。①

三、关于西藏区域发展战略和区域结构演化问题的研究

(一) 相关的政府思路

西藏在 20 世纪 90 年代以前,没有制定和实施过整体性的空间经济布局规划,只有过一些局部的区域划分。如 20 世纪 80 年代,西藏有过藏中农牧业综合开发区,藏北畜牧业综合开发区,藏东林、果、茶、杂粮综合开发区三个区域的划分,由于农牧业综合开发区只涉及西藏农村的部分区域,因而它也不能代表西藏区域发展的整体规划。对于西藏的非农经济,并没有形成相应的区域划分。

20 世纪 90 年代以后,西藏形成了比较清晰的区域经济布局战略思想并成功地付诸实践。自治区党委和人民政府先后制定并实施过"一江两河"中部流域综合开发建设区、"四个经济区"布局重点、"一点三线四区"布局开发战略②,近期又提出的"三大经济区"区域经济新格局③。政府的这种区域布局思想及其变迁,一般都在五年规划中体现,其具体内容将在以后的章节展开论述。

(二) 相关的理论文献综述

20 世纪 80 年代以来,在西藏区域经济发展战略和区域结构问题研究方面,取得了一批有学理价值和现实价值的成果。

(1) 对西藏区域经济发展战略进行的探索。早在 20 世纪 80 年代末 90 年代初,孙勇就提出西藏区域经济发展战略可以实施"中心开花,一点,两面,三线,由南到北的大三角形发展极方案"④。洛桑·灵智多杰和张可云(1997)根据增长极理论和中心地理论,确定了西藏增长极的基本等级体系:第一级为拉萨市;第二级为日喀则市、昌都;第三级为那曲、泽当、八一、下司马—帕里、樟木—充堆等共六级体系,并指出了西藏区域经济增长轴主要以雅鲁藏布江和 318 国道(林芝—聂拉木段)为主⑤。

(2) 关于生产力布局战略结构的研究。王天津、罗绒战堆、格桑卓玛(2002)在实现西藏区域经济可持续发展战略中指出:应当选择关键性区域,相对集中布局生

① 笔者在庆祝西藏民族学院建校 50 周年的学术研讨会上首次发表了西藏走"适度的新型工业化"道路具有必然性的观点。

② 赵曦.西藏"丄"型经济布局结构与重点区域开发[J].财经科学,2006(3).

③ 西藏自治区人民政府.西藏自治区"十一五"时期国民经济和社会发展规划纲要(草案).新华网西藏频道,2006-01-24.

④ 孙勇.西藏:非典型二元结构下的发展改革——新视角讨论与报告[M].北京:中国藏学出版社,1991.

⑤ 洛桑.灵智多杰,张可云.青藏高原产业布局[M].北京:中国藏学出版社,1997.

产力诸要素，建成若干具有较高投入产出效益的规模经济基地，并进一步指出“一江两河”和“三江流域”是西藏社会经济发展的两个重心战略①。赵曦提出了支撑西藏区域经济跨越式发展的新的生产力布局战略结构，即以纵向的青藏铁路和横向的拉萨至日喀则、拉萨至林芝高等级公路形成“⊥”形生产力布局骨架，以城市发展为依托，构建以拉萨、山南、日喀则、林芝为重点的经济区，以“⊥”形轴线和交叉节点为中心构建完善的区域经济网络和城镇发展体系，带动整个西藏区域经济发展②。

(3) 关于西藏区域发展模式的研究。狄方耀(2002)根据西藏不同地域的特点提出的西藏农牧业发展的三种模式，即“卡若模式”、“雅砻模式”、“羌塘模式”，对于西藏按区域分类制定农牧业发展战略和规划具有较强的指导意义。③

(4) 对西藏经济结构转型和各经济区地位的研究。笔者通过对西藏经济结构转型的研究，指出西藏“三大经济区”不是并列关系，而是“一带两极”的非对称关系。④

(5) 关于内地“核心地区”对西藏这样的边远地区的“扩散”影响和西藏自身的发展模式选择问题。王太福、王代远、王清先认为，西藏已处于赫克托“扩散模式”的第二阶段，中央对西藏的长期的“保护和扶植”政策，形成了一个“扩散—供给型”模式，而不是正常演进情况下的“扩散—工业化”模式。他们主张，西藏应努力改变“扩散—依赖型”状态，逐步减少对外部援助的依赖，最终实现走上自我发展的道路，即走“扩散—工业化—现代化”的道路。⑤

(6) 关于西藏的城镇化战略和统筹城乡发展研究。这方面的研究相对而言相当薄弱，尚没有见到专门研究这一问题的著作，研究这一问题的学术论文也屈指可数。孙勇在他的著作(1991)中论述过西藏的城市化水平与非典型二元结构及其演进的关系⑥；多杰才旦、江村罗布在《西藏经济简史》(1995)中叙述过西藏城镇建设的历史；牛治富的著作用相对集中的篇幅论述过西藏的小城镇建设战略⑦；狄方耀

---

① 王天津，罗绒战堆，格桑卓玛. 西部开发与西藏的可持续发展[M]. 北京：中国藏学出版社，2002.

② 赵曦. 中国西藏区域经济发展研究[M]. 北京：中国社会科学出版社，2005.

③ 狄方耀，程志碧，罗华. 西藏经济学导论(第二版)[M]. 拉萨：西藏人民出版社，2006：160-164，181-182.

④ 毛阳海，路赟. 西藏经济结构变迁简论[J]. 西藏民族学院学报，2007(6).

⑤ 王太福，王代远，王清先. 西部大开发与西藏经济跨越式发展研究[M]. 拉萨：西藏人民出版社，2004：124-126.

⑥ 孙勇. 西藏：非典型二元结构下的发展改革——新视角讨论与报告[M]. 北京：中国藏学出版社，1991.

⑦ 牛治富. 西藏跨越式发展研究[M]. 拉萨：西藏人民出版社，2004：183-188.

(2006)论述过西藏的城市化与工业化的关系[①];西藏社会科学院每年编的《西藏蓝皮书·中国西藏发展报告》大多都收录了自治区建设厅撰写的自治区城镇建设形势分析报告,算得上目前最全面的介绍西藏城镇建设规划和建设情况的文献。专门写西藏城乡结构或城镇建设的学术论文也很少。例如,罗华(2004)[②]撰文探索过西藏的城乡统筹问题;杨剑萍(2004)探索过西藏的小城镇建设问题[③];罗娅(2005)、邢娜(2007)在她们的硕士学位论文中探索过西藏的城镇化战略以及非农产业发展对西藏城镇化的影响。[④]

四、关于西藏所有制结构问题的研究

西藏开始于1959年的民主改革,把生产资料的封建农奴主所有制变成了劳动群众个体所有制。1965年之后的社会主义改造,把劳动群众个体所有制改造成了单一的公有制。改革开放之后的所有制改革,其目标是建立多种所有制并存的混合所有制结构。在改革的大方向和总体目标方面,理论界和政府的思路是比较一致的,但是,在非公有制经济的地位、不同所有制经济在经济总量中的比例关系等方面,仍有一些争论。

(一)政府思路

改革开放以来,西藏有步骤地对传统单一的公有制经济结构进行了调整和改革。80年代以来,西藏坚持一切从生产力发展的实际出发,先后颁布了《关于加快个体、私营经济发展的若干规定》和《关于大力发展非公有制经济的决定》,从而有力地推动了西藏个体、私营经济及混合所有制经济的发展,公有制经济内部改革不断深化,公有制的实现形式出现了多样化,多种所有制并存的格局在西藏初步形成。

应该说自治区党委和政府在对待所有制改革方面,思想是相当解放的。早在80年代初期,西藏自治区党委和政府就提出了在坚持以公有制为主体,集中力量搞好现有国营企业的前提下,"发展集体、个体经济为主"的所有制改革方针。但是在西藏这个特殊环境中搞所有制改革的难度要大于内地,使得"集体、个体经济为主"的所有制结构还没有形成,国有经济成分所占比例仍然较高。

---

① 狄方耀,程志碧,罗华.西藏经济学导论(第二版)[M].拉萨:西藏人民出版社,2006:160-164,181-182.

② 罗华.按照统筹城乡发展的要求加快西藏农牧区经济发展步伐[J].西藏大学学报,2004(1).

③ 杨剑萍.对西藏小城镇建设的探讨[J].西藏发展论坛,2004(5).

④ 罗娅.关于旅游业对西藏城市化驱动的战略研究[D].四川大学硕士论文,2005;邢娜.西藏城市化发展战略研究[D].西藏民族学院硕士论文,2007.

（二）理论界的思路

袁寅辰认为，衡量一个地区所有制结构合理与否的唯一标志是它能否充分发挥本地各种生产要素的作用，促进生产力的发展。主张在新世纪新的发展阶段要进一步解放思想，从西藏处于社会主义初级阶段低层次的基本区情出发，构建适合生产力发展的所有制结构；要从“姓公姓私”、“姓藏姓川”的抽象争论中解放出来，本着“你发财、我发展”的思路抓住机遇、放开手脚，促进非公有制经济的发展；要按照“三个有利于”的标准，发展多种经济成分，特别应大力发展公有制经济，要把发展非公有制经济作为全区实现跨越式发展的重点；在非公有制经济的发展上要坚持“不限发展速度、不限发展比例、不限经营方式、不限经营规模”的原则，进一步扩大规模，提高档次，鼓励和引导非公有制经济向第一、第二产业发展。①

吴建国认为，在市场经济中，选择何种所有制结构，优先考虑的应当是适应市场、资源配置和效率问题。藏区的经济与社会发展水平相对落后于汉族地区，在所有制结构的调整方面，也相对滞后于汉族地区。由于藏区的非公有制经济尚很弱小，建立良好的政府扶持体系势在必行。藏区可在《民族区域自治法》的基础上，制定和出台比其他地区更加灵活和更有利于非公有制经济发展的地方法规和政策。②

尼玛拉姆、潘明清指出，西藏的非公有制经济存在现代市场意识不强、法律不健全、市场准入限制多、筹融资渠道不畅、人才匮乏等 5 方面问题；并有针对性地提出了增强“重商”意识、建立健全有关法律法规、贯彻平等准入和公平待遇原则、畅通融资渠道、建立服务型政府体系、培养和引进人才等 6 条促进非公有制经济发展的对策。③

五、简短评论

西藏现在的经济结构研究，在应用现代产业经济和区域经济理论方面，已经大大超过了 21 世纪之前的同类研究，主要表现在，已有的研究已经在研究视角、理论参照和方法工具方面，有意识地运用了经典的产业经济学、发展经济学、区域经济学和制度经济学等学科的理论与方法，尤其在实证研究方面，已迈出可喜的步伐。当然，与我国其他区域的产业经济和区域经济发展研究相比，仍显得力量薄弱、成果不多，在使用理论参照、方法工具的广度、深度以及创新等方面，还存在诸多欠

---

① 袁寅辰.西藏所有制结构的演变、特点及其调整[J].边疆经济与文化，2004(1).

② 吴建国.试论藏区现代化进程中的所有制结构问题——以西藏和四川藏区为例[J].民族研究，2003(2).

③ 尼玛拉姆，潘明清.西藏非公有制经济发展存在的问题与对策研究[J].经济师，2006(9).

缺，甚至存在理论与现实“两张皮”现象，尤其是实证研究和战略思维颇为缺乏。我们认为，目前和今后需要重点关注的领域主要是：

（1）西藏产业关联分析和相关回归分析。主要是解决主导产业选择的理论依据问题，揭示产业结构演变的影响因素，以及产业结构演变对经济增长的影响。现有的产业关联研究还停留在规范描述阶段，相关回归分析虽然已经开展，但广度、深度还不够。今后，相关研究可以按照“产业组织→产业结构→产业政策”分析框架和“理论综述→实证分析→政策建议”技术路线展开。当然，由于西藏还没有开展投入产出调查，关联分析缺乏基础数据，可以借鉴全国的投入产出数据或开展抽样调查来逐步解决。

（2）西藏产业结构转型的路径和政策研究。主要是围绕“中国特色、西藏特点”来加强西藏经济发展模式、道路与保障政策的研究。尤其是有西藏特色的新型工业化、城镇化、现代化道路研究，政府产业政策绩效实证研究。在产业政策研究方面，特别需要结合科学发展观、和谐社会建设、社会主义新农村建设、小康社会建设等时代主题，结合中央第五次西藏工作座谈会召开等环境条件的变化，从财政、金融、土地、工商、外贸等诸多方面提出具体、可行的政策建议。

（3）区域布局和区域经济差异研究。现有的区域布局研究已经使用了增长极理论、“点—轴”理论，区域经济差异研究已经使用了标准差、变异系数、基尼系数等分析工具，但仍有很大的扩展与深入研究的余地，比如统筹城乡发展研究就很薄弱。今后，可以在区域网络开发、极化—扩散效应、产业区位和集聚经济、城乡一体化、青藏经济带（圈）等方面，深入开展研究，一定可以做出有重大影响的成果。

（4）经济体制改革和经济制度转型研究。这是西藏经济结构研究中的重要、薄弱领域，开展这方面研究具有重要的理论价值和现实价值。

第二章
西藏的制度变迁及其对经济结构转型的影响

影响西藏经济结构演变和转型的因素主要有历史基础、自然环境资源条件和人文环境资源条件，这些因素及其变化不仅影响了西藏的经济结构变迁，还将影响未来西藏经济结构演变和转型的走向。本章只分析制度变迁对经济结构转型的影响，自然环境对经济结构变化的影响会在其他相关章节论述。

第一节 从制度经济理论看西藏制度变迁的必然性

一、制度变迁的内涵界定与理论参照

（一）关于制度和制度变迁的一般界定

1. 对“制度”的界定

关于“制度”一词，古今中外出现的定义或解释很多，至今没有形成统一的结论。数千年绵延不绝的中华文化就内含着对制度的理解。例如，《礼记》有这样的记载：“故天子有田以处其子孙，诸侯有国以处其子孙，大夫有采以处其子孙，是谓制度”。① 《春秋公羊传》就是儒家政治制度经典，周朝的礼乐文化成了后来中国制度结构的主要内容。孔子提出的“仁”、“和”、“中”包含了制度均衡的概念，他所著的《春秋》为中国后来政治制度的发展提供了丰富的资源。宋明儒家把他们强调的“天理”、“心性”引申到了典章制度，朱熹编写的《近思录》专辟了“制度”一章。后人所编的《十通》、《五礼通考》都是资料丰富的制度史。② 受儒家文化熏陶了几千年的中华民族，既尊重“祖宗家法”，又强调“其命惟新”，对制度的理解还是比较深入的。

新制度经济学理论习惯于把制度区分为“内在制度”(internal institutions)和“外在制度”(external institutions)。前者是从人类经验中演化出来的，如既有习俗、伦理规范等；后者是因设计而产生的，是被自上而下地强加和执行的，如政治法律制度。外在制度一旦被统治者、议会或官僚外在地强加于社会之后，本应按公民

---

① 出自《礼记·乐运》，转引自巫宝三主编的《中国经济思想史资料选辑》(先秦部分)第548页。

② 卢现祥.新制度经济学[M].武汉:武汉大学出版社,2004:105-106.

利益行事的政治代理人往往会超越其权限，为自己的利益而使用规则和执行规则。[①] 诺思给制度下过多种定义，其实质是把制度视为“规范人的行为的规则”；新制度经济学家认为，至少有三项制度对人类进步和文明社会来讲是具有根本性的：保障产权、通过自愿的契约性协议自由转让产权、信守诺言。[②] 国内学者比较一致的意见是，把制度分为正式制度（硬制度）和非正式制度（软制度），前者包括政治制度、法律和行政规章、经济制度、契约等，后者包括社会习俗、文化传统、道德规范、价值观念、思想信仰、意识形态等。

笔者认为，为了能涵盖正式制度和非正式制度，把制度界定为在一定范围内规范人们行为的行为规则、契约和“一般的思想习惯”可能要全面一些。

2. 对制度变迁的界定

制度经济理论认为，制度本身是有其局限和不足的，因而它才会发生变迁和创新。按照新制度经济学的解释，所谓制度变迁，是指制度的替代、转换与交易的过程，其实质是一种效率更高的新制度对效率较低的旧制度的替代过程。它是制度稳定性、环境变动性和不确定性、利益极大化追求三者之间持久冲突的结果，是一个必然的和合理的过程。诺思把制度变迁定义为“是一个制度不均衡时追求潜在获利机会的自发交替过程”，林毅夫认为，制度变迁既包括诺思提到的自发变迁（诱致性变迁），也包括国家通过政策法令实施的强制性变迁过程。我们认为，林毅夫给出的定义更全面准确一些。西藏的制度变迁，是指西藏经过民主改革和社会主义改造，所实现的社会主义制度取代封建农奴制度的伟大历史跨越，它是一种革命性的制度变迁，也可以称之为诺思所讲的“爆发式的制度变迁”。

（二）主要的理论参照

如何分析西藏的制度变迁，有一个理论参照问题。大致有制度经济学、历史学、政治学等方面的相关理论可以选用。我们认为，运用马克思主义制度经济理论（特别是“生产力—生产方式—生产关系”原理）和新制度经济学的制度变迁理论分析西藏的制度变迁，更为合适和更有解释力。也有不少历史学家和政治理论家曾经从历史和政治的角度论证过在西藏产生伟大的制度跨越的历史必然性，得出了不少很有说服力的结论。本章也借鉴了一些研究西藏历史、政治、文化的著作中的方法、资料和结论。

1. 马克思主义经济学关于制度变迁的基本论述

马克思、恩格斯从来都是认为，制度是处在变化之中的，即使是社会主义制度

---

① 柯武刚，史漫飞. 制度经济学——社会秩序与公共政策. 韩朝华，译. 北京：商务印书馆，2004：36-37.

② 出自《礼记·乐运》，转引自巫宝三主编的《中国经济思想史资料选辑》（先秦部分）第 24 页。

也“应当和任何其他社会制度一样,把它看成是经常变化和改革的社会”。[①] 马克思主义经济学的一个重要的方法论原则是,从生产力与生产关系的矛盾中解释社会经济制度的变迁。[②] 这个方法论原则又是通过“生产力—生产方式—生产关系(经济关系)”的基本原理加以阐释的,其基本内容包括三个方面:(1)生产力决定生产方式;(2)生产方式决定生产关系;(3)生产方式和生产关系具有历史暂时性。

马克思、恩格斯对“资本主义生产”(即资本主义生产方式)的基本特征,是这样描述的:“我们称为资本主义生产的是这样一种社会生产方式,在这种生产方式下,生产过程从属于资本,或者说,这种生产方式以资本和雇佣劳动的关系为基础,而且这种关系是起决定作用的、占支配地位的生产方式。”[③]在资本主义生产方式中,“企业的资源配置即微观资源配置是有组织、有计划的,是相对有效率的。然而,社会的资源配置即宏观资源配置是盲目的、无政府状态的,是缺乏效率的。即使是企业的资源配置也不可能达到最有效率的状态,只要存在着雇佣劳动和资本的对抗关系,就不可能有最优资源配置。”[④]马克思、恩格斯在《资本论》中揭示了资本主义经济危机不可避免的根源,他们写道:“一切真正的危机的最根本的原因,总不外乎群众的贫困和他们的有限的消费……”[⑤]

2. 新制度经济理论对制度变迁的基本论述

新制度经济学理论认为,至少有三项制度对人类进步和文明社会来讲是具有根本性的:保障产权、通过自愿的契约性协议自由转让产权、信守诺言。[⑥] 人类的一些普适性基本价值巩固着社会结构和制度的根底,这些基本价值包括:个人免受恐惧和强制的自由(民事自由权和经济自由权)、公正、安全、和平、经济福利(或繁荣)、宜人的自然环境和人工环境。[⑦]

尽管制度是非常重要的,也具有稳定性特征,但不可能存在一成不变的制度。发生制度变迁的原因在于制度稳定性、环境变动性和不确定性及人对利益极大化的追求三者之间持久的冲突。戴维斯和诺思认为,一项新的制度安排之所以能够出现,是因为人们对它的预期收益超过了预期成本这一条件得到了满足。拉坦认为,制度的变革是技术创新推动了社会生产力发展的必然要求和结果,制度变迁就是经济发展的力量;他论证了技术变迁、制度变迁与经济发展之间的复杂的相互关

① 马克思恩格斯选集(第二版,第4卷).北京:人民出版社,1995:676.

② 张宇,孟捷,卢荻.高级政治经济学(第二版).北京:中国人民大学出版社,2006:44.

③ 马克思恩格斯全集(中文版第1版,第47卷).北京:人民出版社,1979:151.

④ 张宇,孟捷,卢荻.高级政治经济学(第二版).北京:中国人民大学出版社,2006:82.

⑤ 马克思.资本论(中文第1版,第3卷).北京:人民出版社,1975:548.

⑥ 出自《礼记·乐运》,转引自巫宝三主编的《中国经济思想史资料选辑》(先秦部分)第24页。

⑦ 柯武刚,史漫飞.制度经济学——社会秩序与公共政策.韩朝华,译.北京:商务印书馆,2004:83-86.

系。林毅夫在拉坦的诱致性制度变迁理论的基础上，提出了强制性制度变迁的理论，他认为，由于制度变迁属于公共品，新制度安排仅靠诱致性制度变迁满足不了社会的制度需求，还需要国家干预来补救制度安排供给的不足，这就需要强制性制度变迁，它是由政府命令和法律引入和实行的。杨瑞龙在诱致性制度变迁和强制性之外，又提出了第三种制度变迁方式——中间扩散型制度变迁方式。他指出了我国经济体制转型的现实路径：改革开放之初的供给主导型制度变迁方式逐步向中间扩散型制度变迁方式转变，并随着排他性产权的逐步建立，最终过渡到与市场经济内在要求相一致的需求诱致性制度变迁方式从而完成体制模式的转换。①

二、西藏发生制度变迁的必然性

按照马克思主义基本原理进行分析，不难得出西藏的旧制度必然为新制度所替代的结论。从“生产力—生产方式—生产关系(经济关系)”的基本原理考察，旧西藏的封建农奴制度最少在五个方面表现出了其必然灭亡的命运：一是存在严重的阶级对立。即农奴阶级与农奴主阶级严重的阶级对立。占人口 95%左右的农奴阶层和平民阶层，除了少数“富裕差巴”(约占西藏总人口的 5.5%)可以勉强度日外，都处在极度贫困、消费严重不足，甚至缺少人身自由、安全保障和健康保障的生活境况中，这也是封建农奴制度产生制度危机的根本原因。二是生产资料的高度集中和私人占有同生产力社会化的矛盾十分尖锐。旧西藏的封建农奴制生产方式，表现为生产过程从属于农奴主对土地、牲畜等生产资料的高度集中与私人占有以及三大领主拥有的封建特权，这种生产方式以雇佣劳动关系以及农奴依附于农奴主的人身依附关系为基础，它显然是远比资本主义生产方式更为落后的生产方式。三是庄园制、部落制(契约租赁制)等土地经营方式，严重抑制了社会生产力的发展。这种土地经营方式增加了代理人(管家)这个管理层次，不仅增加了监督成本，也加重了对农奴的盘剥，加之需要供奉寺庙贵族，农奴和奴隶实际上要忍受“四座大山”的剥削和压迫，必然会消极抵抗和公开反抗。而且，庄园、部落制经济属于完全封闭的小农经济，也抑制了社会生产力的发展。四是政教合一的封建农奴制度和僧侣、寺庙的存在，极大地增加了对农奴的压榨程度。寺庙僧人不从事经济生产，也不从事人口生产。这必然会使物质供给和劳动力供给大量减少，消费支出大大增加。在生产力水平极低的情况下，要供养占总人口 10%左右(高峰时曾超过 30%)的僧尼，建造和维护金碧辉煌的寺庙，必然会加大对农奴的盘剥和历代中央政府的财政负担。这足以说明这种“政教合一制度”及其生产方式的不合理性。五

① 卢现祥.新制度经济学[M].武汉:武汉大学出版社,2004:164-166.

是旧西藏后期的封建农奴制经济已打上殖民地经济的烙印，丧失了大量经济主权和政治主权，激起了广大爱国同胞的强烈愤慨和反抗。

按照制度经济理论，旧西藏的封建农奴制度是农奴主强加给农奴的外在制度，是极少数人剥夺绝大多数人财产甚至自由和生命的野蛮制度。其中保障产权、自由转让产权都只是三大领主享有的特权，广大农奴和奴隶基本上没有生产资料，根本谈不上保障产权的问题；在政治上、经济上甚至人身自由上都不是独立的个体，他们不可能相互之间或者同农奴主之间形成自由的契约关系。因而，封建农奴制度也就不可能促进人类进步和人类文明。

那么，既然西藏的封建农奴制度是这样的落后、黑暗和残酷，那为什么还存在了 700 多年？这可以用制度经济学的“路径依赖”(path dependence)学说加以解释。因为元明清历代中央政府对西藏地方政权的政治经济制度的支持、蒙古贵族对达赖集团的军事支持，农奴主靠宗教控制农奴和奴隶的精神，靠封建专制政权对农奴和奴隶进行残酷的经济盘剥和政治压制，靠封建庄园和部落制度对农奴和奴隶进行分割和封闭，共同强化了封建农奴制度的“路径依赖”。这种“路径依赖”不是属于促进旧制度的变迁“可能进入良性循环的轨道并迅速优化”的“诺斯路径依赖Ⅰ”，而是属于使旧制度“可能顺着原来的错误路径往下滑”的“诺斯路径依赖Ⅱ”。[①] 1959 年，达赖集团发动的武装叛乱为自己的旧制度敲响了丧钟，中共中央顺应西藏百万农奴盼翻身、求解放的强烈愿望，迅速平定叛乱并推行民主改革，依靠百万翻身农奴的全力支持，终于打破了封建农奴制度的“路径依赖”，实现了由封建农奴制度向社会主义制度过渡的伟大的历史性跨越。

第二节　西藏的制度变迁历程简介

我们在这里需要介绍的制度变迁主要包括民主改革、社会主义改造、社会主义经济制度改良三个阶段。为了让读者理解民主改革的背景，我们也简要地回顾了旧西藏的政治经济制度的特征。

一、旧西藏的政治经济制度特征

西藏在民主改革以前的政治经济制度是封建农奴制度，这个制度始于 13 世纪前半叶西藏地方政权——萨迦政权的建立，终结于 1959 年 3 月 28 日噶厦政府的解散，在西藏存在了 700 多年。这个制度既不同于奴隶制度，也不同于一般意义的

① 卢现祥.新制度经济学.武汉:武汉大学出版社,2004:168-169.

封建制度,而是二者兼而有之的特殊制度。其主要特征是:

(1) 存在农奴主和农奴两大对立阶级和森严的等级制度。农奴主阶级包括三大领主及其代理人,占旧西藏总人口的5%左右;农奴阶级包括农奴和奴隶,具体而言由差民(差巴)、小户(堆穷)和奴隶(朗生)组成,大致占旧西藏总人口的95%左右。[①] 农奴主阶级是统治阶级,享有多方面特权,占有绝大多数生产资料和生产剩余,占有农奴的劳动和奴隶本身;农奴阶级是被统治、剥削、压迫的对象,只占有极少量生产资料,基本没有政治经济权利,贫困农奴和奴隶甚至没有人身权利。两大阶级之间存在森严的等级制度。这种等级是由旧西藏的法律(如《十三法典》、《十六法典》)严格规定的,共分三等九级。领主是统治阶级,是上等人,是西藏社会的支配者;属民是被统治阶级,是下等人,是被管辖者。僧侣贵族和世俗领主一样享有经济和政治特权。

(2) 实行庄园制、部落制经济制度。农区实行的是庄园制,牧区实行的是部落制或契约租赁制。这种经济制度是一种严重的少数人剥削多数人的制度。在农区,三大领主庄园占有全西藏98%以上的耕地;在牧区,三大领主占有全西藏75%左右的草场。农奴阶级受到十分沉重的乌拉差役剥削和高利贷盘剥,租税、徭役的大的类目多达40余种,总负担率高达60%～70%。[②] 旧西藏80%左右的农奴都是欠债户,有的地区高达95%以上,大部分欠债都是高利贷。寺庙高利贷的利率“一般年息为30%～50%,小额的高达100%～150%;[③]贵族放债,年息率为“借五还六”,相当于20%;官府放债,一般是粮债年利率为“借十还十一”(相当于10%)。许多高利贷成了农奴一辈子甚至几代人都还不清的“阎王债”。

(3) 旧西藏经济是一种广义的“宗教经济”。主要表现在两个方面:一方面,在西藏的封建农奴制社会,寺庙拥有大量的庄园,占有全西藏近40%的耕地,还直接获取放债和高利贷的收入以及布施收入,形成了奇特的寺庙经济,它可以称为狭义的“宗教经济”。另一方面,由于西藏的封建农奴制经济是与政教合一的政治体制联系在一起的,西藏的封建农奴制经济从整体上可以称之为广义的“宗教经济”。

(4) 清朝后期的西藏经济已带有殖民经济特征。19世纪末,英帝国主义入侵西藏后逼迫清朝政府和西藏上层签订了一系列不平等条约,如《中英会议印藏条约》(1890)、《中英会议藏印续约》(1893)、《中英续订藏印条约》(即《北京条约》,

---

① 北京大学社会学人类学研究所、中国藏学研究中心.西藏社会发展研究.北京:中国藏学出版社,1997:22-23.

② 参见:罗莉、拉灿的著作第6页;吴健礼.西藏经济概述.中国藏学出版社,1995:3.

③ 北京大学社会学人类学研究所、中国藏学研究中心.西藏社会发展研究.北京:中国藏学出版社,1997:24.

1906)等,使得西藏在事实上已被纳入了英帝国主义的半殖民地范围。

(5)社会生产力长期停滞甚至衰退。落后、残酷、腐朽和长期停滞的政治经济制度严重阻碍了西藏社会生产力的发展,主要表现在:一是在农牧业方面,生产工具和耕作、放牧技术基本上停留在1 000多年前就有的木犁、木锄耕地,手撒种、牛踩场,刀耕火种,靠天游牧、逐水草而居的原始生产状态。粮食产量一般只有种子的3～5倍。据《卫藏通志》记载,康熙年间卫藏地区一克地可产青稞六七克,过了300来年,到民主改革前夕,西藏粮食单产平均也只有六七克,一百多斤。[①] 二是在工业方面,没有现代意义的工业,传统的手工业也没有真正从农牧业中分离出来,只是处于家庭副业地位;生产技术相当落后,生产规模很小,专业化、商品化程度很低。主要原因是:手工业艺人的社会地位十分低下,生活极端贫困;人们的自然经济观念根深蒂固,自我封闭相当严重;旧政府明文规定手工业产品"不得花样翻新",使民族手工业的技术进步十分缓慢;19世纪90年代以后,英印"洋货"的冲击,恶化了西藏的传统民族工业发展的外部环境。三是在服务业经济方面。没有现代意义的服务产业。例如,商业属于传统的物物交换,后期的商品市场还被洋货和勾结外国的买办资本所控制,市场规模很小;在交通运输业方面,陆路靠茶马古道和畜力运输,水路靠牛皮筏子,没有黑色公路,更谈不上航空、铁路、管道运输;在邮电通信方面,几乎为空白,基本上只有传统的驿路、驿站;现代意义上的教育、科技、广播电视、医疗卫生等也基本上是空白。一些传统的教育、科技、医疗服务,也基本上是上层僧侣和贵族老爷们独享的私人服务,广大农奴几乎享受不到。

二、西藏历史上革命性的制度变迁——民主改革

既然封建农奴制度是一种极少数人剥削压迫绝大多数人的落后、腐朽、残酷的制度,它必然压制绝大多数人的生产积极性和创造性,进而制约生产力的发展。因此,作为制度变迁的必然规律,这种落后制度必然为先进的制度所取代。1959年3月,西藏反动派悍然发动武装叛乱,为西藏的封建农奴制度敲响了丧钟。

1951年5月23日,《中央人民政府和西藏地方政府关于和平解放西藏办法的协议》(俗称《十七条协议》)签订,西藏获得和平解放后。自那时到1959年3月28日,中央人民政府信守《十七条协议》,一直没有强迫西藏的农奴主阶级改革地方政权和封建农奴制度。可是,西藏反动派把中央的宽容、忍让视为软弱可欺,于1959

① "克"是西藏历史上曾使用的重量单位,有两种说法:一说1克约合28斤,一说合15斤,折中而言,六七克约相当于130～150斤。

年 3 月 10 日悍然撕毁《十七条协议》,发动了全面的武装叛乱,驻藏部队奉命平叛,很快平息了拉萨市区的叛乱,3 月 28 日,西藏地方政府被解散,到 1960 年底,人民解放军基本平息了西藏的叛乱。1959 年 7 月 17 日,西藏自治区筹备委员会通过了进行民主改革的决议,从而拉开了西藏革命性制度变迁的序幕。①

从 1959 年 7 月至 1961 年春,西藏的民主改革经历了"三反双减"、土地改革两个阶段,后来又经过了大半年的土地复查,到 1961 年底基本结束。根据中央 1961 年 4 月发出的《关于西藏工作方针的指示》,西藏工作要坚持"稳定发展"方针,五年以内不搞社会主义改造。所以,从 1961 年春到 1965 年 8 月,西藏仍处在民主改革的巩固发展时期。

民主改革分为农区、牧区、寺庙、城镇、边境地区改革等几种类型,其主要内容是:(1)对 4 800 多户参加叛乱领主的土地和牲畜等生产资料进行没收,实行"谁种谁收"和"谁放牧归谁所有"的政策,对 2 200 多户未叛领主及其代理人的生产资料进行赎买,并实行"二八"减租,对 1958 年前欠租一律废除,销毁旧契约。(2)在农区开展"三反"、"双减"运动,牧区开展"三反两利"运动,寺庙开展"三反三算"运动,城镇开展"四反"运动②,废除乌拉差役和人身依附,解放奴隶。(3)组织农奴代表土地评查小组,根据《西藏土地制度改革实施办法》的规定,不分男女老少分配土地。(4)在寺庙成立以贫苦喇嘛为主的民主管理会,民主管理寺庙的公共事务,贯彻宗教信仰自由政策。(5)迅速安置城镇贫民、游民,组织就业和生产,大力扶持有利于国计民生的手工业,对民族工商业实行保护扶持政策,成立工商管理机构,加强对市场的管理。(6)对边境地区改革按照"边境工作十条",采取"稳慎、宽大、安定"方针,有 8 个边境乡只进行了民主建政,一直未进行土地改革。③

伟大的民主改革推翻了黑暗、落后的封建农奴制度,建立了人民民主政权,实现了劳动群众个体所有制。

三、社会主义改造——公有制和计划经济体制的建立

西藏的社会主义改造始于 1965 年,于 1976 年底基本完成,大致可以分为三个阶段:一是试点阶段。1965 年 8 月 29 日,中共中央发出《关于在西藏进行社会主

① 多杰才旦,江村罗布. 西藏经济简史(上)[M]. 北京:中国藏学出版社,2002:87-88.

② 农区、牧区的"三反"是指反叛乱、反乌拉差役、反人身奴役,寺庙"三反"是指反叛乱、反封建特权、反剥削制度,城镇"四反"指反叛乱、反封建剥削、反封建特权、反人身奴役;"双减"指减租、减息,"两利"指牧主牧工两利,"三算"指算政治迫害账、算等级压迫账、算经济剥削账。

③ 多杰才旦,江村罗布. 西藏经济简史(上)[M]. 北京:中国藏学出版社,2002:88-90.

义改造问题的复示》,标志着西藏的社会主义改造开始大范围试点①;到 1966 年,全西藏已试办了 150 多个人民公社。二是全面启动阶段。1970 年 12 月 8 日,中央发出《关于西藏社会主义改造问题的指示》,标志着西藏社会主义改造的全面启动。到 1970 年底,西藏已建立了 1 070 多个人民公社,再到 1975 年底,全西藏的 1 929个乡中(不含阿里地区),先后建立了 1 921 个人民公社,除边境地区的 8 个乡未改外,西藏基本上达到了"一乡一社"的规模。三是完成阶段,在农牧业的社会主义改造基本完成后,1975 年起又对城镇的私营商业、手工业者进行了社会主义改造,主要是在拉萨、日喀则等少数几个城镇补划了阶级成分,组织手工业生产合作社,到 1976 年底基本完成。

通过社会主义改造,西藏建立了社会主义制度,包括公有制和计划经济体制的建立。其中经济制度实现了由农牧民个体所有制向社会主义公有制的转变,高度集中的计划经济体制形成,民族区域自治制度也真正地建立和运作起来。受"文革"影响,也出现了否定"稳定发展"方针、左倾冒进的重大失误。如补划敌对阶级,对民族手工业采取"破四旧"和强制集体经营,"割资本主义尾巴"等错误做法,给国家财产和人民群众的财产造成了重大损失。但是这种失误属于前进中的失误,不能因此而否认西藏在这一阶段的社会主义改造与社会主义建设的成就。

四、改革开放——社会主义市场经济体制的建立

从 1979 年起,西藏进入改革开放的新时期,这一阶段发生的制度变迁可以被视为是对社会主义经济制度的自我改良。其主要目标是实现经济体制转轨,即由高度集中的计划经济体制转变为社会主义市场经济体制。在这一阶段,中央也加大了对西藏的扶持力度,例如召开了四次西藏工作座谈会,确立了免征农牧业税等休养生息政策和全国对口支援等重大援藏政策,让西藏充分享受到了融入社会主义大家庭的好处。笔者认为,这一时期又可以分为三个小阶段:一是从 1979—1988 年,这是西藏实现拨乱反正、完成农村经济体制改革和经济调整的阶段,高度集中的计划经济体制转变为有计划的商品经济体制。二是从 1989—1993 年,是西藏社会局势趋于稳定和为经济体制转型夯实基础的阶段,尤其是 1989 年,西藏发生了"一个转折点"的变化,实现了由乱到治,市场经济体制改革也开始起步。三是 1994 年以来,是西藏向社会主义市场经济体制转型和经济加快发展的阶段。自从党的十四大提出建设社会主义市场经济体制以来,西藏的经济体制改革和对外开

① 实际上,早在 1961 年春,西藏的局部地区就开始了互助组、农业合作社试点,但根据中央指示很快"刹车"。1965 年 7 月 18 日,西藏工委工作组在堆龙德庆县东嘎乡开办了全西藏第一个人民公社。

放步伐明显加快，到“十一五”计划末，已基本建立了社会主义市场经济体制。在经济发展方面，1994年、2001年分别召开的中央第三、四次西藏工作座谈会是西藏发展史上的“两个里程碑”，使西藏经济实现了由稳定发展到加快发展再到跨越式发展的伟大转折；2010年1月召开的中央第五次西藏工作座谈会是西藏发展史上又一个重要的里程碑，必将推动西藏的跨越式发展和现代化建设迈上一个新的台阶。

第三节　西藏的制度政策条件简介

一、现行《民族区域自治法》对民族地区发展经济赋予了特殊政策

现行的《民族区域自治法》和《国务院实施〈民族区域自治法〉若干规定》，突出了民族区域自治权的重要地位，体现了国家从法律层面保障民族自治地方长治久安与经济发展的制度环境的优化。这些自治权主要体现在以下几个方面。

（一）经济管理自主权

民族自治地方有权在不违背宪法和法律的原则下，可以从实际出发，采取特殊措施和灵活措施，加快当地社会经济文化的发展。第一，民族地区可自主管理、保护、开发自然资源，国家优先在民族自治地方安排资源开发和深加工项目；第二，自主安排本地方基本建设项目，国家优先在民族自治地方安排基础设施建设项目；第三，自主地安排使用属于本自治地方的财政收入，通过财政转移支付制度，享受上级财政的照顾；第四，各级民族自治地方应鼓励支持发展非公有制经济；第五，在对外经济贸易中享受国家的优惠政策。经国务院批准，可以在与外国接壤的民族自治地方边境地区设立边境贸易区，国家对边境地区与接壤国家边境地区之间的贸易以及边民互市贸易，采取灵活措施，给予优惠和便利。此外，为适应民族区域自治地方市场经济体制的特点，国家充分发挥在市场经济体制中的非市场作用，努力培养民族自治地方的市场参与能力和市场竞争能力。①

（二）加大民族地区自然环境保护，确立资源补偿制度

国家征收的矿产资源补偿费在安排使用时，优先考虑原产地的民族自治地方。国家加快建立生态补偿机制，从国家、区域、产业三个层面，通过财政转移支付、项目支持等措施，对在野生动植物保护和自然保护区建设等生态环境保护方面做出贡献的民族自治地方，给予合理补偿。西藏作为国家重要的战略资源储备地和青

① 武建军．论民族区域自治制度的价值取向[J]．西南民族学院学报，2002(6)．

藏高原生态屏障的主体部分，是国家资源补偿制度的最大受益者之一。到2011年上半年，西藏实控线内森林面积的91.77%被纳入中央财政补偿基金总的补偿范围。资源补偿真正达到了“资源受保护，群众得实惠”的目的。目前，西藏林区的群众平均每户获得公益林补偿资金平均在11 000元左右，退耕还林农户户均增加政策性收入9 000元左右，退耕农牧民人均增收约1 570元。森林资源得到较好保护，森林覆盖率在稳步提高，2009年和2005年相比，提高了0.6个百分点。①

（三）增加民族区域自治法实施的保障条款

上级国家机关应当对各民族干部和群众加强民族政策的教育，经常检查民族政策和法律的遵守和执行情况。各级人民政府民族工作部门对相关法规的执行情况实施监督检查，每年将监督检查的情况向同级人民政府报告，并提出意见和建议。这些规定对民族区域自治制度的贯彻执行无疑将起到有力的推动和保障作用。

可以看出，新的民族区域自治法和若干规定的实施，为加快民族自治地方的社会经济发展提供了法律保障，对于尽快缩小我国东西部地区的发展差异，保障少数民族人民的根本利益和行使好自己的自治权利具有重大的现实意义和深远的历史意义。上述民族区域自治制度对于西藏这样的经济、科教落后的边疆民族地区，可以发挥更大的作用。关键是西藏要切实落实自治法的相关规定，在不违背法律的原则下敢于大胆创新，把好的制度、政策用好用足。

二、中央援藏政策的强化和优化

西藏在建设、改革和发展的各个历史阶段，始终得到了中央政府和全国人民的大力支持。自80年代以来中央先后召开的五次西藏工作座谈会，是中央和全国援藏政策的集中体现。

（一）中央第一、二次西藏工作座谈会

中央第一次西藏工作座谈会于1980年3月召开。会议出台了各种优惠政策，如减免农业税、最大限度下放生产经营权等，同时集中全国有限的人力、物力、财力来支援西藏的交通、电力等基础设施建设。

中央第二次西藏工作座谈会于1984年2月27日至3月2日召开。会议提出，西藏的发展目标是进一步放宽政策、让西藏人民尽快富裕起来，重点在农牧区。会议决定，由北京、上海、天津、江苏、广东等九省（市）给西藏援建43项工程。43

---

① 引自新闻报道：《森林生态效益补偿保护西藏资源惠及当地百姓》，中国西藏网，2011-8-19.《西藏退耕还林实施近十年治理林地超百万亩》，新华网，2011-8-18。

项工程的建成，为西藏提供了一批促进经济和社会发展的基础设施，使西藏诞生了一批工矿、商贸、旅游等企业。总体上，第一、二两次西藏工作座谈会期间，全国援藏主要是集中全国人力、物力、财力支援西藏发展。

（二）第三次西藏工作座谈会

中央第三次西藏工作座谈会于 1994 年 7 月召开。会议形成了指导西藏新时期工作的纲领性文件，即《中共中央、国务院关于加快西藏发展、维护社会稳定的意见》，明确了新时期对西藏搞好改革、稳定和发展的任务和措施。提出了“一个中心、两件大事、三个确保”的新时期发展方针。根据西藏具体情况，在财政税收、金融、投融资、外贸等方面给予 8 大优惠政策，主要是：定额递增的财政补助政策和“从轻从简，征税退还”的税收政策；优惠的金融政策和投融资政策；价格补贴政策；优惠的外贸政策；特殊的社会保障政策；继续实行“两个长期不变”、免征农牧业税、对农用生产资料实行财政补贴的特殊的农业和农村政策；分期分批解决国有企业历史包袱的企业改革政策等。会议还决定，给西藏安排 62 项建设工程。会议还建立了“分片负责、对口支援、定期轮换”的对口援藏制度。通过这次会议，全国援藏形成了以干部为纽带，以项目为龙头，以资金为依托的稳定对口援藏机制。这次会议也确立了西藏“大力发展第三产业”的产业发展战略，有力地促成了西藏第三产业的快速发展。

（三）第四次西藏工作座谈会

中央第四次西藏工作座谈会于 2001 年 6 月召开。这次会议重申“一个中心、两件大事、三个确保”为新时期西藏工作指导思想，同时还提出了“一加强，两促进”的西藏新世纪战略任务和目标。其中认可和确立西藏实现跨越式发展的战略，已经并将继续对西藏经济社会发展产生重大、深远的战略影响。这次会议确定了国家直接投资的建设项目 117 个，总投资约为 312 亿元。同时，对口支援广度、深度进一步被拓宽，对口支援建设项目达 70 个，总投资 10.6 亿元，对口支援西藏工作在现有的基础上再延续 10 年，将西藏尚未建立对口支援关系的 29 个县，以不同的方式全部纳入对口支援范围。青藏铁路是第四次西藏工作座谈会作为中央援建重点项目，国家实际投入达到了 330 亿元，于 2006 年 7 月 1 日全线通车，彻底结束了西藏没有铁路的历史，对青、藏两省区特别是沿线藏区的发展产生了直接而巨大的拉动效应①。

（四）第五次西藏工作座谈会

中央第五次西藏工作座谈会于 2010 年 1 月 18 日到 20 日召开，这次会议是西藏历史上又一次具有里程碑意义的会议。胡锦涛总书记在会上强调了做好西藏工

---

①　西藏自治区人民政府办公厅、西藏自治区党委党史研究室. 全国支援西藏. 拉萨：西藏人民出版社 2002.

作的战略意义，并就如何推进西藏跨越式发展，做出了重要指示（七个“更加注重”）。这次重要会议还明确了西藏新时期的工作方针，即“一个中心，两件大事，四个确保”，这对于西藏的经济社会发展将产生重大的、深远的影响。温家宝总理在会上强调，要继续保持中央对西藏特殊优惠政策的连续性和稳定性，进一步加大政策支持和资金投入力度。继续坚持分片负责、对口支援、定期轮换的办法，进一步完善干部援藏和经济援藏、人才援藏、技术援藏相结合的工作格局。

这次会议为西藏发展提出了“两个屏障”、“两个基地”、“两个目标”的六项战略定位，即：使西藏成为重要的国家安全屏障、重要的生态安全屏障、重要的战略资源储备基地、重要的高原特色农产品基地、重要的中华民族特色文化保护地、重要的世界旅游目的地。① 根据中央第五次西藏工作座谈会精神，国务院在今年 7 月召开常务会议批准了《“十二五”支持西藏经济社会发展建设项目规划方案》，中央在“十二五”规划期间对西藏的财政支持，要比“十一五”规划期间翻一番，“十二五”期间重点支持西藏 226 个重大项目建设，规划项目总投资达 3 305 亿元。② 这就为西藏的跨越式发展和可持续发展注入了更为强劲的动力。

三、西部大开发战略的实施，为西藏经济发展增添新机遇

西部大开发战略于 2000 年开始实施，给西部民族地区加快发展带来了重大历史机遇。西藏可以享有国家西部大开发的一些更特殊的优惠政策。这些政策归纳起来，主要包括以下几个方面：

(1) 在建设资金投入和建设项目安排方面，国家将筹集西部开发的专项资金，支持西部开发的重点项目。“十五”期间中央政府和全国各地投资 322 亿元支援西藏建设 187 个项目，由中央对西藏提供 379 亿元财政补助。

(2) 在财政支持方面，教育、科技、卫生、文化、文物等专项资金补助的分配向中西部倾斜，中央财政扶贫资金的安排也重点用于西部贫困地区。多年来中央一直对西藏实行特殊的财政转移支付办法，财政补助逐年递增。

(3) 在金融信贷方面，重点支持中西部铁路、电力、石油、天然气等大中型能源建设项目，根据项目建设的周期和还贷能力，适当延长贷款期限。增加对西部地区农业、生态环境保护建设、优势产业、小城镇建设、企业技术改造、高新技术企业和中小企业发展的信贷支持。

(4) 在税收方面，多年来西藏一直实行“从轻从简”的税收政策。80 年代以来

---

① 朱晓明. 第 5 次西藏工作座谈会：新世纪西藏工作的重要里程碑. 中国民族报，转引自中国新闻网 2010-2-1. 媒体报道《“十二五”国家进一步推进西藏实现跨越式发展》，新华网，日期：2011-7-21.

② 数据引自中国西藏新闻网《财经》西藏财经，2010-03-10。

对西藏一直免征农牧业税和农业特产税,增值税、关税、消费税等也全部或大部分留给了西藏。

(5) 在农牧业和农牧区方面,继续实行"两个长期不变"政策。在扶贫开发方面把西藏作为特殊集中连片贫困区域,重点给予扶持。增加中央扶贫资金投入,对农用生产资料继续实行补贴。

(6) 在企业改革和发展方面,特许西藏非工业国有企业享受工业企业兼并破产政策。支持西藏国有企业实施银行债权转股权。对西藏具有一定竞争能力和改造能力的企业提出符合国家产业政策、体现西藏比较优势、有较好市场前景的技术改造项目,在立项审批上给予支持。

(7) 在投资环境方面,国家鼓励东、中部企业和个人到西部地区投资。在市场准入方面,除国家明令禁止的外,西藏全都放开。凡符合国家和自治区产业政策导向的各类企业均可进入西藏开展经营。扩大外商直接投资西部地区服务贸易等领域。

(8) 在对外贸易方面,进一步放宽西部地区企业对外贸易经营权和经济技术合作经营权,鼓励西部地区优势初级产品向深加工、高附加值方面发展,并增加优势产品的出口,对西部地区发展急需的自用产品适当放宽进口限制。实行优惠的边境贸易政策,在出口退税、进出口商品经营范围、配额、许可证管理、人员往来等方面简化手续,放宽限制。

(9) 在城镇建设、土地利用方面,适当放宽西藏建市的条件,有关部门在安排小城镇项目时,对西藏给予特殊照顾;将闲置用地或破坏的耕地开发整理成园地或牧草地的,经认定可视同补充耕地,不缴纳耕地开垦费。

(10) 在科技发展和教育方面,加大科教援助西藏的力度。支持西藏提高科技开发能力和科技成果示范、应用培训基地建设;国家贫困地区义务教育工程项目向西藏倾斜,对西藏农牧区中小学生继续实行"三包"政策,提高"三包"标准,改革经费使用方法,实行助学金、奖学金制度;增加职业教育、成人教育、远程教育和扫盲教育的资金投入。加强内地省市和高校对西藏高校的支援,在招生和选派留学人员方面对西藏给予重点支持。

第四节　西藏的制度变迁对经济结构转型的影响

如上所述,旧西藏的政治经济制度属于黑暗、落后的封建农奴制度,农奴主剥削农奴和平民的形式不是攫取农奴和平民的相对剩余价值,而是攫取农奴和平民的绝对剩余价值,既严重损害了农奴和平民的身体健康,又遏制了技术进步。事实上,旧西藏历代地方政府长期视铁器为凶器,轻视工匠、憎恨屠夫,规定手工艺品

“不得花样翻新”，这实际上严重压制了技术进步和工商业发展，加之农奴主对生产资料和生产剩余的私人占有和肆意挥霍，寺庙对大量土地、劳动力等生产资料和生产成果的大量占用，整个经济社会的自我封闭，导致了经济衰退和长期单一的经济结构，经济结构转型缺乏制度环境和条件。西藏在和平解放以后的大约 8 年时间内，按照“十七条协议”，绝大部分地区继续维持了封建农奴制度，制度环境变化很小，西藏的经济结构也基本上没有变化。1959 年 3 月 28 日噶厦政府被推翻以后，政治制度和经济制度才发生了根本性变化，此后的制度转型速度明显加快，对西藏的经济结构转型产生了重要影响。

一、西藏的制度转型产生的政治经济效应概况

（一）民主改革产生的政治经济效应

西藏经过民主改革，废除了封建农奴制度，解放和发展了生产力，也促进了经济结构转型。首先，民主改革推翻了封建农奴制度，百万农奴获得解放，拥有了自己的生产资料和生产剩余，变成了社会的主人。其次，劳动者的积极性极大地推动了社会生产力的发展。据统计，1965 年，全区粮食总产量达到 5 亿 8 千多万斤，比 1958 年增长了 88.6%；牲畜达到 1 701 万头(只)，比 1958 年增长了 54%。农牧民生活进一步改善，不少人修盖了房子，有了余粮，添置了新衣。农牧民群众把这一时期称为西藏历史上的第一个“黄金时代”。① 第三，经济结构发生了重大变化。一方面，所有制结构由三大领主私人所有制转变为劳动群众个体所有制，另一方面，非农产业增长迅速。这一时期，西藏的第三产业发展速度居历史最高的水平，达到 24%。

（二）社会主义改造产生的政治经济效应

社会主义改造使西藏建立了社会主义制度，也引发了第一次工业发展高潮。通过社会主义改造，西藏的经济制度实现了由劳动群众个体所有制向社会主义公有制的转变。当然，社会主义改造也出现过否定“稳定发展”方针、左倾冒进的重大失误，造成了重大损失。但是这一阶段仍取得了明显的经济建设成就，尤其是工业产值实现了快速增长。据统计，从 1966 至 1976 年，西藏的粮食产量由 6.279 亿斤增加到 8.465 亿斤，年平均增长 3%；牲畜头数由 1 817 万头增加至 2 349 万头，年平均增长 2.6%；工业总产值由 0.280 6 亿元增加到 1.139 7 亿元，平均每年增长

① 数据来源：多杰才旦，江村罗布. 西藏经济简史[M]. 北京：中国藏学出版社，1995；《西藏统计年鉴 2008》。

15%。[①] 第一产业在GDP中所占比重由70.9%下降到50.7%，第二、三产业的产值比重之和由29.1%上升到49.3%。

（三）改革开放给西藏的经济增长和经济转型营造了良好的制度环境

西藏的改革开放和全国一样，是对不适应生产力发展要求的、高度集中和封闭的计划经济体制开展的一场经济制度革命，是经济体制和经济制度的重大转型，也是有"中国特色、西藏特点"的社会主义道路的伟大实践。其主要目标是实现经济体制由计划经济体制向社会主义市场经济体制转轨，经济发展模式由封闭型经济转变为外向型经济，经济发展方式由粗放型转变为集约型。在这一时期，中央召开了五次西藏工作座谈会，给予了西藏免征农牧业税、教育"三包"、农村免费医疗、加大财政补助和转移支付力度、全国对口支援西藏等一系列重大的、特殊的扶持政策，推动了西藏经济快速增长、经济结构快速转型。这一时期大致又可以分为三个小阶段：一是从1979—1988年，这是西藏实现拨乱反正、基本完成计划经济体制向有计划商品经济体制过渡的阶段[②]。二是从1989—1993年，这是西藏社会局势趋于稳定和为经济体制转型夯实基础的阶段，尤其是1989年以来，西藏的社会局势发生了"一个转折点"的变化，逐步实现了由乱到治的转变；同时，从1980—1993年，西藏经济经历了10多年的调整时期，第二产业尤其是工业的规模大幅度收缩，其产值比重、从业人员比重都大幅度降低，经济结构发生了较大变化，这种结构调整也为西藏1994年之后的经济起飞打下了基础。三是1994年以来的经济发展新时期。在这个时期中的1994、2001、2010年，中央先后召开了第三、四、五次西藏工作座谈会，使西藏发生了"三个里程碑"的变化，2001年以来，西藏也是国家西部大开发战略的受益者。改革开放、数次中央援藏工作会议及国家的西部大开发战略，为西藏的改革、开放、开发和发展，带来了巨大的推动力量，从而使西藏进入了社会主义市场经济体制转型的关键时期，国民经济和社会发展逐步进入跨越式发展的关键时期，经济结构也进入加速转型的关键时期。

这一时期，特别是1994年以来的新时期，西藏经济获得了持续快速发展，人民生活得到了极大改善。据统计，从1979—1993年，西藏的地区生产总值(GDP)按可比价口径年均增长7.7%，从1994—2010年，年均增长12.8%；农牧民人均纯收入由1978年的175元增加到2010年的4 139元，年均增长10.2%，其中1994—2010年年均增长10.3%[③]

---

① 数据来自《西藏统计年鉴1989》。

② 西藏的改革开放在1984年后才迈出实质性步伐。1984年，西藏才结束人民公社体制，恢复乡、村建制；1984年5月，自治区人民政府才发表公告，宣布西藏实行对内对外开放政策。

③ 数据来自《西藏统计年鉴2011》。

二、制度转型极大地促进了西藏经济增长和经济结构转型

（一）制度转型极大地促进了经济增长

回顾西藏自和平解放以来50多年的经济发展历程，很明显地可以看出制度转型对经济增长和经济结构转变的促进作用。

1. 经济增长速度和制度变迁有明显关系

西藏经济增长较快的三个阶段都是制度转型的关键时期，其中平均增长速度超过10%的时期恰恰是制度发生重大变革或转型的时期。如表2-1所示。

表2-1　西藏不同时期的各产业生产总值的年平均增长速度对比

项目＼速度	年平均增长速度(%)				
	1951—1958	1959—1965	1966—1978	1979—1993	1994—2010
地区生产总值	4.2	11.1	5.05	7.7	12.8
第一产业	0.2	10.4	2.5	5.6	3.9
第二产业		0.045	16.3	3.2	18.5
第三产业		24.0	5.3	14.1	15.5

注：①基础数据来自《西藏统计年鉴2011》，平均增长速度是按可比价口径和几何平均法（或“水平法”）计算的。②表中未列出1951—1959年的第二、三产业的年平均增长速度，是因为1951年的第二、三产业生产总值几乎为0。

不难看出，从1951—1958年，由于封建农奴制政权和制度基本上未被触动，西藏的经济增长速度较低。1959年开始的民主改革极大地解放了生产力，从1959—1965年，国民经济出现了“井喷”式增长，尤其是第一、三产业的平均增长速度为50多年来的最高水平。1966—1978年受高度集中的、封闭的计划经济体制以及“文革”影响，平均经济增长速度跌至1959年以来的最低水平，第二产业的增速虽然较高，但属于“政府之手”强行推动“填空白”运动的无效益增长。1979—1993年，西藏进入改革开放的新时期，但由于改革开放力度和全国支援的力度还不够大，又要“关停并转”计划经济时代形成的“三无”企业，故地区生产总值增长速度仍未达到民主改革时期的水平，但是第一产业受联产承包责任制和免征农牧业税的影响较明显，达到了近6%的较高速度。自1994年以来，西藏进入了市场化制度建设的关键时期，有“中国特色、西藏特点”的社会主义道路得以形成和付诸实施，中央和全国支援西藏的力度达到了前所未有的水平，由此带来了西藏经济增长与结构优化的“黄金年代”。在这个还在进行中的“战略机遇期”，西藏的经济增长实现了从稳健到快速再到跨越式增长的转变，这一阶段GDP的平均增长速度不仅达到了西藏的历史最高水平，也超过了全国的平均水平。

2. 经济规模和经济水平快速提高

西藏自民主改革以来,国民经济保持了持续快速增长,经济规模实现了上百倍的扩张。据统计,西藏的GDP由1959年的1.74亿元增加到2010年的507.46亿元,按现价计算,增长290.6倍,平均每年增长11.8%。

而且,这种规模扩张的速度有不断加快的特点。西藏的GDP突破10亿元用了30年(1951—1981年),突破20亿元、30亿元分别只用了7年(1981—1988年)和3年(1988—1991年);从10亿扩张到100亿,只用了18年(1981—1999年);2004、2007年又分别越过了200亿元、300亿元大关。1994年之后,1年的GDP增加额超过了10个亿;2006年后,则超过了50个亿!若能保持目前的平均增长速度,再过8年,西藏的GDP就有望越过1 000亿元大关。

从西藏的人均GDP来看,由百元增加到千元用了38年(1951—1989年),由千元突破万元只用了17年(1989—2006年)!到2010年,人均GDP已达到17 319元(接近3 000美元)。

西藏经济规模的快速扩大和经济水平的不断提高,是制度变迁、要素投入、技术进步等多种因素累积推动的结果,不只是制度变迁的贡献。不过,西藏的要素投入和技术进步难以和全国多数地区相比,而长期经济增长速度却进入了全国前列,这说明,包括市场化改革、对外开放、法制建设、中央和全国援藏政策等在内的制度因素显然对西藏的经济增长做出了最重要的贡献。

（二）制度转型促进了经济结构的演化

在封建农奴制社会,西藏经济长期呈现封闭的自然经济特征,传统的农牧业处于一统天下地位,非农产业只是依附农牧业而存在,在国民经济中所占份额几乎可以忽略不计,整个国民经济属于典型的“一元经济”。经过和平解放以后近60年的建设,尤其是90年代初期以来非农产业的持续高速增长,西藏的经济结构已经显现出高度化特征。西藏近60年来的结构演化大致可以分为以下几个阶段:

(1) 民主改革前的阶段(1951—1958)。在1959年以前,西藏的封建农奴制度基本上没有被触动,经济结构演化速度十分缓慢,第一产业增加值占GDP的比重维持在90%以上,下降速度缓慢,第二、三产业增加值占GDP的比重处于10%以下,且上升十分缓慢。

(2) 从民主改革到自治区成立的阶段(1959—1965)。民主改革极大地解放了生产力,要素报酬高的非农产业增长更快,从而使得经济结构进入了第一个快速演化期。第一产业增加值在GDP中所占比重由1959年之前的90%以上下降到1965年的70.9%,同期的非农产业(第二、三产业)在GDP中所占比重由10%以下提高到30%左右。所有制结构也发生了转折性变化,生产资料领主所有制转变为劳动群众个体所有制。

(3) 从社会主义改造到改革开放前夕(1966—1978)。这一时期,西藏经历过以"101"工程为代表的历时大约10年的工业建设的高潮期,尽管这是以损失经济效益和环境资源为代价的盲目的工业建设,却推动了西藏工业产值的高速增长,进而对产业结构演化起到了一定作用。第一产业增加值在GDP中所占比重由1965年的70.9%下降到1978年的50.7%,同期的非农产业(第二、三产业)在GDP中所占比重由29.1%提高到49.3%。在非农产业中,第三产业产值比重在徘徊中略有下降,由22.3%下降到21.6%;第二产业产值比重由6.8%提高到27.7%,首次超过了第三产业。在所有制结构方面,公有制经济取代个体经济居于国民经济绝对支配地位。

(4) 从改革开放到中央第三次西藏工作会议前夕(1979—1993)。这一时期,西藏开始了经济市场化改革和对外开放,也进行了10多年(1979—1990)的经济结构调整,关停并转了一大批没有市场、没有效益、没有资源和技术支撑的"101"工矿项目。从1979—1993年,第一产业产值比重由47.9%上升到48.9%,非农产业产值比重由52.1%下降到51.1%,产业结构层次反而有所下降。特别是1979—1990年,第一产业产值比重由47.9%上升到50.9%,非农产业产值比重由52.1%下降到49.1%。在所有制结构方面,公有制经济一统天下的局面被打破,非公有制经济得到较快发展。

(5) 从中央第三次西藏工作会议到党的十六大召开(1994—2002)。这是西藏自改革开放以来的一个重要的制度变迁时期,发生的制度变迁大事主要有中央第三、四次西藏工作座谈会的召开,建设社会主义市场经济体制的提出和实施,西部大开发战略的提出和实施,党的十六大召开和全面建设小康社会的提出,西藏产业发展战略的提出和实施等。对西藏产业结构演进产生了重大影响的是市场化改革的深入和西藏产业发展战略的提出。市场化改革引致了所有制结构的重大变化,民营经济或非公有制经济得到了空前发展,市场机制的调节作用使得要素报酬较高的非农产业得到了快速发展;中央第三次西藏工作座谈会提出的"稳定发展第一产业,有重点地发展第二产业,大力发展第三产业"发展战略,中央第四次西藏工作座谈会上提出的"一产上水平,二产抓重点,三产大发展"的产业发展战略,都把第三产业置于优先或大力发展的地位,促进了产业结构层次的进一步提高。据统计,从1994—2002年,第一产业产值比重由46%下降到24.5%,非农产业产值比重由54%上升到75.5%。其中,在1997年,第三产业产值比重首次超过第一产业,属于转型性质的变化。

(6) 自西藏全面建设小康社会目标提出至今(2003—2009)。2003年,西藏提出全面建设小康社会目标,也是在这一年,西藏的第二产业产值比重达到25.7%,超过了第一产业比重3.7个百分点。从2003—2010年,西藏的第一产业产值比重由22%下降到13.5%，第二产业产值比重由25.7%上升至32.3%，第三产业产值比重由52.3%上升至54.2%。

三次产业从业人员比重和产值比重变化的趋势是一致的，但就业结构演进的速度要远远慢于产值结构演进的速度，这主要是因为农业和非农业的比较劳动生产率存在较大差异而引致的结果。

在城乡结构、所有制结构演化方面，也和制度变迁有密切关系，特别是国家的城镇化战略和市场化改革对于西藏的城乡结构、所有制结构演化起到了决定性作用。一是西藏的城市化率在90年代中期以前尚处于13%以下的低水平，90年代末以来城镇化进程才开始加快。城镇辖区人口数占全区人口数的比重已经由2000年时的31.6%提高到2008年的38.7%，到2009年，城市化率达到了23.8%。二是所有制结构因市场化改革而发生了重要转型。如同全国一样，西藏的农牧业所有制结构也是在改革开放初期因联产承包责任制实行而发生了重大变化，农村集体经济转变为集体家庭双层经营经济；在工业经济中，公有制经济在产值比重方面已退居次要地位，非公有制经济得到高速成长。2002年时，西藏各经济类型在增加值中所占的比重分别为：国有企业50.9%，集体企业16.5%，股份合作与股份制企业29.4%，其他性质企业3.2%，公有制企业占到2/3以上；到了2010年，在GDP中，公有制经济占55%，非公有制经济占45%；在全区税收总额中，公有制经济占17.1%，非公有制经济占82.9%。①

① 数据来自西藏自治区工商联。

第三章
西藏经济结构转型的环境要素条件

第一节 自然环境资源条件对经济结构的影响

西藏是青藏高原的主体，其生态环境和自然资源具备青藏高原的典型特征。其生态环境既具有原生态的优势，也存在高寒缺氧的劣势；自然资源总量丰富，但开发利用的难度较大，结构性短缺也相当明显。这样的环境资源对于西藏的产业发展和经济结构的优化，既有优势，也有劣势。

一、自然环境资源条件简介

西藏是世界上面积最大、海拔最高的青藏高原的主体部分，常被人们喻为"地球第三极"、"世界屋脊"。特殊的地理位置、独特的气候气象和辽阔的幅员面积形成了西藏丰富多样的环境资源类型。

（一）土地资源

西藏的土地资源面积辽阔，约占全国1/8，但耕地资源总量不多，已耕地只有300多万亩，宜农土地仅占全区面积的0.94%，而且区域差异明显，土壤结构不合理，有机质含量低。草地资源十分丰富，天然草场有8 000多万公顷，宜牧土地占全区面积的66.8%，是我国五大牧区之一，草场类型多样，区域间草原生态环境和牧草品质的差异明显存在。

（二）生物资源

西藏的生物资源丰裕多样，其中有众多特有的草药材资源和动物资源。据近年来的调查，西藏拥有野生植物9 600多种，其中高等植物6 400多种，大型真菌878种，藻类植物2 376种，有经济利用价值的达1 000种。被列入国家和《濒危野生动植物种国际贸易条约》(CITES)重点保护的野生珍稀、濒危植物39种。在喜玛拉雅山区和横断山区，总面积不到青藏高原的1/5，却集中了高原80 %以上的植物种类，约有600种高等植物为西藏高原所特有。

西藏有野生动物3 000余种，其中，哺乳类动物142种，鸟类488种，爬行类55

种,两栖类45种,鱼类68种,昆虫类2 305种。

（三）森林资源

西藏是我国目前森林资源最多,原始森林面积最大的省区之一。据2009年公布的全国第七次森林资源连续清查结果显示,西藏森林面积1 462.65万公顷,居全国第5位;活立木总蓄积22.73亿立方米,居全国第1位。西藏不仅是我国极为重要的后备用材林基地,而且是我国、南亚、东南亚地区许多大江大河水源的涵养中心。藏东林区是长江上游天然林保护区的重要组成部分,也是重要的生态天然屏障。

（四）矿产资源

西藏矿产资源极为丰富,全区已发现矿产100多种、矿产地2 000余处,已探明储量矿产中居全国前10位的有18种,铬铁矿质量好,品位高达50%左右,已探明的远景储量居全国之冠;铜矿的远景储量仅次于江西省。藏东玉龙大型斑岩铜矿储量高达600多万吨,世界罕见。锂的远景储量居世界前列。非金属矿中石膏居全国第二位;硼砂、菱镁矿、重晶石居全国第三位;砷、白云母、泥炭居全中国第四位;陶瓷土居全国第五位。还有食盐、天然碱、芒硝、硫、磷、钾、硅藻土、冰洲石、大理石、刚玉、水晶、玛瑙等多种矿产。

（五）水资源

西藏境内河湖密布,素有"江河源"和"生态源"之称,内流区域达62.4万平方公里。全区大于1平方公里的湖泊有612个,总面积24 183平方公里,占全国湖泊面积的30%。西藏的水能资源丰富,流域面积大于2 000平方公里的河流有100条以上,水能资源天然蕴藏量约为2亿千瓦,占全国水能资源的30%,其中可供开发的有5 600多万千瓦,约占全国的20%,现已开发利用量还不足可开发利用量的0.5%。

（六）清洁能源

西藏的清洁能源非常可观。作为"离太阳最近的地方",西藏是我国太阳能储量最为充足的地区之一。据统计,这里年平均日照在1 600～3 400小时,各地太阳能辐射在140～190千卡/平方厘米之间,自东向西逐渐递增。藏北的安多电站装机容量100千瓦,是目前我国装机容量最大的光发电站。

西藏的地热资源居全国第一,已查明的地热显示点达600多处,地热总热流量每秒55万千卡。在众多的地热田中,位于藏北当雄县的羊八井地热田最为著名,被誉为"地热博物馆",是世界上大型的地热田之一。崛起在这里的羊八井电站经过多年的建设,已成为国内目前最大的地热发电站。

西藏蕴藏着极大的风能资源,每年有近120～150天的风季,一些地方的风季长达180～250天，风级常在5～8级，据有关部门推测，年风能储量930亿千瓦时，居全国第7位。

（七）景观资源

西藏的自然风光十分壮丽，以蓝天雪山、神山圣湖、辽阔草原、河谷平原、原始森林等组成的高原自然风光，吸引着世界各地游客。譬如，有俯视全球的珠穆朗玛峰，有著名的纳木错、羊卓雍错，有不亚于四川九寨沟的林芝色季拉风景区，有苍茫壮丽的藏北羌塘大草原等。西藏不仅有世界屋脊独特的自然风光，也有别具一格的社会人文景观，仅寺庙在历史上最盛时就有2 700多座，还有不少宫殿、园林、城堡、要塞、古墓、古碑等。雅砻河风景名胜区位于号称"西藏粮仓"的山南地区南部，是藏民族公认的发祥地。雍布拉康藏语意为"母子宫"，是西藏最早的宫殿；桑耶寺藏语意为"无边寺"，"存想寺"，是西藏的第一所佛教寺庙，那里的藏王墓群（全国重点文物保护单位），是西藏王权发祥地的证明。

二、自然环境资源条件的优劣势

（一）环境资源条件中的有利因素

（1）生态环境保护良好。由于这里的本土文化和大自然和谐相融，也没有经历过大规模的工业化和资源开发，生态环境基本上保持了原生态，这里的蓝天、碧水、神山、圣湖、草原、森林的洁净、宁静、壮美，在全球已十分罕见，故有地球"第三极"之誉。这里还是十分重要的江河之源和气候调节区，是全国甚至亚洲重要的生态安全屏障。原生态的自然环境对于产业发展和经济结构优化的有利影响主要是两个方面：一是可以树立绿色产业、绿色产品形象，增加产品的附加值；二是为发展旅游业、文化产业、生态环保产业、藏医药保健业、高原食品饮品业等特色产业提供了得天独厚的资源条件。

（2）生态环境的多样性、差异性。西藏总体上是西北严寒，东南暖湿，由东南而西北呈带状更替。藏北有美丽的羌塘草原、藏东有茂密的原始森林、藏南有古老的高原农庄、藏西有广袤的戈壁荒漠。这种生态环境的多样性、差异性，既有利于各地发展特色产业，也使得西藏各产业的区域分布存在明显差异。

（3）资源丰富，特色产出众多。西藏森林和野生动植物资源在全国名列前茅。木材蓄积量居全国首位，原始森林、名贵树种众多；江河湖泊众多，日照充足，水能、太阳能资源居全国首位，地热资源也十分丰富，不只是重要的农牧业、工业资源，也是极重要的旅游资源。

（4）重要的边疆地区。西藏地处祖国西南边疆，与南亚诸国或地区毗邻，边境线约4 000公里。具备发展边境贸易和跨境旅游的条件。

（二）环境资源存在的劣势

（1）生态环境脆弱，局部地区生态环境有所退化，地质灾害频繁。西藏局部地区出现水土流失、土地退化现象。一些地区重力侵蚀和泥石流也很严重，全区退化草原面积已达11万平方公里，占草原面积的13.93%；沙漠化土地与潜在沙漠化土地面积已占全区总土地面积的18.17%，比全国15.9%的比例高出2.3个百分点。西藏是我国地质灾害最严重的地区之一，每年造成的直接经济损失达亿元以上。主要地质灾害类型有泥石流、崩塌、滑坡、冻胀融沉、碎石流和冰湖溃决等。

（2）资源存在结构性短缺，开发利用程度低。西藏的自然资源总体而言较为丰富，但煤炭、石油、天然气资源较缺乏。矿藏、森林、水能等资源虽然丰富，但开发利用的难度较大、成本偏高、利用率偏低。例如，仅雅鲁藏布江的装机容量即可达4 737.53万千瓦，但是西藏目前的水力发电装机容量仅10多万千瓦。

三、自然环境资源的保护和利用

（一）西藏生态环境保护的必要性和成就

西藏处于青藏高原腹地，占青藏高原境内面积大约一半。属于全国乃至亚洲最重要生态安全屏障的重要组成部分，这里作为“亚洲水塔”、“江河源头”、“北半球气候调节区”，其生态环境的好坏不只是关系到当地居民的利益，还关系到全中国乃至南亚、东南亚等区域居民的生态利益。因此，这里的生态环境具有战略意义和国际意义。另一方面，西藏高原的平均海拔在4 000米以上，由于海拔高，多数地区气温偏低、含氧量低、干旱少雨，植物存活率较低、生长周期长，覆盖较稀薄的植被一旦被破坏，恢复的难度和成本都很大。因此，保护西藏的生态环境在一定意义上讲比发展经济还要重要。

正因为如此，西藏的生态环境保护与建设得到了中央及西藏地方的高度重视，投入不断加大，成效非常显著。“十五”期间，国家和自治区用于生态环境保护与建设的投资就达24亿元，其中仅2008年就达到了4.8亿元。生态环境保护与建设方面取得了举世瞩目的成就。

（1）自然生态保护成就显著。一是建立了21个生态功能保护区、1个国家级风景名胜区，40个各级各类自然保护区。保护区面积达40多万平方公里，居全国之首。二是将昌都的江达、贡觉、芒康3县列入了长江上游天然林保护工程实施范畴，全面停止了天然林商品性采伐。三是落实草场承包经营责任制，有序推进退牧还草，促进了草地生态系统的修复与恢复。四是解决了农牧区120多万人的饮水安全问题。

（2）从严防治污染。一是严格环境准入条件，明确禁止发展造纸、化工等重污染、高耗能的工业。二是积极开展企业污染治理。实现了主要污染企业的达标排放。三是加大城镇环境综合整治力度。近年来，投入3亿多元资金，加快城镇环境基础设施建设步伐，不断提升城镇环境保护能力。四是严格环境执法，连续5年开展了整治违法排污企业、保障群众健康环保专项行动。

（二）妥善处理西藏的产业发展与环境资源保护的关系

西藏是全国"集中连片"的整体贫困地区，面临的反贫困和奔小康的任务繁重，中央第四次西藏工作座谈会(2001)确立了西藏的跨越式发展战略，中央第五次西藏工作座谈会(2010)把"确保经济社会跨越式发展"作为新时期西藏工作的指导思想的组成部分。[①] 在这样的背景下，西藏不可能不进行资源开发和发展产业经济，这就使得西藏有可能面临产业发展与资源环境保护的两难选择。为破解这种两难选择，西藏在经济社会可持续发展的进程中，必须坚持科学发展观，始终正确处理好资源开发利用与生态环境保护的关系，促进经济发展方式的转变。资源的开发利用要避免急功近利，超出环境资源的承载能力，努力实现产业发展与生态环境改善的双赢。

(1) 要加强环境立法、执法的力度，加强宣传和引导，提高全民环保和可持续发展意识。依法保护环境资源是比较可靠、有效的途径，为此需要加大立法、执法力度，但由于西藏幅员辽阔，环境执法需要国家和军队的支援。同时，要通过宣传和法制教育，切实提高全民的生态环境保护意识，唤起更多的领导和群众对生态环境保护工作的重视，使广大干部群众和进藏游客充分认识到保护生态环境就是保护自己美好的家园，也是自己应尽的社会义务。同时要动员社会一切力量，共同参与生态环境保护事业。

(2) 加强领导，制定优惠政策，促进生态环境保护工作的发展。各级政府要把生态环境保护纳入国民经济和社会发展计划之中，并明确各级政府和有关部门对生态环境保护工作的责任和义务，建立目标责任制，定期考核。同时，各级政府要制定对生态环境保护的优惠政策，对于不同类型的生态保护区，应根据其区划在保护的前提下进行资源的适度开发和经营。

(3) 分生态区域实施保护，带动全西藏生态环境走向良性循环。一是要加强自然保护区建设。要进一步加强自然保护区的规划与建设，主要应扩大其范围和门类(如各类资源、风蚀地貌、干旱荒漠等等)，使其逐步形成结构合理，门类齐全的自然保护区体系。二是要采取分类保护措施。根据西藏生态环境多样性、差异性

---

① 中央第五次西藏工作座谈会确立的当前和今后一个时期西藏工作指导思想的核心内容是"一个中心，两件大事，四个确保"。

特点,对不同生态环境类型区应采取分类保护措施,明确不同区域的经济功能和生态功能。对有些重要区域如天然林保护区、自然保护区、江河源头等,应限制开发甚至禁止开发,特别是雅鲁藏布江大峡谷南迦巴瓦峰东坡集中了西藏高原已知高等植物中三分之二的物种,栖息着孟加拉虎、滇金丝猴等众多野生珍稀动物,是西藏高原上的一个天然动物园,应建立风景保护区或自然保护区加以保护。

(4) 合理定位,资源开发与保护并重。中央第五次西藏工作座谈会明确了西藏发展的战略定位,提出了"两个屏障"、"两个基地"、"两个目标"的六项战略定位,即使西藏成为重要的国家安全屏障、重要的生态安全屏障、重要的战略资源储备基地、重要的高原特色农产品基地、重要的中华民族特色文化保护地、重要的世界旅游目的地。[①] 这个定位应该说较好地处理了资源开发与保护环境的关系。应遵照国家有关法律、法规,坚持"开发利用与保护增值并重"、"谁开发谁保护"、"谁利用谁补偿、谁破坏谁恢复"等方针。对资源开发的建设项目实行环境影响评价制度。保护和治理生态环境需要大量的资金和技术,建议自治区政府制定"征收自然资源开发利用生态建设补偿费条例",以筹集生态环境保护和建设的资金。

(5) 加强生态保护的基础工作,使生态环境保护工作走向科学化。生态环境保护的基础性工作主要包括生态类型区规划的制定和完善、生态监测研究体系和生态网络监测体系的建立健全、生态环境保护数据库的建立、生态环境保护区和有效管理示范研究基地的建设等。做好基础性工作需要以科技为依托,需要增加科技投入,靠科技引导带动全区生态环境保护。

第二节　人口、劳动力等要素条件

(一) 人口、劳动力条件现状

西藏的人口、劳动力状况主要呈现如下几个特征:一是规模不大,是全国人口、劳动力最少的省份。现有常住人口约 300 万人,各行业从业人员总数约 170 万人。二是密度很小。西藏是全国人口密度最小的省份,每平方公里不足 2.4 人。三是增长较快。和平解放以来,西藏总人口由 110 万人左右增加到 2010 年的 300.21 万人,增长率居于全国前列,改革开放以来更是居全国首位。四是分布不均衡,主要表现在:城市集中了绝大多数优秀的劳动力资源,农牧区人才匮乏;高级劳动力资源少,尤其是高技术人才和高级职业经理人缺乏;第一产业所占比重偏高(占 56%左右),第二、三产业人才缺乏。五是质量有待提高。到 2009 年底,西藏的各

① 朱晓明. 第 5 次西藏工作座谈会:新世纪西藏工作的重要里程碑. 中国民族报,2010.02.01.

类专业技术人员还只有5.21万人，其中还包括教学人员3.53万人；平均每万人中拥有的大中专学生只有178人，劳动力平均受教育年限不足7年。

（二）引致西藏劳动力资源现状的原因

首先，西藏的自然条件、经济条件和医疗卫生条件总体上不如内地，多数土地不适宜居住，且各地差异很大，使得人口、劳动力规模不大，且分布稀疏、很不平衡。

其次，较差的自然条件、经济条件制约着教育的发展。西藏的地理环境、气候条件恶劣，加之基础教育投入仍有欠缺，教育投资结构也不尽合理，使得基础设施建设和教师引进变得比较困难，影响了教育质量的提高。

第三，历史形成的旧观念和重男轻女思想或多或少仍在影响着大多数农牧民家庭和部分城镇家庭的选择，少数青少年特别是女孩子接受教育的机会少。

第四，西藏的社会经济环境导致劳动力资源利用率不高和人才存在外流现象。西藏的市场经济发育缓慢，企业等经营单位偏少，资源配置不合理，导致西藏的经济增长潜在能力远没有发挥出来。在此情况下，劳动者的总体收入水平难以大幅度提高，而企业对人才所支付的报酬不足导致留不住或稳不住高素质的劳动力资源。

另外，西藏由于市场经济还不发达，在人才管理和利用方面的计划经济色彩仍然存在，用人观念较陈旧，平均主义现象存在，严重影响了人才的利用和挫伤了人们工作的热情与积极性；同时，在人才的开发上缺乏长远目光，出现短期行为，忽视了本地区后备人才的培养和现有人才的充分利用；在人才的使用上只重视资历、学历，而忽视了对无资历但有真才实学这部分人才的充分利用。因此，人才的价值在社会上得不到充分认可，个人的发展空间极其有限，劳动力资源(尤其是人才)的利用率不高。

（三）产业经济可持续发展对劳动力资源培训的基本要求

西藏的产业具有特殊性，决定了其对人才素质的基本要求与内地有明显差别。

(1) 西藏自然环境的艰苦性、人文环境的复杂性，决定了对从业人员的素质要求更高。除了从业人员要有扎实的专业技能(或劳动技能)、良好的身体素质和优秀的政治素质外，还要具备多种非专业技能，个人技能、修养等因素对于产品(服务)数量、质量的稳定和提高更具有决定性意义。除专业知识、能力外，在青藏高原从业和生活的劳动者更要具有优良的身心素质、人文素质、科学素质，特别要强调其素质的综合性。

(2) 各行业活动的特殊性，决定了各产业人才培养应更注重应用性。第一、二产业的学科背景主要是自然科学，作为物质生产领域，其行业活动侧重于处理人与自然的关系，西藏第一、二产业的发展急需要掌握现代科技和高原适用生产技术的新型农牧民、熟练工人和优秀的科技人才、管理人才。这里的第一产业以高原畜牧业、农业(种植业)、林业为主,种养技术比低海拔的内地要求更高;第二、三产业的学科背景则突出表现为自然科学与人文、社会科学的交融,其行业活动既涉及人与自然的关系,更侧重于处理人与人之间的社会关系。相对而言,第二、三产业从业人员涉及的知识面应更宽,实践性、应用性应更强。事实上,拥有大批应用性技术人才,已成为发达国家各产业发展尤其是非农产业高速发展的主要经验和成功秘诀所在。现代管理学理论奠基人彼得·杜拉克认为,应用性技术人才是“最实际、最能带给发达国家长远竞争优势的人群”,应用性技术人才的培养“是今天美国经济能有强大生产力,拥有独特能力,能迅速创造新的、不同产业的真正秘诀”。

(3) 西藏的非农产业以建筑业、第三产业为主,也有重点地发展了一些现代工业,它们对人才的素质要求更注重复合性、开放性和适应性。非农产业内部的行业结构的显著特点在于行业、岗位的多层次性和变动性,特别是第三产业中新兴行业的迅速发展和传统行业的技术升级,已经催生并将不断催生大量技术含量较高、技术综合化的职业岗位,要求从业人员必须是掌握多种知识技能,善于吸纳新知识、新技术,社会适应性强的复合性、开放性人才。这就对人才培养提出了更高的要求,即要跟踪第三产业的高新技术的应用,适时调整人才的知识、能力、素质结构,努力培养第三产业发展所需要的技术应用型人才。

(4) 西藏所处的外部环境的特殊性,决定了其人才培养应更注重国际性。在我国经济日益开放、世界经济日趋一体化和西部开发的大背景下,具有国际生态、文化影响的西藏,将吸引越来越多的外资、外商和旅行者进入,从而会促进西藏各产业尤其服务业快速发展。但同时,也必将使产业国际竞争日趋激烈。这种机遇和挑战并存的外部环境对本地人才的培养及人才引进提出了国际性的更高要求。迫切需要精通国际法律、精通外语、通晓国际业务的经营性、服务型人才。

(四) 人力资源开发战略

(1) 战略思路。坚持“以人为本”的科学发展理念,建立人力资源培育、开发的新机制和新模式,以提高全区人力资源质量的总体水平为基础,以培养能够长驻西藏的本地人才为主体,以引进外地人才为辅助,与科学的人力资源管理模式相结合,建立科学的人力资源管理体系,促进人力资源的培育、开发和使用,实现区内人力资源数量、质量的稳步提升。

(2) 对策。①各级领导干部要坚持以人为本的观念,高度重视人力资源的关键作用。人力资源是第一资源,人力资源培育、引进、开发利用在实现西藏经济社会跨越式发展和可持续发展战略中要被置于先行地位。各级领导干部一定要坚持以人为本的观念,要识才、爱才、用才,重视人力资源的开发与使用。②扩大教育规模,提高教育效益。对西藏而言,全方位地加强教育是人力资源培育、开发的必由之路。一是要切实加强基础教育。只有切实加强基础教育,才能为其他层次的教育奠定好基础。二是要加强职业技术教育,改革和完善高等教育。这是为本地产业发展培养人才和熟练劳动者的主阵地,需要不断提高办学的规模、办学的适应性和办学质量。政府要利用政策杠杆,充分调动企业办职业技术教育的积极性。三是发展各级各类成人教育、在职培训,构筑终身教育体系。这对于缓解第三产业人才缺乏的困难具有更直接、更现实的意义。③正确对待西藏人才的三种来源。西藏的人才来源大致可分为三种:一是在内地接受高等教育尤其是从内地西藏班毕业又接受内地高等教育的人才,他们受教育水平相对较高,对西藏有感情,可长驻西藏;二是在区内接受高等教育的人才,他们受教育的水平相对低一点,但对西藏也有感情,也可长驻西藏;三是引进的人才,包括援藏人员,他们的水平基本上都较高,但难以长驻西藏。我们建议,根据上述三种人才的不同特点,应以前两种为主,引进人才为辅;还应根据本地产业发展的需要,有针对性地扩大内地西藏班的规模和层次。对于引进的人才,除了发挥自身的作用外,更重要的一个目标是要创造环境让他们带出一批本地人才。④创新劳动力资源管理模式,建立科学的用人机制。劳动力资源开发的目标是为了劳动力资源的使用,使劳动力资源发挥其经济功能、社会功能、文化功能。劳动力资源开发必须要与科学的劳动力资源管理模式相结合,建立科学的人才竞争机制、评价机制、激励机制和流动机制,用好每一个人才。在西藏,引进人才、留住人才、用好人才,需要更科学的激励机制和用人机制。

(五)资金条件

西藏的地方财政、金融具有小规模和入不敷出的突出特征,经营单位的自我资金积累也很薄弱,自身资金条件并不理想。然而,中央政府给予了西藏巨额财政补助和转移支付,也给予了全国援藏的特殊政策,产业发展的资金条件在西部地区并不算差。据统计,1958—2010 年,中央财政对西藏的财政补助和转移支付累计达到近 3 000 亿元,年均增长约 12%。1989—2010 年,西藏地方财政收入累计 224.1 亿元;2003 年西藏地方财政收入总量突破 10 亿元大关后,每年以 19%以上的速度增长,2010 年达到 42.47 亿元,“十一五”以来年均增长 24.2%;地方财政收入占 GDP 的比重由 1989 年的 0.6%提高到 2010 年 8.4%,上升 7.8 个百分点。表明西藏经济的“造血”功能已经有所改善,为进一步加大对产业经济发展的支持力度奠定了物质基础。全社会固定资产投资保持了年均 20%左右的增长速度,2002 年突破了百亿大关,2006 年突破 200 亿,2008 年突破了 300 亿,2010 年突破 400 亿,达到 463.258 5 亿元,资本形成率(相当于投资率)长期保持了 80%左右的较高水平。

（六）技术条件

相对而言，技术可能是西藏更为稀缺的要素，技术条件相对较差，不过，改善的速度却不慢。到 2009 年，科技对农牧业增长贡献率达 38.5%，科技对经济增长贡献率达 32%，科普率达 75%。① 西藏科技部门已经提出了“十二五”末实现科技对我区经济及农牧业发展的贡献率分别达到 40%、50% 的振奋人心的“4050”目标。②

第三节　对资源禀赋与条件的总体评价③

一、关于资源禀赋结构与经济发展战略的定性分析

（一）区域资源禀赋结构与经济发展战略理论分析的意义

西藏经济虽然是一个有着诸多特殊性的省域经济，但区域经济学的有关区域资源禀赋结构与经济发展战略的理论对诸如西藏这样的环境特殊、经济落后地区同样具有重要意义。

(1) 改善区域经济发展条件的关键是改变资源结构，即增加资本在资源禀赋结构中的相对丰富程度。就一个经济体或区域来讲，自然资源通常是给定的；劳动力增加的速度主要取决于人口的自然增长率和人口净迁入率，各个经济体之间并无太大的差别；唯一可以有巨大的增长差异的资源是资本。当我们讨论资源禀赋结构的提升时，事实上是指资本相对丰富程度的提高。因此，在区域经济发展的过程中，一定要重视资本的丰富与提升，增加资本在资源禀赋结构中的份额。

(2) 经济发展战略是外生的、可以由政府选择的变量。从中国传统的经济体制到后来的改革开放实践表明：宏观政策环境、资源配置制度和微观经营制度作为经济发展的内生变量，在逻辑上是由特定的资源结构和发展战略的选择而诱发形成的。这就要求在区域经济发展过程中，充分重视发展战略这一外生变量，用科学的发展战略指导经济社会的发展和实践。

(3) 区域经济增长因素中最重要的是技术进步。一般来说，区域经济增长的速度主要决定于四个因素：①各种生产要素尤其是资本的增加。②产业结构升级。

---

① 西藏社科院. 西藏蓝皮书 · 中国西藏发展报告(2010)[M]. 拉萨：西藏藏文古籍出版社，2010：260.

② 西藏社科院. 西藏蓝皮书 · 中国西藏发展报告(2009)[M]. 拉萨：西藏藏文古籍出版社，2009：247-253.

③ 本节内容参考了笔者任执行负责人的西藏自治区财政厅课题《西藏第三产业发展战略研究》的相关资料和思路。

③技术的进步。④制度变迁。在这四个因素中,最重要的是技术进步,其他几个因素要受到技术变迁速度的制约。所以,重视技术进步,促进技术升级,是区域经济实现跨越式发展的科学途径。

(4) 在一定历史阶段,少数民族和民族地区的发展要采取国家主导发展战略。各民族团结平等、共同发展、共同富裕是社会主义的本质要求,帮助少数民族和民族地区发展是党和国家的责任。因此,在一定历史阶段采取国家主导发展战略是必要的。当然,少数民族地区要处理好国家主导发展战略和建立社会主义市场经济体制的关系。既要在宏观上坚持国家主导发展战略,又要在微观上面对市场,以市场为导向,不断提高参与市场竞争的能力,要坚持建立社会主义市场经济体制的改革目标,使自身融入全国统一大市场。

(二) 西藏资源禀赋结构的特征及其评价

就西藏来讲,资源禀赋结构可以从自然环境、人文环境和制度环境等方面来进行分析。

(1) 自然环境及其评价。自然环境是人类生存和发展的物质基础和空间形式。自然环境对人类发展的作用和影响是随着生产力水平变化而改变的,一般来说,生产力水平高低同自然环境的作用和影响呈反向关系。

西藏的自然环境和资源既有有利于产业发展的一面,也有不利于产业发展的一面。有利的一面主要是:这里壮美神奇的高原风光和独特、瑰丽的民族文化,吸引着众多旅行者和商家光顾雪域圣地;一些有特色、富裕的资源和出产为特色产业发展奠定了基础;纯净的雪域圣地使来自西藏的产品和服务大都因为绿色环保而大大增加其附加值;沿边的区位有利于西藏发展边境贸易和边境旅游。不利的一面主要是:恶劣的自然环境和自然资源的开发难度造就了西藏发展的社会成本约束;西藏地广人稀,市场狭小,发展的代价较之其他地区要大得多;投资巨大,而收益回报低,这对投资和资本形成的抑制作用十分明显。

(2) 人文环境及其评价。人文要素是中国区域发展的重要条件之一。影响区域的人文要素主要有:人口与民族、区位及交通条件、地缘经济、区位文化、区域经济技术基础与区域创新系统等。对西藏的发展而言,人文环境所起的作用更加明显。

首先,西藏的交通、通信等基础设施条件虽有很大改善,但仍不能满足现实需要。交通、通信、网络等基础设施是发展的先导,这些条件的改善才能使西藏的人流、物流和信息流能够通畅,促进更大范围的物质、文化交流和融合,也才有利于企业的建立和成长,以及市场的发育和壮大。

其次,地广人稀和聚落分散。"地广人稀"是人地互为因果的现象,对发展的作用有两方面:一是聚落分散且规模小,经济社会事业发展的成本大;二是土地等资源的承载能力有限,人口对资源环境的压力过大。两方面因素负向加强,人口数量和质量的矛盾愈加突出，造成经济发展缺乏人力资本的有效支撑。

最后，传统文化特别是本地居民大面积信仰宗教的文化偏好，对西藏发展将持久发挥作用。民族传统文化是人文环境中的控制性因素，是西藏发展旅游业、手工业、藏医药、文化产业等产业的宝贵资源，同时传统文化与发展的调适水平和调适程度也对经济发展起着促进和阻碍作用。传统文化形成于过去，作用于现在，影响和规定着未来的发展方向。因此，改造传统文化，创新传统文化，增强传统文化的适应性，对西藏发展具有至关重要的作用。同时，要积极引导宗教与社会主义社会相适应，要依法管理宗教活动和事务，这是改善和形成良好的人文环境，促进西藏健康、文明发展的一项重要工作。

(3) 制度环境及其评价。新制度经济学理论习惯于把制度区分为“内在制度”(internal institutions)和“外在制度”(external institutions)。前者是从人类经验中演化出来的，如既有习俗、伦理规范等；后者是因设计而产生的，是被自上而下地强加和执行的，如政治法律制度。[①] 新中国的民族工作有两大历史任务：一是通过进行社会制度的变革，引导翻身的各民族人民走上社会主义道路；二是通过进行社会主义建设，加快各民族特别是少数民族和民族地区的经济社会发展，促进各民族的共同繁荣。在党的领导下，第一项任务早已胜利完成，第二项任务也已取得重大成就。但同时我们应该看到，社会主义革命的完成并不能自动解决经济发展和社会发育问题，还需要经济体制和发展方式等方面的适应性转变。

社会发育迟缓是影响西藏发展的主要障碍因素之一。价值判断体系、组织化程度、财富观念、行为习惯和能力、心理意识等诸多方面的落后和差距，导致发展的速度缓慢、质量不高、效率低下。同时，经济发展与社会进步互为因果关系，社会发育不良的问题不解决，经济就不可能持续健康发展，经济发展的效率就不能提高。

制度也是资本，也是生产力，改革开放就是通过制度创新解放生产力。就西藏发展来讲，我们必须要补上改革开放的必修课，缩小制度方面的差距，完善制度环境，学会运用市场机制求生存谋发展。作为民族地区，西藏的改革成本要大一些，社会转型更困难一些，承担风险和挫折的能力更弱一些。因此，改革的步伐既要快，也更要审慎和稳妥。

制度资源不足，制度环境缺乏对发展的促进和保障，这是西藏加快发展的制约因素。非正式制度的改良和培育是一个漫长的过程，正式的制度安排需要政府的强力介入，一定程度上的强制性制度变迁是必要的。特别是第二产业的微观主体是企业和个体工商业者，其市场化改革尤其是产权制度改革对于促进其发展具有

---

① 柯武刚，史漫飞．制度经济学——社会秩序与公共政策．韩朝华，译．北京：商务印书馆，2004:36-37.

关键性作用;第三产业集中了党政、司法等大量制度的制定者或与制度环境密切相关的部门,制度变迁与第三产业发展的关系极为密切。对第三产业中的有重大决策权、制度变革却相对滞后的部门进行制度变革,不仅有利于第三产业的发展,也关系到整个国民经济的发展。在西藏,第一、二产业的正式制度变迁和全国已经相差不大,第三产业的制度变迁则明显滞后,加快第三产业制度改革与创新的步伐显得尤为必要和迫切。

二、关于资本要素对经济增长贡献的定量分析

如前所述,就一个经济区域来讲,自然资源通常是给定的、劳动力增加的速度在各个经济体之间也无太大的差别,可以有巨大的增长差异的资源或要素是资本和技术。故这里只对这两个要素对经济增长的影响进行定量分析。

(一) 固定资产投资增长及结构分析

统计上描述资本要素的指标是“资本形成总额”,它包括固定资本形成、存货增加和无形资产净增加。据有关调查资料分析,在西藏,固定资本形成(可用固定资产投资近似地表示)要占到资本形成总额的80%以上,加之受西藏统计数据局限的影响,这里只考察固定资产投资对经济增长的影响。

(1) 固定资产投资额及其增长情况。90年代以来西藏加快了固定资产投资建设,固定资产投资总额逐年增加(见表3-1),21年来平均每年增长22.4%。

表3-1　90年代以来西藏固定资产投资总额及其年增长率一览表

年　份	固定资产投资		年　份	固定资产投资	
	总额(万元)	增长率(%)		总额(万元)	增长率(%)
1990	76 105	13.7	2001	857 725	29.0
1991	105 665	38.8	2002	1 089 868	27.1
1992	133 297	26.2	2003	1 386 165	27.2
1993	181 458	36.1	2004	1 684 361	21.5
1994	211 718	16.7	2005	1 961 916	16.5
1995	369 492	74.5	2006	2 323 503	18.4
1996	303 605	−17.8	2007	2 711 811	16.7
1997	345 495	13.8	2008	3 099 304	14.3
1998	427 457	23.7	2009	3 794 158	22.4
1999	566 030	32.4	2010	4 632 585	22.1
2000	665 044	17.5			

资料来源:《西藏统计年鉴2010》(中国统计出版社,2010年,第56页)。

通过表 3-1 可以清晰地看出,西藏 1990—2010 年的固定资产投资保持了迅速增长态势,而这种态势根本上源于国家对西藏投资的迅速增加。为了更清楚地看出这种投资快速增长的态势,我们借助表 3-2 和图 3-1 更具体地反映西藏在不同时期的固定资产投资情况。

表 3-2　西藏不同时期固定资产投资总额表　　单位:万元

时　间	六五	七五	八五	九五	十五	十一五
总额	170 424	307 626	1 001 630	2 307 631	6 980 035	16 561 361

资料来源:根据西藏统计年鉴数据计算而来。

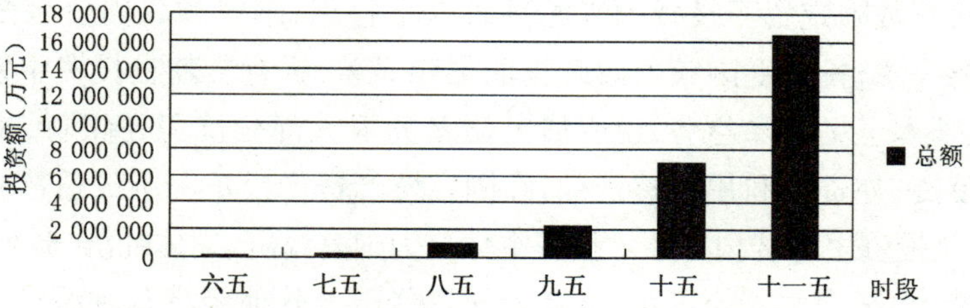

图 3-1　西藏自治区按五年计划统计的固定资产投资额

资料来源:上图根据表 3-2 绘制。

(2) 西藏固定资产投资结构分析

首先,从投资来源结构考察。现阶段西藏固定资产投资的主要来源是国家预算内资金、自筹资金和其他资金,国内贷款、利用外资所占比重较小。如表 3-3 所示。前三者之和在 1998 年之前大致占到固定资产投资财务拨款总额的 80%以上,1998 年之后大致占到 90%以上,2003 年以后更是占到了 95%以上。

表 3-3　全社会固定资产的来源结构动态表　　单位:%

年　份	国家预算内资金	国内贷款	利用外资	自筹资金	其他资金
1995	69.29	4.02	0.23	19.7	6.77
1996	25.26	16.32	0.1	47.48	10.84
1997	25.6	17.35	1.23	43.24	12.59
1998	46.51	7	0.38	31.54	14.57
1999	50.68	3.84	0.04	34.34	11.1
2000	63.48	3.62	0.03	22.6	10.26
2001	60.62	6.32	—	23.47	9.6
2002	68.31	5.86	0.03	8	17.8
2003	60.29	4.01	—	20.47	15.23

续表 3-3

年　份	国家预算内资金	国内贷款	利用外资	自筹资金	其他资金
2004	58.48	3.45	—	22.43	15.64
2005	59.87	2.91	0.16	18.26	18.74
2006	44.44	1.93	0	27.53	26.14
2007	58.88	1.33	0.06	24.26	15.48
2008	59.15	1.51	0	24.67	14.67
2009	57.05	2.88	0	30.32	9.75

资料来源:1996—2010 年各年的《西藏统计年鉴》,中国统计出版社出版。

这表明西藏固定资产投资的来源具有以下特点:国家预算内资金是固定资产投资最重要来源,投资受国家财政政策的影响显著;银行贷款在投资中发挥作用不充分,而且基本上呈下降趋势,说明居民储蓄的很大部分沉积在银行,未能及时转化为有效投资;外资的利用率特别低,在固定资产资产投资中所占份额微乎其微。

其次,从投资主体结构考察。投资主体分为国有经济、集体经济、城乡个体、联营经济、股份制经济、外商投资经济、港澳台投资经济及其他经济八种经济类型。我们选择 1995—2007 年西藏固定资产投资主体结构同全国对比进行分析,见表 3-4。

表 3-4　西藏与全国全社会固定资产投资经济类型构成的比较　　单位:%

年　份	国有经济		集体经济		私营个体		其他经济	
	西藏	全国	西藏	全国	西藏	全国	西藏	全国
1995	97.50	54.44	—	16.43	—	12.79	2.50	16.34
1996	95.85	52.40	—	15.94	—	14.01	4.11	17.65
1997	91.54	52.49	1.19	15.44	2.58	13.75	4.69	18.32
1998	93.48	54.11	1.48	14.76	3.13	13.18	1.91	17.95
1999	95.31	53.42	1.14	14.53	3.30	14.05	0.25	18.00
2000	95.89	50.14	0.27	14.59	1.98	14.31	1.86	20.97
2001	94.66	47.31	0.26	14.18	2.89	14.59	2.19	23.91
2002	87.13	43.40	0.38	13.76	—	14.99	—	27.85
2003	93.88	38.98	0.39	14.41	2.40	13.89	3.33	32.71
2004	84.36	35.51	0.74	14.14	5.91	14.02	8.99	36.33
2005	80.98	33.42	3.53	13.48	6.34	15.65	9.15	37.45
2006	67.85	29.97	2.34	3.28	19.26	22.21	10.55	44.55
2007	62.56	28.17	1.70	3.38	18.50	24.11	17.24	44.34

资料来源:1996—2008 年各年的《中国统计年鉴》与《西藏统计年鉴》,中国统计出版社出版。

表 3-4 表明 1995—2007 年西藏与全国全社会固定资产投资,从投资主体结构上均呈现出国有经济投资增速减慢、投资主体结构多元化格局逐步形成的良好态

势。这一态势在近两年得以持续,2008—2010 年,在西藏固定资产投资总额中,国有经济投资分别占到 67.79%、70.73%、72%,集体经济投资分别占到 0.41%、1.17%、0.66%,私营经济投资分别占到 10.4%、10.02%、4.5%,其他经济投资分别占到 21.4%、19.2%、22.8%。

(二) 固定资产投资对西藏产业发展的推动作用分析

(1) 投资效益比较。反映固定资产投资效益的只要指标是投资效益系数。投资效益系数是以价值形式反映投资活动的总成果与投资总额之间的比例关系,是用来综合反映投资总效益的一个极其重要的指标。固定资产投资效益系数用一定时期的国内生产总值时期的国内生产总值增加值与当期的固定资产投资总额之比来表示。为了全面的反映西藏固定资产投资对于第三产业的投资系数,我们选择 1995—2009 年西藏三次产业固定资产投资效益系数(见表 3-5)分析该问题。

表 3-5　西藏三次产业固定资产投资的投资效益系数动态表

年份	总投资	一产	二产	三产
1995	0.32	2.72	0.56	0.12
1996	0.31	2.62	−0.27	0.35
1997	0.41	1.18	0.67	0.23
1998	0.40	1.27	0.18	0.58
1999	0.31	1.67	0.14	0.44
2000	0.22	0.88	0.26	0.16
2001	0.30	0.38	0.30	0.29
2002	0.27	0.59	0.05	0.30
2003	0.19	0.17	0.70	0.08
2004	0.22	0.79	0.19	0.20
2005	0.17	0.30	0.45	0.11
2006	0.17	0.22	0.63	0.11
2007	0.19	0.25	0.47	0.13
2008	0.17	0.35	0.26	0.13
2009	0.12	0.14	0.23	0.08
平均	0.25	0.90	0.32	0.22

资料来源:上表根据统计年鉴相关数据计算确定。

从表 3-5 可以看出,西藏在 1995—2009 年之间,西藏的固定资产总投资效益系数偏低,且总体上呈缓慢下降趋势,由 1995 年的 0.32 下降到 2009 年的 0.12,效益系数平均值为 0.25,这说明西藏固定资产投资的总体效益不高。具体来说,第一产业的固定资产投资效益系数在 1995—2009 年间大幅下降,由 2.72 下降到

0.14,表明投资效益不断下降的趋势更加明显;第二产业的投资效益系数在1995—2009年间波动较大,如1996年为-0.27,2003年为0.70;第三产业的投资效益系数在三个产业中最低,总体上也呈缓慢下降趋势。整体上看,第一、二、三产业的固定资产投资效益系数平均值分别为0.90、0.32和0.22,即第一产业投资效益最好,第二产业次之,而第三产业最差。但是,第一产业投资效益系数较高是因为耕地、草场等对农牧业的贡献并未计入固定资产投资之中,实际上,如果扣除这个"靠天地种养"的粗放经营因素,则"一产"投资效益是要低于第二、三产业的。

(2) 投资贡献比较。为了进一步论证固定资产投资对西藏各产业的贡献,我们再选择固定资产投资比重和年增长率两个指标来进行考察(见表3-6)。

表3-6 西藏各产业固定资产投资及其比重动态表 单位:%

年份	固定资产投资(亿元)				比重(%)			增长速度(%)			
	总投资	一产	二产	三产	一产	二产	三产	总投资	一产	二产	三产
1995	31.18	0.86	9.51	20.81	2.76	30.50	66.74				
1996	28.73	1.42	7.24	20.07	4.94	25.20	69.86	-8.76	65.12	-23.87	-3.56
1997	30.27	1.72	8.26	19.90	5.68	28.61	65.74	5.36	21.13	14.09	-0.85
1998	35.28	1.69	18.42	15.16	4.79	52.21	42.97	16.55	-1.74	123.00	-23.82
1999	46.04	1.72	26.35	17.98	3.73	57.23	39.05	30.50	1.78	43.05	18.60
2000	54.67	2.44	12.50	39.73	4.46	22.87	72.67	18.74	41.86	-52.56	120.97
2001	71.71	3.04	16.37	52.30	4.24	22.83	72.93	31.17	24.59	30.96	31.64
2002	85.91	3.73	14.83	67.34	4.34	17.26	78.38	19.80	22.70	-9.41	28.76
2003	118.31	5.71	21.40	91.19	4.83	18.09	77.08	37.71	53.08	44.30	35.42
2004	162.36	4.55	27.18	130.64	2.80	16.74	80.46	37.23	-20.32	27.01	43.26
2005	181.39	12.57	23.80	145.02	6.93	13.12	79.95	11.72	176.26	-12.44	11.01
2006	231.14	13.24	26.43	191.47	5.73	11.43	82.84	27.43	5.33	11.05	32.03
2007	270.34	15.70	39.32	215.33	5.80	14.54	79.65	16.96	18.58	48.77	12.46
2008	309.93	16.00	65.05	228.88	5.20	20.99	73.85	14.64	1.91	65.44	6.29
2009	379.42	23.60	89.48	266.35	6.22	23.58	70.20	22.42	47.46	37.54	16.37
平均	135.78	7.20	27.08	101.48	4.83	25.01	70.16	19.54	26.69	17.37	19.97

注:①资料来自《西藏统计年鉴2010》(中国统计出版社,2010年)第56、58、64页;②投资额为城乡投资额之和,比重和增长速度由笔者计算确定。

表3-6反映了1995—2009年西藏三次产业的全社会固定资产投资额、比重及其变动情况。首先,从各产业投资比重看,2000年以来呈现按"三二一"排列的格局,第三产业投资大致占到全社会固定资产投资额的70%以上,第二产业投资额所占比重为20%左右,第一产业投资额所占比重不足10%。其次,全社会固定资

产投资总额及各产业投资额增长速度较快。投资总额从1995年的31.18亿元增加到2009年的379.42亿元,年均增长19.54%(按当年价格比较);同期第一、二、三产业的全社会固定资产投资总额分别由0.86亿元、9.51亿元和20.81亿元增加到23.60亿元、89.48亿元和266.35亿元,年均增长率分别为26.69%、17.37%和19.97%,即第一产业固定资产投资增长最快,但波动较大,第三产业次之,第二产业增长较慢,但2007年以来有加速迹象。受巨额固定资产投资额的拉动,西藏的第三产业发展迅速,目前第三产业的发展1997年以后已构成西藏经济高速增长的主要动力,受近年来第二产业投资加速的影响,第二产业产值增长速度已跃居各产业第一位,它们共同引领西藏产业结构已由传统的"一、二、三"转变为"三、二、一"模式,西藏的经济结构层次有了明显提高。

(三)基本结论与展望

1. 基本结论

通过上述分析,可以得出几个基本结论:

(1) 西藏的固定资产投资增长迅速,国家投资是西藏固定资产投资中最重要的来源,是西藏产业发展的强大动力。改革开放以来,西藏的国民经济在投资拉动下实现了持续快速发展,特别是中央第三、第四次西藏工作座谈会召开以后,中央和全国对口支援单位对西藏的投资持续快速增加,促使西藏固定资产投资额不断攀升,进而也推动了西藏经济的持续强劲增长。2004年至2010年的7年间,西藏固定资产投资累计超过1 700亿元,比1978年至2003年25年间的投资总和还高出1倍以上,年均增幅达18.4%;据中央第五次西藏工作座谈会后有关部门发布的信息,在"十一五"计划期间,国家投资1 600多亿元支持西藏经济社会发展,"十二五"计划期间,国家对西藏的投资将超过3 000亿元。快速增长的固定资产投资成为推动西藏经济持续快速增长的重要力量,也为西藏各产业的发展提供了强大动力,自1994年以来,西藏按可比价计算的地区生产总值平均每年增长12%以上。

(2) 西藏的固定资产投资主要投向了非农产业,第三产业更是吸收投资的大户。在全社会固定资产投资总额中,第二、三产业投资占到95%左右。而在中央和全国对口支援单位的援藏工程中,直接与西藏的第二、三产业相关的项目就占了很大比例,这些项目涉及能源、交通、邮电、民航、文教、卫生、广播等方面。从中央第五次西藏工作座谈会的精神看,今后国家对西藏投资的重点领域将是改善民生、基础设施建设、维护社会稳定、科技教育、建设生态安全屏障等领域。

(3) 西藏的固定资产投资效益需要提高。近年来西藏的投资效益系数已降到15%左右,还不到全国水平的一半。一方面,我们要正视西藏建设、发展成本高的事实,努力争取国家和对口支援单位加大对西藏的投入;另一方面,西藏各级党政部门、行政事业单位以及企业单位也要切实贯彻科学发展观、转变经济发展方式,努力提高投资效益。

(4) 过度依赖国家和政府投资,利用银行贷款和吸引外资不够。正如上文所分析的那样,西藏的经济发展方式属于典型的“政府供给型”或财政推动型发展模式。由于西藏是全国典型的后发地区,同时也是国家确定的唯一“集中连片开发的贫困地区”,为了加速西藏的经济建设,实现各民族共同繁荣,维护边疆稳定,中央财政对西藏一直实行扶持政策,在固定资产投资领域的倾斜更加明确(国家在不同时期均为西藏确定了重点投资项目)。由此决定了西藏的产业经济发展过度依赖政府投资的局面。与此同时,由于西藏的固定资产投资主要来源于政府财政资金,而在直接融资、争取银行信贷资金、招商引资、吸引民间投资等方面明显不足,因此,今后在继续争取国家财政资金的同时,需要吸引各类市场主体投资西藏的产业经济。

(5) 要重视西藏投资的社会效益和生态效益。如前文所分析的那样,西藏的固定资产投资效益确实偏低,第三产业更是如此。同时西藏非农产业尤其是第三产业的超前发展不是靠市场力量推动,而是外生推动力量引致的结果。不过,我们不能因此而否定西藏发展产业经济的重要性,因为我们需要看到的另一个重要事实是:虽然西藏各产业所产生的经济效益比较有限,但其社会效益、生态效益却十分巨大。一是西藏各产业比较好地解决了西藏各族人民的基本生活需要。二是西藏各产业是老百姓就业、增收的靠山。三是西藏自治区位于我国西南边陲,有着重要的国防地位,基础设施建设和经济发展也有巩固国防的功能。四是西藏是我国重要的多民族聚居地区和最大的藏区,发展经济关乎民族团结和兄弟民族共同繁荣。五是西藏是我国重要的生态安全屏障。建设西藏的自然保护区,发展西藏的林业和草业,发展生态环保产业,不只是关系到西藏当地居民的生态利益,也关系到全国人民甚至亚洲人民的生态利益。因此我们在考虑西藏社会经济问题时更应该把社会稳定因素、边境稳固因素、生态安全因素和经济因素结合起来,如果单纯按照经济因素分析西藏经济,我们可能会得到不切实际的结论。

2. 展望

伴随中央第五次西藏工作座谈会的召开,国家对于西藏的投资会有巨大增加,“十二五”期间会超过 3 000 亿元,这可能是西藏百年难遇的发展机遇。因此,现在和将来西藏发展最急缺的不是资金,而是要有好的项目,使国家巨额投资能用好用足。西藏一定要抓住历史机遇,编制好自己的“十二五”规划和各种配套的专项规划,争取各产业的固定资产投资有更快的增长,同时要进一步优化投资结构,重视特色产业发展,重视提高固定资产投资效益。

三、技术进步对经济增长的影响

技术进步是发展经济学或产业经济学中使用较多的一个比较抽象的概念,例如,道格拉斯生产函数和索洛增长模型都把技术进步作为一个外生变量。大量研究表明,技术进步与产业发展密不可分,技术进步不仅是第二、三产业形成和发展的基础,而且是产业发展的重要推动力。下面以第三产业为例,简要分析技术进步对产业发展的影响。

(一)技术进步大大提高了知识在西藏产业经济中的地位

一方面,它促使更多的人从事知识产业,另一方面对劳动力的素质提出了更高的要求,从而推动了科研、情报、教育当第三产业部门的发展。到2008年底,西藏自治区共有国有独立研究机构33所,民营科研机构9所,自治区、地、县二级农牧推广机构140个。科研人员1 825人。各类科技示范园区4个,自治区重点实验室5个,自治区工程技术研究中心3个。2009年底,西藏全区共有各级各类学校1 014所,其中小学884所,普通中学118所,中等专业学校6所,高等学校6所(见下表3-7、表3-8)。

表3-7　部分年份西藏自治区有关教育指标

年份	1993	2002	2007	2009	2010
学校数(所)	3 178	1 019	977	1 014	1 006
高等学校	4	3	6	6	6
中等学校	84	117	127	124	128
小学	3 090	899	844	884	872
教职工数(人)	16 774	23 182	32 924	35 421	36 105
高等学校	1 744	1 829	2 888	3 082	3 312
中等学校	4 502	7 722	11 586	13 046	13 504
小学	10 528	13 631	18 450	19 293	19 289
每万人口中的高学历学生数(人)					
大学生	12	32	94	104	106
中专生	22	24	67	74	77
中学生	112	339	634	626	613

注:①资料来自《西藏统计年鉴2011》(中国统计出版社,2011年);②教职工人数未含幼儿园教职工。

表3-8　部分年份西藏自治区有关科技指标

年份	1995	2000	2008	2009
各类专业技术人员总数(人)	30 353	36 587	48 524	52 107
自然科技人员	24 548	30 924	45 644	48 934
其中:教学人员	12 089	17 323	33 063	35 276
社会科技人员	5 805	5 663	2 880	3 173

资料来源:《西藏统计年鉴2010》(中国统计出版社,2010年)。

（二）技术进步优化了产业结构

产业结构的优化表现为结构的合理化和高级化。结构的合理化是指各产业内部保持符合产业发展规律和内在联系的比例，保持各产业持续、协调发展。结构的高级化是指各产业内部各行业协调发展的基础上，新兴产业（如新能源产业、新材料产业、信息产业、咨询业、现代通讯等）迅速发展，在非农产业中所占的比重迅速上升，而传统产业（如农牧业、食品加工业、手工业、建筑业、商业、饭店业、运输业等）的技术水平不断提高，但比重却在下降。西藏的产业结构优化受到了技术进步的影响主要表现在：

技术进步为西藏发展高产、高效、优质农牧业以及现代第二、三产业带来了广阔的发展空间。技术进步渗透于经济社会的各个方面，尤其给第二、三产业内的各行业带来巨大变化，使之建立在科技之上，为第三产业的发展带来广阔的前景。第二、三产业结构变动的一般趋势表明，随着技术的不断进步，传统制造业以及商业、旅馆、饭店业的产出比重将逐渐下降，新能源产业、新材料产业、信息产业、生物产业、运输、仓储和邮电通讯业、金融保险、房地产和产业服务等现代产业的比重会较大幅度提高；当科技水平以及人均收入上升达到一定程度后，传统制造业、运输业、仓储业比重下降，而通讯、金融保险、房地产和产业服务业比重继续上升；在发达国家中，个人和社会服务业的比重也趋于上升。这就是新兴产业促进产业内部结构优化的总体趋势，这种结构优化拉动了第二、三产业比重的持续上升，也给第二、三产业带来了无限的空间。光电、地热电、生物制药等现代工业以及现代商业、旅游、邮电、饮食服务、文化娱乐、IT 等在旧西藏闻所未闻的新兴产业迅猛发展。特别是通信事业实现了超前发展，形成了以拉萨为中心、覆盖全区，由光缆、卫星传输，集程控交换、卫星通信、数字通信、移动通信于一体，达到当代先进水平的通信网络。2010 年，西藏邮电业务总量完成 638 381 万元，进出口总额 565 890 万元，旅游总收入 714 401 万元，2010 年底，西藏全区电话机用户达到 201.5 万部。同时，传统的农牧业也会借助科技力量而达到“上水平”的目的。

（三）科技对经济增长的贡献在增强

西藏通过近几年实施“新农村建设科技促进行动计划”、“金牦牛科技工程”、“金太阳科技工程”、“藏毯产业发展科技工程”、“藏医药产业创新支撑平台建设”、“科技富民强县专项行动计划”、“农牧科技成果转化基地建设”等一批重点科技项目，增产增收效应明显，科技对经济的贡献率不断提高。据有关部门调查估算，西藏实施的科技富民强县项目使实施地人均年收入增加 4 839.3 元，提高了科技成果转换能力和科技创新能力；2007 年日喀则地区南木林县《南木林县艾玛岗特色马铃薯加工》项目实施以来，每个种植户平均每年增加收入 3 500 元；林周县的春青稞连片标准化种植示范基地2008年新增产量198.68万公斤，新增产值408.84万元，项目投入产出比达到了1∶3.35。① 2009年，科技对农牧业发展的贡献率达到了38.5%，科技对经济增长贡献率达32%，科普率达75%。②

① 资料来自中国西藏信息中心2008-12-9报道"西藏科技30年："一产上水平"提升县域经济发展"。

② 西藏社科院. 西藏蓝皮书·中国西藏发展报告(2010)[M]. 拉萨：西藏藏文古籍出版社，2010:260.

第四章
西藏的产业结构转型

第一节　相关概念界定

一、产业和产业结构

按照产业经济学理论，产业是指从事国民经济中同一性质的生产或其他社会经济活动的企业、事业单位、机关团体的总和，即在社会分工条件下的国民经济各部门。这样的产业部门，不是从来就有的，而是在社会分工发展的基础上，逐步形成和发展起来的。[①]

关于"产业结构"一般有两种定义：一是按照产业组织经济学的解释，是指市场结构；二是按照东方产业经济学理论，是指国民经济各产业之间的比例关系。现在的产业结构分析一般采用后一种定义，且一般用产值结构和从业人员结构来进行描述。

二、产业分类

（一）产业分类的理论依据

马克思、恩格斯将社会生产分成三个层次：首先是"一般的分工"，即分成农业、工业等大类；其次是"特殊的分工"，即把生产大类分为种和亚种；第三是"个别的分工"，即在工厂内部进行的工种划分[②]，并提出了两大部类分类法、两大领域分类法。该理论为我国产业分类和界定提供了理论依据。20 世纪 80 年代中期以前，我国国内基本上是依据该理论将国民经济分成两大部类、两大领域，再分成生产性行业（五大物质生产部门）和非生产性行业。

目前流行的三次产业分类法是由英国经济学家费希尔和克拉克在 20 世纪 30 年代提出的。费希尔在 1935 年首先提出了"第三产业"的概念，克拉克则最早运用

---

① 李悦. 产业经济学（第四版）[M]. 北京：中国人民大学出版社，2008：482.

② 马克思，恩格斯. 马克思恩格斯全集[M]. 中文 1 版，第 23 卷. 北京：人民出版社，1972：389.

三次产业分类法揭示了产业结构演进规律①。

（二）我国的三次产业分类

1985 年我国首次建立了第三产业统计，并对三次产业给出明确划分；1987 年国家统计局提出三次产业分类的具体标准和范围。即：第一产业指广义农业，即农林牧渔业，第二产业包括工业和建筑业，第三产业指除了第一、二产业以外的各业，具体又分为流通、服务两大部门、四个层次。2002 年，我国制定了新的行业分类标准(GB/T4754—2002)原来的分类标准的不同表现在：一是，将“木材及竹材采运业”、“农林牧渔服务业”分别由第二、三产业划归第一产业；二是，第三产业不再划分为四个层次，而是分为 15 个行业门类②：即：F. 交通运输、仓储和邮政业；G. 信息传输、计算机服务和软件业；H. 批发和零售业；I. 住宿和餐饮业；J. 金融业；K. 房地产业；L. 租赁和商务服务业；M. 科学研究、技术服务和地质勘查业；N. 水利、环境和公共设施管理业；O. 居民服务和其他服务业；P. 教育；Q. 卫生、社会保障和社会福利业；R. 文化、体育和娱乐业；S. 公共管理和社会组织；T. 国际组织。

三、西藏产业结构调整与演化研究综述

（一）关于产业结构特征及调整进程

孙勇早在 1991 年就指出，西藏的经济形态既不是自然经济，也不是现代经济，而是独特的非典型二元结构，西藏发展和改革的主题，就是转变双重非典型二元结构。1994 年，俞允贵等人认为，西藏自身的生产力结构决定了西藏劳动密集型的、以农牧业为主体的产业结构。1995 年，王韶泉则把西藏的产业产值结构形态归纳为“V”字形结构③。1996 年，毛阳海把西藏“V”字形产业结构与全国的“A”字形产业结构做了比较同时指出了西藏产业结构调整所表现出输血型、消费型、粗放型等特征④。2003 年，宋洪远、廖洪乐通过计算产值结构与就业结构的偏离度，揭示这两种结构形态差异⑤。图登克珠(2003)根据 21 世纪世界经济发展的主要趋势和科技创新的主要动力，主张通过科技创新来调整我区的产业结构，主要因为科技创新是产业结构调整的直接动力，是影响产业结构变迁的内在机理，是促进产业结构调整的具体途径，是推动产业结构优化升级的有

---

① 李悦. 产业经济学(第四版)[M]. 北京：中国人民大学出版社，2008：194.

② 国家统计局. 国民经济行业分类标准(GB/T4754—2002)[M]. 英文大写字母为行业门类代码.

③ 王韶泉. 西藏第三产业比重偏高的成因、影响及趋向[J]. 西藏统计通讯，1995(3).

④ 毛阳海. 西藏现行产业结构对经济的影响[J]. 中国统计，1996(12).

⑤ 宋洪远，廖洪乐. 关于西藏产业结构调整与经济发展战略问题的思考[J]. 管理世界(月刊)，2003(1).

利条件。文中从科技创新的角度来分析产业结构调整，在当时来看是比较新的视角。[①] 2005年，方敏对西藏的产业结构形态进行了分阶段描述，率先运用计量经济模型分析了西藏产业结构演化规律[②]。吴桂修、傅浩、覃蓉芳(2007)运用比较研究方法通过对西藏与西部其他省市(区)产业结构的比较，得出西藏产业结构比例严重不协调，第一产业比重明显偏高，第二产业比例太低，第三产业比例虚高，不合理的产业结构形态严重阻碍了西藏经济的发展。文中采用比较研究方法，将西藏与西部其他省区作了比较，得出的结论符合西藏产业结构的现实状况。[③]

(二) 关于产业结构调整的原因

1991年孙勇基于西藏经济社会处于"非典型二元结构"的判断认为西藏既难以选择集中资金加速工业化的赶超型发展战略，也难以选择保证平衡发展的变通型战略[④]；方敏研究指出在影响西藏产业结构演化的因素中，除与收入水平相联系的普遍因素影响外，自然资源禀赋、市场规模、贸易及资本流入也是影响经济结构变化的因素[⑤]；史云峰(2004)从西藏资源禀赋结构角度的研究认为西藏自然环境恶劣、人文环境保守、制度环境缺失，使西藏发展环境异常严峻[⑥]；陈刚(2004)研究表明西藏三次产业劳动生产率由高到低依次为第二产业、第三产业和第一产业；俞允贵等(1994)使用定性分析方法探讨了生产力结构、需要结构、分配结构和外贸结构对产业结构演化的影响[⑦]；王韶泉(1995)认为西藏第三产业在GDP中所占比重偏高与财政贡献有直接关系[⑧]；方敏(2005)运用钱纳里模型对西藏产业结构演变原因进行研究后认为，中央扶持、兄弟省(市、区)支援以及与内地商品和劳务往来等是西藏产业结构演变实际的、主要的影响因素。[⑨]

(三) 产业结构调整目标、路径

1994年，肖怀远对西藏产业政策、产业结构、产业发展问题进行了系统分析和

---

① 图登克珠. 依靠科技创新，调整产业结构——浅谈科技创新是调整和优化西藏产业结构的必然选择[J]. 西藏大学学报(汉文版)，2003(1).

② 方敏. 西藏产业结构演化模式分析[J]. 西藏研究，2005(1).

③ 吴桂修，傅浩，覃蓉芳. 西藏产业结构及其比较分析[J]. 西南民族大学学报(人文社科版)，2007(2).

④ 孙勇. 西藏：非典型二元结构下的发展改革——新视角讨论与报告[M]. 北京：中国藏学出版社，1991:8-10,67.

⑤ 方敏. 西藏产业结构演化模式分析[J]. 西藏研究，2005(3).

⑥ 史云峰. 西藏资源禀赋结构与跨越式发展战略分析[J]. 西藏发展论坛，2004:6.

⑦ 俞允贵，文德明，金巴杨培. 西藏产业论[M]. 北京：中国藏学出版社，1994,4.

⑧ 王韶泉. 西藏第三产业比重偏高的成因、影响及趋向[J]. 西藏统计通讯，1995(3).

⑨ 方敏. 西藏产业结构演化模式分析[J]. 西藏研究，2005(3).

研究①；1995年，李玲燕等人提出西藏产业发展应当实现梯度成长、农牧业不能作为现阶段的主导产业、“旅游立区”不可行、工业化是西藏经济发展的必然选择等②；温军(2000)认为西藏必须改变传统产业发展模式，走产业可持续发展道路③；宋洪远、廖洪乐(2003)提出西藏要加快非农产业发展和小城镇建设，缩小城乡差别④。刘雨林(2006)以产业结构理论、产业结构调整的经济学基础为背景，对西藏产业结构调整的基本特征及调整方向进行了分析；利用比较优势理论，着重研究了西藏产业结构调整中应该如何选择其主导产业，并且用区位商法甄选出了西藏的主导产业，由此提出了西藏的主导产业应调整为旅游业、建筑业、藏医药业、绿色饮料业、采矿业等五大产业。文中用区位商法识别西藏优势产业的方法是一种比较独特的视角⑤。刘刚、沈镭(2007)采用产业经济学、计量经济学、统计学和GIS中的相关方法和技术，对西藏1951—2004年期间产业结构演进的特征进行了定量评价，利用指标计算分析了三次产业及内部结构、就业产业结构、产业结构升级转换等层面的动态演进过程，最后，归纳出西藏产业结构演进的主要驱动力是需求结构约束、资源禀赋差异、政府引导的巨大作用和潜力较大的高原特色产业技术创新能力，并针对性地提出了“优化第三产业结构，保证第一产业发展，重点扶持第二产业”的对策。⑥

第二节　西藏产业结构变迁与转型的目标

一、产业结构演变的一般规律

不同区域的产业结构形态及其演进路线、途径不会完全相同，不同的产业结构也有着不同的经济绩效。但产业结构演进的长期目标方向和基本规律总有许多相同或相似的地方。因此，产业经济学揭示的产业结构调整与演进的一般规律对某一区域还是具有指导意义或参考价值的。

（一）配第—克拉克定理和库兹涅茨的“人均收入决定论”

早在17世纪，配第就发现了产业结构演变的基本方向。他的结论是，工业的收入比农业多，而商业的收入又比工业多。1940年，英国经济学家科林·克拉克

① 肖怀远. 西藏产业政策研究[M]. 北京：中国藏学出版社，1994.
② 李玲燕，李曦晖. 西藏产业发展前瞻后顾[J]. 西藏研究，1995(2).
③ 温军. 西藏产业的可持续发展问题研究[J]. 地理研究，2000(2).
④ 宋洪远，廖洪乐. 关于西藏产业结构调整与经济发展战略问题的思考[J]. 管理世界(月刊)，2003(1).
⑤ 刘雨林. 西藏产业结构调整与主导产业选择[J]. 贵州民族研究，2006(6).
⑥ 刘刚，沈镭. 西藏产业经济布局与优化调整策略初探[J]. 资源开发与市场，2007(2).

(C·Clark)在《经济进步的条件》一书中指出，随着人均国民收入水平的不断提高，劳动力在第一、二、三产业间的转移具有规律性，即劳动力依次由第一产业向第二、三产业转移。从而揭示了人均国民收入结构变动的内在关联，重新诠释了配第定理。

美国经济学家西蒙·库兹涅茨(Simon Kuznets)在配第、克拉克等人研究成果的基础上，从部门劳动力结构和产值结构两个方面，对人均产值与结构变动的关系作了更为彻底的考察。得出基本结论是:(1) 随着人均 GDP 水平的提高，第一产业的国民收入比重和劳动力比重(下称双比重)均处于不断下降之中；第二产业的双比重呈上升趋势，但就业比重只是略有上升；第三产业的双比重大体上也呈上升趋势，但产值比重只是略有上升。(2)在人均产值较低组距内(70～300 美元)，农业部门的份额显著下降，非农部门的份额显著上升，但非农业部门内部的结构变化不大；在人均产值较高组距内(300～1 000 美元)，农业部门与非农业部门的份额之间变动不大，但非农业部门内部的结构变化比较显著。

(二) 钱纳里的“发展型式”理论

美国经济学家钱纳里在《发展型式:1950—1970》一书中通过计量分析，提出了著名的“发展型式”理论。他选择了 27 个变量、10 个基本经济过程来描述几乎所有国家发展的基本特征，构造了反映结构转换的主要变量的典型关系的“发展型式”；并进一步使用几个基本的回归方程对“发展型式”理论复合回归，得出了一个具有一般意义的“标准结构”。这个“标准产业结构”提供了不同人均 GDP 水平下各产业部门产值比重、就业人数比重的经验数据，给各国、各地区调整产业结构和判断自身产业结构层次提供一个理论参照。

(三) 霍夫曼的工业化经验法则及其修正

1931 年，德国经济学家霍夫曼(Walther Hoffmann)提出了被称为“霍夫曼定理”的工业化阶段理论。他根据霍夫曼系数把工业化分为四个阶段:①第一阶段，霍夫曼系数为 4～6，消费品工业在制造业中占主导地位；②第二阶段，霍夫曼系数为 1.5～3.5，资本品工业的产出增长快于消费品工业的产出增长，但产出规模仍小于消费品工业；③第三阶段，霍夫曼系数为 0.5～1.5，资本品工业与消费品工业达到平衡；④第四阶段，霍夫曼系数为 1 以下，资本品工业占据主导地位，基本上实现工业化。

日本经济学家盐野谷右一对霍夫曼理论进行了修正，一是纠正了“投资品工业”的概念，认为重工业应包括钢铁、机械、化工三大部门；二是他认为重工业的发展有一个饱和点，之后其发展速度就要减缓，产业结构高级化会出现新特征，即服务业、信息技术、知识密集型产业会迅速发展。

（四）二元结构转变理论①

英国经济学家刘易斯(Sir Arthur Lewis)建立的两部门经济发展模型,开创了经济发展研究的二元结构分析方法。其基本结论是:(1)发展中国家经济由资本主义部门(以现代工业部门为代表)和非资本主义部门(以传统农业部门为代表)组成,是一个二元经济结构。(2)经济发展的过程就是如何通过扩大现代工业部门,为传统部门的剩余劳动力提供就业机会的过程。(3)在一定的技术水平和资本—劳动比率条件下,工业部门吸收的劳动就业量决定于资本积累水平。从长期看,传统部门的剩余劳动力会全部被吸收完毕,二元经济将变成一元经济。兰尼斯(Gustav. Ranis)和费景汉(John C. H. Fei)对刘易斯模型作了改进,他们把经济发展过程区分为三个阶段:农业经济、二元结构经济、成熟经济(商业化经济)。

根据以上四个经典产业结构演变和调整理论,我们可以得出以下几个结论:(1)随着国民经济的发展,国民收入的提高,劳动力首先从第一产业向第二产业转移,等到国民收入进一步提高后,劳动力又从第二产业向第三产业转移。(2)随着国民经济的发展,第一产业的产值比重会逐渐下降,第二产业的产值比重会有所提高,提高到一定的程度,又缓慢的降低;第三产业的产值比重会持续上升。(3)随着经济发展水平的提高,工业化、城乡一体化将是不可避免的趋势。大多数国家和地区经济发展的过程也印证了以上产业结构和劳动力结构变动的一般规律,即第一产业产值比重和从业人员比重都呈下降趋势。如在 70 年代末期,主要国家（如美国和英国）的第一产业比重都已降到 4%以下;第二产业的比重先是加速发展,以后趋于平缓,自 70 年代后这些国家也都已出现下降的势头,从业人数的比重先上升然后缓慢下降;第三产业的产值和从业人数都呈现出了强劲的上升趋势,其产值比重已占到了整个国民经济的一半以上。具体产业结构演进示意图如图 4-1 所示:

一、二、三 → 二、一、三 → 二、三、一 → 三、二、一

图 4-1　产业结构演进规律示意图

从世界各国和地区的产业结构演进历程来看,产业产值结构转型的目标基本上是由“一二三”(或“一三二”)向“三二一”演变,当然,其间的演变可能是相当曲折的,有些国家和地区是通过工业化实现顺向演变,有些演变道路则是通过第三产业的超前发展实现逆向演变。我国产业结构的演进从大的方向看和上述普遍规律是

① 根据李悦的《产业经济学(第三版)》的第 488-489 页和叶静怡的《发展经济学》(北京大学出版社 2003 年第 1 版)第 65-84 页整理.

基本符合的,而且是属于顺向演变。只是就业结构演进的速度要大大滞后于产值结构演进的速度。目前,产值结构已经演进到"二三一"阶段,而就业结构仍仍停留在"一二三"阶段(初始阶段)。西藏的产业结构则属于逆向演变,虽然演进的最终目标和一般规律一致,但在演变路径上有自己的特殊性。

二、西藏产业结构演进历程

1. 西藏产业结构的演进历程简介

在 20 世纪 90 年代中期以前,西藏的产业结构演变都相当缓慢,自 1994 年的中央第三次西藏工作座谈会以后,这种状况有了显著变化,产业结构演进速度大大加快,且出现了几次改变产业结构序列和形态的转型变化。综观西藏的产业结构演变历程,笔者认为可以大致划分为以下三个阶段:

(1) 农业占绝大比重的阶段(1951—1965)。从西藏和平解放到西藏自治区成立期间,农业(第一产业)在 GDP 中占据了大部分份额,在和平解放之初的 1951 年,农业增加值占到了 GDP 的 97.7%,非农产业处于可以忽略不计的状态,之后,随着中央人民政府帮助西藏建了一批非农产业项目,并发挥了增加产值的作用,使得农业在 GDP 中所占比重出现了明显下降,非农产业占比出现明显上升。即便如此,到 1965 年,农业占比仍高达 70.9%,非农产业占比不足 30%。从两者的人口比例来看,相差更为悬殊,到 1965 年,农业人口占西藏总人口的比重仍高达 90.3%,非农业人口占比尚不足 10%。

(2) 农业与非农业结构从极不平衡到趋向平衡的阶段(1965—1991)。1965 年以后,受"101 工程"①建设的影响。农业和非农产业发生了明显的消长变化,使得两者在 GDP 中所占份额逐渐走向平衡。从 1965—1991 年,西藏的第一产业增加值占 GDP 的比重由 70.9%下降到 50.8%;产业就业结构演变较慢,农业从业人员所占比重只是由 1978 年的 82%降至 1991 年的 79.4%,非农产业的从业人员占比虽有所上升,但仍不足 1/4,两者还处于很不平衡状态。在非农产业内部,第二产业的产值比重曾在 1978—1980 年、1983 年一度超过了第三产业;但在大多数年份,第三产业的产值比重是要明显超过第二产业的,尤其是在 1970 年以前,它们的差距达到了 10 多个百分点。

(3) 非农产业实现跨越式发展的阶段(1992 年以来)。这一时期,第三产业受到广泛重视,各项政策出台并得到很好地实施,产业结构不断优化,非农产业实现

① 即西藏自 1965 年后半年开始的"三线"、"小三线"工程项目建设,绝大部分是工交商、文教科卫等非农业项目。

跨越式发展,产值比重不断上升。1992 年西藏自治区人民政府出台的《关于大力发展第三产业的决定》,1994 年的中央第三次西藏工作座谈会所确立的“稳定发展第一产业,有重点地发展第二产业,大力发展第三产业”的产业发展战略,都推动了西藏的非农产业尤其是第三产业实现了跨越式发展。使得农业产值比重下降、非农产业产值比重上升的速度明显加快。如图 4-2 所示。

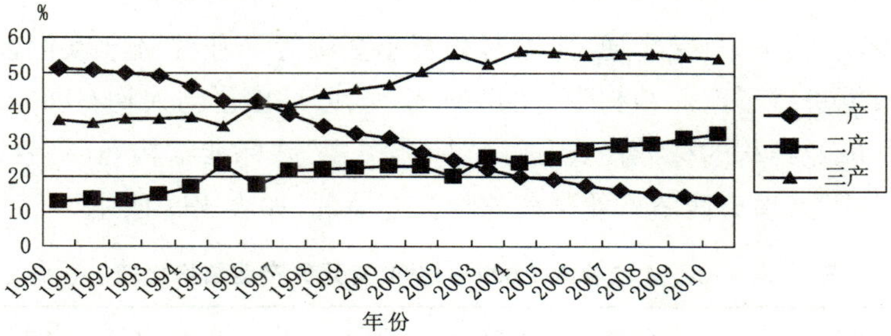

图 4-2 西藏 GDP 产业构成的变化趋势

资料来源:《西藏统计年鉴 2011》。

2. 演进过程与特征的数量描述

(1) 演进过程。根据图 4-2 和 2011 年年鉴的统计数据可以看出,从 1992—1997 年,西藏的三次产业产值构成(即各产业增加值占 GDP 比重,下同)由 49.8%:13.4%:36.8%演变到 37.8%:21.9%:40.3%;到 1997 年,第三产业产值比重首次超过了第一产业,产业产值结构的排序由“一三二”演进到了“三一二”。此后,西藏第一产业产值比重下降速度和第二、三产业产值比重上升速度都进一步加快,到 2003 年,产业产值结构进一步演变到 22.0%:25.7%:52.3%,第二产业产值比重首次超过了第一产业,产业产值结构排序由“三一二”演进到了“三二一”,初步实现了高度化。到 2010 年,第一产业产值比重进一步降至13.5%,第二、三产业产值比重分别达到 32.3%和 54.2%,与 1992 年相比,第一、二、三产业产值比重分别变动了−36.3、+18.9、+17.4 个百分点①。

(2) 演进特征。西藏的产业结构演进和全国总体及兄弟省份有明显的不同。全国自改革开放以来,产业结构演进从产值比重排序看,是由“二一三”演进到“二三一”,属于顺向演变,兄弟省份也大多如此。西藏则是由“一三二”演进到了“三一二”,进而演进到“三二一”,属于逆向演变或迂回演进。

① 文中数据来源如无特别说明,2008 年及以前的数据均来自《西藏统计年鉴 2008》,2009 年数据来自 2009 年的统计公报和西藏自治区 2009 年政府工作报告。有些数据由整理和计算而来。

第三节　西藏产业结构的总体特征和演进规律

一、西藏产业结构的形态特征

（一）从与国际"标准结构"比较看西藏产业结构的特征

库兹涅茨、钱纳里、艾金通、西姆斯和赛尔奎因等产业经济学家们曾根据几十个国家的数据进行了产业结构变迁的实证研究，归纳出了与人均GDP对应的产业产值结构和就业结构的标准模式，或曰"标准型式"、"标准结构"。笔者选取了"钱纳里标准模式"来考察西藏产业结构的吻合度情况，如表4-1所示。

表4-1　人均收入1 000～3 000美元的产业结构比较

	1 000～2 000美元的钱纳里标准产业结构	2 000～3 000美元的钱纳里标准产业结构	西藏的产业结构	
			2007	2010
第一产业占GDP的比重(%)	22.8～15.6	16.3～9.8	16.0	13.5
第二产业占GDP的比重(%)	39.2～43.4	33.2～38.9	28.8	32.3
第三产业占GDP的比重(%)	37.8～41.2	50.5～51.3	55.2	54.2
第一产业就业人数比重(%)	51.7～38.1	23.7～8.3	56.0	53.6
第二产业就业人数比重(%)	19.2～25.6	33.2～40.1	10.8	10.9
第三产业就业人数比重(%)	29.1～36.3	43.1～51.6	33.2	35.5

资料来源：① 1 000～2 000美元的钱纳里标准产业结构数据(1980美元)来自郭克莎、王延中：《中国产业结构变动趋势及政策研究》，经济管理出版社，1999，第10页；② 2 000～3 000美元的钱纳里标准产业结构数据来自李悦等编著的《产业经济学(第三版)》，中国人民大学出版社，2008，第487页；③ 西藏的产业结构数据来自《西藏统计年鉴2011》，中国统计出版社，2011。

西藏2007年的产业结构数据，其对应的人均GDP水平为12 109元，按1989年美元折算合3 070美元，按2007年美元折算合1 657.7美元，可以和人均GDP 1 000～2 000美元的钱纳里标准结构对应。从对比结果看，西藏的GDP产业构成已基本上符合钱纳里标准模式形态，虽然"二产"产值构成要比"标准模式"下限低10.4个百分点，但"三产"产值构成要比"标准模式"上限高14个百分点；从就业结构看，西藏与钱纳里"标准模式"有较大差距，仍属于不对称"下坡型"或反J型。西藏2009年的人均GDP为17 319元，按2010年美元折算合2 615.1美元，可以和人均GDP 2 000～3 000美元的钱纳里标准结构对应。从对比结果看，西藏的第一、三产业产值比重均超过了标准水平，尤其是第三产业产值比重甚至超过了人均GDP 3 000美元的标准水平，第二产业产值比重仍略低于标准水平，产值结构已演变成比较标准的J形结构，形态上已和标准结构相当接近；而西藏的就业结构则演进较慢，除第三产业从业人员比重勉强达标外，第一、二产业的从业人员比重甚至都低于人均GDP 1 000

美元的国际标准水平，结业结构形态仍属于下坡形或反J形，和国际标准就业结构几乎相反。综合来看，西藏的产业结构层次要比“标准模式”略低一些。

当然，西方“标准的”产业结构经验数据不一定适合中国尤其是西藏地区，因为中国是一个劳动力资源丰富而资本、技术相对短缺的国家，政府通过制度或政策推动某一产业优先发展的能力也强于西方国家。就西藏而言，农村的剩余劳动力和自然资源比较充裕，但资本、技术十分短缺，环境也十分脆弱，按照比较优势原理，西藏优先发展资源、劳动密集型且受环境约束较弱的产业，在相当长的时期内仍将是一种符合区情的现实选择。西藏的第三产业优先发展就是政府基于比较优势原理运用公共资源和政策推动的结果。

（二）从与全国产业结构对比看西藏的产业结构特征

(1) 西藏各产业的产值结构与全国的产值结构差别甚大。如表4-2、图4-3所示。

表4-2　西藏各产业的生产总值比重与全国之比较

指标 / 年份	全国各产业生产总值比重(%)				西藏各产业生产总值比重(%)			
	合计	一产	二产	三产	合计	一产	二产	三产
1978	100.0	28.1	48.2	23.7	100.0	50.7	27.7	21.6
1990	100.0	27.1	41.6	31.3	100.0	50.9	12.9	36.2
1995	100.0	20.5	48.8	30.7	100.0	41.8	23.6	34.6
2000	100.0	16.4	50.2	33.4	100.0	30.9	23.0	46.2
2003	100.0	14.6	52.2	33.2	100.0	22.0	25.7	52.3
2004	100.0	13.1	46.2	40.7	100.0	20.1	23.9	56.0
2005	100.0	12.6	47.5	39.9	100.0	19.1	25.3	55.6
2006	100.0	11.8	48.7	39.5	100.0	17.6	27.6	54.8
2007	100.0	11.7	49.2	39.1	100.0	16.0	28.8	55.2
2008	100.0	11.3	48.6	40.1	100.0	15.3	29.2	55.5
2009	100.0	10.6	46.8	42.6	100.0	14.5	30.9	54.6
2010	100.0	10.2	46.9	42.9	100.0	13.5	32.3	54.2

资料来源：数据来自《西藏统计年鉴2011》、《中国统计年鉴2011》，中国统计出版社，2011。

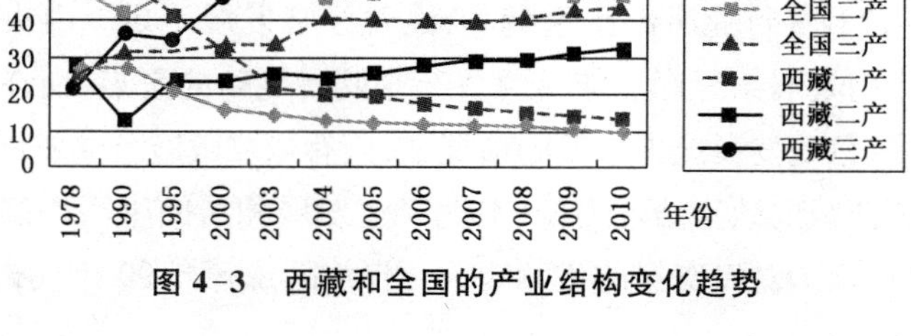

图4-3　西藏和全国的产业结构变化趋势

由表4-2、图4-3可以看出,全国产业产值结构在改革开放以来一直呈非对称倒“U”型(或凸型)结构,2003年第二产业产值比重最高,超过了50%;80年代中期以后,全国产业产值结构排序由“二一三”转变到了“二三一”,目前虽然第三产业产值比重已逼近第二产业,但这种产业排序仍未改变。西藏的产业产值结构排序由改革开放初期的“一二三”演进到80年代以后直至1997年以前的“一三二”,1997年起演进到“三一二”,2003年以后转型“三二一”。西藏产业结构形态与全国相比基本上是相反的,呈“凹”型结构,全国呈“凸”型结构。自2003年以后,西藏产业产值结构层次似乎要高于全国(第三产业产值比重要高于全国10个百分点以上),特别是第三产业产值比重,在全国居第二位(仅次于北京),而造成这种第三产业产值偏高的主要原因在于:政府政策及财政推动引起了第三产业的超常规发展。

(2) 西藏三次产业的就业贡献与全国总体结构也有差异,虽然都呈现“一三二”排列的“反J型”结构,但在“陡峭”程度上有明显的不同。1978年全国产业就业结构为70.5%∶17.3%∶12.2%,西藏为82.0%∶5.9%∶12.1%;1990年全国产业就业结构演变到60.1%∶21.4%∶18.5%,西藏演变到80.7%∶3.8%∶15.5%;2009年全国的产业就业结构进一步演变到39.6%∶27.2%∶33.2%,西藏演变到55.7%∶10.4%∶33.9%。和全国的就业结构相比,西藏第一产业从业人员比重偏高,第二产业该比重偏低,第三产业该比重与全国差距不大。

基于上述分析可以看出,西藏产业的产业产值结构已经演进到较高层次的按“三二一”排列的扁平化“J”型结构,产业就业结构则仍属于层次较低的“凹”型反“J”型结构。

二、西藏产业结构的内涵特征

进一步考察可以发现,西藏的产业结构具有“输血型”、消费型、传统型特征。

(一)“输血型”结构

西藏的产业结构属于政府推动型结构,最主要的表现是,第三产业超前发展主要是政府财政资金推动的结果。这是因为西藏的第三产业受环境约束相对较小、自生能力不足,营利性行业所占比重偏小,民营经济发展不足。中央政府和西藏自治区政府均将大力发展第三产业作为西藏产业发展战略的重点,而在西藏第三产业非营利行业居多、自我发展能力较低的情况下,只有依靠政府公共资源才能实现这一产业发展目标。西藏财政自给能力低,本地产业发展和居民生活提高对于中央财政补助、转移支付和全国对口支援的依赖较大。自治区统计局90年代初期作出的分析显示，西藏第三产业增加值60%左右来源于中央财政补贴。假若将中央对西藏第三产业的财政补贴减少一半，则西藏第三产业增加值所占比重就只有35%左右，基本接近全国比重，不存在偏高问题①。在62项援藏工程中，交通、邮电、民航项目有7个，文教、卫生、广播项目有12个，直接与西藏的第三产业相关的就占了19个。

（二）消费型结构

西藏各产业的消费型特征主要体现在，当地产业主要是为了满足当地居民生活和其他非生产活动而存在。按照经济学理论，第一产业、轻工业、服务业本来就可以归入第Ⅱ部类（消费资料生产部门），重工业可归入第Ⅰ部类（生产资料生产部门）。在西藏，第三产业属于产值比重最高的部门，工业相当弱小，少量的重工业主要是电力工业，它们大部分是为当地居民生活和行政事业单位公务服务，消费型特征较明显。现以第一支柱产业——第三产业为例来加以说明，如表4-3所示。

表4-3　全国和西藏的第三产业中主要行业的增加值比重数据表

			第三产业合计	交通运输仓储和邮政业	批发和零售业	住宿和餐饮业	金融业	房地产业	其他行业
2007年	全国的增加值构成(%)		100.0	14.6	18.2	5.7	11.1	11.8	38.6
	西藏	增加值(亿元)	188.82	20.48	29.04	19.55	6.21	12.19	101.35
		增加值构成(%)	100.0	10.8	15.4	10.4	3.3	6.5	53.6
2009年	全国的增加值构成(%)		100.0	11.6	19.6	4.8	12.0	12.6	39.4
	西藏	增加值(亿元)	240.85	21.19	27.06	14.7	23.17	13.28	141.45
		增加值构成(%)	100.0	9.10	11.24	6.10	9.62	5.51	58.73

资料来自《中国统计年鉴2010》电子版中的"国民经济核算"部分，国家统计局网站。

假如我们把"其他行业"在"为生产服务"和"为生活服务"、"传统行业"和"现代行业"②之间对半分开的话，则可以得出这样的结论：2007年全国第三产业中为生产服务行业、为生活服务行业的产值比重分别为56.8%、43.2%，2009年演变为55.9%、44.1%；2007年，西藏第三产业中为生产服务行业、为生活服务行业的产值比重分别为47.4%、52.6%，2009年演变为53.6%、46.4%。表明西藏"三产"为生产服务的功能逐渐加强，但与全国相比，仍带有一定程度的消费型特征。

① 王韶泉.西藏第三产业比重偏高的成因、影响及趋向[J].西藏统计通讯，1995(3).

② 按照产业经济学的划分，生产性服务部门包括农林牧渔服务业、地质勘查业水利管理业、交通运输仓储及邮电通信业、金融保险业、房地产业和科学研究和综合技术服务事业，非生产性服务部门包括批发零售贸易及餐饮业、卫生体育和社会福利业、教育文化艺术及广电业、社会服务业、国家机关政党机关和社会团体和其他行业；传统服务部门包括农林牧渔服务业、批发零售贸易及餐饮业、地质勘查业水利管理业、国家机关政党机关和社会团体、交通运输仓储及邮电通信业和卫生体育和社会福利业，现代服务部门包括房地产业、社会服务业、金融保险业、教育文化艺术及广电业、科学研究和综合技术服务事业和其他行业。

（三）传统型结构

在西藏，就业比重最高的第一产业属于传统产业，非农产业中的传统行业也占据相当大的比重。2007 年，全国第三产业中传统行业、现代行业产值比重分别为 52.1%、47.9%，2009 年分别为 55.7%、44.3%；2007 年，西藏第三产业中的传统行业、现代行业产值比重分别为 63.4%、36.6%，2009 年演变为 55.8%、44.2%。表明西藏"三产"中的现代行业所占份额明显上升，但传统型行业所占比重仍超过现代行业。

三、产业结构演变规律

前已述及，西藏的产业结构演变属于第三产业超前发展的迂回演变模式，除此之外，西藏的产业结构演变与经济增长、人口增长有着内在的相关关系。为了揭示西藏产业结构演变的内在规律，我们选用一个回归模型来说明这种相关性。假设以地区生产总值（GDP）、人口数（P）为解释变量，以三次产业比重（I_n）为被解释变量，根据钱纳里模型的基本形式，选取西藏 1978—2008 年的数据，建立西藏的钱纳里模型，其基本形式是：

$$\ln I_n = c + a_1 \ln GDP + a_2 \ln P$$

式中，c 为常数项，a_1、a_2 为回归系数。

利用 Eviews 软件对各产业比重与国内生产总值、人口进行最小二元回归，并消除方程的自相关问题后，得出如下三个回归方程：

$$\ln I_1 = -21.8701 - 0.8719 \ln GDP + 5.3143 \ln P$$

系数标准差（se）：(5.437 1) (0.117 5) (1.084 7)

判定系数：$R^2 = 0.8442$；F 检验值：$F = 158.3848$

$$\ln I_2 = 45.1504 + 0.9995 \ln GDP - 8.4828 \ln P$$

se：　(9.440 7)(0.204 0)　(1.883 4)

$$R^2 = 0.2597;\ F = 14.5471$$

$$\ln I_3 = -9.8201 - 0.0464 \ln GDP + 2.5155 \ln P$$

se：　(5.849 6)(0.126 4)　(1.167 0)

$$R^2 = 0.6972;\ F = 70.8345$$

上述回归方程表明，西藏的 GDP 每增长 1 个百分点，第一产业产值比重平均下降 0.871 9 个百分点，第二产业产值比重平均提高 0.999 5 个百分点，第三产业产值比重平均下降 0.046 4 个百分点①;人口每增长 1 个百分点,第一产业产值比重提高 5.314 3 个百分点,第二产业产值比重平均下降 8.482 8 个百分点,第三产业比重平均提高 2.515 5 个百分点。这个实证分析结果表明:西藏经济增长对第一产业产值比重下降和第二产业产值比重上升有显著影响,对第三产业产值比重下降有轻微影响;人口增长对第一、三产业产值比重上升和第二产业产值比重下降有显著影响。由于 GDP 增长率高出人口增长率近 10 倍,西藏农业部门产值比重必然呈下降趋势,第二、三产业产值比重必然呈上升趋势。

第四节　西藏各产业的内部结构特征

一、第一产业的内部结构特征

(一) 结构特征

西藏是一个畜牧大省(区),但种植业产值比重也不低,第一产业的内部结构有自己的特点。在农牧业方面基本上符合当地的资源禀赋特点,因而基本上发挥了比较优势;但在林业、渔业方面,资源利用并不充分,还没有发挥出比较优势。如表 4-4 所示。

表 4-4　西藏第一产业内部各行业的产值及其比重数据表

指标＼年份		1965	1978	1985	1990	1995	2000	2005	2007	2008	2009
农牧林渔业总产值(亿元)		2.64	3.92	10.89	19.50	35.9	51.22	67.74	79.83	88.45	93.38
各行业占总产值比重(%)	农业	32.3	37.4	46.8	50.3	49.6	51.5	45.0	44.1	44.9	41.8
	牧业	67.7	62.2	51.0	48.0	48.4	45.9	43.7	44.4	44.0	47.4
	林业	0.08	0.4	2.1	1.7	2.0	2.6	7.9	8.4	7.7	7.6
	渔业	0.008	0.05	0.04	0.03	0.03	0.02	0.1	0.02	0.3	0.2
	农林牧渔服务业							3.2	3.1	3.1	2.9

注:数据来自《西藏统计年鉴 2010》,中国统计出版社,2010;"农林牧渔服务业"自 2003 年起由第三产业划归第一产业。

本表显示出第一产业内部的行业结构特征是:(1)在 80 年代中期以前,牧业一直是第一产业中的第一支柱产业,林业、渔业几乎处于忽略不计地位;80 年代以

① 之所以 GDP 每上升 1 个百分点,第三产业产值比重平均下降 0.046 4 个百分点,是因为自 2004 年以来,第三产业比重上升趋势已经趋缓,其中,2005—2006 年的三产产值比重还有所下降。

后，农、牧业的产值比重已比较接近。(2)到了90年代，农业的产值比重甚至超过了牧业，林渔业依然处于十分弱小的地位。(3)2000年以后，牧业的产值比重略高于农业，二者趋于平衡，林业的产值比重提高较多，已接近10%，农林牧渔服务业的产值比重稳定在3%左右，变化不大，渔业依然处于几乎忽略不计的地位。

(二) 现行结构存在的主要问题

我们认为，西藏现行的第一产业内部的行业产值结构不尽合理，存在的问题主要是：(1)从西藏的草场资源大大超过耕地资源的资源禀赋来看，农牧业之间的比重差距显得太小。(2)农牧业虽然在第一产业内部处于绝对支柱地位，但发展水平和质量偏低，现代科技和现代管理应用太少，基本上还属于粗放型种养模式。(3)林业资源开发不够且开发不平衡。西藏的林木蓄积量约为20.91亿立方米，居全国第一位，但利用情况不尽人意。自然生长林的开发很不均衡，公路边存在过度开发，交通不便的林区，又开发得远远不够。到2003年，西藏的林业总产值占第一产业总产值的比重达到9.1%，达历史最高水平，也超过了全国的林业比重4.2%的平均水平。笔者认为，作为全国三大林区之一的西藏，林业比重保持在10%左右是比较正常的，还应注意提高人造林的比重，以便改变林业产值中主要是自然林的生长产值的状况。(4)渔业的产值比重极低，与丰富的渔业资源很不相称。(5)农林牧副渔服务业的发展较为缓慢，满足不了农牧民的生产生活需要。目前，产前、产中、产后的农村服务体系还未建立健全，尤其是在农业生产资料销售、农牧科技普及和应用、农牧产品收购等方面的服务更加短缺。目前其产值比重只有3%左右，明显偏低。

专栏4-1　西藏不断优化农牧业结构 确保“十一五”规划顺利实现

2010年以来，自治区各级农牧部门抓住加快农牧业基础设施建设和特色产业发展两个重点，继续优化农牧业战略性结构调整，确保自治区农牧业“十一五”规划目标任务顺利实现。

从年初开始，西藏各级涉农部门在优化种植业结构的基础上，狠抓以科技推广为中心的高产创建、良种推广、测土配方施肥、有害生物防控等工作，继续实施提高粮油单产行动、标准化生产示范、病虫害监测防控等工程，力争使全区农业标准化生产和高产创建活动扩大到25个粮油主产县，面积扩大到50万亩，粮食单产提高2公斤以上，油菜单产提高5%以上；建成麦类作物良种繁育基地11万亩、油菜良种繁育基地0.2万亩；测土配方施肥面积扩大到20万亩，比上年增加16万亩。此外，结合种植业结构调整，大力发展人工牧草种植，积极扶持培育饲草料加工企业，实施12个县退牧还草项目，抓好5个县草原生态保护奖励机制试点工作，并争取扩大奖励机制实施范围，让更多的农牧民享受这一惠民政策。

各级涉农部门进一步突破行业、部门、地域分割的格局，大力推进“一乡一业”、“一村一品”，解决生产布局上的零星分散和生产规模过小问题，做到“小农户、多形式、大产业”，今年重点在青稞产品系列化和牦牛产品高端化上取得实质性进展。“通过特色农牧业的发展，有力地促进农牧业结构的调整。目前，财政、农牧部门正在研究具体的特色农牧业项目资金滚动管理办法。”区农牧厅办公室副主任林木说。

林木介绍，今年，西藏继续大力扶持农业产业化龙头企业，引导乡镇企业工作重心向农业产业化、农产品加工业等领域转移，更好地引领现代农牧业发展。据悉，截至目前，全区乡镇企业总产值达 5.2 亿元，同比增长 4%；多种经营总收入 7.6 亿元，同比增长 2.7%，其中劳务收入 1.5 亿元，同比增长 7%。同时，为了更好地将更多农牧民从第一产业中解放出来，自治区计划今年继续安排 5 000 万元资金，用于加快培养与新农村建设相适应的新型农牧民，进一步提高农牧民外出务工就业的组织化程度。

资料来源：西藏日报，2010-6-3.

西藏的第一产业形成上述特殊的行业结构有其具体的原因，主要是：(1)西藏特殊的高寒自然地理环境，客观决定了其地表资源利用方式的主体是农牧业，从而使第一产业中的传统农牧业长期以来一直是经济发展的支柱产业；①(2)选择种植业和畜牧业作为西藏的基础产业，对于发展农牧区经济不仅具有重大的经济意义，而且具有重大的社会意义。在远离内地市场的情况下，为了满足当地群众的基本生活需求，就必须优先发展作为基础产业的农牧业；而且，生活在农牧区的人口，其文化程度总体偏低，有着世代经营高原农牧业经验，又绝大部分信奉藏传佛教，从事传统的农牧业便成了他们中绝大多数人的“路径依赖”；(3)当地居民主要以“青稞、畜产品”为主要食品，受这种特殊的膳食结构的影响，形成了以农牧业为主的单一、稳定的内部结构。(4)林业和渔业的比重偏低有着特殊的原因。一是因为农牧区居民绝大部分分布在牧区和农区，林区居民很少，林权制度改革也不到位，林区居民种植林木的知识和技术也相当缺乏。二是发展林业的周期较长，投入资金较多，加之林木加工工业发展滞后，对林业的拉动作用非常有限，农牧民缺乏投资林业的积极性。三是绝大多数农牧民都缺乏养殖的经验和技术，加之受宗教禁忌影响，使得西藏的渔业规模很小。(5)农牧民缺乏“科学种田”、“科学放牧”以及“跑市场、跑销路”的观念和知识能力，政府的重视也不够，导致农林牧副渔服务业的从业人员很少、资金投入严重不足，业务开展困难。

---

① 温军.面向 21 世纪：西藏产业可持续发展研究报告[J].西藏研究，2000(4).

二、第二产业的内部结构特征

（一）结构特征

(1) 在上世纪 90 年代以后的绝大多数年份，西藏的工业产值比重远小于建筑业，工业在第二产业中仍然处于从属地位。如表 4-5、图 4-4 所示，从 1993 年以后，西藏建筑业的产值及其比重都一直大于工业。可见，自 1993 以后，西藏第二产业的增长主要是来自建筑业的拉动。

表 4-5　西藏的建筑业和工业的产值规模与产值构成

		1990	1993	1995	1997	2000	2003	2005	2006	2007	2008	2009
增加值（亿元）	工业	1.92	2.70	4.10	8.16	10.17	13.82	17.48	21.71	27.62	29.48	33.11
	建筑业	1.6[illegible]	2.79	9.13	8.72	16.88	33.82	46.04	58.39	70.86	86.08	103.52
比重（%）	工业	53.[illegible]	49.2	31.0	48.3	37.6	29.0	27.5	27.1	28.1	25.5	24.2
	建筑业	46.2	50.8	69.0	51.7	62.4	71.0	72.5	72.9	71.9	74.5	75.8

注：数据来自《西藏统计年鉴 2010》，中国统计出版社，2010。

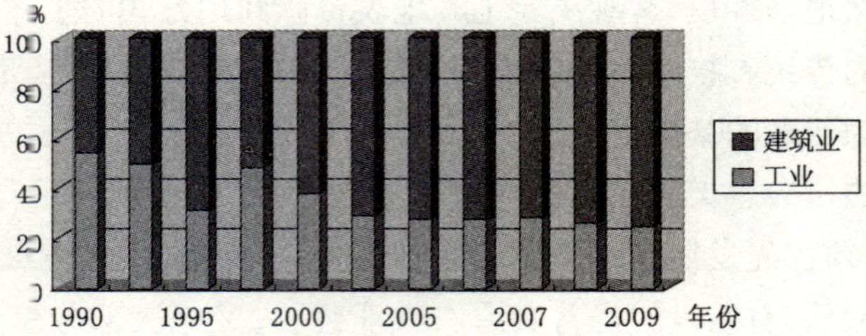

图 4-4　西藏第二产业内部结构的变化

一般来说，工业是第二产业内部结构中的主体部分，其比重和产值应该在第二产业中占据重要位置。从发达国家和地区的实践来看，工业比重和总量越大的地方，第二产业就越发达，当地的经济发展水平就越高，人民就越富裕。而西藏的“二产”内部结构恰恰与众不同，工业处于明显的弱势，是西部乃至全国唯一的工业增加值比重低于建筑业比重的地区，也是全国唯一的工业增加值占第二产业的比重不足 30%的地区，西藏的工业增加值占第二产业的比重还不到东部省市这一比重水平的 1/3。①

(2) 西藏工业一直走的是资源密集、劳动密集和资本密集型道路，是一种粗

① 这些结论是根据 2006—2009 年的统计年鉴数据分析得出来的。

放型数量扩张道路。[①] 这样就使西藏的工业呈现出“嵌入式的以政府投资推动的低效重型化”的特征。西藏工业的结构特征主要体现在以下三个方面(参见表4-6):

表 4-6 西藏工业总产值按不同类型分类表

年 份	工业总产值(万元)	经济类型构成(%)			轻重工业构成(%)		企业规模构成(%)	
		国有经济	集体经济	其他经济	轻工业	重工业	中型企业	小型企业
1978	14 934	76.6	23.4		38.1	61.9		100.0
1985	21 247	65.6	9.3	25.1	50.7	49.3	5.2	94.8
1990	37 200	68.3	11.4	20.3	39.0	61.0	5.7	94.3
1995	90 816	72.3	15.3	12.4	31.4	68.6	14.1	85.9
2000	183 036	51.9	24.3	23.8	37.6	62.4	14.6	85.4
2001	199 769	42.6	22.3	35.1	39.8	60.2	25.2	74.8
2002	216 337	44.5	20.7	34.8	40.7	59.3	23.7	76.3
2003	239 635	44.0	16.8	39.2	37.5	62.5	40.9	59.1
2004	284 243	41.0	15.1	43.9	42.2	57.8	36.7	63.3
2005	336 462	39.8	13.2	47.0	40.5	59.5	33.2	66.8
2006	401 641	33.8	13.4	52.8	39.4	60.6	30.7	69.3
2007	504 375	33.1	5.6	61.3	37.1	62.9	40.4	59.6
2008	597 153	31.0	4.7	64.3	38.1	61.9	30.8	69.2
2009	657 970	29.1	3.1	67.8	41.3	58.7	38.8	61.2

注:基础数据来源于《西藏统计年鉴 2010》,中国统计出版社,2010;结构相对数为笔者计算的结果。

第一,在的西藏工业总产值中,国有经济和其他经济(相当于非公有制经济)基本上呈现出消长变化。在 2000 年以前,国有经济处于主体地位,产值比重达 60%以上,有些年份甚至达到 70%以上;2000—2001 年,国有经济由 51.9%降到了 42.6%,非国有经济开始超过了国有经济;到 2004 年,非公有制经济提高到 43.9%,首次超过了国有经济。而集体经济的产值比重不太稳定,大致呈先升后降趋势,2000 年达到历史峰值后开始持续下降,到 2009 年降到了 3.1%。自 2006 年以后,非公有制经济比重已超过 50%,2009 年达到了 67.8%,超过了工业总产值的 2/3。如图 4-5 所示。

① 毛阳海. 知识经济与西藏经济的可持续发展[J]. 西藏研究,2000(2).

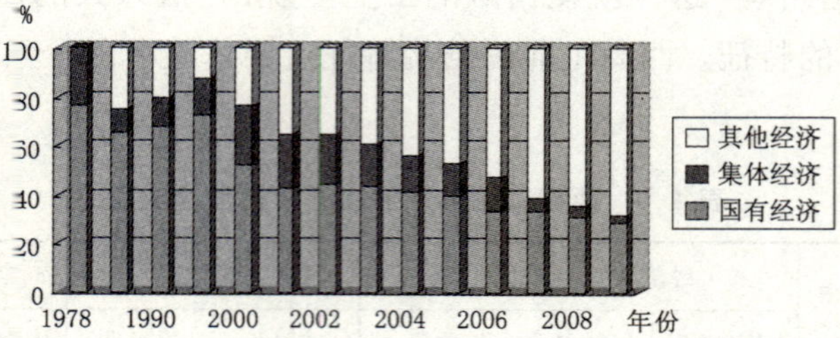

图 4-5　西藏工业总产值的所有制结构变化

第二,西藏的轻重工业比例的变化趋势不明显,基本上维持了重型化结构。自 90 年代以来,重工业的产值比重一直高于轻工业,且大多数年份要高出 10 个百分点以上,近两年更是高出 20 个百分点以上。这是因为采矿业和电力工业一直是西藏的支柱产业,加工工业一直是西藏的弱势产业。

第三,西藏的工业企业呈现出小规模、低效益特征。到 2009 年,西藏只有 1 家大型企业,10 家中型企业,规模以上小型企业只有 79 家。企业的产值规模不大,效益偏低。据统计,到 2009 年,西藏唯一的大型企业的现价工业总产值只有6.578 亿元,10 家中型企业的产值总和不过 14.790 9 亿元,户均产值不足 1.5 亿元;户均利润为 4 107.3 万元,百元固定资产利润仅为 8.9 元,资产利润率为 11.2%。小型企业的数量也不多,且产值规模小、效益低、分布疏散。2009 年,西藏小型工业企业有 508 家,户均产值仅为 764.15 万元;户均利润 163.66 万元,百元固定资产利润仅为 11.02 元。这些小型企业大多分布在民族手工业中,普遍以个体经营方式为主,属于劳动密集型企业,技术含量较低。

第四,工业内部的行业规模、结构、效益情况(参见表 4-7)。首先,从西藏的三类工业行业看,2007 年的工业总产值排序依次为“制造业”(262 445 万元)、“采矿业”(135 285 万元)和“电力、热力和自来水的生产和供应业”(75 677 万元),分别占到工业总产值的 55.4%、28.6%、16%。其次,从工业各行业的产值规模和结构考察,西藏 2007 年的行业产值大户(取前 10 名)分别是:①有色金属矿采选业(86 483 万元);②非金属矿物制品业(81 377 万元);③电力、热力的生产和供应业(65 556 万元);④医药制造业(63 819 万元);⑤饮料制造业(51 359 万元);⑥黑色金属矿采选业(38 013 万元);⑦木材加工及竹、藤、棕草制品业(15 834 万元);⑧非金属矿采选业(10 789 万元);⑨农副食品加工业(10 192 万元);⑩自来水生产和供应业(10 121 万元)。进一步观察可以看出,西藏的工业已初步显现出行业集中态势,行业集中度系数 CR_4 达到了 62.9%,CR_8 达到了 87.4%,而且,呈现出向资源密集型行业集中的趋势,这是基本符合当地资源禀赋的产业布局。第三,西藏的工业利润主要来自 5 个行业的贡献。分别是:①黑色金属矿采选业(24 259 万元);②

有色金属矿采选业(23 666 万元);③医药制造业(9 504 万元);④饮料制造业(9 236 万元);⑤非金属矿采选业(8 765 万元);⑥木材加工及竹、藤、棕草制品业(4 109 万元)。它们占到了全西藏工业利润的 111.4%。多数行业的产值利润率都很低。

表 4-7　乡及以上工业企业分行业总产值、利润总额及其构成

行业分类	工业各行业	工业总产值(万元)		产值构成(%)		利润总额(万元)	利润构成(%)
		2000	2007	2000	2007	2007	2007
采矿业	煤炭开采和洗选业	799	0	0.5	0	0	0
	黑色金属矿采选业	13 222	38 013	7.5	8	24 259	34.0
	有色金属矿采选业	15 317	86 483	8.7	18.3	23 666	33.1
	非金属矿采选业	8 847	10 789	5	2.3	62	0.09
	其他矿采选业	774	0	0.4	0	0	0
	小　计	38 959	135 285	22.1	28.6	47 987	67.2
制造业	农副食品加工业	2 258	10 192	1.3	2.2	966	1.4
	饮料制造业	13 700	51 359	7.8	10.9	9 236	12.9
	木材加工及竹、藤、棕草制品业	6 532	15 834	3.7	3.3	4 109	5.8
	医药制造业	25 800	63 819	14.7	13.5	9 504	13.3
	非金属矿物制品业	32 690	81 377	18.6	17.2	8 765	12.3
	其他制造业	23 680	39 864	13.5	8.4	1 580	2.2
	小　计	104 660	262 445	59.5	55.4	34 160	47.8
电力、热力、自来水的生产和供应业	电力、热力的生产和供应业	23 701	65 556	13.5	13.9	−11 147	−15.6
	自来水生产和供应业	4 007	10 121	2.3	2.1	465	0.65
	小　计	27 708	75 677	15.7	16	−10 682	−14.95
合　计		176 035	473 407	100.0	100.0	71 465	100.0

注:①数据由《西藏统计年鉴 2008》相关数据计算得来,中国统计出版社,2008;②因为制造业包括有 25 个行业,只列出了 2007 年产值过亿元的行业,而把亿元以下的行业合并为“其他制造业”;③产值数据为“乡及乡以上”口径,利润数据为“规模以上”口径。

(二)现行结构存在的主要问题

如上所述,西藏第二产业的内部结构不尽合理,存在的主要问题是:一是相对于建筑业而言,工业的产值比重和就业比重都显得偏低;二是非公有经济虽然在产值方面已超越了公有制经济,但其产值比重仍大大低于东部地区;三是加工工业显得过于弱小,是造成全行业效益低下的重要原因;四是行业产值大户并不都是利润大户。凸显出一些行业的效益低下。除了 6 个行业的百元产值产生的利润能达到

2位数外,其余27个行业都是个位数,其中,电力、热力的生产和供应业的产值比重达13.9%,而利润构成却为-15.6%。

三、第三产业的内部结构特征

(一) 结构特征

第三产业是指服务业,按目前的统计口径一般包括14个行业。西藏第三产业内部主要行业的生产总值及其构成情况见表4-8。

表4-8 全国和西藏第三产业的各行业生产总值及其构成(2009年)

指标 \ 行业		合计	交通运输、仓储和邮政业	批发和零售业	住宿和餐饮业	金融业	房地产业	其他
全国	生产总值(亿元)	147 642.1	17 057.7	28 984.5	7 118.2	17 727.6	18 654.7	58 099.5
	行业构成(%)	100.0	11.6	19.6	4.8	12.0	12.6	39.4
西藏	生产总值(亿元)	240.85	21.19	27.06	14.70	23.17	13.28	141.45
	行业构成(%)	100.0	8.8	11.2	6.1	9.6	5.5	58.7

注:基础数据来源于《中国统计年鉴2009》,国家统计局网站;有关西藏的结构相对数为笔者计算的结果。

由上表可以看出,2009年,西藏的"金融业"、"交通运输、仓储和邮政业"、"批发和零售业"、"房地产业"在第三产业生产总值中所占比重要低于全国,其中,"批发和零售业"、"房地产业"差距最大,西藏比全国分别低8.4、7.1个百分点,其他2个行业差距较小,比全国只低大约3个百分点;"住宿和餐饮业"、"其他行业"在第三产业生产总值中所占比重要高于全国,其中,"其他行业"由于包括了所占比重较高的旅游业及非营利服务行业,同全国差距最大,西藏比全国高19.3个百分点,"住宿和餐饮业"差距较小,只比全国高出1.3个百分点。

前已述及,一些学者为了分析的方便,又把第三产业各行业作两种分类:一是把它们分为生产性服务部门和非生产性服务部门;二是把它们分为传统型行业和现代型行业。由于介于二者之间的"中间部门"的存在,这种分类很难做到精确,但是这种结构分析却是有意义的。据此分析,西藏第三产业的内部结构与全国相比,有鲜明的地方特色,即仍在一定程度上带有消费型、传统型特征。另外,西藏第三产业还具有政府推动型特征。这是因为西藏第三产业的自生能力不足,营利性行业所占比重偏小,民营经济发展不足。早在上世纪90年代初期,中央政府和西藏自治区政府就将大力发展第三产业作为西藏产业发展的重点。由于西藏财政的自给率不足10%,本地产业发展尤其是第三产业对于中央财政和全国对口支援的依赖程度较高。自治区统计局90年代初期作出的评估显示,西藏第三产业增加值

60%左右来源于中央财政补贴。假若将中央对西藏第三产业的财政补贴减少一半,则西藏第三产业增加值所占比重就只有35%左右,基本接近全国比重,不存在偏高问题①。在62项援藏工程中,交通、邮电、民航项目有7个,文教、卫生、广播项目有12个,直接与西藏的第三产业相关的就占了19个。在西藏第三产业的各行业中,除了批零贸易餐饮、交通运输与邮电通信、金融保险、房地产、其他行业中的旅游等少数几个行业对财政的依赖较少外,其他都属于"吃皇粮"的非营利部门。特别是从1980至2010年,中央召开的五次西藏工作座谈会,成为了推动西藏各产业尤其是第三产业实现跨越式发展的最重要契机和力量。中央在"十二五"规划期间对西藏的财政支持额度将超过3 000亿元,比"十一五"期间将增加一倍以上;这些资金支持的重点是改善民生、生态保护、改善基础设施和提高公共服务能力,第三产业将是得到中央财政支持最多的产业。可以说,西藏第三产业是在中央和全国人民大力援助下才实现了跨越式发展。

(二)现行结构存在的主要问题

尽管西藏的第三产业在地区生产总值中已占据55%左右的比重,这个水平在全国已处于前列,但是其内部结构仍存在一些问题。一是如上所述,西藏的第三产业中为生产服务的行业所占比重仍偏低,这使得其难以发挥引领第一、二产业发展的火车头作用。二是西藏第三产业的现代化程度和产业关联度不高,推动经济社会走向新型工业化、知识化、城镇化、信息化的功能还有待增强。三是西藏第三产业比重偏高是政府财政推动而不是市场力量自发推动的结果,而且是以第二产业尤其是工业的过于弱小为代价换来的结果,使得西藏的第三产业超前发展并不能真实地体现西藏的经济发展水平、产业结构的高度以及居民生活的富裕程度。

第五节　西藏产业结构转型的依据、目标与路径

一、西藏产业结构转型的现实依据

我们认为,西藏产业结构转型的现实依据主要体现以下几个方面:

(一)是建设社会主义生态文明的需要

建设生态文明是中共十七大首次提出的一项重大战略任务。十七大报告指出,建设生态文明不是否定工业文明,而是强调先进的工业文明必须实现人与自然的和谐,使人们在享有现代物质文明成果的同时,又能保持和享有良好的生态文明

① 王韶泉.西藏第三产业比重偏高的成因、影响及趋向[J].西藏统计通讯,1995(3).

成果。提出要充分认识实现工业化和信息化与推进生态文明建设的关系，坚持以资源承载力为基础，以自然规律为准则、以可持续发展为目标，形成节约能源资源和保护生态环境的产业结构、发展方式、消费模式，努力建设资源节约型、环境友好型社会。

西藏高原是青藏高原的主体部分，其生态环境的战略价值极高，环境的脆弱性也比全国其他省市区更为突出，环境对产业发展的约束程度更高，建设生态文明和生态安全屏障显得更加重要和必要。因为这不只是关乎西藏地区自身的发展和当地居民的生态利益，也关系到全国发展的大局和全国人民的生态利益以及南亚、东南亚部分国家和地区的生态利益。自治区党委和人民政府十分重视生态文明建设。《西藏自治区国民经济和社会发展“十一五”规划纲要》(下称《纲要》)把实施可持续发展战略作为六大战略之一，要求科学部署产业开发重点，适度开发与自然生态相适应的特色产业，大力发展循环经济，加强生态环境保护与建设，增强可持续发展能力，建设资源节约型和环境友好型社会。《纲要》倡导生态文明，要求把加强生态环境保护和经济快速增长有机结合起来，推进节约型社会建设，不断增强可持续发展能力。《纲要》要求全区要抓住中央把西藏列入全国生态环境重点治理区域的有利时机，全面推进重要生态功能区、重点资源开发区和生态良好区的生态保护战略，重点实施西藏高原国家生态安全屏障保护与建设工程。西藏的“十二五”规划纲要提出了生态安全屏障保护与建设十大工程①，提出了明确的生态安全建设目标，如有效控制水土流失，重点区域可治理沙化土地治理面积达到30%，流动沙地得到有效遏制；建设重点区域生态公益林，森林覆盖率达到12.11%以上；建立矿山环境治理和生态恢复责任机制等。

西藏地区建设社会主义生态文明具有特殊的意义。一方面，西藏的生态意义远大于经济意义，因此在某种意义上讲，建设社会主义生态文明甚至比建设社会主义物质文明还显得重要。西藏的生态环境不只是关系到本地300万常住居民的生命健康，也关系到生产、生活条件的改善。众所周知，西藏是高海拔低氧地区，植树种草、湿地建设可以增加含氧量，有利于居民的身体健康；土地改良、水利建设，可以防止土地退化，减少自然灾害。生态文明建设可以构建生态安全屏障，维护当地居民的环境利益和长江、黄河、雅鲁藏布江等大江大河中下游地区人民的生态安全。生态文明建设和物质文明建设有不可分割的关系。另一方面，生态文明建设既可以促进生态环境的改善，又可以培育有巨大市场发展潜力的生态产业。经济

① 这十大工程是：(1)天然草地保护；(2)森林防火及有害生物防治；(3)野生动植物保护及保护区建设；(4)重要湿地保护；(5)农牧区传统能源替代；(6)防护林体系建设；(7)人工种草与天然草地改良；(8)防沙治沙；(9)水土流失治理；(10)支撑保障工程。

发达地区的实践证明，以环保产业为代表的生态产业的经济效益并不低于高能耗、高污染的重化工业；而且，优良的生态环境是西藏的绿色品牌，有利于增加当地工农产品的附加值并提升其价格。因此，生态文明建设可以促进西藏经济、社会和环境的良性循环发展。

为了建设社会主义生态文明，构建生态安全屏障，西藏的产业结构必须优化。一是第一产业要"上水平"，要向生态农牧业转型，林业、草业、花卉种植业、渔业等应该加强。二是"二产"尤其是工业只能是"抓重点"，而不是全面发展，重点是要发展环境友好型、资源节约型工业，如新能源、新材料工业，手工业，藏药制造业等，建筑业发展要注意兼顾生态环境建设。三是对大自然直接索取少的第三产业理应"大发展"。因为相对于第一、二产业而言，发展第三产业受环境资源约束较小，基本上属于低碳产业，其中的旅游业、文化产业、信息产业、商贸餐饮、物流、金融等行业尤其如此。因此，大力发展第三产业是西藏统筹物质文明、生态文明建设的可行选择。

专栏 4-2　西藏在生态文明建设方面取得了重要成就

到 2008 年底，西藏已建成自治区级以上自然保护区 20 个，自然保护区总面积达 41.263 万平公里，占西藏总面积的 34.8%。2009 年 2 月，国务院常务会议审议并通过了《西藏生态安全屏障保护与建设规划（2008—2030 年）》提出用 5 个五年规划的时间，投入资金 155 亿元，实施 10 项生态环境保护与建设工程，基本建成西藏高原国家生态安全屏障。

2009 年，西藏自治区政府工作报告提出西藏的生态环境保护与建设不断加强、天然林保护工程、自然保护区建设和湿地保护工程稳步实施，森林生态效益补偿工作加快推进，节能减排工作扎实开展，饮用水水源环境保护不断加强，农牧区环境保护得到重视，环境保护执法监管力度不断加大，全区第一次污染源普查工作基本完成，第二次土地调查工作稳步推进，可持续发展能力进一步增强，标志着西藏生态文明建设同经济建设一道步入了"又好又快"的发展轨道。西藏是全国生态环境保护最好的地区，环境质量处于全国前列。6 月初，自治区党委办公厅、自治区人民政府办公厅联合下发了该规划的实施意见，标志着这项长期的大型生态保护工程进入正式实施阶段。

2010 年国家发展改革委设立了 3 亿元专项资金，加大投入力度，全面推进《西藏生态安全屏障保护与建设规划》（以下简称《规划》），将西藏生态安全屏障保护与建设工程确定为国家生态工程。《规划》确定了生态保护、生态建设和支撑保障 3 大类 10 项保护工程。生态保护方面共包括 5 项工程：一是天然草地保护工程,实施退牧还草和鼠虫毒草害治理;二是森林防火及有害生物防治工程;三是野生动植物保护及保护区建设工程;四是重要湿地保护工程;五是农牧区传统能源替代工程。生态建设方面共包括4项工程:一是防护林体系建设工程;二是人工种草与天然草地改良工程;三是防沙治沙工程;四是水土流失治理工程。在支撑保障方面,实施生态安全屏障监测体系工程,建设地面生态监测站和地面观测点。3大类10项保护工程计划总投资155.02亿元,到2030年基本建成西藏生态安全屏障。

资料来源:西藏日报,2010-8-19.

(二)符合主体功能定位

按照国家在2007年底公布的全国主体功能区划分,青藏高原大部属于限制性开发区,其中大江大河源头和西藏东部三江流域生态保护区更是禁止开发的区域。所以,西藏不具备大规模进行工业化的条件,大力发展服务业就成了符合主体功能区定位的可行选择。

(三)是实现跨越式发展的需要

西藏自治区是全国较早提出跨越式发展战略并得到中央肯定和支持的省区之一,为保障跨越式发展目标顺利实现,西藏确定了"一产上水平,二产抓重点,三产大发展"的经济发展战略,事实证明,这个发展战略既符合西藏区情又符合跨越式发展战略要求。

(1) 跨越式发展的目标与内涵。自治区党委和人民政府于2000年10月提出促进西藏经济社会跨越式发展的"三步走"战略。第一步是到"十五"计划末(2005年),全区人均GDP达到西部地区前列;第二步是到2010年全区人均GDP达到全国中等水平;第三步是到21世纪中叶在全国现代化建设中走进前列。2001年5月,"三步走"跨越式发展目标被载入《西藏自治区国民经济和社会发展"十五"计划和2010年远景规划》;同年6月,中央政府召开的第四次西藏工作座谈会明确了促进西藏现代化建设在新世纪跨越式发展的目标任务,2010年1月召开的中央第五次西藏工作会议明确了"在科学发展的轨道上推进跨越式发展"的基本思路,提出了"七个更加注重",提出了西藏经济社会发展"两步走"的目标①,使得西藏跨越式发展的目标和内涵更加丰富具体。

西藏经济社会跨越式发展战略具有丰富的内涵,其目标涉及经济、社会、政治、文化等诸多方面,主要包括三方面的内容:一是,人均GDP实现赶超;二是,城乡居

① 朱晓明.第5次西藏工作座谈会:新世纪西藏工作的重要里程碑.中国民族报,2010-2-1.

民生活水平实现赶超；三是，实现国民经济现代化。显然，实现西藏经济的跨越式发展不只是人均GDP和人均收入的跨越，至少还要包括实现科技和管理的现代化，经济制度的现代化，以及实现经济结构由较低层次“非典型二元结构”向高层次“一元结构”转型。

(2) 产业结构转型与跨越式发展的关系。首先，西藏第二、三产业的跨越式发展肩负着推动西藏经济跨越式发展的重任。因为从产值结构看，西藏的第二、三产业的产值比重之和已经达到地区生产总值(GDP)的85%左右，从业人员比重之和也达到全区从业人员总数的45%左右，它们理所当然成为促进经济跨越式发展的主力。显然，西藏要实现人均GDP赶超西部和全国，缩小农牧民人均纯收入及基本公共服务能力与全国水平的差距，必须大力发展非农产业。由于受自然环境约束使得工业不适合大规模发展，第三产业能否快速发展自然而然就成了决定西藏能否实现经济跨越式发展的决定性因素。

其次，第二、三产业内部的行业门类多，跨越经济、社会、文化等范畴，非农产业的发展既关乎经济持续快速健康增长，也关乎基础设施建设和基础产业发展，关系到教育、科技、文化等领域发展，进而促进居民素质提高。因此，第二、三产业大力发展既是经济跨越式发展的需要，也是社会、文化跨越式发展的需要。虽然西藏第二、三产业还只是容纳了全区不到50%的劳动力，半数以上的劳动力仍滞留在第一产业中，但是，一般而言，农牧业提供的是“填饱肚子”的低收入岗位，第二、三产业提供的则是较高收入的岗位，两者吸纳就业的“含金量”及要素报酬还是有很大差别的。

第三，非农产业是增加城乡居民收入和财政收入的最重要的产业。我国发达地区非农产业的经验已经反复证明，农村剩余劳动力的转移、城镇下岗工人的安置主要靠第二、三产业的大力发展来实现。改善地方财政状况、全面建设小康社会、实现西藏跨越式发展战略需要大力发展第二、三产业。

（四）是实现适度的新型工业化的需要

西藏已经进入了工业化初期，要不要工业化已经无须争论，关键是需要怎样的工业化的问题。我们并不主张在西藏开展大规模的工业化运动，而是主张西藏要走适度的新型工业化道路。它能否成功在很大程度上取决于西藏的产业结构高度化路径的选择。

近几年来，各级政府对工业发展开始持比较积极的态度。特别是在2007年12月召开的西藏发展改革工作会议上，自治区党委和政府提出要转变经济发展方式，要“着手研究在我区推进新型工业化的重要课题”，要“增加第二产业在经济增长中的比重，努力实现以主要依靠第三产业拉动到以第二、三产业为主的优势特色产业协调拉动经济增长的良性转变”①。这表明政府将通过调整产业结构来推动西藏新型工业化的决心。

(1) 关于“适度的新型工业化”的界定。现代产业经济学理论告诉我们,需要用包括人均GDP、产业增加值构成、产业就业构成、工业化系数、工业化率、制造业比重、霍夫曼系数等指标的指标体系来评价工业化实现程度。按照这个评价体系,优先发展第三产业并不意味着偏离了工业化道路。从这个意义上说,自治区确定的“一产上水平,二产抓重点,三产大发展”的产业发展战略,其实是有西藏特色的产业结构调整和新型工业化的路径。

① 适度的新型工业化的含义。我们认为,适度的新型工业化包括两层含义:一是指适度的工业化。也就是说西藏的工业发展程度可以略低于全国平均的工业化程度。总体而言,第二产业产值占GDP的比重达到40%左右为适度,其中,工业占15%左右为宜。也就是说西藏的产业结构可以是扁平的“J形”结构,没必要追求全国的“倒U形”结构。二是指新型工业化。关于新型工业化就是要“坚持以信息化带动工业化,以工业化促进信息化,走出一条科技含量高、经济效益好、资源消耗低、环境污染少、人力资源优势得到充分发挥的新型工业化路子”②。“新”主要体现在以下方面:a. 以科技创新为主要推动力。b. 大力实施可持续发展战略。c. 信息化和工业化进程融为一体。d. 充分发挥人力资源优势。e. 统筹城乡经济社会发展,全面繁荣农村经济。③

② 走适度新型工业化道路的必然性。关于我国为什么要选择新型工业化道路的问题,理论界已基本形成了三点共识④,一是全面总结国内外工业化经验教训后作出的重大决策;二是顺应世界科技经济发展大趋势的必然选择;三是充分考虑我国基本国情得出的正确结论。这三点共识对于西藏选择工业化道路也是适用的。一是西藏也有过“填补空白”和“小三线”建设的传统工业化的深刻历史教训;二是西藏既然选择了外向型发展道路,必然要受到世界和国内的技术进步、制度创新、管理创新的影响。三是西藏的区情主要是自然资源丰裕但开发利用不足,生态环境保护良好但十分脆弱,人口分布稀散,劳动力、资金不如内地充裕,经济基础薄弱,市场容量较小。这种区情只能支撑适度的、有本地特色的新型工业化。

---

① 郝鹏. 在全区发展改革工作会议上的讲话(摘要)[J]. 西藏经济,2007(4).

② 江泽民. 全面建设小康社会,开创中国特色社会主义事业新局面——在中国共产党第十六次全国代表大会上的报告[M]. 北京:人民出版社,2002:21.

③ 顾强. 我国走新型工业化道路研究[J]. 中国工业经济联合会,中国新型工业化道路——21世纪中国工业的发展方向[M]. 北京:中国经济出版社,2004:443.

④ 教育部社会科学研究与思想政治工作司. 邓小平理论和“三个代表”重要思想概论[M]. 北京:高等教育出版社,2003:117-118.

(2) 现行产业发展战略是新型工业化实现的理想途径。“一产上水平，二产抓重点，三产大发展”的产业发展战略同“适度的新型工业化”并不矛盾，反而是实现“适度的新型工业化”的理想路径。①西藏工业化只能是“适度的新型工业化”。它与传统工业化的一个显著区别是，它坚持可持续发展和科学发展原则，不追求大规模、粗放型，可以通过率先发展第三产业特别是旅游产业、文化产业、信息产业来带动有特色、有优势的工业产业发展。②根据国家主体功能区划分，西藏不可能进行全方位的工业布局和发展所有的工业部门，只能“有重点地发展”。要实现西藏跨越式发展和全面建设小康社会的战略目标，必须有一个先导产业来担当这个重任，在西藏，选择第三产业作为先导产业是合适的。③从西藏独特的高原生态环境保护角度讲，西藏最佳的产业发展路径应该是以旅游产业、文化产业、环保产业、信息产业为战略产业，通过它们来带动西藏适度的新型工业化、城镇化和信息化，其他产业可以定位为这四大战略产业的辅助产业，这样才能真正做大做强西藏的特色产业和优势产业。

（五）是全面建设小康社会的需要

建设小康社会是我国现代化“三步走”战略目标的第二步目标，到 2008 年，我国全面建设小康社会的实现程度达到了 74.6%。西藏在 2003 年提出了和全国人民一道在 2020 年实现全面建设小康社会的目标，大力发展第三产业有助于这个目标的实现。

(1) 西藏小康社会建设进程及实现程度。西藏小康社会建设启动于 1995 年。通过“小康示范村”建设，体现了以点带面推进小康建设的发展模式，到 2000 年，60%的乡村、65%的农牧民达到小康标准，进入小康社会①。2001 年自治区政府在“十五”规划和 2010 年远景目标中提出了全面推进小康建设，2005 年使 70%以上的农牧民达到了初步小康生活水平。2003 年提出了全面建设小康的具体指标体系(包括 6 个方面、24 个指标)。到 2002 年底，西藏实现了全国全面小康标准的 64%②。2006 年编制的《西藏“十一五”规划纲要》则提出了到“十一五”末，把拉萨市和林芝地区建成西藏全面小康示范区。2009 年 3 月，自治区党委书记张庆黎指出，西藏到 2020 年全面实现小康社会，到新中国成立 100 周年时，同全国一道实现现代化。

我们依据《西藏全面建设小康社会指标体系调研报告》中的指标体系、小康标准，以及西藏 2007、2008 年的数据，对西藏全面小康社会实现程度进行了计算分析(见表 4-10)。

---

① 赵辉年. 全面建设小康生活面临的机遇和挑战[A]. 调查与研究，2003(1).

② 罗绒战堆. 西藏离全面小康有多远——西藏农村全面建设小康问题研究[J]. 财经科学，2005(2).

表 4-10　西藏全面建设小康社会指标体系、标准与实现程度[1]

指标类型	指标名称	单位	指标实际值、临界值					
			2000 年	2002 年	2007 年	小康值	权数	2007 年实现程度(%)
总指标数	共计 24 项指标						100	
经济增长	1. 人均国内生产总值	美元	553	728	1 657.7[2]	＞3 000	14	＜55.3
生活质量							40	
	2. 城镇居民人均可支配收入	元	6 448	7 762	11 131	＞18 000	3	＜61.8
	3. 农村居民人均纯收入	元	1 331	1 521	2 788	＞8 000	5	＜34.9
	4. 人均蛋白质日摄入量	克		78.5		≥85	3	
	5. 城镇居民人均居住面积	M^2	19.86	18.88	32.7	37	4	88.4
	6. 农村居民人均石(砖)木结构住房面积	M^2	23.16		21.65		4	
	7. 恩格尔系数	%		42.3	54[3]	＜40	4	74
	8. 农村通公路行政村比重	%	65.18	70.2	75	＞85	5	88.2
	9. 饮用安全卫生水人口比重	%				＞85	4	
	10. 农村电视机普及率	%		41.2	53.9	100	4	53.9
	11. 通电话行政村比重	%			64.6	＞85	4	76
社会结构							10	
	12. 城市化率	%	18.9		21.3	＞37	4	57.6
	13. 非农劳动力占全社会劳动力比重	%	14.3		44	＞41	3	100
	14. 贫困发生率	%			7.2[4]	＜5	3	69.4
人口素质							20	
	15. 劳动力平均受教育年限	年		4.11	6.3[5]	＞10	4	63
	16. 高中阶段入学率	%		19	51.2[6]	＞80	4	64
	17. 婴儿死亡率	‰		29.3		＜25	4	
	18. 每千人拥有医生数	人	2.09	1.58	2.1	＞2.4	4	87.5
	19. 人均预期寿命	岁	67	67	67	＞75	4	89.3
生活环境							6	
	20. 林草覆盖率	%	70	70		≥75	3	
	21. 农牧区居民生活能源薪柴替代率	%	0	0		≥15	3	

续表 4-10

指标类型	指标名称	单位	指标实际值、临界值					
			2000 年	2002 年	2007 年	小康值	权数	2007 年实现程度(%)
社会保障和社会稳定							10	
	22. 社会保障覆盖率	%			100	>90	4	100
	23. 万人刑事案件发生率	件				<20	3	
	24. 村委会民主选举率	%				100	3	

注:① 指标体系、标准值和 2000、2002 年的数据来自自治区发展计划委员会编撰的《西藏全面建设小康社会指标体系调研报告》,2007 年数据主要来自《西藏统计年鉴(2008)》和《白皮书:西藏民主改革 50 年(2009 年 3 月)》(做了必要计算)。② 2007 年人均 GDP 按当年底的外汇牌价折算。③ 系 2007 年城乡恩格尔系数的简单平均数,2002 年数据应该是偏低了。④ 这是 2005 年按年收入 825 元的低收入标准计算的。⑤⑥ 数据为 2008 年数据,来自白皮书。

依据上表资料并根据加权平均法计算,西藏 2007 年的全面小康社会的实现程度接近 69.8%[①],与全国全面建设小康社会的实现程度大致相当[②]。

(2) 大力发展第二、三产业是实现全面小康的重要路径。表 4-10 所列示的全面小康评价指标体系涉及经济增长、生活质量、社会结构、人口素质、生活环境、社会保障与社会稳定等六个方面 24 个指标。显然,发展第一产业只能保证全面小康社会的很小部分目标实现,绝大大部分指标都要依靠第二、三产业发展。具体来说,表中第 1～3、5～8、10～19、21～24 共 21 项指标与第二、三产业的发展直接相关,其他指标则间接相关。因此,在全面建设小康社会的进程中,第二、三产业显然要承担比第一产业更广泛、更艰巨的任务。因此,从产业支持角度看,大力发展非农产业无疑是西藏全面建设小康社会的必由之路。

二、西藏产业结构转型的目标

经过和平解放近 60 年的结构变迁,西藏的产业结构已经发生了一定程度的质变,未来的产业结构调整,已经主要不是量的调整,而是质的调整(即结构转型)。我们认为,西藏的产业结构转型主要应达到以下目标:

(一) 外部目标

任何国家、地区和某一区域的产业结构调整、演进和优化,包括发生质变的转型,都不是只为产业结构本身,归根结底还是为了促进经济发展、社会进步和民生

① 由于表中用了一些 2008 年的数据,所以 69.8%可能略高于实际值。

② 国家统计局在 2007 年 11 月 21 日发布的“2006 年中国全面建设小康社会进程统计监测报告”称,2006 年中国全面建设小康社会的实现程度达到 69.05%。

改善。因此,从宏观的、战略的高度看问题,就必须确立产业结构调整或转型的外部目标。我们认为,西藏产业结构转型的外部目标主要推动"四化":

(1) 新型工业化。即通过大力发展非农产业,尤其是建筑业、特色工业和现代服务业,推进西藏适度的新型工业化,破除城乡二元结构,使西藏的经济社会由农业社会过渡到工业社会,进而过渡到信息社会。

(2) 城镇化。即通过新型工业化推进城镇化战略,促进城乡一体化。要达此目标,一是要加快城镇基础设施建设,鼓励农牧区剩余劳动力进城务工,推进西藏的城镇化战略;二是要大力发展城镇经济,尤其是城镇的建筑业、房地产业、特色工业和服务业,同时要推进新农村建设,大力发展乡村工业、乡村商业、乡村旅游、民俗文化等非农产业,鼓励多种经营和劳务输出。

(3) 信息化或现代化。信息化是工业现代化的一种表现形式。从长远目标看,我们优先或重点发展基础产业和基础设施、优势产业、主导产业和特色产业,不只是为了增收和促进工业化、城镇化,还要促进信息化或现代化。所以,西藏也有必要发展一些有本地特色的高新技术产业。

(4) 生态环境净化和美化。西藏的生态环境保护状况总体上好于内地,但是由于自然条件的恶劣,土地沙化、荒漠化情况比较严重,在局部地区还存在一些旅游生活污染和少量的工业污染。鉴于西藏的生态环境特别重要和特别脆弱,其净化、美化工作还需要进一步加强和提速。2009 年 2 月,国务院常务会议审议并通过的《西藏生态安全屏障保护与建设规划(2008—2030 年)》提出用 5 个五年规划的时间基本建成西藏高原国家生态安全屏障。中央第五次西藏工作座谈会把构建生态安全屏障列为西藏发展的六项战略定位之一。生态安全屏障建设无疑会给西藏生态环境的净化和美化提供外在的重要保障;但是,要从源头上解决环境污染和资源浪费问题,就要推进产业结构的优化,鼓励和支持低碳产业重点发展,限制重化工业发展。比如,优先或重点发展种植业、林业、草业、环保工业、服务业,辅之以节能减排工作,就可以有效地促进生态环境净化和美化。

(二) 内部目标

针对西藏的环境资源条件和政府目标,以及产业结构的演进规律和现行特征,我们认为,西藏未来产业结构转型的内部目标应该是:(1)实现产业结构的协调化和高度化。一方面,西藏的现行产业结构并不协调,在产值结构方面,第二产业尤其是工业比较薄弱,第三产业所占比重过高;在就业结构方面,转型速度偏慢,非农产业从业人员所占比重之和仍只有 45.5%,城市化率仍偏低。另一方面,西藏的产值结构只是初步实现了高度化("三二一"结构),第二产业的"洼地"负效应还有待消除;就业结构的层次还偏低,需要由现行的按"一三二"序列排列的结构过渡到按"三一二"序列排列的结构,为最终实现"三二一"结构打下基础。

(2)围绕西藏的跨越式发展和可持续发展战略,需要打破三次产业分类,确立新的产业发展战略。我们建议,要形成以特色农牧业及产品加工业、优势矿业、藏医药业、民族手工业、建筑建材业、旅游产业、文化产业、环保产业、信息产业为主的战略支撑产业群,以能源工业、交通邮电、科技教育、医疗卫生、基础设施为先导产业群,以餐饮住宿、信息咨询、财政金融、社会保障、社区服务业等为辅导产业群的新型产业定位,全面提高西藏产业经济的自生能力和现代化程度,提高产业关联度和科技贡献率,真正发挥优势重点产业在自治区产业经济发展中的"火车头"的作用。

三、西藏产业结构转型的路径

西藏的产业结构有鲜明的地方特色,其转型的路径也有自己的特点。将西藏过去的产业结构演进路径和政府未来的发展战略结合起来看,西藏产业结构转型的路径主要有:

(一)大力发展第三产业

自20世纪90年代以来,西藏的产业结构演进就走了一条通过大力发展第三产业带动产业结构升级的道路,这和全国及其他省市通过大力发展第二产业尤其是工业来实现产业结构高度化的路径显著不同。由于第三产业超前发展,在1997年以后,它就在GDP中成为了西藏的第一支柱产业,除少数年份外,其产值比重和贡献率都超过了50%,如表4-11所示。

表4-11　西藏三次产业对经济增长贡献动态分析表

年份	GDP增长率(%)	生产总值逐期增长量(亿元)				占当年GDP的比重(%)			贡献率(%)			拉动率(%)		
		GDP	第一产业	第二产业	第三产业	第一产业	第二产业	第三产业	第一产业	第二产业	第三产业	第一产业	第二产业	第三产业
1979	9.8	0.65	0.13	0.18	0.34	47.99	27.7	24.4	20.0	27.7	52.3	2	2.7	5.1
1985	29.8	4.08	2.49	0.28	1.31	49.9	17.4	32.7	61.0	6.9	32.1	18.2	2.1	9.5
1990	26.7	5.84	4.06	0.73	1.05	50.9	12.9	36.2	69.5	12.5	18.0	18.6	3.3	4.8
1991	10.2	2.83	1.40	0.6	0.83	50.8	13.7	35.5	49.5	21.2	29.3	5	2.2	3
1992	9	2.76	1.09	0.29	1.38	49.8	13.4	36.8	39.5	10.5	50.0	3.6	0.9	4.5
1993	12.4	4.13	1.71	1.03	1.39	48.9	14.7	36.4	41.4	24.9	33.7	5.1	3.1	4.2
1994	22.9	8.57	2.84	2.39	3.34	46	17.1	36.9	33.1	27.9	39.0	7.6	6.4	8.9
1995	22	10.12	2.34	5.36	2.42	41.8	23.6	34.6	23.1	53.0	23.9	5.1	11.7	5.2
1996	15.8	8.87	3.72	−1.92	7.07	41.9	17.4	40.7	41.9	−21.66	79.7	6.6	−3.4	12.6

续表 4-11

年份	GDP增长率(%)	生产总值逐期增长量(亿元)				占当年 GDP 的比重(%)			贡献率(%)			拉动率(%)		
		GDP	第一产业	第二产业	第三产业	第一产业	第二产业	第三产业	第一产业	第二产业	第三产业	第一产业	第二产业	第三产业
1997	18.9	12.26	2.03	5.56	4.67	37.8	21.9	40.3	16.6	45.4	38.1	3.1	8.6	7.2
1998	18.5	14.26	2.14	3.26	8.86	34.3	22	43.7	15.0	22.9	62.1	2.8	4.2	11.5
1999	15.8	14.48	2.88	3.72	7.87	32.3	22.5	45.2	19.9	25.7	54.4	3.1	4.1	8.6
2000	11.2	11.82	2.14	3.19	6.51	30.9	23	46.2	18.1	27.0	55.1	2	3	6.2
2001	18.1	21.36	1.15	4.92	15.28	27	23	50.1	5.4	23.0	71.5	1	4.2	12.9
2002	16.4	22.88	2.21	0.75	19.91	24.5	20.2	55.3	9.7	3.3	87.0	1.6	0.5	14.3
2003	14.2	23.05	0.95	14.92	7.2	22	25.7	52.3	4.1	64.7	31.2	0.6	9.2	4.4
2004	19	35.25	3.60	5.1	26.54	20.1	23.9	56	10.2	14.5	75.3	1.9	2.8	14.3
2005	14	30.87	3.74	10.78	16.35	19.1	25.3	55.6	12.1	34.9	53.0	1.7	4.9	7.4
2006	15.8	39.80	2.86	16.58	20.36	17.6	27.6	54.8	7.2	41.7	51.2	1.1	6.6	8.1
2007	17.6	51.18	3.99	18.38	28.81	16.2	28.2	55.6	7.8	35.9	56.3	1.4	6.3	9.9
2008	15.7	53.72	5.62	17.28	30.82	15.3	29.2	55.5	10.5	32.2	57.4	1.6	5.1	9
2009	11.8	46.51	3.26	21.17	22.2	14.5	30.9	54.6	7.01	45.52	47.73	0.8	5.4	5.6

基础数据来自《西藏统计年鉴 2010》;贡献率、贡献度是笔者根据基础数据计算所得;为了贡献率、贡献度的价格口径一致,GDP 增长率为现价环比增长率,而不是年鉴上的可比价增长率。

该表显示,西藏各产业对经济增长贡献呈现几个阶段性特征:(1)从 1979—1990 年,农牧业对经济增长的贡献总体大于第二、三产业。(2)从 1991—1996 年,非农产业对经济增长的贡献率超过农牧业,农牧业对经济增长的贡献率再没有超过 50%。同时第三产业对经济增长的贡献显著增强,在这 6 年中,第三产业的贡献有 4 年是大于第一产业的。(3)1997 年以来,第一产业在产值上已彻底退出了支柱产业位置。1997 年以来,第一产业生产总值占 GDP 比重被第三产业超过后仍一直处于下降趋势,至 2009 年已降至 14.5%,第三产业对经济增长的贡献率一直都高于第一产业,除个别年份外也一直高于第二产业。综合而言,90 年代后期以来,第三产业对西藏经济增长的贡献最大。

在今后一段时期,通过大力发展第三产业来提升产业结构层次的路径对西藏而言,总体上仍然是可行的路径。

(二)走新型工业化道路

在党的十六大召开(2002 年)以后,全国的总体经济即开始朝着新型工业化目标前进。由于青藏高原环境的特殊重要性和脆弱性,加之认识上的不统一,西藏并没有跟随全国提出有本地特点的新型工业化道路。直到 2007 年 12 月,自治区党委和政府才提出要转变经济发展方式,“着手研究在我区推进新型工业化的重要课题”。① 从前面的分析中可以看出,工业的劳动生产率是各产业中最高的,对经济增长的拉动作用也是最明显的。可见,政府思路的转变也是符合效率原则的。

产业之间是有关联效应的,“三产大发展”需要以第二产业或者工业的适度发展作为支撑。而且,从产业经济发展的规律来讲,当前西藏第三产业过于超前发展的产业结构需要向三次产业协调推进经济发展转变。基于这种认识,笔者在2000年时就指出“第二产业的发展速度将会超过第三产业,西藏补上适度工业化这一课是不可避免的”。② 2009年又论证了西藏走适度的新型工业化道路的必要性。从近几年的统计数据看,西藏第二产业的增长速度已超过了第三产业,其增加值也超过了GDP的30%,印证了笔者当年的预言。经过大约10年的经济发展,西藏走适度的新型工业化道路的条件更加理想。当然,我们也要看到青藏高原生态环境脆弱和能源缺乏的现实,认识在西藏建设生态安全屏障的极端重要性,要按照国家主体功能区对青藏高原的发展定位,防止走大规模的、粗放的工业化老路,坚决走环境友好型、资源节约型、重视技术进步和科学发展的新型工业化道路。这条道路在确保环境安全的情况下,将引领西藏走出凹型产业结构,实现产业结构协调化、高度化和经济现代化。

(三)推进适度的城镇化

发达地区的工业发展实践表明,工业化和城镇化是连在一起的。没有城镇的配套设施(如水、电、路、医院、学校、市场等),工业企业将难以运转;而包括工业和建筑业在内的第二产业的发展,又会促进工业城镇的形成。西藏的第二产业尤其是工业比较弱小,除了环境约束因素外,与城镇化率偏低也有直接关系。目前,全国的城市化率已达到约47%,西藏还只有23.8%(2009年数据)。单从量的角度看,西藏的城市化水平只达到全国平均水平的一半;从质的方面看,除了拉萨市已初步具有都市规模和功能外,西藏的其他城镇在功能定位、市政设施、市场建设、城市管理等方面的差距还相当明显。

西藏的人口只有300万人(第六次人口普查数据),地广人稀,转移农村剩余劳动力的压力远没有内地那么大。在西藏推进城镇化进程,既无必要也不应该照搬内地和国外做法,要走一条以发展中小城镇、特色城镇为主的,有“中国特色、西藏特点”的城镇化道路;也不能只注重提高城市化率和城市规模,要把维护社会稳定、统筹城乡发展、改善民生置于最重要的位置。除了要注重打造一些历史文化名城

① 郝鹏.在全区发展改革工作会议上的讲话(摘要).西藏经济,2007(4).

② 毛阳海.知识经济与西藏经济的可持续发展.西藏研究,2000(2):22.

或文化街区外，也要有意识地建设一些生态旅游城镇、工商业新型城镇，进而为推进西藏的新型工业化服务。

（四）大力发展西藏的特色产业

西藏的产业结构转型不是为了高度化而高度化，而是要为促进当地经济发展和社会进步、促进生态安全、提高当地居民生活水平、促进社会稳定和谐服务。在西藏发展任何产业，首先要考虑环境效益和社会效益（“两个安全屏障”），其次才是考虑经济效益。因而更需要优先发展有当地资源禀赋、符合当地生态安全和经济社会发展需要、具有比较成本优势的特色产业。《西藏自治区“十一五”时期国民经济和社会发展规划纲要》确立了六大特色产业，即特色农牧业及加工业、优势矿产业、旅游业、藏医药业、民族手工业、建筑建材业。在西藏自治区 2010 年政府工作报告中，又增加了高原特色生物产业和绿色食（饮）品业、以水电为主的能源工业 2 个特色产业。笔者认为，生态环保产业、文化产业也应纳入西藏的特色产业之列。这些特色产业和现代服务业、高新技术产业等先导产业一起，无疑要承担引领西藏产业结构优化的重任。

（五）借助外在推动力量

一是要用足、用好全国支援西藏的政策，重视借助中央财政转移支付和特殊优惠的财政、金融等政策，借助对口支援省市、有关部委和大型企业的援助力量，改造传统产业，构建现代产业；二是借助出口导向作用，发展本地有比较优势、竞争优势的特色优势产业；三是重视周边的增长极对西藏经济的辐射作用，重视承接发达地区的产业转移，从而带动西藏产业结构优化升级。

第五章
关于西藏的工业化问题

产业结构升级是引领一个区域的经济社会由农业社会走向工业社会进而走向信息社会的关键途径，也是统筹城乡发展、破除城乡二元结构，进而实现城乡一体化的关键途径，而工业化又是产业结构升级以及城镇化、信息化、现代化的关键路径。即使是在生态环境脆弱、经济发展有诸多特殊性的西藏，工业化也是回避不了、省略不了的一个经济发展阶段，对这个比较薄弱的领域进行探索是很有必要的。

第一节　关于西藏工业化问题的不同主张

一、理论界对西藏工业化问题的不同看法

旧西藏没有现代工业，只有规模偏小、停滞不前、作为家庭副业而存在的手工业，西藏的现代工业是在和平解放以后逐步发展起来的。西藏的工业既要受到自然环境的较强约束，又经历过曲折的发展道路、有过深刻的历史教训，也许是受两方面因素的影响，对西藏的工业化持怀疑甚至否定态度者甚众。自 20 世纪 80 年代以来，经济理论界反对西藏搞工业的调门甚高，敢于提西藏“工业化”的学者相对较少。一些身处内地的研究西藏经济的学者甚至主张，西藏不要搞任何产业开发，可以由国家把西藏居民养起来。①

笔者是主张西藏有必要走适度的新型工业化道路的，有类似主张的学者也并不鲜见。

一些长期在西藏或西藏单位工作的学者，在对待西藏的工业化方面，持有比较客观的、积极的态度。例如，长期在西藏工作又构建过西藏的“非典型二元结构”理论模型的孙勇先生，早在 90 年代初期就指出：“西藏工业化进程一经启动就应当前进，何况它……在西藏非典型二元经济结构的发育中还起着决定性的作用。”他认

---

① 这是笔者在西部开发研究联合体第三、四届年会上亲耳听到的观点。

为“西藏工业(扩展至全部现代产业)不是没有前途,更不是越搞越糟。它的历史性作用已不可否认”。[①]《西藏产业论》的著者俞允贵、文德明、金巴杨培归纳出了西藏工业的八大作用,认为“工业将在西藏的近代化进程中扮演重要的角色”。[②] 笔者在2000年也指出,待62项援藏工程全部完工后,“第二产业的发展速度将会超过第三产业,西藏补上适度工业化这一课是不可避免的”。[③] 这是研究西藏经济的学者首次提出“适度工业化”一词并把它和西藏的产业发展联系在一起。

二、政府关于西藏工业化的政策取向

更重要的是,从中央到西藏地方,各级党委和政府在西藏工业化问题上的态度总的来说也是积极的。从50年代中后期到70年代后期,各级政府对于在西藏搞工业是持支持态度的。一是为了帮助国家偿还前苏联的债务,从1956年起,在中央的支持下,西藏的现代矿业得以兴起,60年代初期,藏北的硼砂开采为国家摆脱债务困难做出了重要贡献,也推动西藏经济进入了第一个黄金时期;二是从60年代中期到70年代末,西藏掀起了一场“添空白”运动,企图在短时间内建立起一个完整而又独立的工业体系,还照搬内地模式搞“小三线”建设。这一时期对工业的重视程度甚至超过了农牧业。到了80年代,工业在政府的产业发展政策中已处于调整地位。例如在1981年,政府的产业安排是“全区经济工作的顺序应当是:牧业、农业、商业、交通、工业及其他”。1985年,西藏又提出了“以农牧业为基础,以旅游业为中心,以教育、交通、能源为重点,理关系,打基础,带动其他行业全面发展”的产业结构政策。在整个80年代,除了能源被列入西藏经济发展的战略重点外,整个工业明显处于产业发展序列的后列。90年代以后,政府对于发展工业的态度有所转变,包括工业在内的第二产业被置于“有重点地发展”的地位。特别是在2007年12月召开的西藏发展改革工作会议上,自治区常务副主席郝鹏提出了转变经济发展方式的思路,其中提到要“着手研究在我区推进新型工业化的重要课题”,要“增加第二产业在经济增长中的比重,努力实现以主要依靠第三产业拉动到以第二、三产业为主的优势特色产业协调拉动经济增长的良性转变”。[④] 这已经可以看出政府推动西藏工业化的决心。特别值得一提的是,2009年的西藏经济工作会议提出要“下大力气发展优势特色产业,走新兴工业化道路”;西藏自治区工业和

---

① 孙勇.西藏非典型二元结构下的发展改革——新视角讨论与报告.北京:中国藏学出版社,1991:141,150.

② 俞允贵,文德明,金巴杨培.西藏产业论.北京:中国藏学出版社,1994:257-258.

③ 毛阳海.知识经济与西藏经济的可持续发展.西藏研究,2000(2):22.

④ 郝鹏.在全区发展改革工作会议上的讲话(摘要).西藏经济,2007(4).

信息化厅也于2009年12月15日正式挂牌成立,这充分说明了自治区党委、政府对西藏工业经济的高度重视。这似乎可以为西藏要不要工业化的争论画上一个句号,但是要消除一些人士的担忧和疑虑,还是有必要首先探讨西藏走新型工业化道路的必要性和意义。

专栏5-1 西藏:"十二五"将进一步加快特色优势产业跨越式发展

据西藏自治区工业和信息化厅提供的资料,"十二五"期间,西藏将继续本着"二产抓重点"的要求,进一步加快特色优势产业跨越式发展势头,力争工业年均增速30%以上,"十二五"末工业增加值达到208亿元。

据了解,西藏明确"十二五"期间工业经济发展主要目标:第二产业年均增速20%以上,到"十二五"末,第二产业增加值达到458亿元,占GDP的比重达到40%,形成二产、三产并驾齐驱拉动经济发展的格局。其中,工业年均增速30%以上,工业增加值达到208亿元。培育10家以上特色优势产业集团及一批行业龙头企业,产业基地和深加工基地初步形成。

经过近年来的大力发展,西藏的能源、交通、人力资源等基础条件不断改善,对工业发展的支撑作用进一步巩固和加强。"西藏工业经济发展蓄势待发。'十二五'期间将是西藏大力发展能源、高原特色生物产业、藏药等优势产业的关键时期。"西藏自治区工业和信息化厅相关负责人说。

这位负责人表示,"十二五"期间,西藏将继续本着"二产抓重点"的要求,优先发展能源工业,有序发展优势矿产业,积极发展新型建材业,大力发展农畜产品加工业和高原特色生物产业,扶持民族手工业和藏药业,不断提高第二产业和工业经济占GDP的比重。

资料来源:新华网,2010-9-25

第二节 从相关理论看西藏走适度的新型工业化道路的必要性

一、从产业结构调整与演进理论看工业化阶段的不可逾越性

在西藏的经济理论界,也有一些学者认为,西藏可以通过大力发展第三产业而越过工业化阶段直接实现信息化和现代化。笔者认为这种观点是违背产业结构演进的一般规律的,也不见得就反映了西藏产业结构演进的特殊规律,因为这种结构

安排会削弱西藏经济的自生能力和产业的长期竞争力。

"配第一克拉克定理"告诉我们:工业的收入比农业多,而商业的收入又比工业多;劳动力会随着人均国民收入水平的提高,依次在第一、二、三产业之间转移。

20世纪40年代,库兹涅茨(Simon Kuznets)进一步证明了配第一克拉克定理,提出了"库兹涅茨法则"。其基本结论是:随着人均GDP水平的提高,农业部门(第一产业)的国民收入比重和劳动力比重均处于不断下降之中;工业部门(第二产业)和服务部门(第三产业)的国民收入比重和劳动力比重大体上呈上升趋势。

赫希曼(A·O·Hirschman)在进行产业关联分析的基础上,提出了选择主导产业的"赫希曼基准",主张发展中国家应当优先发展产业关联度较高的产品的生产。依据全国1987投入产出表数据计算的完全消耗系数表(表5-1)可以说明产业间的波及效果。①

刘易斯(Sir Arthur Lewis)的二元结构转变理论指出:发展中国家经济由现代工业部门和传统农业部门组成,是一个二元经济结构;经济发展的过程就是如何通过扩大现代工业部门,为传统部门的剩余劳动力提供就业机会的过程。②

根据赛尔奎因和钱纳里1989年的研究结果(表5-1),随着人均GDP(1 980美元)的增加,第一产业的GDP构成是不断下降的,第二、三产业的GDP构成是不断上升的,但在人均GDP到达2 000美元以前,第二产业产值比重上升的幅度要明显大于第三产业;到2 000美元以后,第三产业产值比重上升的幅度才超过第二产业。这些证据表明,当一国工业化由初级阶段进入加速阶段,第二产业产值比重上升较快,当工业化进入成熟阶段,其上升会趋缓直至停滞和缓慢下降;第三产业产值比重呈加快上升趋势。

表5-1 三次产业GDP构成变动的赛尔奎因和钱纳里模式 ③ 单位:%

工业化阶段	人均GDP(1980美元)	第一产业	第二产业	第三产业
	<300	48.0	21.0	31.0
一	300	39.4	28.2	32.4
二	500	31.7	33.4	34.6
三	1 000	22.8	39.2	37.8
四	2 000	15.4	43.4	41.2
五	4 000	9.7	45.6	44.7

① 李悦.产业经济学(第三版)[M].北京:中国人民大学出版社,2008:485-487.

② 根据李悦的《产业经济学(第三版)》的第488-489页和叶静怡的《发展经济学》(北京大学出版社2003年第1版)第65-84页整理。

③ 引自:李华,等.产业结构优化与国有经济战略性调整.北京:中国经济出版社,2005:27.

马克思、恩格斯在《共产党宣言》中曾指出:“新的工业的建立已成为一切文明民族的生命攸关的问题……”

综上所述,可以认为,工业化是社会经济发展难以逾越的一个很重要的发展阶段,发展包括工业在内的第二产业,由农业社会走向工业化社会,既是拉动经济增长的需要,也是产业结构高度化和优化的必由之路。在笔者看来,由于西藏尚处在工业社会的初级阶段,即使依靠中央和全国的大力支援可以短期甚至中期维持外生发展模式,也不足以长期地打破产业发展的一般规律。西藏第三产业优先发展的产业格局最终要向各产业协调有序发展的一般规律回归。

二、从投入产出关联系数看发展工业的必要性

由于西藏没有开展过投入产出调查,这里选取了依据全国 1987 投入产出表资料计算的完全消耗系数资料,如表 5-2 所示。不难看出,当农业、工业、服务业的最终需求增长 1 亿元时,产生的波及效果分别为 2.22 亿元、5.1 亿元、3.93 亿元。由此可以得出结论,发展工业更有利于拉动其他产业的发展。

表 5-2 完全消耗系数表(逆阵系数表)①

	1. 农业	2. 工业	3. 服务业
1. 农业	1.27	0.53	0.42
2. 工业	0.87	3.14	1.09
3. 服务业	0.75	1.15	2.03

另根据全国 1987 投入产出调查资料计算的感应度系数看,处于前 5 位的行业是:化学工业(2.564)、金属冶炼及压延加工业(2.195)、农业(2.062)、纺织业(1.790)、机械工业(1.529);从影响力系数看,处于前 5 位的行业是:电子及通讯设备制造业(1.278)、交通运输设备制造业(1.222)、电机及器材制造业(1.205)、纺织业(1.200)、缝纫及皮革制品业(1.195)。② 单从产业关联效应来看,这些感应度系数、影响力系数大的行业都属于工业行业,它们都值得优先发展。但是兼顾到环境效益和能源、资金、技术条件,除优势矿业、能源工业以外,其他重化工业在西藏是不适宜发展的。

从中间需求率、中间投入率指标值来看,中间需求率大、中间投入率小的“I 类中间投入型产业”,包括农业、林业、煤炭、金属采矿、石油及天然气、非金属矿、电力

① 引自:臧旭恒,徐向艺,杨蕙馨.产业经济学(第三版).北京:经济科学出版社,2005:365.

② 引自:臧旭恒,徐向艺,杨蕙馨.产业经济学(第三版).北京:经济科学出版社,2005:367-368.

等7个行业①,除了煤炭在西藏缺乏资源条件外,其他6个行业都可以作为基础产业优先发展。运输业、商业、服务业是属于中间需求率、中间投入率均小的最终产品产业,它们对于刺激消费、拉动经济增长的作用不容忽视,在供大于求的买方市场,也需要大力发展,对于产业布局比较疏散、服务业仍不发达的西藏地区而言,更是如此。

三、西藏选择新型工业化道路的依据

党的十六大报告指出,全面建设小康社会,必须走一条"新型工业化道路"。作为地处环境十分重要和脆弱的青藏高原且处于全国发展后列的西藏,更需要走新型工业化道路。

关于我国选择新型工业化道路的依据,理论界已基本形成了三点共识②:一是全面总结国内外工业化经验教训后作出的重大决策。许多发达国家和地区曾经走过高投入、高速度、高污染的工业化道路,我国在上世纪也曾走过这样的道路,虽然带来了产出的高增长,但造成了资源的巨大消耗和浪费,生态环境的破坏,使得许多自然资源濒临枯竭,生态环境退化,自然灾害频发。显然,这是一条不可取的工业化道路;而且,现在国家经济实力已比较强大,百姓生活也实现了初步小康,已经不再需要牺牲环境效益来换取经济效益。二是顺应世界科技经济发展大趋势的必然选择。现在,中国的经济总量已经位居世界第二,单看经济总量似乎已经是世界强国;但人均产出、人均收入仍属于中低收入国家行列,和发达国家的经济、科技差距仍然巨大。而且,世界科技日新月异,危及中国安全的因素依然不少,落后就要挨打是一个硬道理,丝毫麻痹不得。新的形势要求我们必须走一条以信息化带动工业化、以工业化促进信息化、科技含量高的工业化新路。三是充分考虑基本国情得出的正确结论。中国虽然号称地大物博,但人均拥有的资源量远远低于世界平均水平,真正丰裕的资源只有人力资源,而中国现在的工业消耗特别是能耗又远远高于世界平均水平,这就使国家面临巨大的资源压力,没有本钱走粗放型工业化道路,只有选择资源消耗低、环境污染少、人力资源得到充分发挥的可持续发展道路。

这三点共识对于西藏选择工业化道路是有启示作用的。西藏选择适度的新型工业化道路的理由是:一是西藏也有过"填补空白"和"小三线"建设的深刻的历史教训,正因为那时盲目建立了大批无原料、无技术、无市场的工业企业,才导致了西藏80年代至90年代初的十余年调整;二是西藏既然选择了外向型发展道路,必然

---

① 引自:臧旭恒,徐向艺,杨蕙馨.产业经济学(第三版).北京:经济科学出版社,2005:361.

② 教育部社会科学研究与思想政治工作司.邓小平理论和"三个代表"重要思想概论.北京:高等教育出版社,2003:117-118.

要受到世界和国内的技术进步、制度创新、管理创新的影响，在 WTO 过渡期结束之后更是如此。为了顺应世界科技革命、工业革命的大趋势，西藏只有选择新型工业化道路。三是西藏的区情主要是自然资源丰裕但开发利用不足，而且缺乏煤油气能源，电力也不能满足需要，生态环境十分脆弱，人口分布稀散，劳动力不如内地充裕且熟练工人少，经济基础薄弱、生产力水平低，市场容量较小。这样的区情不能支撑过度的、粗放的、传统的工业化，只能支撑有西藏特色的、适度的新型工业化。四是西藏作为后发展地区，发展产业的历史包袱少，可以发挥后发优势，轻装上阵，直接接收发达地区的产业转移，直接使用先进的设备，借鉴先进的技术和管理，从而可以越过传统的工业化，直接走新型工业化道路。

第三节　西藏走适度的新型工业化道路的现实依据

一、对西藏工业化水平的评估

西藏是否已进入工业社会？目前究竟处于工业化的什么阶段？这些问题并没有形成定论。本文试图运用通用的评估方法作出判断。

（一）评估指标与标准

1. 评估指标

评估工业化水平的指标主要有：(1)人均 GDP；(2)产业增加值构成；(3)产业就业构成；(4)工业化系数(工业增加值/农业增加值)；(5)工业化率(工业增加值/GDP)；(6)制造业比重(制造业增加值/GDP)；(7)霍夫曼系数。

2. 评估标准

(1)按照钱纳里的经济发展阶段划分，整个经济变化过程分为三个阶段六个变动时期，其对应的人均 GDP 标准为(参见表 5-3、表 5-4)：

表 5-3　钱纳里的经济发展阶段划分及其对应的人均 GDP 水平　单位:美元

阶　段	时期	人均 GDP		
		1 970 美元	1 982 美元	2 002 美元
农业经济阶段	1	140～280		
工业化阶段	2	280～560	728～1 456	791～1 594
	3	560～1 120	1 456～2 912	1 594～3 188
	4	1 120～2 100	2 912～5 460	3 188～5 978
	5	2 100～3 360	5 460～8 763	5 978～9 595
发达经济阶段	6	3 360～5 040		

表 5-4　经济发展阶段划分标准①

		人均 GDP (1 998 美元)	增加值构成(%)			就业构成(%)		
			第一产业	第二产业	第三产业	第一产业	第二产业	第三产业
初级产品生产阶段		530～1 200	38	24	38	65	17	18
工业化	初级阶段	1 200～2 400						
	中级阶段	2 400～4 800	20	40	40	50	22	28
	高级阶段	4 800～9 000						
发达经济	初级阶段	9 000～16 600	8	52	40	20	30	50
	高级阶段	16 600～25 000						

(2) 国内学者也提出过经济发展阶段划分标准。比较有代表性的是王梦奎先生运用人均 GDP、增加值构成、就业构成指标，提出了经济发展阶段的判断标准(如表 5-4 所示)。

李悦、张泽荣曾提出用农业产值占 GDP 的比例来判断工业化阶段，标准是：这一比例降到 20%，即进入工业化初期阶段；降到 10%～20%，即进入工业化中期阶段；降到 10%以下、5%以上，即进入后工业化阶段；降到 5%以下，即进入"后工业化社会"。

(3) 根据工业化系数标准，1.5～2.5 为工业化初期，2.5～4 为工业化中期，4～6 为工业化后期，6 以上为发达经济阶段；根据工业化率标准，一些学者提出 20%以下为农业社会，20%～40%为工业化初期，40%～50%为工业化中期，50%以上为工业化后期；按制造业比重标准，25%以下为工业化初期，25%～40%为工业化中期，40%以上为工业化后期；②根据霍夫曼系数，到达 5 时进入工业化第一阶段，到达 2.5 时进入工业化第二阶段，到达 1 时进入工业化第三阶段(标志着工业化实现)，到达 1 以下时进入工业化第四阶段(工业化后期)。

(二) 对西藏所处经济发展阶段的判断

先看表 5-5 的资料。

另外，从西藏 2007 年的统计数据可以计算出西藏的一些工业化指标数值。结果是：工业化系数为 0.503，工业化率为 8.1%，制造业比重为 3.7%③，霍夫曼系数为 0.54④。

① 资料来自：王梦奎．新阶段的中国经济．北京：人民出版社，2002．

② 参见：罗朝阳．21 世纪青海经济发展问题研究(2003 年度报告)，2004：539．

③ 根据西藏 2007 年的制造业增加值 12.602 7 亿元和 GDP 342.19 亿元计算而来。其中的规模以下制造业增加值 1.407 7 亿元系估算结果。

④ 根据西藏 2007 年的轻工业总产值 16.620 2 亿元和重工业总产值 30.720 4 亿元计算而来。

表 5-5 西藏部分年份的人均 GDP 和一些结构指标数据

年 份	人均 GDP(2 006 美元)	增加值构成(%)			就业构成(%)		
		第一产业	第二产业	第三产业	第一产业	第二产业	第三产业
1995	302	41.8	23.6	34.6	77.8	4.9	17.3
2000	585.5	30.9	23.0	46.2	73.3	5.9	20.8
2006	1 335.7	17.5	27.5	55.0	58.9	9.6	31.5
2007	1 550.7	16.0	28.8	55.2	56.0	10.8	33.2
2008	1 770.3	15.3	29.2	55.5	54.6	10.5	34.9
2009	1 958.7	14.5	30.9	54.6	54.5	10.8	34.7

注:2006 美元指的是 2006 年 12 月 31 日的美元兑人民币外汇牌价(100 美元兑换 780.87 元人民币);数据来自《西藏统计年鉴 2010》。

根据上述工业化评价指标与标准,并结合西藏的经济数据来判断,可以得到如下结果:一是从人均 GDP 水平看,西藏从 2008 年起已至少进入了钱纳里描述的工业化的第二阶段或国内学者描述的工业化初级阶段的中后期;二是按农业产值占 GDP 的比例来看,已进入工业化中期阶段;三是按产业增加值结构看,至少已进入工业化初级阶段;四是从就业结构看,也进入了“工业化初级阶段”;五是从工业化系数、工业化率、制造业比重看,离工业化初级阶段还有一定距离;六是从第三产业产值比重和霍夫曼系数看,已达到工业化后期的标准。

考虑到西藏的工业体系已基本齐全且重型化特征明显,以及第三产业产值偏高、第二产业尤其是工业的产值比重偏低的 U 型结构特征,就业结构演进远慢于产值结构演进速度的的特殊情况,笔者认为,从上述指标值可以得出西藏经济已进入工业化初级阶段的结论。① 因此,西藏已迫切面临着一个选择工业化道路的问题。

二、西藏走适度的新型工业化道路的历史条件和环境资源条件

(一) 历史条件

西藏的现代工业起步于和平解放初期,基本上是在“一穷二白”基础上发展起来的。自那时以来,西藏在工业化进程中经历了 50 年代末和 60 年代初、1965—1978 年、90 年代中期以来的三个建设与发展高潮。第一个建设小高潮的形成归因于国家在藏北建成了开采硼砂的藏北化工一厂,但该厂存在的时间很短,所以那时

① 根据国家社科院 2007 年编写出版的中国首部工业化蓝皮书——《中国工业化进程报告——1995—2005 年中国省域工业化水平评价与研究》,2005 年时西藏还处在前工业化阶段。这几年西藏第二产业的提速已经促使西藏由前工业化阶段过渡到工业化初期阶段。

的工业高潮也就昙花一现；第二个建设高潮的形成归因于“填空白”和“小三线”建设，虽然时间持续较长，但由于建成的项目大多是无技术、无原料、无能源动力、无市场的工矿企业，造成了国家资财的巨大损失，迫使西藏在80年代不得不对工业进行了长达10年左右的调整。第三个工业建设与发展高潮是在“有重点地发展第二产业”、“二产抓重点”以及大力发展优势特色产业的政策支持下实现的，它不是表现为突发性增长，而是较长时期的可持续快速发展。前两个阶段可以说是有建设、有增长、无发展，后一个阶段才实现了建设、增长与发展的统一。

从历史条件看，西藏发展工业并不是毫无基础，传统手工业已有1300多年历史，现代工业也经历了大约50年的建设、发展和积淀，已经建成了相对完整的工业体系。然而，从历史的经验教训来看，西藏不具备大规模工业化和传统工业化的条件，走适度的新型工业化道路才能够避免重蹈覆辙。

（二）环境资源条件

(1) 资源资源条件。西藏的自然资源相当丰裕，有许多资源还是国家经济建设十分需要又十分紧缺的经济资源，需要适度发展工业来转化那些优势特色资源。一是森林总蓄积量约为20.91亿立方米，居全国各省(区)中第一位，发展森林工业的资源条件较好。可是，由于森林工业的规模太小使得大量过熟林得不到有效利用。二是西藏地区有药用植物1 000多种，占我国药用植物种类的60％～70％，其中藏药用植物300多种，中药用植物350多种。发展中医药尤其是藏药工业的资源条件相当理想，但现在的藏药原料加工规模不大，资源利用得并不充分，也使得藏药原料的种植形不成产业规模。三是西藏拥有极为丰富的矿藏储备，是国家21世纪重要的战略资源储备地。据西藏国土资源厅公布的资料，到2003年底，西藏已发现矿产101种，现已探明储量的有41种。其中储量位居全国前10位的有17种：第1位是铬和锂；第2位是铜和火山灰；第3位的是菱镁；第4位的是云母、硼砂；第5位的是砷；第8位的是泥炭；第10位的是钼。1999年，在藏北的那曲地区首次发现有大型油气田，如能探明工业储量并开采，将会对西藏经济乃至全国经济的发展产生重要影响。目前，西藏矿藏资源的开发状况尚不理想，只开发利用了20多种，2009年的矿产业总产值只有119 777万元，只占西藏工业总产值的19.9％，GDP的2.7％。四是水能、地热等能源相当丰富。据统计，全自治区水资源总量为4 482亿立方米(不含地下水)。雅鲁藏布江的水能蕴藏量仅次于长江，居全国第二位。全自治区各种类型的地热显示区多达666处(1998年底情况)，据有关部门对初步调查的350余处地热显示点的热流量测算，其热能达到66万千卡/秒，折合标准煤约300万吨/年所释放的热量；西藏也是全国、乃至全世界太阳光辐射量最多的地区，也是我国大风最多的地区之一。虽然西藏的煤油气资源目前还没有达到工业开发条件，但发展水电和新型能源工业的条件还是不错的，目前除了水电业的发展速度较快外，热电、光电、风电的发展速度还比较慢。

(2) 作为江河之源和北半球季风气候发动区的青藏高原，其生态环境确实具有十分重要的战略地位，生态环境也确实是十分脆弱。但是，我们在评估和处理西藏的环境资源与经济发展的关系时不能走极端。不要在西藏大搞工业，更不能搞消耗、污染较重的化工、火电等行业，无疑是对的；但也不能选择放弃发展工业，那样无异于是守着金山讨饭或者是自废武功、甘于贫困，并且也会给当地居民的生产、生活带来极大的困难。应该像自治区政府前主席向巴平措所说的那样“既要金山银山，更要绿水青山”，也就是要走适度的新型工业化道路，统筹生态安全屏障建设和经济发展，这才是权衡经济效益和环境效益后的比较合理、有利的选择。而且，我们也不能把所有的工业都和环境负效应联系起来，也要看到有些工业(如环保工业)还有清洁生产、促进循环经济发展的一面，以及为改善环境提供资金、技术支持的正向效应。尤其是对环境影响轻微甚至有改善作用的生态工业、环保工业、农产品加工业、民族手工业等，在西藏更有发展的必要和美好前景。即使是有轻度污染的工业，如果其增加就业和财政收入的正效应远大于其损害环境的负效应的话，在目前西藏的发展还很落后、居民的贫困程度还比较高的情况下，也是有必要适度发展的。

所以，笔者向来主张，西藏应该适度地发展工业，而且要优化工业的内部结构和工业布局，走新型工业化道路。笔者向来主张西藏要走可持续发展道路，也主张对西藏的环境资源实行保护和限制开发，但要反对的是，把全西藏都作为保护和禁止开发的对象，以及不加区分地限制西藏的一切工业发展。因为这样做不仅扼杀了西藏居民求生存、求发展的愿望和权利，也会加重当地居民对自然资源和环境的依赖程度，结果对于环境保护反而不利。试想，连起码的农产品、畜产品加工都不要了，难道让当地居民茹毛饮血不成？假如不开发电能、太阳能和其他能源，当地居民除了向草原、山林索取能源，还有什么办法解决生活用能问题？这样的话草原、森林还怎么保护？靠内地输入商品就能解决西藏当地居民的生产生活问题的想法纯属不切实际的空想。

三、西藏的经济结构转型给适度的新型工业化道路提出了要求

西藏经过和平解放以来50多年的经济结构变迁，形成了非农产业在GDP中已占据主体地位、在从业人员总数中已占近半壁河山的产业结构；形成了多种所有制并存的混合所有制结构；形成了“一江两河”中部流域经济带，形成了城市化进程逐步加快的局面。经济结构已实现了初步的优化和高度化。产业结构演进情况已在上一章进行了论述，其他经济结构演变的具体数据如表5-6、5-7所示。

表 5-6　近年来西藏不同所有制工业企业的产值、资产构成

	增加值构成(%)				总资产构成(%)			
	2002	2004	2007	2009	2002	2004	2006	2009
国有企业	50.9	47.4	37.5	31.02	59.4	64.2	57.8	59.5
集体企业	16.5	10.8	5.7	2.3	7.4	3.7	3.3	1.2
股份合作企业	1.3	0.3	1.5	0.14	2.6	0.9	1.3	6.4
股份制企业	28.1	30.8	43.6	46.7	27.4	26.9	28.3	28.2
外商及港澳台商企业	0.1	1.4	7.6	10.6	0.6	0.2	4.4	3.2
其他经济企业	3.1	9.3	8.5	9.2	2.6	4.1	4.9	1.5
合计	100.0	100.0	100.0	100.0	100.0	100.0	100.0	100.0

注:1. 本表数据依据《西藏统计年鉴 2003、2005、2008、2010》的工业企业主要经济指标数据计算而来。2. 2002 年统计口径是“乡及乡以上独立核算工业企业”,2004 年统计口径是“全部国有及规模以上非国有工业企业”、2009 年的口径是“规模以上总产值和规模以上总资产”。3.“外商及港澳台商企业”在 2002 年时是指“中外合资经营企业”。

表 5-7　西藏部分年份的城镇人口数及所占比重、乡村人口所占比重情况

年份	城镇人口数(万人)	城镇人口数占总人口数比重(%)	乡村人口数占总人口数比重(%)
1978	20.22	11.3	88.7
1985	20.53	10.3	89.7
1990	36.32	16.4	83.6
1995	40.05	16.7	83.3
2000	50.22	19.3	80.7
2001	51.54	19.6	80.4
2002	52.85	19.8	80.2
2003	53.49	19.8	80.2
2004	54.24	19.8	80.2
2005	54.93	19.8	80.2
2006	55.72	19.8	80.2
2007	60.52	21.3	78.7
2008	64.90	22.6	77.4
2009	69.03	23.8	76.2

注:数据来自《西藏统计年鉴 2008、2010》。

从上一章的分析可知,西藏的产业结构演变,基本上是符合配第一克拉克定理的,进而也表明西藏的工业化已经在顺利行进。从表 5-6 可知,西藏工业中的非公有制经济成分迅速成长,在产值中已占据 2/3 比重,在资产中也占据了 39.3%的

比重。工业中非公有制经济成分的快速成长，也产生了推进市场化进而推进工业化、信息化的内在要求，因为市场主体的逐利本性必然导致要素向效率更高的非农产业转移。城镇化步伐的加快也必将与工业化形成相互促进的作用。“一江两河”中部流域经济带(或称为“中部经济区”)也需要首先成为工业带、城市群才能真正起到“中间开花，辐射全藏”的扩散作用。

四、适度工业化对于促进西藏经济发展和民生改善的积极意义

(一) 有利于促进经济增长

由于西藏的人均 GDP 和农村居民人均收入都处于全国后列和西部地区中下水平，西藏在未来的 20 年左右的时间内，都不得不坚持追赶战略或跨越式发展战略，这意味着西藏在未来相当长的时期内会像上世纪 90 年代中期以来那样十分重视经济增长速度。根据西藏自身的长期战略目标(如全面小康社会指标值，跨越式发展第二、三步目标值等)和西部其他地区的经济增长速度，西藏在未来相当长的时期内都需要保持两位数增长速度，这就需要提高第二产业包括工业对经济增长的贡献率。如表 5-8、图 5-1、图 5-2 所示，自西藏自治区成立以来，除了 1979—1993 年这个第二产业的调整阶段外，其他时段的第二产业平均增长速度都要高于 GDP 平均增长速度，更是远远高于第一产业增加值的平均增长速度；尤其是 90 年代中期以来，第二产业的平均增长速度已为各产业之最，不仅相当于第一产业平均增长速度的 4 倍以上，还超出第三产业平均增速 2～4 个百分点。2006—2010 年，工业增加值的平均增长速度超过了第三产业平均增速。表明自 90 年代中期以来，西藏第二产业的单位产值增长对于单位 GDP 增长的贡献已经超出了第一、三产业，近几年来，工业的单位产值增长对于单位 GDP 增长的贡献也超出了第一、三产业。可是，由于第二产业尤其是工业在 GDP 中所占比重还比较低，其对经济增长的总体贡献还不能同第三产业相比，这可能正是西藏的跨越式发展战略的第一、二步目标值未能实现的重要原因①，也说明在全国其他省市区尤其是西部省市区经济提速后，西藏的 12%左右的不变价 GDP 增长率，在 90 年代和 21 世纪算是跨越式发展速度，如今只能算西部中等速度了，要实现跨越式发展，还得进一步提高增长速度。基于推动西藏经济加速增长进而实现跨越式发展的内在需要，大力发展包括工业在内的第二产业或者说加快西藏的适度新型工业化进程显然是一种明智决策。

① 按照 2000 年西藏自治区人民政府确定的跨越式发展“三步走”目标，人均 GDP 要在 2005、2010 年分别进入西部前列和全国中游。实际上，到 2009 年，西藏的人均 GDP 还排在全国第 28 位和西部第 9 位。

表 5-8　西藏分时期的 GDP 总量及其年平均增长率

	1965—1978	1979—1993	1994—2000	2001—2010
GDP(亿元)	66.7	284	559.6	2 955.41
GDP 平均增长率(%)	5.05	7.7	12.9	12.4
第一产业平均增长率(%)	2.4	5.7	3.5	4.2
第二产业平均增长率(%)	16.3	2.8	19.7	16.8
其中:工业	14.8	5.3	7.6	12.4
建筑业	17.3	0.7	25.6	18.6
第三产业平均增长率(%)	5.3	13.9	17.5	13.5

注:①基础数据来自《西藏统计年鉴 2010》,由于 1966—1977 年数据缺乏,1965—1978 年的合计数为笔者依据年平均增长率计算的各年 GDP 近似值之和(1965、1978 年的 GDP 为实际值);②GDP 平均增长率系按几何平均法计算而来。

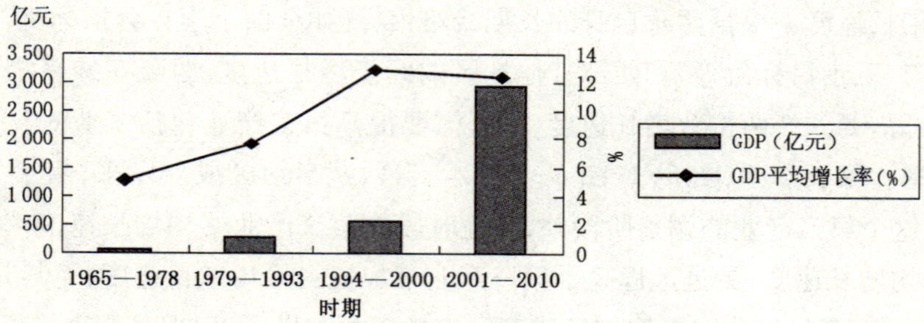

图 5-1　西藏分时期 GDP 累计数及平均增长率

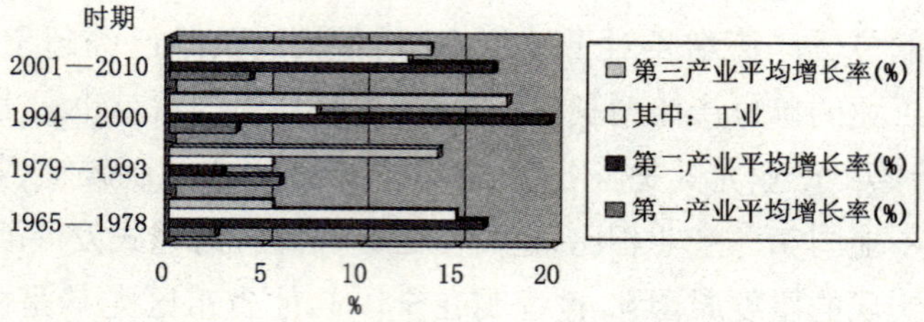

图 5-2　西藏不同时期的分产业增长率

（二）有利于提高生产经营效率

由于在上世纪六七十年代,西藏通过指令性计划和行政手段推动工业化运动,造成了生产经营低效率和资源的浪费,使得人们或多或少对西藏的第二产业尤其是工业形成了低效率、浪费资源和破坏环境的不好印象,而 90 年代后期尤其是新世纪以来的事实表明,西藏的工业已经今非昔比,其经济效率并不差。如表 5-9、图 5-3 所示,基本上可以肯定,西藏工业的社会劳动生产率在各产业中排名是很靠前的,建筑业的总资产利润率在各产业中也是名列前矛的。因此，从效率优先的角度考虑，在西藏适度加快工业化进程，是提高产业发展效率和质量的合理选择。

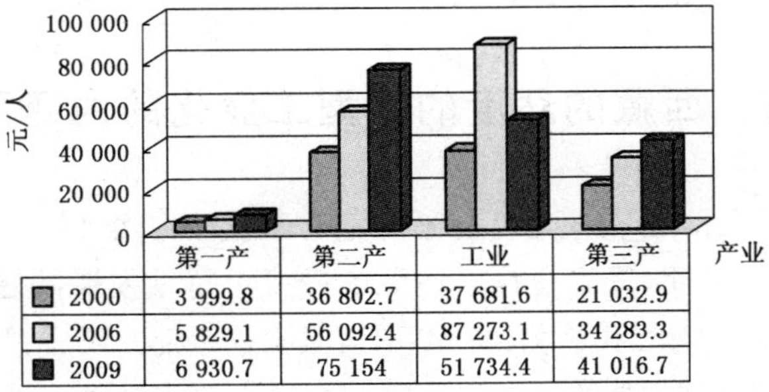

图 5-3　西藏各产业劳动生产率变化图

表 5-9　西藏部分产业的生产经营效率比较

	社会劳动生产率(元/人)			总资产利润率(%)		
	2000	2006	2009	2000	2006	2009
第一产业	3 999.8	5 829.1	6 930.7			
第二产业	36 802.7	56 092.4	75 154.0			
工业	37 681.6	87 273.1	51 734.4	3.6	4.6	3.4
建筑业	17 105	28 239	87 728.8	11.0	25.2	15.6
第三产业	21 032.9	34 283.3	41 016.7			
批零贸易		29 314.4			10.4	

注：①资料来自《西藏统计年鉴 2007、2010》、《中国统计年鉴 2007、2010》，笔者作了必要的计算，社会劳动生产率采用了全员和增加值口径。②工业系全部国有及规模以上非国有口径。

（三）有利于增收和扩大就业

从扩大就业、增加财政收入和城乡居民收入来看，应该加快发展第二产业，包括加快发展工业和建筑业。工业的优势不只是体现在增长速度快、要素报酬高，更由于它是和农业关系最密切的产业之一，它肩负着为社会提供基本生产资料及和生活资料、延长农业产业链进而增加农产品附加值和利润、提供就业岗位和增加收入等多重任务；工业也是实现资源转化的最重要的产业之一，在西藏，资源转化战略是政府确立的六大战略之一，但执行得不够理想，这与工业弱小和不发达有直接关系；农牧林渔产品的商品率、附加值很低，特色经济难以做大做强，这除了与农牧民的观念落后有关外，也与工业的弱小与不发达有很大关系。产业的关联程度不高，技术进步缓慢，内生能力难以增强，农村剩余劳动力向非农产业和城镇转移的速度比较缓慢，城镇化进程缓慢，也都与工业、建筑业的弱小和不发达有直接关系。另外，在农业税早已免征、第三产业中的营利性行业所占比重偏低的情况下，第二产业尤其是工业占比偏低的凹型产业结构是形成“输血型”财政和“吃饭财政”的重要原因。因此，在西藏加快适度的新型工业化进程，是增强经济自我发展能力和改善民生、改善财政状况的迫切需要。

第四节　西藏的适度的新型工业化的内涵和目标

“适度的新型工业化”是笔者在探索西藏的产业结构优化与升级问题时逐步形成的一个概念。2000 年，笔者在探索西藏的经济可持续发展问题时，首次使用了“适度工业化”一词。当时我预测：待 62 项援藏工程全部完工后，“第二产业的发展速度将会超过第三产业，西藏补上适度工业化这一课是不可避免的”。① 2003 年以来的相关统计数据验证和支持了这个判断。2007 年，笔者对于“适度工业化”的内涵做了一些不成熟、不系统的界定：“适度工业化”是指非传统、非大规模、超常规、有特色、可持续的工业化，也是有条件、有限度的工业化。这种工业化不要求工业增加值占 GDP 的比重达到工业发达地区的水平，第二产业在国民经济中所占份额也可以不超过 40%。② 2008 年，笔者在探讨西藏的产业结构转型路径时，明确提出了“适度的新型工业化”概念，且对“适度工业化”、“新型工业化”分别做了一些解释。③ 不过，当时的论述主旨是西藏走“适度的新型工业化”道路的必要性和意义，加上认识上的不足，对西藏的“适度的新型工业化”的内涵、特点和评价标准的界定还不够科学和全面。

一、关于新型工业化的一般内涵和特征

（一）关于工业化的内涵和模式

关于工业化的内涵，并没有统一的、固定不变的定义。在上世纪 80 年代以前，我国一般采用前苏联的工业化概念和评价标准。那时把工业化定位为一个国家由落后的农业国变为先进的工业国的过程，评价指标是工业总产值占工农业总产值的比重。苏联在斯大林时期，曾把工业总产值占工农业总产值的 70% 作为实现工业化的奋斗目标。80 年代以后，工业化的内涵和评价有了明显变化，变得更为全面和科学。张培刚教授早在 80 年代就对工业化的内涵和外延进行了比较科学和全面的界定，他说：“工业化的概念是很广泛的，包括农业及工业两方面生产的现代

---

① 毛阳海. 知识经济与西藏经济的可持续发展. 西藏研究，2000(2)：22.

② 毛阳海. 西藏实现跨越式发展的财政政策研究. 拉萨：西藏人民出版社，2007：14，91.

③ 笔者于 2009 年在《西藏研究》(2009 年第 1 期)上发表了《适度的新型工业化是西藏经济发展的内在要求》一文。

化和机械化。”①90 年代,他又指出:“工业化绝不应该仅局限于工业部门,而应该涵盖整个国民经济”。② 后来得到了不少学者的认可,例如,有学者认为,工业化并不仅仅意味着一个工业本身的发展,它是一个国家或地区的经济结构由农业占统治地位向工业占统治地位转变的整个经济发展过程(黄群慧,2007)③。也有学者从静态和动态两方面来界定工业化内涵,从静态上讲,工业化是指一个国家或地区的社会生产活动已经由农业生产为主转为以工业生产为主的经济形态;从动态上讲,工业化是指一个国家或地区的产业结构逐步趋向高级化。简新华等学者认为,正确把握工业化的内涵,必须避免两种认识上的片面性:一是工业化不是只发展工业,不发展农业和其他产业。二是在工业化过程中,工业的比重并不是始终上升的,而是先升后降,服务业的比重则是不断上升,在工业化后期成为主导产业。④

不少国内外学者习惯于把工业化同工业革命或技术革命联系在一起,进而分析不同的工业化模式。世界工业化发展从技术技术应用角度看大致有三个模式:(1)早期工业化——英国模式。1782 年,第一次技术革命的成果——蒸汽机的应用开始了英国的工业革命,工业革命的完成和现代化交通体系(铁路)的建立,使英国在 19 世纪 50、60 年代进入空前的高速工业化阶段,到 70 年代基本完成国民经济从农业向工业的转变。英国的工业化具有进程漫长(大约用了 100 年)、轻型工业化(纺织业占比高)、技术水平低(只是机械化,没有电气化和数字化)等特征。(2)中期工业化——美国模式。美国工业革命始于 1812—1814 年的英美战争,到 1860 年基本完成传统工业革命,但农业从业人员仍占 80%。19 世纪 60、70 年代第二次技术革命——电的发明,包括电器、化学、汽车、农机等出现和使用,把美国工业革命由机械化推向电气化。1884 年,美国工业产值首超农业,1920 年,工业劳动者人数首次超过农业。美式工业化具有重型化、机械化和电气化相结合、加速演进等特征。(3)晚期加速工业化——日本模式。始于 1868 年,1919 年,工业产值首超农业,但城市化率仅为 18%。1910—1940 年,日本 GDP 增长了 2.3 倍;1953—1983 年,30 年间 GDP 增长 7 倍。1945—1973 年,日本用 30 年完成了工业化过程。日式工业化具有技术水平高(经历了第四次技术革命)、以重工为主、贸易和政府作用加强、显著的加速和赶超等特征。⑤

---

① 张培刚.农业与工业化.武汉:华中工学院出版社,1984:236.

② 张培刚.新发展经济学.郑州:河南人民出版社,1993:51-52.

③ 张培刚.新发展经济学[M].郑州:河南人民出版社,1993:51-52.

④ 简新华,余江.中国工业化与新型工业化道路.济南:山东人民出版社,2009:1-2.

⑤ 王高尚,等.发达国家(含新兴工业化国家)的工业化进程对我国新型工业化道路的启示.//中国工业经济联合会学术委员会.中国新型工业化道路——21 世纪中国工业的发展方向.北京:中国经济出版社,2004:128.

还有一种工业化,不只是依靠技术革命推进,还有鲜明的制度推进特征。如前苏联、东欧和我国的工业化进程就属于这种模式。我国实现工业化的进程有以下几个突出特点:一是我国是在二元经济结构条件下推进工业化的(农村人口占比大,城乡收入差距大)。二是我国是在一个人口大国和资源条件并不十分富裕的条件下推进工业化的("资源总量大国,人均资源贫国")。三是我国是在全球经济一体化进程和我国对外开放同步加快条件下推进工业化的。四是我国是在具有巨大体制、机制和市场活力条件下推进工业化的。① 在改革开放以前,我国的工业化主要靠计划、行政手段推进,改革开放以后,市场和政府在推进工业化方面共同发挥了作用。

(二) 关于新型工业化的内涵和特征

新型工业化是和无序、封闭且高消耗、高污染、高增长的传统工业化有本质区别的。我国过去走过的传统工业化道路,其特点是:坚持单一的公有制和高度集中的计划经济;优先发展重工业和依靠工农产品剪刀差积累资金。在发展方式上追求高速度,忽视经济效益的粗放式发展和片面强调自力更生,没有市场竞争力的封闭发展。② 关于新型工业化的内涵,党的十六大报告有明确表述,即:"坚持以信息化带动工业化,以工业化促进信息化,走出一条科技含量高、经济效益好、资源消耗低、环境污染少、人力资源优势得到充分发挥的新型工业化路子"。③ 它的"新"主要体现在以下几个方面:(1)以科技创新为主要推动力。(2)大力实施可持续发展战略。即要确立资源节约的新型发展模式,要实现经济增长与资源永续利用、环境不断改善和生态良性循环的协调统一。(3)信息化和工业化进程融为一体。(4)充分发挥人力资源优势。(5)统筹城乡经济社会发展,全面繁荣农村经济。④ 也有学者更简明地总结为:走新型工业化道路就是实现充分运用最新科学技术和依靠科技进步的工业化,是提高经济效益和市场竞争力的工业化,是走可持续发展道路的工业化。一句话,就是依靠科技创新,追求高质量,高效实现集约化的工业化(林宗棠,2004)。

新型工业化道路与传统工业化道路的主要不同是:(1)所有制结构不同。后者

---

① 李寿生.充分发挥后发优势,走新型工业化道路.//中国工业经济联合会学术委员会.中国新型工业化道路——21世纪中国工业的发展方向.北京:中国经济出版社,2004:23.

② 林宗棠.实现跨越发展,必须走新型工业化道路.//中国工业经济联合会学术委员会.中国新型工业化道路——21世纪中国工业的发展方向.北京:中国经济出版社,2004:9.

③ 江泽民.全面建设小康社会,开创中国特色社会主义事业新局面——在中国共产党第十六次全国代表大会上的报告.北京:人民出版社,2002:21.

④ 顾强.我国走新型工业化道路研究.//中国工业经济联合会学术委员会.中国新型工业化道路——21世纪中国工业的发展方向.北京:中国经济出版社,2004:443.

是以全民所有制为主体的单一结构,前者是多种所有制并存的混合结构。(2)经济运行方式不同。后者是计划经济方式,前者是市场经济方式。(3)后者追求优先发展重工业,前者追求国民经济的协调发展。(4)后者过分强调高增长速度,前者重视实现国民经济持续稳定和适度的快速增长。(5)后者以资金的高投入和大量消耗自然资源为代价,前者高度重视科技进步与自然资源的节约和有效利用,重视人力资源的开发。(6)后者限制农村劳动力的流动与转移,造成城乡分割的二元经济结构,延缓了城镇化进程;前者要求正确处理工业与农业、城市与农村的关系,积极推进城镇化建设。(7)后者片面强调自力更生,限制外资和技术的引进;前者要求积极扩大对外开放,广泛参与国际经济体系,充分利用外资,大力学习和吸收国外的先进技术和管理经验。① 也有学者提出了更详细的描述,例如,简新华等人总结出了新型工业化的 16 条特征。②

二、关于新型工业化的评价

(一)关于工业化程度的评价

(1) 评价指标。工业化进程的评价可分为两个层次:一是是否实现了工业化,二是工业化发展所处的历史阶段。评价一个地区是否实现了工业化,主要依据增加值和劳动力两个标准。增加值标准的含义是工业增加值超过了农业增加值,劳动力标准的含义是从事非农产业生产活动的劳动力超过了从事农业生产活动的劳动力。一个地区只有同时满足了以上两个标准,才能说这个地区已经基本实现工业化,或称其已进入工业社会;如果两者都不满足,称之还处在农业化社会;如果满足了其中之一,称其进入了半工业化社会。目前,并没有形成一致认可的评价工业化程度的指标体系。中国社会科学院的首部工业化蓝皮书提出用 5 项指标评价工业化实现的程度,即:人均 GDP,第一、二、三产业产值比,制造业产值占总商品比重,人口城市化率,第一、二、三产业就业比③;有些学者提出用 9 个方面的指标来评价,即:人均 GDP、产业结构指标(即行业增加值占 GDP 比重)、劳动力结构指标(行业劳动力占劳动力总数比重)、信息化程度指标(如信息产业增加值占 GDP 比重)、科技创新与进步指标(如技术进步对经济增长的贡献、研究开发支出占 GDP 的比重)、经济效益指标(如工业增加值率、总资产贡献率)、资源消耗指标(如每万元

---

① 王光矩.走新型工业化道路,实现民富国强.//中国工业经济联合会学术委员会.中国新型工业化道路——21 世纪中国工业的发展方向.北京:中国经济出版社,2004:463-465.

② 简新华,余江.中国工业化与新型工业化道路.济南:山东人民出版社,2009:341-347.

③ 中国社会科学院.中国工业化进程报告——1995—2005 年中国省域工业化水平评价与研究.北京:社会科学文献出版社,2007:19-44.

GDP消耗的能源)、环境污染指标(如工业废水排放达标率、工业废气排放总量)、人力资源利用指标(如劳动力就业增加人数与GDP增长之比)(张克俊、曾科,2002)。[①]

在具体进行评价时,不能采用简单平均,通常要给予不同指标以不同的权数,然后进行加权平均。国家社科院在2005年评价我国工业化实现程度时,赋予各指标的权重为:人均GDP为36%,产业产值结构为22%,制造业增加值占比为22%,人口城镇化率为12%,第一产业就业占比为8%。也就是说,对衡量地区工业化而言,经济发展水平的重要性>经济结构的重要性=工业结构的重要性>空间结构的重要性>就业结构的重要性。[②]

(2) 评价标准。关于工业化实现程度的评价,也像评价指标那样,并没有形成唯一的标准。在国外比较流行的是钱纳里的工业化四个阶段划分标准(见本章表5-3)、霍夫曼的工业化四阶段划分等;有国内学者主张,是否实现工业化,可以用3个基本标准来衡量,即:第二产业产值超过第一产业;非农劳动力成为就业主体;城镇人口超过农村人口(王光炬,2004)[③]。李悦、张泽荣曾提出用农业产值占GDP的比例来判断工业化阶段,标准是:这一比例降到20%,即进入工业化初期阶段;降到10%～20%,即进入工业化中期阶段;降到10%以下、5%以上,即进入后工业化阶段;降到5%以下,即进入"后工业化社会"。还有些学者根据工业化系数标准,将工业社会划分为工业化初期(工业化系数1.5～2.5),2.5～4为工业化中期,4～6为工业化后期,6以上为发达经济阶段;根据工业化率标准,一些学者提出20%以下为农业社会,20%～40%为工业化初期,40%～50%为工业化中期,50%以上为工业化后期;按制造业比重标准,25%以下为工业化初期,25%～40%为工业化中期,40%以上为工业化后期。[④]

(二) 关于新型工业化程度的评价

新型工业化属于工业化的特殊形式,其部分目标是和工业化一致的,只是在发展理念和发展道路上与传统工业化不同。评价新型工业化程度的部分指标是和工业化评价指标共用的,但也包括一些特有指标。例如,有学者认为,可以从工业化水平、工业化质量和工业化协调性与可持续性等方面构建评价指标体系:(1)反映工业化水平的指标体系。包括人均GDP、城镇化率、第一产业从业人员占全社会就业人员的比重、产业结构、工业制成品占出口产品比例等5个指标。(2)反映工

① 张克俊,曾科.新型工业化标准与评价指标体系研究[J].中国科技论坛,2004(6).

② 陈佳贵,黄群慧,钟宏武.中国地区工业化进程的综合评价和特征分析.经济研究,2006(6).

③ 王光炬.走新型工业化道路,实现民富国强.//中国工业经济联合会学术委员会.中国新型工业化道路——21世纪中国工业的发展方向.北京:中国经济出版社,2004:463-465.

④ 参见:罗朝阳.21世纪青海经济发展问题研究(2003年度报告),2004:539.

业化质量和效益的指标体系。包括工业成本费用利润率、总资产贡献率、工业增加值增长速度、工业平均劳动生产率等 4 个指标。(3)反映科技含量的指标,包括研究与开发(R&D)经费占国内生产总值比重、高新技术产业产值占工业总产值比重、新产品产值比重、专利数或技术成果数等 4 个指标。(4)反映信息化程度指标,包括信息工业总产值占工业总产值比重、信息产品产值占工业增加值比重、工业领域信息产业固定资产投资占工业固定资产投资的比重等 3 个指标;(5)反映工业化协调性与可持续性的指标体系。包括工业固废处置利用率、工业废水排放达标率、废水排放达标率、工业废气治理率、环保投资增长率、城市绿化覆盖率、耕地保有率、工业从业人员增长率、城镇登记失业率、大专以上学历人员占人口总数比重、城乡居民人均纯收入之比、城乡恩格尔系数之比等 12 个指标。① 其中,反映工业化水平的指标体系也可以用于评价传统的或普通的工业化,后面 4 个尤其是后 3 个指标体系则主要是用于评价新型工业化的。

具体评价方法多采用因子分析法和指数加权法。

三、关于西藏的"适度的新型工业化"的内涵

西藏的"适度的新型工业化"是全国的"新型工业化"的组成部分,它首先要服从全国新型工业化的总目标和一般规律;同时,它又是在特殊的区域、特殊的环境下的工业化,必须保持自己的区域特色,且只能是适度的、有西藏特点的新型工业化。

首先,作为全国新型工业化的组成部分,西藏的工业化必须是新型工业化。它同样要符合党的十六大关于新型工业化的一般界定。即应该是"科技含量高、经济效益好、资源消耗低、环境污染少、人力资源优势得到充分发挥的"工业化。

其次,西藏的工业化只能是适度的新型工业化。一方面,西藏是在低起点基础上越过传统工业化阶段直接走新型工业化道路的,2003 年,西藏提出走新型工业化道路时,还介于农业社会末期、工业社会前期之间,和那些已经到达工业化社会中期才走新型工业化道路的地区相比,在目标选择和路径选择方面应该有所不同。另一方面,由于地处环境特别重要、特别脆弱的青藏高原,西藏的工业化受到很强的环境约束,所以,西藏才选择了一条"一产上水平,二产抓重点,三产大发展"的产业结构高度化路子。在这个产业发展战略指导下,西藏的第三产业优先发展,其增加值在 GDP 中所占比重超过了 50%,已跃居全国第二位;第二产业尤其是工业相

---

① 汪晓昀,吴纪宁.新型工业化综合评价指标体系设计研究.财经理论与实践[J],2006(6)(总第 144 期).

对薄弱，工业增加值占GDP的比重还不到10%。基于上述两种因素的共同作用，西藏的工业化不宜选择全面的、大规模的、传统的工业化，只能选择适度的新型工业化。所谓“适度”，就是不需要照搬工业发达地区的目标和标准，可以制定自己的区域目标和标准。笔者设想的“适度”标准是：从工业化阶段划分来看，西藏不需要走完工业化全程，可以只进入工业化社会中后期即可，大体上走完工业化全程的3/4即可；从工业化指标及衡量标准来看，反映工业化水平的人均GDP、非农产业产值比，工业化质量和效益的指标体系，信息化程度指标体系，工业化协调性与可持续性的指标体系，可以基本上按照新型工业化共同标准执行；第二产业尤其是工业增加值占GDP比重、工业化系数、城市化率等指标则只能按“适度”目标值来执行，这个“适度”的目标值大致相当于标准值的70%～75%，见表5-10。

表5-10　西藏“适度的工业化”的核心指标的目标值与参照值

指标 目标值	人均GDP（美元）	第一产业产值占GDP比重（%）	第二产业产值占GDP的比重（%）	第三产业产值占GDP的比重（%）	第一产业从业人员占就业人口比重（%）	工业化系数	人口城市化率（%）
国际标准	6 000～10 000	10以下	40～45	50以上	10%以下	5以上	60以上
西藏标准	5 000～9 000	10以下	38～43	52以上	20%以下	3以上	40以上

注：①钱纳里、塞尔奎因、艾尔金顿和西姆斯等人提出的工业化全面实现的人均GDP目标值为4 200美元（1 970美元）、基本实现标准为2 800美元（1 970美元），表中人均GDP目标值是按2002美元确定的；一产就业比重降到23.7%，基本实现工业化、降到8.3%，全面实现工业化；布热津斯基和丹尼尔·贝尔提出，农业产值所占比例下降10%以下，标志进入后工业化阶段，下降到5%以下可以看作完全实现工业化。②“西藏标准”是笔者基于适度工业化思路提出的个人设想，其中，人均GDP目标值是按工业化基本实现标准及2002美元确定的。

第三，西藏的工业化必须是有西藏特点的新型工业化。其特点大致可归结为6个方面：(1)是高起点的新型工业化道路。西藏到本世纪初才基本上进入介于农业社会末期、工业社会初期的前工业化社会，适逢中央提出走新型工业化道路的战略决策，使得西藏的工业化自然而然地站在了一个较高起点上，应当而且可以越过传统的工业化，直接走科技贡献大、集约型、可持续科学发展的新型工业化之路。(2)是特别注重环境友好、资源节约、能实现可持续发展的工业化新路。西藏的自然环境关系到全国甚至南亚的生态安全屏障，也特别脆弱，这就决定了西藏必须摈弃先污染、后治理的传统工业化道路。西藏的自然资源虽然总量丰富，远景储量诱人，但是目前的煤油气能源仍全部依赖区外供应，电力仍然严重不足，其他理论储量丰富的水力、矿产、地热等资源，实际开采或利用的数量十分有限，西藏的资本、人才等优质软资源更加短缺，这就决定了西藏的工业化必须是资源节约型和资源可循环利用的工业化。(3)是第三产业率先拉动、三次产业逐步协调发展、产业结构不断优化的特殊的工业化道路。在上一章我们已经看到，西藏的产业结构演进有自己的特殊规律，即第三产业优先发展，引致第三产业产值占GDP的比重快速上升，在1997年超过了第一产业，2003年超过了第一二产业之和；第二产业并未得到全面发展，而是“抓重点”式的发展，其产值占GDP的比重直到2009年才达到30％，其中工业增加值占GDP的比重还在7.5％附近徘徊。随着近年来国家工业信息部和西藏自治区党委、人民政府对工业的进一步重视，西藏的第二产业比重已经在稳步提升，在未来的10年左右时间内应该会延续这种演进趋势。但是按目前的变化速率预计，西藏的第二产业增加值占GDP比重在未来5年内将较难超过40％，工业增加值占GDP比重难以超过农业，第三产业增加值占GDP比重也很难降到52％以下。这就决定了西藏未来的工业化道路仍然不是以发展第二产业为主更不是以发展工业为主的道路，基本上还会延续以第三产业为龙头、第二产业对经济增长和结构转型的贡献逐步提高、产业结构更加协调和优化的演进格局。(4)是技术引进为主与自主创新相结合的工业化道路。众所周知，西藏是我国科技教育竞争力最弱的地区，自主创新能力偏低。2009年，科技对农牧业增长贡献率为38.5％，科技对经济增长贡献率为32％①；而全国的技术进步贡献率已达50％左右。西藏既没有必要也没有可能走自主创新为主的工业化道路，而是可以发挥后发优势，直接引进先进的、实用的科学技术，来创立自己的高新技术产业、改造自身的传统产业。当然，外来技术必然要和本地资源、产业相结合及与本地环境相适应才能做出促进本地经济社会发展的贡献，这就需要培育本地必要的自主创新能力，以便能够消化外来技术促使其本地化，培育有本地特色和优势及自主知识产权的适用技术。(5)是对政府资源有较多依赖、资本来源逐步多样化的工业化道路。一方面，推动西藏产业升级的主体是第三产业，而西藏的第三产业又是消费型产业部门超过了营利性产业部门，三产中的公有制成分远超过非公有制成分；另一方面，第一、二产业虽然属于经营性部门，且非国有经济成分已超过国有经济成分，但是，政府投入的改善基础设施及环境条件的投资居高不下，给予的户均或人均政策性补贴或政策扶持也远高于其他省市区，而且，第一、二产业的经济规模加起来还比不上第三产业。因此，总体上看，政府资源对于西藏工业化或产业结构转型的贡献要大于市场资本和外来资本的贡献。不过，随着经济全球化、市场化的加深，资本来源多元化的格局也在逐步形成。(6)是发挥比较优势和后发优势，以资源开发型、资源转化型产业为主的工业化道路。这一点和西部其他资源富集地区类似，和东部地区有很大不同。西藏是一个自然资源、民族文化资源、政策资源富集，而人才资源、资本、商品品牌、专利权和其他知识产权、市场信息和营销渠道等软资源比较短缺的地区。很难在普通产业、高技术产业方面和其他省市区竞争，更不可能进

---

①　资料来自西藏社科院的《西藏蓝皮书·中国西藏发展报告(2010)》，西藏藏文古籍出版社2010年版。

行全面的产业竞争,只能通过发挥比较优势和后发优势,发展当地资源富集、比较成本相对较低的特色产业和优势产业,通过发展特色经济走出一条有西藏特点的工业化道路。

专栏 5-2　西藏将走科技含量高经济效益好的新型工业化发展道路

从西藏自治区工业和信息化厅获悉,尽管目前西藏仍处于工业化发展初期,但在"十二五"(2011—2015 年)期间,西藏将依托独特的资源优势和高新技术广泛应用的后发优势,在资源节约和保护环境的前提下,走一条科技含量高、经济效益好的新型工业化道路,推动经济社会跨越式发展。

自治区工业和信息化厅相关负责人指出,坚定不移地推进工业和信息化进程是西藏应当长期坚持的战略方针,而"十二五"期间将是西藏推进全区工业和信息化跨越式发展的关键时期。

西藏将把工业化与可持续发展结合起来,走一条"科技含量高、经济效益好、资源消耗低、环境污染少、人力资源优势得到充分发挥的"新型工业化发展道路。

在可持续发展上,西藏将特别突出生态建设和环境保护,推广节电技术、余热余压等废弃资源的回收利用技术,坚持发展与淘汰相结合,推行清洁生产。

在投资环境上,西藏将制定和健全符合新型工业化发展要求的政策法规体系,从产业政策、技术标准、信息服务等方面加以积极引导。

资料来源:新华网,2010-9-29

四、关于西藏的"适度的新型工业化"的评价

如前所述,评价新型工业化涉及三个方面的问题:一是评价指标体系的设计,二是评价标准的设定,三是评价方法的选择。由于评价方法可以遵循因子分析等共同的方法,这里只谈前两个问题。

(一)评价指标体系

我们认为,西藏的新型工业化评价指标体系可以和全国框架一致,只是有些指标的排列顺序及权重可以有所不同。通过参照现有的一些评价指标体系的基础上,我们设想了一套评价西藏适度的新型工业化的指标体系。它包括 5 类 26 个指标:(1)反映工业化水平或程度的指标体系。包括人均 GDP、产业增加值构成(特别是第一、二产业增加值占 GDP 比重)、产业就业构成、工业化系数或工业化率、城镇化率、霍夫曼系数等 6 个指标。(2)反映科技含量及信息化的指标体系。包括研

究与开发(R&D)经费占国内生产总值比重、高新技术产业产值占工业总产值比重、科技对经济增长贡献率、信息工业增加值占工业增加值比重、信息工业固定资产投资占工业固定资产投资的比重等5个指标。(3)反映工业化与社会发展协调的指标体系。包括城镇登记失业率、社会保障覆盖率、贫困发生率、城乡居民人均纯收入之比、恩格尔系数、大专以上学历人员占人口总数比重、医疗网点覆盖率等7个指标。(4)反映产业发展与生态环境安全相协调的指标体系。包括工业污染治理率、工业“三废”排放达标率、环保投资增长率、城镇绿化覆盖率、城镇空气质量优良率等5个指标。(5)反映工业化质量和效益的指标体系。包括净资产收益率、工业产品优良率、工业平均劳动生产率等3个指标。

（二）评价标准

按照统计评价的一般方法，依据上述指标评价西藏的适度新型工业化，至少还需要规定各指标的目标值和权重，如果是评分，还需要规定目标值对应的分值，这里我们只设计了指标的目标值和权重，如表5-11所示。

表5-11　西藏“适度的新型工业化”的评价指标及评价标准

标准 指标	计量单位	目标值	权重(%)	标准 指标	计量单位	目标值	权重(%)
1. 反映工业化水平或程度的指标体系			30	(3) 贫困发生率	%	5以下	3
(1) 人均GDP	美元	6 000	6	(4) 城乡居民人均纯收入之比		≤3∶1	3
(2) 产业增加值构成	%	≤10∶≥40∶≤50	6	(5) 恩格尔系数	%	≤30	4
(3) 产业就业构成	%	≤20∶≥30∶≥50	6	(6) 大专以上学历人员占人口总数比重	%	≥5	3
(4) 工业化系数		≥3	4	(7) 医疗网点覆盖率	%	100	2
(5) 城镇化率	%	≥50	5	4. 反映产业发展与生态环境安全相协调的指标体系			20
(6) 霍夫曼系数		≤1	3	(1) 工业污染治理率	%	≥90	
2. 反映科技含量及信息化的指标体系			20	(2) 工业“三废”排放达标率	%	100	
(1) 研发(R&D)经费占GDP比重	%	≥1	3	(3) 环保投资增长率	%	≥20	
(2) 高新技术产业产值占工业总产值比重	%	≥30	4	(4) 城镇绿化覆盖率	%	≥40	
(3) 科技对经济增长贡献率	%	≥50	5	(5) 城镇空气质量优良率	%	≥98	

续表 5-11

标准 指标	计量单位	目标值	权重(%)	标准 指标	计量单位	目标值	权重(%)
(4) 信息工业增加值占工业增加值比重	%	≥30	5	5. 反映工业化质量和效益的指标体系			10
(5) 信息工业固定资产投资占工业固定资产投资的比重	%	≥30	3	(1) 净资产收益率	%	≥6	3
3. 反映工业化与社会发展协调的指标体系			20	(2) 工业产品优良率	%	≥80	3
(1) 城镇登记失业率	%	≤4	3	(3) 工业平均劳动生产率	元/人	≥8 000	4
(2) 社会保障覆盖率	%	100	2				

注:①钱纳里等人提出的工业化第5阶段的人均GDP为5 978～9 595美元(2 002美元),据此将西藏标准定为6 000美元;②其它指标的“西藏标准”也是笔者参照相关国际标准和西藏实际提出的个人设想。

根据上述指标的目标值和权重,既可以选择评分法来进行综合评价,也可以选择因子分析法进行评价。不必做仔细计算即可看出,西藏尚处在适度新型工业化的起步阶段。

第五节　西藏实现“适度的新型工业化”的路径

一、主要发达国家工业化道路的启示

有些学者通过考察英、法、美、德、日等欧美亚主要发达国家的工业化道路,总结出了对我国工业化有益的一些启示:①

(1) 农业发展是工业革命发生的重要前提。主要的发达国家在其工业化历程中都经历过“农业革命”,使得农业能够为工业发展提供剩余产品、资金积累和富余劳动力,农村能够为工业产品提供广阔的消费市场。只有在农业充分发展后,工业化才可能发生,农业革命发生得越早,工业化兴起得可能越早。

(2) 技术进步和制度创新是工业化发展的必要条件。各国工业化中的一个突出特征就是技术进步和制度创新。一方面,技术进步是工业化发生和深化的最重要因素之一,英国的工业化是靠蒸汽机和冶炼技术的进步推动的,其后的工业化国家无不是通过技术进步,最终成功实现工业化的。另一方面,后起国家在工业化上赶超先发国家,自然条件不理想的国家实现工业化,关键都在于制度变革和创新。

① 简新华,余江.中国工业化与新型工业化道路.济南:山东人民出版社,2009:171-174.

后发优势的真正有效发挥,有赖于制度的变革和创新。

(3) 政府在工业化中发挥的作用越来越大。英国被看做唯一的一个靠市场自发力量实现工业化的案例,其后的法、美、德、日等国家的工业化中,政府对工业化的推动力量逐渐增强。工业化发生越晚,面临的国际环境就越不利,政府通过各种经济和非经济手段推动工业化加速发展的作用就越大。

(4) 工业化需要注重对外贸易。所有工业发达国家在工业化进程中都十分注重对外贸易。正是大量产品的出口带动了发达国家的经济增长和产业结构变化,所以,工业发达国家在其工业化进程中都始终坚持外向型工业化道路。

二、西藏的"适度的新型工业化"的实现路径

西藏实现"适度的新型工业化"或者说"有西藏特点的新型工业化",面临着与绝大多数兄弟省区市有很大不同的环境资源条件,因此,其路径也会和绝大多数兄弟省区市有明显不同。笔者根据国外工业化的启示和西藏当地的环境资源条件,提出如下一些可以选择的路径:

(1) 继续坚持"一产上水平,二产抓重点,三产大发展"的产业发展战略。这个产业发展战略经过 10 多年的实践检验,被证明是符合西藏实际的可行的产业发展战略,在未来的相当长的时期内应当继续坚持下去。当然在具体执行过程中,西藏也出现了过于注重第三产业尤其是旅游业发展,而轻视了第一、二产业发展的情况,为了实现"适度的新型工业化",要适当加快第二产业尤其是能源工业、特色矿业和特色加工业的发展,逐步提高第二产业的产值比重和就业比重。

(2) 适当加快城镇化、信息化步伐。城镇化、信息化和工业化是相辅相成、相互促进的关系,"以信息化带动工业化"和以城镇化带动工业化属于实现工业化难以越过的途径,同时,工业化也会促进信息化和城镇化。西藏的土地面积广大、人口很少,使得人口分布相当稀散,物资配送、信息传递、人员往来都比较困难,加快城镇化、信息化步伐更有必要,这不仅有利于带动工业化,也可以节省市场成本和行政成本。西藏还只有拉萨这 1 个地级市和日喀则 1 个县级市,其他的地区(行署)、县的党委、政府所在地只是属于镇,乡一级党委、政府所在地连镇都算不上。这固然与当地人口少有关,更与旅游商贸、工业、建筑业、房地产、金融等非农产业发展及市镇建设滞后有关。信息化进程也比较低,专门负责信息化建设的机构(自治区工业和信息化厅)直到 2009 年 12 月才成立,电话、广播电视"村村通"还没有完全实现,互联网普及率更低。据统计,到 2009 年底,全区村村通电话率为 85%,广播、电视人口覆盖率分别为 84.87%和 85.97%,人均固定电话普及率为 19%、人均移动电话普及率达 46%,乡乡通光缆率 77%;互

联网宽带用户达 8.6 万户。[①] 根据西藏的实际情况，将来城镇化、信息化的重点应该是两个方面：一是首府拉萨和各地区政府所在地及日喀则市，目标是打造有西藏特色的高原城市群和信息化辐射带；二是农村的小城镇建设和信息化建设，目标是加快城乡一体化进程，推进农牧区小城镇建设，通过推进电话、广播电视"村村通"、"户户通"，互连网"村村通"工程，加快农村信息化建设。

(3) 注重技术进步和制度创新。科学技术和制度对经济增长的贡献率较低，是西藏产业发展的弱项，这在农业社会或许对经济发展的阻碍作用还显现的不充分，而到了工业社会和信息社会，技术进步和制度创新缓慢，就会成为严重制约各产业尤其是非农产业发展的因素。因此，西藏在工业化进程中更要重视技术进步和制度创新。当然，这不等于说要自行培育一切科学技术和制定制度，而是可以发挥后发优势，采取"引进＋消化"方式直接引进大部分先进实用的科学技术和管理模式、制度，辅之以自行培育的一些有本地特色和局部优势的科学技术和管理制度，才是推进工业化的较佳路径。要努力用 10 年左右时间，使西藏的技术贡献率达到 55%以上，建立起比较成熟的市场经济体制和现代企业制度。

(4) 要高度重视政府在工业化中发挥的作用。西藏是一个自我发展、自我积累能力偏弱的地区，经济"造血"能力和市场配置资源的能力都比较差。政府不得不在推进工业化进程中发挥主导作用。鉴于西藏的实际情况，西藏各级党委和政府特别是自治区党委和政府，要高度重视利用好中央第五次西藏工作座谈会带来的巨大机遇，特别重视利用好中央的民族政策、援藏政策、西部开发政策，利用好中央财政、中央银行和国家商业银行、国家工信部、发改委、中科院等部门和权威科研机构掌握的公共资源和技术、管理力量，利用好对口支援省市和特大企业的资源特别是科技资源，借"他山之石"来发展自己，继续走有西藏特色的、外生推动的政府主导型工业化道路。当然，这种外生推动的政府主导型工业化模式并不等于不重视市场推动作用，招商引资、筑巢引凤等工作应该是政府要做的重要工作，"输血"和"造血"应同时存在，"输血"为主最终要让位于"造血"为主，外生推动的政府主导型工业化模式最终要让位于内生推动的市场主导型工业化模式。

专栏 5-3 全国工信系统推动西藏特色优势产业发展

从全国工业和信息化系统援藏工作座谈会上获悉，在全国工信系统产业援藏工作的大力协助下，西藏特色优势产业获得长足发展。

---

① 资料来自西藏社科院的《西藏蓝皮书·中国西藏发展报告(2010)》，西藏藏文古籍出版社 2010 年版。

发展西藏特色优势产业是全国工信系统产业援藏工作的一项重要内容。据初步统计，北京在藏产业投资注册资本达4.5亿元，主要涉及采矿、旅游等行业；吉林省第三批援藏项目中产业化项目有10个，总投资达2 222万元；辽宁省组织汽车和制氧机生产企业开展产品对接，帮助建设了那曲羊毛分梳厂；西藏广东灵芝商会所属会员在藏投资11个项目，总投资达3 000万元。同时，中国黄金集团开发的甲玛铜多金属矿、华新水泥在藏兴建的新型干法水泥生产线、中冶集团组建的华夏公司开发的铅锌矿等项目均进展顺利。

此外，从西藏自治区工业和信息化厅了解到，近年来西藏以优势矿产资源开发、藏医药、高原特色生物产业、农产品加工、民族手工业等特色产业为支撑的工业体系初步形成，自我发展能力得到明显提升。

资料来源：新华网，2010-10-28

(5) 要注重发挥对外贸易尤其是边境贸易在推进工业化方面的作用。西藏是一个有着近4 000公里边境线的边疆地区，与印度、尼泊尔等多个国家和地区毗邻，是我国发展与南亚贸易的最直接、最重要的通道，有着发展边境贸易和转口贸易的良好条件。由于西藏的人口只有290余万，区内市场较小，工农业剩余产品只有通过输往区内和国外来消化，而且，西藏的很多特色产品融入了清洁环境和民族文化的内涵，深受国外消费者的欢迎，例如，西藏的地毯甚至不能满足境外一个大客商的销售能力，拉萨青稞啤酒也打入了美国市场。近年来，西藏进一步加大了对自产产品、边境贸易、边民互市和大型外贸企业的支持力度，致力于“南亚陆路贸易大通道建设”，推动了外贸发展，2008年，在全球金融危机依然肆虐的情况下，西藏的进出口总额达到了7.65亿美元，贸易顺差达到6亿多美元；到2010年，进出口总额达到了8.359 4亿美元，贸易顺差达到7.061亿美元。出口导向无疑会影响西藏的工业化方向，在出口方面，西藏不存在高科技产品的优势，但存在特色产品的优势。因此，西藏的工业化也不应该是简单模仿他人的工业化，而应该是注重特色产业发展的有西藏特点的工业化。

第六章

西藏的区域结构转型

西藏幅员辽阔、地貌气候类型多样，既有温暖湿润、青山绿水、物产丰富的“西藏的江南”，也有山河交错、农业相对发达、人口相对稠密的藏中河谷平原，还有寒冷干旱、雪山草原景色苍茫、牛羊成群的藏北羌塘；既有被认为是藏文化正统发源地、偏重于农耕文明和宗教文化的“卫藏”文化经济带，也有和正统藏文化有显著差异的卡若、象雄、申扎等文化经济圈；受自然地理、历史、经济、社会、文化等诸多差异化因素的影响和制约，西藏的各经济区域、各行政区域(地市县)的环境资源条件、要素禀赋、经济规模和经济结构、经济质量与效率等方面的差异较大，形成了有鲜明本地特色的区域结构。我们在推进西藏区域经济实践或研究西藏区域经济问题时，无疑要考虑因地制宜的原则，要因地制宜地进行区域经济布局，因地制宜地确立经济结构转型的目标模式和路径。

第一节　西藏各地区的环境资源差异

一、自然环境基础的差异

一定区域的经济发展必须依托一定空间的自然环境基础。尽管在现代经济发展中的自然基础的影响不是决定性的，但对区域产业的形成、发展和人类生存环境的影响却是巨大的。一般而言，自然基础的差异对区域经济发展的影响主要表现在以下两个方面：

（一）地理环境差异

从西藏大的区域来看，在西藏的中部和南部，基本上属于“一江三河”河谷地带，海拔一般介于 2 600～3 900 米之间，年平均气温一般可达 6～9℃，月平均气温大于 10℃的时间约有 5 个月，年降水量为 400～800 毫米。由于地势较平坦，气候比较温暖湿润，耕地较多，不少地方还有河谷小气候，是西藏的主要农区。在西藏的北部、西部基本上属于羌塘高原，海拔在 4 300 米以上，其中，那曲地区平均海拔在 4 500 米以上。这一区域最明显的气候特征是寒冷、干旱，年平均气温在 0℃以下，月平均气温大于 8℃的月份只有 2 个月左右，平均降水量只有 100～200 毫米，这里是草场资源集中连片的区域，也是西藏的在主要牧区。在西藏的东南部和三江流域，为高山峡谷地带，海拔在3 000米左右，气候温暖湿润，年平均气温在10℃以上，降水量在1 000毫米左右，是西藏的主要林区。

（二）自然资源的差异

由于西藏各个地区的面积都很大，各地内部的地貌、气候、资源有很大的不同，各个地区的资源都很丰富，只是在某种资源上有绝对数量的差异。

首先，土地资源的内部结构及区域分布很不平衡。从内部结构看，草场是主要的土地资源。西藏是我国的五大牧区之一，天然草场面积达12亿多亩，是可耕地面积的200多倍。从草场的区域分布来看，藏北、藏西以草场资源为主，第一产业定位以畜牧业为主，如那曲、阿里地区，牧草地总面积占地区土地总面积的80%以上，其中那曲地区占到86.4%。西藏各地的草原面积占全自治区总面积的具体情况是：那曲地区为34.3%、阿里地区为25.9%，日喀则地区为16.2%，昌都地区为13.3%，其他三地市（山南、林芝、拉萨）为10.3%①。西藏的耕地和宜农荒地主要分布在藏中、藏南河谷地带，这些区域适合发展农业或农牧林混合业，尤其是拉萨、山南、日喀则和林芝的部分地区，是西藏主要的粮仓和蔬菜基地。西藏也是我国的三大林区之一，林地主要分布在藏东南、藏东地区，森林资源非常丰富，林区少量的耕地集中分布在藏东"三江谷地"，这些区域更适合发展林业和农林混合产业。

其次，矿产和能源的内部结构和区域的分布也很不平衡。西藏的矿藏比较丰富，能源相对短缺。藏中地区探明的储量矿种有铁、铬、铜、铅、煤、泥炭、重晶石、白云母、石灰石、大理石、花岗石等17种，主要分布在拉萨、山南、日喀则等地区，如山南地区已探明的铬铁矿储量达500万吨，占全国铬铁矿储量的一半。藏北那曲也是矿产资源富集地区，除有色金属、宝石等矿产资源外，还蕴藏着丰富的钾、锂、硼砂、天然碱、湖盐等矿产。而林芝地区已探明矿产资源相对较少，但水力资源十分丰富。全西藏风能、太阳能、水能、地热能资源也比较丰富，水能资源主要分布于雅鲁藏布江流域，蕴藏量约8 000多万千瓦，占自治区的57%。那曲和阿里两地的风能、太阳能也得天独厚。正由于各地市自然环境与资源禀赋不同，导致了各地市不同的生产方式，不同的产业结构和产业模式，最终形成了区域经济差异。

总之，区域自然资源禀赋的差异制约着各区域的生产活动，进而影响社会分工。自然资源环境优劣对区域经济发展有着不可替代的影响。

大量实践证明：自然环境好就有利于经济发展，有利于人类居住，经济发展速度就快；反之，自然条件恶劣的高海拔地区，经常受到干旱、风沙、冰雹、雪灾等自然

① 狄方耀，程志碧，罗华．西藏经济学导论［M］．拉萨：西藏人民出版社，2006：165.

灾害的影响,水土流失严重,这些区域的发展速度就慢,贫困人口就多。正如西藏的贫困人口最为集中的地域主要分布于西藏东北部也就是北邻青海东邻四川,从唐古拉山山脉和念青唐古拉山之间,延伸到东南部横断山脉的这个狭长地带①。这个狭长地带大多是地处交通偏僻、远离西藏经济中心腹地,经常遭受雪灾、冰雹等自然灾害的多发地带。当然,自然资源的多少并不是经济发展快慢、居民生活贫富的唯一决定因素,许多发达地区都不是资源资源富集的地区,人才、科技、市场等因素起着更加关键的作用。西藏的自然资源要变成工商业资源才能给当地带来现实的财富。

二、交通等基础设施条件的差异

交通等基础设施条件作为区域经济发展的基本条件,几乎与社会经济发展所有的生产过程和生活过程息息相关。因此交通等基础设施条件对于区域经济的发展有着十分重要的作用。据世界银行统计:发展中国家交通等基础设施存量的增加与经济增长呈明显的正相关同步增长关系,一般是交通等基础设施每增长 1%,GDP 也相应增长 1%②。我国东南沿海经济发达地区的经济发展实践也表明,经济快速发展与良好的基础设施条件是密不可分的。正是有了良好的基础设施条件,东部地区才可以方便地引进国外发达地区的人才、技术、资金、信息等资源,同时源源不断地从西部地区输入自然资源,这样才打破了资源短缺的瓶颈制约和市场壁垒,便利了要素的自由流动。

西藏由于地处边陲、幅员辽阔、山高路险、地形复杂,给交通运输、邮电通信、能源水利等基础设施发展设置了"天然屏障"。西藏区内的高等级公路少,铁路还没有通达那曲、拉萨之外的其他地区,公路抵抗自然灾害的能力较弱,交通运输状况仍不能满足经济发展的需要;而且,区内各区域的交通条件差异较大,藏中河谷地带交通条件比较便利,边远地区的交通条件相对较差,影响着区域间资金、信息、人才、物质的合理流动,阻碍了区域间经济协调发展的进程。藏中经济区基本上形成了以拉萨为中心,以青藏铁路为主导,以川藏、青藏、中尼公路为骨干的公路运输网,许多支线联接区内各县及主要城镇,黑色路面乡乡通已基本实现。随着拉萨至日喀则然后通直亚东、拉萨至林芝铁路支线的开工建设,以及贡嘎、邦达、日喀则和平机场的改造和阿里机场的建设等,这种以铁路、公路、机场、管道、普通运输干线在内的立体式交通网络,必将加快藏中经济区与区内、区外的经济联系,促使区内、

① 罗绒战堆. 西藏的贫困与反贫困问题研究[M]. 北京:中国藏学出版社,2001:89.

② 孙久文,叶俗民. 区域经济学教程[M]. 北京:中国人民大学出版社,2003:240.

外的人流、物流、信息流向核心经济区域集中，以便发挥出聚集效益和规模效益。而藏东经济区的昌都处于横断山区，地形切割强烈，山高谷深，路面多为砂石路面，雨季时有泥石流、塌方等自然灾害发生，常常会导致交通中断，加上昌都至拉萨约1 000 公里，地形的复杂，且远离西藏中心经济腹地，导致昌都的交通条件远不如藏中经济区；位于藏西经济区的阿里地区是西藏最偏远的地区，且海拔较高，自然条件恶劣，道路时常因雨雪而中断，每年适宜行车的时间只有半年左右，加上阿里距拉萨、新疆的叶城，路程都在 1 000 公里以上，沿途所经之地多为草原、戈壁、沼泽及大片的无人区，路况差且油料、食品等都没有保障，交通相当不便。随着 2010 年昆莎机场通航和拉萨至狮泉河镇全程修通黑色路面，阿里地区的对外交通条件有了显著改善，但农牧区的道路条件仍很差，总体上比藏中经济区滞后许多。

邮电通信、能源、水利等其他基础设施的区域差异也很明显，呈现出和交通条件类似的格局，藏中经济区的城镇基本上缓解了基础设施瓶颈制约，农牧区的基础设施条件也大为改善，而藏东、藏西经济区的基础设施条件的瓶颈制约依然存在。基础设施的区域差异势必为合理的调控区域经济差异，实现区域经济的快速、协调、可持续发展带来诸多的困难。

三、区域人口数量和质量的差异

各地市人口素质和人口数量以及人口增长速度对区域经济的发展水平起着十分重要的作用。因为一定区域的资源数量是有限的，而人口基数大，增长速度快，必然会影响到一个区域的经济发展水平；而且，人口素质的高低对一个区域经济的跨越式发展和持续、协调与快速发展起着不可替代的作用。

首先，从西藏各地市的人口数量和人口密度来看，区域的人口稠密程度的差异非常明显。由于 2010 年的西藏统计年鉴没有各地市的人口数据，这里仅以 2008 年的数据来说明人口分布情况，如表 6-1 所示。

从表中不难看出：西藏的人口分布大致是藏南河谷平原、藏东“三江”流域人口比较稠密，而藏北、藏西羌塘高原比较稀疏。人口分布大致呈现出两条规律：一是人口数量从高海拔地区向低海拔地区逐步增多；二是人口数量从西藏经济的中心腹地向边疆地区逐渐减少。西藏 7 地市中人口最多的日喀则地区(69.08 万人)是人口最少的阿里地区(8.53 万人)的 8 倍多，人口密度最大是拉萨市，每平方公里 15.9 人，最少的是阿里地区，每平方公里不足 0.3 人。人口数量少、密度低，会在一定程度上导致市场狭小、生产要素分散，经济发展空间不大，不利于形成规模经济，但也会使社会负担相对较轻，提高人均经济发展水平的难度相对较小，如果能够通过适度的工业化、城镇化使得疏散的人口得以适当的集聚，会给经济发展和民生改善创造很有利的条件。

表 6-1　2008 年西藏各地市人口数量及人口密度比较

地　区	土地面积(万平方公里)	人口数(万人)	人口密度(人/平方公里)
拉　萨	3.00	47.73	15.91
昌　都	10.86	60.93	5.61
山　南	7.93	33.73	4.25
日喀则	18.20	69.08	3.80
那　曲	42.00	42.55	1.01
阿　里	34.50	8.53	0.25
林　芝	11.70	16.68	1.43

注:①山南土地面积含 2.29 万平方公里印占区面积;②人口数来源于《西藏统计年鉴 2009》,第 35 页;③各地市面积来源于《中国区域经济统计年鉴 2000》,第 335 页;④人口密度是按土地面积/人口数计算而得。

其次,从西藏各地市人口素质来看,区域差异也相当明显。人口素质包括身体素质、思想道德素质、科学文化素质等方面。实践充分证明,当一个地区的人口素质越高,区域经济发展速度就越快,社会就更加和谐。因统计资料所限,这里只采用 2000 年全国第五次人口普查的相关数据,对西藏各地市人口的科学文化素质差异进行分析,见表 6-2、表 6-3。

表 6-2　2000 年西藏各地市的人口文盲率　　单位:%

地　区	文盲率
拉　萨	26.20
昌　都	64.75
山　南	38.27
日喀则	49.94
阿　里	55.36
那　曲	57.75
林　芝	35.14
全西藏	47.25

注:数据来源于:西藏自治区人口普查办公室编:《西藏自治区 2000 年人口普查资料》.北京:中国统计出版社,2002,第 114-117 页。

表 6-3　2000 年西藏各地市的各类教育程度人口所占比率　　单位:%

地　区	大专及以上	高中和中专	初中	小学	扫盲班	未上过学
拉　萨	4.23	9.38	15.61	40.63	5.57	24.56
昌　都	1.78	2.22	4.27	27.44	4.01	61.45
山　南	1.06	3.39	7.38	47.08	6.25	34.62

续表 6-3

地　区	大专及以上	高中和中专	初中	小学	扫盲班	未上过学
日喀则	0.58	2.49	4.62	39.41	6.63	46.31
阿　里	3.91	4.38	5.55	22.20	6.08	60.28
林　芝	2.32	5.49	11.22	42.15	5.95	32.86
那　曲	0.56	1.95	3.14	16.03	10.97	67.36
全西藏	1.45	4.02	7.18	34.47	6.36	46.51

注:①表中的比率是指各类教育人口占 6 周岁及以上人口数的比重;②数据来源于西藏自治区人口普查办公室编:《西藏自治区 2000 年人口普查资料》. 北京:中国统计出版社,2002,第 102-113 页。

从表 6-2 和表 6-3 可以看出:西藏各地市的人口的科学文化素质差异较大。从 2000 年的文盲率数据看,拉萨市最低(26.20%),昌都最高(64.75%),两者相差近 38 个百分点;再从西藏各地市人口受教育程度看,拉萨市和林芝地区受教育程度相对较高。从 1999—2006 年,这两个地市的人均 GDP 在 7 地市中也一直排名为第 1 位和第 2 位。可见,一个地区人口受教育程度的高低与经济发展的水平呈正相关关系。

专栏 6-1　西藏自治区积极促进区域经济协调发展

"十一五"以来,随着一批交通、能源等重大基础设施项目的建成和投放使用,对外开放和对口支援不断深入,特别是青藏铁路通车运营对西藏区域经济格局产生的重大影响。西藏自治区以主要城镇为中心、发展水平相近地区的经济联系和合作加强,逐渐形成了各具特色的三大经济区域:拉萨市、山南地区、日喀则东部 11 县、林芝地区、那曲地区等构成的中心经济区;昌都地区单独构成的东部经济区;阿里地区、日喀则西部 7 县(吉隆、聂拉木、定日、定结、昂仁、仲巴、萨嘎)为西部经济区。

西藏有关部门撰写的《西藏区域经济发展调研报告》提出了三大经济区的发展特色和发展趋势。即:中部经济区有青藏铁路连接青、甘两省的区位优势,特别是可以充分利用青海格尔木市交通便利、能源丰富的条件,依托格尔木西藏基地做长、做大、做强产业发展链。东部经济区按照"靠西朝东、接轨东南、抓好三个发展极"的区域经济发展目标定位,昌都地区将以农业牧业为基础,以资源利用为特色,以能源矿产为支撑,加快改善其与四川、云南的交通条件,密切其与周边省的经济联系,建设一个特色鲜明、承东启西、良性互动的藏东经济区。西部经济区以畜牧业发展为主的经济区。

来源:发展改革委,2008-10-7(改写)

第二节　区域产业差异

各地区的环境与资源的差异决定了各地区的经济差异,尤其是其中的产业差异。对于产业差异的分析,我们将兼顾行政区域和经济区域。由于经济区域的划分在不同的时期有所不同,我们采用了西藏"十一五"计划界定的东部经济区(以昌都为主)、藏中经济区(以拉萨、日喀则、山南、林芝、那曲为主)、西部经济区(以阿里为主)三大经济区域的口径。对于描述产业差异的指标方面,我们采用了通行的产值比重、从业人员比重两个指标。

一、从西藏各地市的产业产值结构形态特征看区域产业差异

(1) 从人均 GDP 看各地市的经济发展水平差异。由于前述的资源禀赋、发展条件等方面的差异,加之经济基础、经济结构的差异,导致西藏各地市的经济发展水平也存在明显差异,如表 6-4 所示。

表 6-4　西藏各地市人均产值及其名次的变化

地　区	2005	2009	2005 年名次	2009 年名次
拉　萨	19 314	32 830	1	1
昌　都	5 441	9 384	7	7
山　南	7 530	13 536	4	4
日喀则	6 637	10 897	6	5
那　曲	7 134	10 740	5	6
阿　里	11 985	19 223	3	3
林　芝	15 489	27 082	2	2

注:因数据所限,表中 2009 年数据为笔者根据 2010 年的西藏经济蓝皮书的"地市发展篇"的数据计算而来,虽有误差,并不影响排名。

从表 6-4 可以看出:西藏近几年来各地市的人均 GDP 排名变化不大。拉萨、林芝分列头两名的地位相当牢固,排在第 3 名的阿里地区的人均 GDP 和第 2 名的林芝地区的差距达到近 8 000 元;第 3～5 名的人均 GDP 水平的差异也较大,名次在短期内不会发生更替变化,第 5～7 名的人均 GDP 水平则比较接近,名次容易产生变化。

(2) 从产业结构看区域经济差异。

表 6-5　1999、2009 年西藏各地市生产总值构成情况　　单位:%

地区	1999 年				2009 年			
	合计	第一产业	第二产业	第三产业	合计	第一产业	第二产业	第三产业
拉萨	100.00	15.69	24.17	60.14	100.00	5.55	29.87	64.58
昌都	100.00	60.37	11.51	28.12	100.00	24.23	38.26	37.51
山南	100.00	33.97	20.50	45.53	100.00	7.52	42.55	49.91
日喀则	100.00	49.92	8.13	41.95	100.00	25.80	24.09	50.11
那曲	100.00	53.85	15.65	30.50	100.00	20.17	25.74	54.09
阿里	100.00	46.15	17.58	36.26	100.00	21.11	24.42	54.47
林芝	100.00	25.27	28.04	46.70	100.00	12.21	32.36	55.43

注:基础数据来源于西藏统计局.《西藏统计年鉴 2000、2010》. 北京:中国统计出版社,2000 年、2010 年。

从表 6-5 可以看出,2009 年与 1999 年相比,西藏各地市的生产总值构成比重的变化非常明显。1999 年时,只有拉萨市和林芝地区的产业产值结构属于较高层次的"三二一""J"形形态,其他 5 个地市产业产值结构都是"一三二"凹形形态,农牧业基本上仍是这 5 个地市的第一支柱产业。到 2009 年,拉萨市、山南地区、林芝地区、那曲地区、阿里地区的产业产值结构都演变到"三、二、一"形态;昌都地区演变到"二三一"形态,日喀则地区演变为"三、一、二"形态,在产值结构方面,农业都不再是第一支柱产业。

从 2009 年西藏各地市产业产值结构构成比重来看,差异非常明显,大致可以分为三类:

一类是:昌都地区和日喀则地区,第一产业产值占该地区生产总值的比重要稍高于那曲和阿里地区,比拉萨、山南、林芝 3 个地市高很多。但是,这两个地区的非农产业的产值比重之和也达到了 75%左右,产业结构也初步实现了高度化。

二类是:拉萨、林芝、山南 3 个地市,第一产业产值占总生产总值的比重很低,第三产业产值比重大大高于第一产业,都演变成了较标准的"三二一""J"形形态。特别是拉萨市不仅产业规模高居全区榜首,而且其产业产值结构已经演变到比较标准的"上坡型"结构形态,其结构层次可以与国内较发达地区相比拟。

三类是:那曲地区和阿里地区,是后来居上型。两地区第一产业产值比重 11 年间分别下降了 33.68 和 25.04 个百分点,第三产业产值所占比重均已超过 54%,产业产值结构也演变成了"三二一""J"形形态。说明两地区产业结构演变速度较快,产业结构初步实现了高度化。

二、从西藏各地市的就业结构看区域产业差异

从西藏各地市的就业结构看,差别也比较明显。鉴于缺少近几年各地市按产

业来分的从业人数,本文只分析从1999年、2005年各地市各产业从业人员的构成比重变化情况。

表6-6　1999年、2005年西藏各地市各产业从业人员比重变化情况　单位:%

地区	1999年				2005年			
	合计	第一产业	第二产业	第三产业	合计	第一产业	第二产业	第三产业
拉萨	100.00	56.12	12.23	31.65	100.00	43.80	21.30	34.90
昌都	100.00	82.99	3.21	13.80	100.00	68.60	6.00	25.40
山南	100.00	81.47	3.46	14.81	100.00	67.30	6.50	26.2
日喀则	100.00	80.02	4.88	15.11	100.00	65.70	9.00	25.30
那曲	100.00	85.50	1.08	13.41	100.00	70.70	2.00	27.30
阿里	100.00	80.90	0.95	18.14	100.00	66.10	2.30	31.60
林芝	100.00	78.43	2.71	18.85	100.00	64.20	4.80	31.10

注:基础数据来源于西藏统计局.《西藏统计年鉴2000,2007》,北京:中国统计出版社,2000年、2007年。

从上表可以看出,西藏各地市的产业就业结构演变较缓慢,从1999年到2005年始终保持着"一、三、二"排列的非对称"U"特征,只有量的演变,没有改变结构形态。在7地市中,除拉萨市第二、三产业从业人员比重之和明显超过第一产业,呈"下坡型"特征外,其他地区第二、三产业从业人员比重之和基本上处于30%左右。从而可以得出这样的结论:除拉萨市外,其他地区仍有60%以上的劳动力滞留在第一产业内,劳动力转移步伐较慢,从就业结构看,仍具有非典型二元经济社会特征。

三、从西藏各地市各产业的社会劳动生产率来看区域产业差异

因为近几年的西藏统计年鉴没有分产业统计从业人员数,这里仍以2005年的数据说明各地市的社会劳动生产率的差异,见表6-7。

表6-7　2005年西藏各地市各产业的社会劳动生产率　单位:元/人

地区	合计	第一产业	第二产业	第三产业
拉萨	41 860.4	6 930.2	45 442.9	83 432.6
昌都	11 774.1	5 715.9	48 310.9	19 514.1
山南	14 016.0	2 506.8	68 926.5	29 773.1
日喀则	11 514.3	5 595.6	29 275.7	20 546.6
那曲	15 137.6	4 760.1	101 167.5	35 817.8
阿里	19 859.7	7 168.8	135 145.5	38 114.4
林芝	31 988.3	8 401.6	222 418.9	51 007.6

注:基础数据来源于西藏统计局.《西藏统计年鉴2006年》,北京:中国统计出版社,2007年,第25页。

从表6-7可以看出，2005年西藏7地市中的社会劳动生产率大致分为两个档次，第一个档次是拉萨市和林芝地区，人均GDP超过了3万多元，拉萨市人均GDP已经超过4万多元；第二档次是其余5个地区，社会劳动生产率介于1～2万元之间，内部差别不太大，只有阿里地区的社会劳动生产率在5个地市中是最高的，接近2万元，但和第一档次的差距达1.5～2倍左右；昌都地区和日喀则地区的社会劳动生产率在5地市中较低，仅稍高于11 000元。从各地市的三次产业来看，第二、三产业的社会劳动生产率要远远高于第一产业；除了拉萨市之外，其他地区的第二产业的社会劳动生产率明显高于第三产业，尤其是林芝、那曲和阿里地区。各地区第一产业的社会劳动生产率大致可以分为3个档次，位于第一档次的是林芝、阿里地区和拉萨市，介于6 390～8 410元之间；昌都、那曲和日喀则3个地区处于第二档次，介于4 760～5 720元之间；山南地区处于第三档次，不足3 000元。各地区第二产业的社会劳动生产率相差很大，林芝、那曲、阿里、山南、昌都5个地区出人意料地超过了拉萨市，尤其是林芝、那曲、阿里地区达到了六位数，最低的是日喀则地区，比最高的林芝地区低了近8倍。各地区第三产业社会劳动生产率的差距非常明显。大致可以分为两个档次，拉萨市和林芝地区达到50 000元以上，其中拉萨市已经超过了80 000元；其余地区处于第二档次，介于19 500～39 000元之间，最高的拉萨市比最低的昌都地区高出4倍多。

四、西藏城乡二元结构的变化

西藏是以农牧业为基础的地区，城市化率较低，城市数量少、规模小、辐射力不强，况且很多城市的工业属于“嵌入”型的，这就使得西藏城市与农村经济联系松散，“两张皮”黏合度不高，呈现出“非典型二元结构”①。目前藏学界对西藏经济是否属于“非典型二元经济结构”存在争议，本文认为，西藏经济结构已经由非典型过渡到典型的二元经济结构，得出这个结论的理由如下：

首先，近几年西藏经济发展呈现出跨越式发展的势头，经济体制深刻变革，社会结构深刻变化，经济社会的转型速度加快。据统计，从2001—2009年，西藏经济按可比价计算的年均增长率都保持在12%以上，不仅快于这之前的发展速度，也大大高于全国同期的平均递增速度。在2003年，第二产业增加值首次超过第一产业，居三次产业排序中的第二位，而且，该产业从2001—2009年的年平均增幅超过18%，远远高于其他产业，使西藏第二产业的地位明显提升，非农产业增加值占西

① 孙勇.西藏：非典型二元结构下的发展改革——新视角讨论与报告[M].北京：中国藏学出版社，1991.

藏 GDP 的比重已超过 80%,非农产业从业人员占从业人员总数的比重也超过了 40%,在西藏走适度工业化道路的雏形已经初见端倪,并且第一产业的内部结构也开始朝着适应市场需要和反映当地资源优势特点的方向发展,农牧产品除了满足农村人口生活需要外,还可以基本满足城镇人口的需要。西藏的经济结构正在从传统部门经济偏大、现代部门经济偏小的非典型二元经济结构向两部门经济力量大体相当的典型二元经济结构转变。

其次,西藏在近 10 多年来,在经过了"一个转折点,两个里程碑"的动力支持之后,尤其是在中央第三、四次西藏工作座谈会出台的一系列优惠政策和各兄弟省市援藏的支持下,加上西藏的公共财政政策的合理调节与正确引导,使得西藏农牧民人均纯收入不断升高,与城镇人均可支配收入的差距从 2004 年以来出现了逐步缩小趋势。而且,近几年随着"西部大开发"战略的实施以及青藏铁路的正式通车,西藏的特色农牧业和特色农牧产品加工业,如青稞的种植与深加工、牦牛的养殖与牦牛肉的深加工以及藏药材的人工种植与深加工等,获得快速发展,一些以"农家乐"、"牧家乐"方式兴办的农牧区旅游业方兴未艾,一些重大基础设施的建设(如青藏铁路的修建以及农牧区安居工程建设)和城镇化的稳步推进,使得西藏农牧区、农牧业、农牧民与城镇经济发展的关系越来越密切,现代产业的发展对农牧业的发展以及农牧民思想素质的改变有着千丝万缕的联系,特别是一些农业产业化龙头企业的发展对解决西藏三农问题发挥着不可替代的战略作用。

第三,从二元对比系数①看,西藏经济的二元性趋于明显。一般来说,二元对比系数越大说明二元性越弱,如果等于 1,说明二元经济变成了现代一元经济。发展中国家的二元对比系数通常在 0.31～0.45 之间,发达国家一般在 0.52～0.86 之间。西藏在 1990 年时的二元对比系数为 0.25,到 2009 年时下降到 0.14,说明西藏的现代部门有了显著成长,二元结构特征趋于明显。

西藏城乡二元经济结构不同于以刘易斯为代表的的二元经济,而是一种转型二元经济。它一方面具有古典二元经济的一般特征,另一方面又具有西藏二元经济的特殊性,这种特殊性最主要体现为西藏二元经济结构转换是在经济体制转变或经济转型的大背景下进行的。因此,西藏二元经济的发展转化过程中必然呈现出一种"双重演化"的特征,即一重是二元经济结构的演化转变另一重是经济体制的演化转变,这一特征决定了西藏二元经济的发展和转换是工业化和市场化两方面相互制约,共同作用的过程。

西藏的城镇化战略已经取得了显著成就,城镇人口数占总人口数的比重已经

---

① 二元对比系数是二元经济中农业与非农业比较劳动生产率的比率。

由90年代后期的18%左右上升到2009年的23.8%，乡村人口占总人口的比重已经由90年代后期的82%左右下降到2009年的76.2%。不过，西藏的城镇化率仍然偏低，2009年底的城镇化率只有23.8%，比全国2008年的城镇化率45.68%几乎低了一半。破除城乡二元结构的道路还非常漫长。对于西藏的城乡结构情况，下一章会有详细论述。

第三节　政府区域发展战略转型的目标方向

通过上文分析，可以看出西藏区域结构呈现为二元性，即经济发展相对较好地区与经济落后地区的二元并存，随着市场经济的进一步发展，这种区域经济发展的二元性还将进一步演化，区域经济发展的差距还可能进一步扩大。二元经济结构对产业结构的影响是通过资源在不同产业之间的动态配置实现的，二元经济结构的转化也是通过以农业劳动力为主体的各种资源在产业间和区域间的重新配置，即农业劳动力的转移实现的。如果这种劳动力转移受到阻碍，产业结构的升级就会非常缓慢，这就会直接影响到经济发展的规模与水平。在西藏的各地市，市场化水平存在明显差异，在藏中经济区的拉萨等地市，市场化程度相对较高，市场经济的发展相对较好；而在藏西和藏东的一些地区的经济发展中，经济体制改革的任务尚未完成，市场经济发育相对较迟缓。由于市场化水平、经济发展程度和资源禀赋的差异，使西藏不同地区的经济发展出现了巨大差异，形成了区域经济的二元经济结构。

在此情况下，如何实现西藏区域结构变迁的目标定位是相当困难的。本文认为，从西藏经济发展的实践来看，由于西藏幅员辽阔，财政实力有限，不可能采取平衡的“大推进”式的发展战略，只能采取不平衡发展战略。要实现西藏区域结构的转型，最核心的是要实现区域产业发展战略的转型。

一、西藏区域产业布局战略转型的目标方向

区域发展战略是一个比较复杂的问题，其内涵和外延预先要作一个界定。我们所讨论的西藏区域发展战略，在内涵上是指区域的产业布局战略，在外延上则以三大经济区的划分为主要参照。而且，区域产业布局也涉及政府思路与政府战略问题。因为，在如此宏观的层面，政府的作用是主要的，市场的作用是次要的。而各地区政府在安排本地区产业布局的，大约要有一个战略思想，比如说，你是采用“中东模式”，还是采用“日本模式”，还是自己另创一种模式，是要有选择的。“中东模式”的产业布局是严格按照当地石油资源安排的，石油开采业占据其第一支柱产业地位，产业区域布局的依据是比较优势原则和资源禀赋原则，布局结果是资源所在地就是产业所在地。“日本模式”的产业区域布局则是市场需求导向和政府

赶超思想的产物，除农业外基本上没有考虑日本的资源分布和资源禀赋问题，这种模式的布局结果是，科技和市场的所在地就是产业所在地。“中东模式”是建立在资源极大丰富的基础之上的，“日本模式”是建立在科技和贸易高度发达的基础上的。我们很难事先评判这两种模式的优劣，不过从中东国家和日本的实际发展结果看，前者的竞争劣势似乎抵消了其比较优势，后者的竞争优势似乎抵消了其比较劣势。但是它们似乎属于两种极端的产业区域布局模式，我国不可能照搬或效仿。

我国幅员辽阔，南方与北方、东部与西部的区域差异很大。在西藏，考虑产业布局问题，需要依托各地的环境和资源条件，尤其要考虑到各地资源禀赋的不同。农牧业方面，显然要遵循“宜农则农，宜牧则牧，宜林则林”原则。在西藏，相对而言，畜牧业受自然环境的制约要弱于农林渔业，一般来说，农区可以发展畜牧业，因为农区海拔较低，气候、植被条件较好，水草较肥美；高寒牧区则大多不宜发展农业，因为最耐寒旱的粮食作物青稞，也只能种植在 4 400 米以下的地区（至少在现有技术条件下是这样）。所以，在西藏就出现了只有纯牧区、没有纯农区的状况；林区一般可以实行林、农、牧混业经营。

在非农产业方面，理论上讲可以有资源导向、市场导向、政府导向三种选择，布局的结果有贴近资源产地或贴近市场或两不靠三种。如果选择偏离资源产地的产业布局，是要有一定条件的，一是要有足够的资金从外地购买原材料和能源；二是不存在“运输壁垒”，或很少受运输条件的制约；三是拥有较丰富的人力资源，较高的技术水平，可以生产出高附加值的产品，使得偏离资源产地安排产业依然是经济的；四是有稳定的营销渠道，但本地资源短缺，偏离资源产地是不得已的选择。就西藏而言，至少在目前还不具备可以偏离资源产地安排产业的条件。或者说，在目前的竞争优势不足以抵消比较优势的条件下，偏离资源产地安排产业实际上是放弃了比较优势，是一种非理性、不经济的选择。

基于上述理由，笔者认为，西藏的区域产业布局既要遵循比较优势原则，重视各地的资源禀赋和环境条件，又要充分发挥市场竞争的优胜劣汰机制的作用，大力发展各地市的特色产业。各地市只有以市场为导向，遵循市场规律，按照因地制宜原则充分发挥各地市资源的比较优势，优先选择和发展有资源条件、有竞争力、有市场前景的产业，才可以避免资源浪费和区域之间的产业雷同，形成合理的区域产业分工。按照西藏自治区“十一五”国民经济和社会发展规划，三大经济区的产业定位是有较大差别的①：

① 《西藏“十一五”国民经济和社会发展规划纲要报告》，新华网西藏频道 2006-01-24. 稿件来源：西藏日报。

(1) 藏中经济区。该经济区是西藏最核心的经济带,是西藏工业化、城镇化、现代化的先导试验区域。其产业建设和调整优化的总体思路是加强内部经济协作与联系,构建区域间的快速便捷通道,建设以中心城镇为依托的增长极,努力建成特色农牧业产业带、特色精品旅游走廊、加工业核心区和对外开放的前沿,成为辐射全区的核心经济区。如拉萨市就要充分利用城郊优势,重点发展无公害蔬菜的生产和城郊畜牧业,建成优质油菜籽生产基地;日喀则地区要抓好年楚河流域三县农牧业结构调整工作,重点搞好优质青稞生产基地建设,抓好日喀则市城郊畜牧业、白朗县无公害蔬菜基地、江孜县农区畜牧业、江孜大蒜、岗巴羊、亚东鲑鱼等基地建设;山南地区要做好贡嘎、扎朗、乃东区域农牧业结构调整工作,大力开展人工种草,发展农区畜牧业,抓好藏鸡规模养殖基地,优质油菜籽生产基地,甜玉米生产基地,干果生产基地,黄牛改良繁育基地建设;林芝地区要抓好中药材、藏香猪、经济林木、林下资源、旅游等特色产业的开发;那曲地区要重点抓好牦牛育肥、绒山羊开发等特色产业基地建设。

(2) 东部经济区。其产业建设和调整优化的总体思路是要充分发挥"靠西朝东、接轨东南"的纽带作用,充分发挥丰富的旅游、能源和矿产资源优势,加强与中部经济区的联系,积极融入成渝经济区,共同建设"大香格里拉生态旅游经济区"。属于东部经济区主体的昌都地区要突出发展畜牧业,干果生产、利用茶马古道,大力发展旅游扶贫;林芝东部区域则适合发展农林混业和山水旅游业。

(3) 西部经济区。其产业发展的总体思路是要发挥连接新藏、构建西部战略通道的边贸优势,大力开发旅游资源,建设白绒山羊基地,重点发展优势矿产业,促进外向发展。

各地区都有自己的产业发展总体思路。如藏中经济区的拉萨市,就提出过产业结构调整和优化的 6 大原则:即需求导向原则,优势转化原则,部门关联原则,分工协作原则,优先发展原则和综合效益原则①。日喀则地区则提出了培育六大特色产业(特色农牧业、特色旅游业、民族手工业、矿业、对外贸易业和藏医藏药业);构建"两个中心经济区"(以日喀则市为中心的东部经济区和以拉孜为中心的西部经济区)和"两条经济走廊"(即包括日喀则市、江孜县和白朗县在内的年河流域经济走廊,包括亚东、吉隆、聂拉木等九县边境外贸经济走廊);培育"四大经济支柱"(即农牧、旅游、外贸和矿业)等战略思路。近年来已开始实施"旅游富地,矿业兴地,农牧稳地,外贸强地"的发展新战略,并制定了"十一五"期间将产业产值结构由 2005 年的 31%∶24.5%∶44.5%调整为 2010 年的 21%∶29.5%∶49.5%的具

① 拉萨市统计局.浅议拉萨市产业结构调整现状及对策[J].西藏统计,2003(3).

体的产业建设目标①。那曲地区在“十一五”规划中提出要重点发展中部、牧矿致富西部,综合开发东部。中部以那曲镇为中心,包括那曲、安多、聂荣,把这一区域建成矿产品、畜产品、民族手工业、副食品等加工基地;西部包括班戈县、申扎县、双湖和文部办事处,把这一区域建成毛绒、矿产品、渔业、盐业开发基地;东部辖巴青、索县、嘉黎和比如县,把这一区域建成具备发展饲料、畜产品加工、森林加工、药材加工等综合开发基地。

在藏东的昌都地区,近年来,对非公有制经济或民营经济、非农经济的发展给予了充分的重视。林农畜特产品加工业(如昌都镇的牛奶、毛皮加工,类乌齐和江达的牦牛肉加工,芒康的松茸加工等)、矿业(主要是玉龙的铜矿)、建筑材料业、旅游业、交通、通信、能源工业(主要是以金河电站为龙头的水电业)、教育、卫生等行业得到了较快发展。今后,这些产业仍将是昌都重点发展的对象。

在藏西的阿里地区,近年来延续了重点发展畜牧业、旅游业、矿业(主要是金矿、硼镁矿的开采)、农畜产品加工业(如梳毛、白青稞加工等)、边境贸易等特色经济的思路,并加快了扶贫济困、绿化美化亮化工程、环境整治净化工程、农牧技能培训、高效日光温室建设、象雄艺术节等重点工程的建设。使得阿里地区在产业结构调整、基础设施建设等方面已经取得进步并将继续沿着这个发展方向不断前进。

专栏 6-2　西藏高原崛起三大新兴经济区

西藏高原以藏中为中心辐射藏东和藏西的三大新兴经济区迅速崛起。这得益于以青藏铁路建成为标志的西藏交通大发展,彻底打破了西藏各地区间孤立和封闭发展的局面,使得经济要素合理流动、资源优化配置。

西藏自治区政府主席白玛赤林指出,三大新兴经济区的形成是西藏经济发展进步的重要标志,表明西藏已经到了整合经济资源、推动区域经济协调发展的历史新阶段,西藏传统的经济和社会面貌正在发生深刻的改变。

从自治区发改委了解到,西藏“十一五”规划按照优先开发、重点开发的要求,提出构建各具特色的中部、东部、西部三大经济区,尤其要把藏中经济区建成辐射带动能力强的核心经济区。

由拉萨、日喀则、山南、林芝和那曲五个地市构成的藏中经济区是三大经济区中的核心经济区,面积、人口均占全自治区七成以上,除那曲地区外,其他地区气候较温和、地势平坦,海拔较低,具有相对优越的地理环境。近年来,西藏充分发挥核心经济区的龙头引领、积聚和辐射效应,对原有的区域经济布局进行积极调整,不

① 日喀则地区统计局:《日喀则地区经济社会情况汇报提纲(2005 年 6 月)》。

断加大能源、交通、通信等基础设施建设投入，着力构建以拉萨为中心的4小时经济圈。

据统计，拉萨市2009年国内生产总值154.27亿元、固定资产投资136.1亿元，均占全区比重的35%；社会消费品零售总额达到75.9亿元，占全区比重接近50%，以拉萨为中心的核心经济圈的积聚效应日益显现。另外，藏北那曲地区是青藏铁路在西藏经过的主要地区，随着那曲物流中心的建成，目前那曲地区已成为西藏的物流和人流的大通道，“铁路经济”效益明显。

位于藏东经济区的昌都地区，近年来以玉龙铜矿为龙头的矿业开发、以三江流域水资源开发为重点的能源建设、以“大香格里拉”为品牌的旅游环线建设和商贸物流发展等都取得了实质性成效，培育出藏东经济区新的增长点。今后藏东经济区将更积极地融入成都重庆经济圈，加快推进对内对外开放。

据介绍，阿里和日喀则西部的藏西经济区将发挥连接新藏、构建西部战略通道的优势，大力开发特有的旅游业、盐湖矿产和畜牧业。

来源：新华网，2010-11-22

二、对西藏区域产业布局转型的几点建议

根据上述分析，最后，本文就西藏的区域结构转型问题提出如下建议：

(1) 西藏的自然环境、资源禀赋、历史文化与我国其他地区差异甚大，在区域产业布局方面，不宜照搬内地模式。因为西藏的自然地理、人文环境和产业结构等与内地有很大不同，内地的区域产业布局不一定适合西藏，即使部分地适合西藏，照搬他人所造成的产业趋同或比较优势的丧失对西藏而言也是不经济的。因此，依托本地硬资源，结合区内外软资源，发展本地特色经济，是西藏各地区或各区域安排产业布局的基本原则。

(2) 坚持不平衡发展，是相当长的时期内西藏区域产业布局不能不遵循的基本原则。西藏地域辽阔、各地的资源丰欠不均、人口密度差异很大，走平衡发展道路既不太可能，也不经济。坚持扶优、扶特的产业建设思路，既是各地区或各区域的资源转化的需要，也是当地经济实现可持续快速发展和增加居民收入的需要。

(3) 产业布局要有战略思维，要有长期规划。因为产业建设是有周期的，是要付出成本的，如果思路不清、规划不当，变来变去，会造成巨大浪费。正如前文提到的“卡若模式”、“雅砻模式”、“羌塘模式”是有战略眼光的，对于农牧业发展是有指导意义的。类似的还有经济发展“极群”模式(一个大三角极与七个小三角极构想)

和“⊥”型布局思路等,都不失为一种有启发意义的区域经济发展的思路。

(4) 区域的划分应该能体现区域的差异,即遵循“区域内同质、区域间差异”的原则。以利于制定产业布局规划和实施不同的产业政策。基于这种考虑,西藏现在的东、中、西三大区域划分并不是很理想。因为那曲地区和藏中其他地区的差别是明显的,归到藏中经济区不利于进行产业分类规划和指导。划成藏东经济区、一江三河中部流域经济区、藏北经济区和藏西经济区或一带(一江三河中部流域)三极(昌都、那曲、阿里)似乎更符合各地环境资源的差异性。

(5) 由于各产业对环境资源的要求是不同的,可以针对不同的产业设计区域布局规划。如发展农牧业可以考虑划分藏东高山峡谷农林区、藏中农牧混业区、藏北藏西牧业区三大区域;发展非农经济则可以考虑划分成东、中、西三大区域或一带三极。

(6) 尽管各区域的环境资源差异显著,进而引致产业差异较大,但各区域产业安排和建设也要有一定的共性。那就是都要加快非农产业的发展,尤其是以旅游为龙头的服务业的发展;都要重视发展民营经济;都要重视运用现代科技改造传统产业;都要注意走城镇化和新型工业化道路。因为这些是经济发展、社会进步和人民致富的基本路径。

(7) 西藏的区域结构调整要和外向联系的方向相适应。自从青藏铁路格拉段通车,以及拉萨至日喀则、拉萨至林芝的支线铁路列入议事日程后,西藏的外向经济联系的重心有向北转移的倾向。在这种情况下,打造藏中经济带,促使该区域经济率先发展就显得更加重要,同时,东向联系的传统优势和建设南亚、欧亚陆路贸易通道的需要,使得西藏的东、南、西经济发展极的建设也不容忽视。

(8) 统筹城乡发展,促进城乡一体化,是区域结构调整的一个重要目标。不管是哪一个经济区域还是行政区域,都有统筹城乡发展,促进城乡一体化,缩小城乡居民生活差距的任务。特别是藏中经济带,城镇化建设的基础要好于其他经济区,理应成为统筹城乡发展,促进城乡一体化的先导试验区,可以适当发展少量的大中城市和小城镇群。在东西部经济区,仍要以发展中小城镇为主,并通过推进新农村建设来创造城镇一体化的条件。

第七章
西藏的城镇化战略与乡村经济结构转型

城镇化与城镇化战略，是经济社会发展到一定阶段的产物。在原始社会，由于基本没有剩余产品，没有国家机器，没有工业和贸易，也就没有城镇。到了阶级社会，出现了剩余产品以及剩余产品的流通，出现了手工业、冶炼、商业等非农经济，出现了国家和国家机器，城镇也就应运而生。

城镇化与城镇化战略的出现与众多因素有关，如政治、军事、文化教育、工业化、贸易与交通、乡村经济发展及其结构变化等等。城镇化与乡村经济既有消长关系，也有相辅相成关系。在现代社会，城镇经济既要建立在乡村经济基础之上，又引领着乡村经济的发展。乡村经济既要满足乡村居民的基本物质需要，又要满足城镇居民的衣食等基本物质需要，还要为城镇经济发展输送原材料、富余劳动力及提供土地等其他生产资料。只有当乡村经济能够产生剩余农产品、剩余劳动力和提供富余土地时，城镇经济才具有可靠的基础。多数城镇都是乡村经济在转型过程中而内生出来的。当然，靠外来力量(如开发、移民等)也可以建立与当地产业关联不大的城镇，但毕竟这样的城镇只是极少数，而且，如果它们和当地产业经济不能融合的话，也难以长久存在。

第一节　西藏城镇化战略的目标与途径设想

城镇化和城市化(urbanization)的概念既关系密切，又有所区别。城镇化，就是农村人口不断向城镇转移，第二、三产业不断向城镇聚集，从而使城镇数量增加，城镇规模扩大的一种历史过程。城镇化的核心是人口就业结构、经济产业结构的转化过程和城乡空间社区结构的变迁过程。城镇化的本质特征主要体现在三个方面：一是农村人口在空间上的转换；二是非农产业向城镇聚集；三是农业劳动力向非农业劳动力转移。“城市化”的侧重点主要是以乡村人口向大、中城市转移的“城化”过程，即以现有城市吸纳农村人口，农村人口向现有大中城市的转移积聚、现有城市不断扩大的过程，而“城镇化”则主要是指农村人口区域内的小城镇转移和积聚的“镇化”过程。

城镇化有力地吸引了生产要素向城镇聚集，促进了产业结构的调整和资源的优化配置，成为解决就业、实现市场扩展、推进新型工业化的重要举措；城镇承接了大量的农村富余劳动力，在带动农民增收的同时，还在很大程度上缓解了农村人地紧张的突出矛盾；城镇化有利于实施国家区域发展总体战略，统筹城乡区域协调发展，逐步缩小城乡区域差别。城镇化是人类文明进步和经济社会发展的大趋势，是落后的农业国向现代化工业国转变的必由之路。

1998 年党的十五届三中全会通过的《中共中央关于农业和农村工业若干重大问题的决议》中指出："发展小城镇是带动农村经济和社会发展的一个大战略。"2000 年出台的《中共中央、国务院关于促进小城镇健康发展的若干意见》中进一步指出："发展小城镇有利于解决现阶段农村一系列深层次矛盾，优化农业和农村经济结构，增加农民收入；有利于缓解当前国内需求不足和农产品阶段性过剩状况，为整个工业和服务业的长远发展，拓展新的市场空间。"

一、西藏的城镇化现状及其特点

（一）西藏城镇化的现状

城镇化与经济社会发展过程相互促进，并随着社会经济发展水平的提高而提高。这一规律已被中外城市的发展过程所验证。从我国建国后的城市化进程来看，1950 年的城市化水平为 11.2%，1978 年为 17.92%，2000 年为 36.22%，2009 年提高至 46.59%。从 1950 年到 1978 年，我国的平均城市化速度为每年提高 0.24 个百分点；从 1978 年到 2000 年，平均城市化速度为每年提高 0.83 个百分点；从 2000 年到 2009 年，平均城市化速度为每年提高 1.4 个百分点。另据有关资料，我国城镇人口从 1978 年的 1.7 亿人增加到 2009 年的 6.22 亿人。全国城市总数也由 1978 年的 93 个增加到 2009 年的近 700 个。在城市数量增加的同时，城市规模不断扩大。1978 年至 2003 年，100 万人以上的特大城市从 13 个增加到 49 个，50 万至 100 万人的大城市从 7 个增加到 78 个，20 万至 50 万人的中等城市从 59 个增加到 213 个，20 万人以下的小城市从 115 个发展到 320 个①。而自 1978 年以后正是我国改革开放，经济迅速发展的时期，经济发展迅速带动城市化进程，同时城市化所引起的外部效用、积聚作用又促进了经济的进一步发展。

西藏的城镇化步伐比全国要慢一些，但也有明显进步。西藏的城镇数量从 1951 年的 1 个发展到 1981 年的 1 个市、9 个建制镇，1992 年为 1 个市、32 个镇，1996 年底为 2 个市、34 个镇，2000 年底，全区已设立 1 个地级市、1 个县级市、112 个建制镇。到 2004 年底，增加到 1 个地级市，1 个县级市，71 个县、140 个建制镇，

① 数据来自 2005 年 11 月 10 日的《中国财经报》。

城镇面积达到147平方公里；到2009年底，西藏的市县镇数量与2004年相比没有变化，但城镇建成区面积扩展到约190平方公里；从2000年到2009年，西藏的城镇人口由50.22万人增加到69.03万人，城镇化率由19.3%提高到23.8%。到2010年，自治区首府拉萨市的城市建成区面积已达62.9平方公里，城镇人口由3万多增长到近30万。

西藏自治区的小城镇发展可以按空间布局划分为如下五个区域：

(1) 藏中南宽谷山原城镇发展区。藏南宽谷山原地区包括雅鲁藏布江中上游流域和喜马拉雅山脉中段山原湖盆谷地，该区的城镇化思路是，以拉萨市、日喀则市和泽当镇为中心，大力发展这三个中心城市周围的县城及建制镇，以“一江两河”中游流域为依托，构建西藏最具活力的城镇带。该地区宽谷平坝面积大，交通便利，是西藏经济、科技、文化及民族手工业最发达地区，产业和城镇聚集度高，特色产业的发展具有集聚效应。例如，有以优质鲜奶、酥油和其他乳制品为主导产品的奶牛产业；以优质猪肉、禽肉、禽蛋为主导产品的畜禽养殖与加工业；以无公害蔬菜、粮食为主的绿色食品生产加工业；以自然生态与人文旅游资源开发为特色的旅游业和民族手工业；以帕里牦牛、岗巴羊为品牌的畜产品加工业。这些特色产业群的发展为本区域城镇的发展提供了有利条件，促进了本区域城镇化发展。

(2) 藏东南山地城镇发展区。藏东南山地地区主要包括林芝地区，这里拥有我国少有和世界上罕见的高山峡谷地貌景观，拥有以热带、亚热带森林为基带的多种森林植被生态系统类型。多样性的森林植被生态系统类型发育了极为丰富多样的生物资源，其中食用菌类资源和药用动植物资源尤为丰富，具有很高的开发价值。本区以八一镇为中心，大力发展交通干线连结的八一镇周围县城及建制镇，依托特色生物与旅游资源，形成了以林特产品、生物医药和旅游综合开发为特色的城镇带。

(3) 藏东“三江”流域城镇发展区。藏东“三江”流域城镇发展区包括昌都地区各县。该区以高原温带气候为主，虽然河谷地区较干燥，但山地特别是亚高山带森林植被茂密，林、农、牧资源优势突出，并有虫草和金属矿产等特色自然资源。该区以昌都镇为中心，以317、318、214国道线为主轴，发展昌都镇和分布于这些公路主轴线上的县城及建制镇，形成了以农、林、牧、旅游业，天然资源综合开发为特色和面向四川、云南方向发展的藏东“三江”流域城镇带。

(4) 藏北高原城镇发展区。藏北高原城镇发展区主要包括那曲地区的东北部和区内羌塘高原南部湖区。该区是西藏高寒草原主要分布区，同时交通便利，青藏铁路建成通车也为本区特色优势资源的开发和经济社会发展带来深刻影响。该区小城镇发展以那曲镇为中心，以青藏铁路通车为契机，以联结那曲镇公路交通干线县城为点，以那曲中东部草原畜牧业基地建设为依托，发展以高寒高原畜牧业特别是牦牛产业、草原观光旅游、特色矿产开发为依托的城镇。

(5)藏西高原城镇发展区。该区主要包括阿里地区。该区大部分地区地势较平坦,西南部森格藏布、噶尔藏布和朗钦藏布中下游河谷宽阔,下水位较浅,光照时间长,具有发展温性优质牧草的条件。该区在进一步加大以噶尔镇为中心镇建设力的同时,加强连接该镇的干线公路沿线城镇,如普兰、札达、日土和革吉等县城的建设,逐步形成以噶尔镇为中心,紧密联系新疆和日喀则经济区的藏西高原城镇带。区内交通条件较好,往东可通日喀则、拉萨,往北可通新疆,同时拥有圣湖、神山和土林等知名度很高的旅游精品。具有发展以旅游业和畜牧业,特别是绒山羊产业为特色的小城镇建设。

(二)西藏产业结构的变化对城镇化发展的影响

西藏的城镇化也是伴随经济结构尤其是产业结构的转型过程而发展的,城市经济结构构成中的各种经济要素之间的关联组合状态及其数量比例关系,是城市经济系统的客观属性。下面就从经济结构的转型过程来简要谈谈西藏自和平解放以来的城市化变迁情况。

1. 产业结构与城镇化

产业结构的分析研究一直是城市经济研究的重点领域。城市的产业结构,不仅反映城市经济系统内各产业的结构比例关系,各生产部门之间的结合方式,同时可以通过这一比例关系体现城镇各产业的在经济结构中的主次地位和对城镇经济发展的贡献力大小。西藏在和平解放以前处于封建农奴制社会,其生产力水平极为落后,现代意义上的三次产业都是在和平解放后建立的,90年代以后得到了快速发展。

西藏的现代产业发展过程和西藏的城镇化发展过程基本是同步的。在1978年到2009年间,西藏的城镇人口由20.21万人增加到69.03万人,年均增加约1.57万人,城市化率也由11.3%提高到23.8%,年均增长约0.4个百分点。具体情况如表7-1所示。

表7-1 西藏的城镇人口与城市化率

	1978	1990	1995	2000	2005	2007	2008	2009
年末总人口(万人)	178.82	221.47	239.84	259.83	277.00	284.15	287.08	290.03
城镇人口(万人)①	20.21	36.32	40.05	50.22	54.93	60.52	64.90	69.03
城市化率(%)②	11.30	16.40	16.7	19.3	19.8	21.3	22.6	23.8

资料来源:西藏自治区统计局:《西藏统计年鉴2010》,北京:中国统计出版社,2010年6月,第29页。

---

① 本表中市镇人口为常住人口数,是根据人口普查、每年的人口变动抽样调查及1%人口抽样调查推算数。本文若非特殊说明,则均指常住人口数。

② 通常以城镇人口占总人口的比重这一指标来衡量城市化水平,尽管这一方法往往由于对城市或城镇的度量标准不同、统计口径的不同而引起差异,但在统一统计口径之后,仍是统计城市化率使用最多的一个计算方法。本文中的城市化率即为这一方法计算得出。

根据西藏城市化率变化的趋势，我们可以将西藏的城镇化战略划分为如下阶段：

第一阶段：自改革开放至90年代初期，第二、三产业呈逐渐上升的发展态势，城镇化进程也在稳步提升。

第二阶段：90年代初期到90年代中后期，也就是到1997年第三产业产值首次超过第一产业，位列三产之首前，第二、三产业的产业总值在缓慢提升，城市化率处于徘徊阶段。

第三阶段：90年代后期开始，第二产业也成快速发展态势，城市化率迅速提高，城镇化进程明显加快。

2. 城乡就业结构与城镇化

随着城镇化水平的提高，城乡结构必定发生相应的变化。西藏的城镇化水平已经自1978年时的11.3%提高到2009年的23.8%，相应地，城乡结构也随之发生了一系列的变化，主要表现在城镇经济成分占比上升，乡村经济成分占比下降。

城乡结构的变化既受上述三次产业产值结构变化的影响，更受三次产业从业人员的影响。随着第一产业的就业比重的不断减少，第二、三产业的从业比重不断增加，城市化率自然会随之发生变化。具体情况如表7-2所示。

表7-2 西藏自1978年以来部分年份三次产业从业人口数量及所占比重

年份	第一产业(万人)	比重(%)	第二产业(万人)	比重(%)	第三产业(万人)	比重(%)
1978	76.34	82.0	5.53	5.9	11.22	12.1
1985	85.58	81.0	4.88	4.6	15.26	14.4
1990	87.08	80.7	4.13	3.8	16.67	15.5
1995	89.51	77.8	5.62	4.9	19.96	17.3
1996	89.72	76.2	5.84	5.0	22.14	18.8
1997	91.01	75.5	6.38	5.3	23.08	19.2
1998	89.27	74.3	6.87	5.7	24.08	20.0
1999	92.19	74.4	6.46	5.2	25.26	20.4
2000	90.98	73.3	7.35	5.9	25.85	20.8
2001	89.65	71.0	8.16	6.5	28.52	22.5
2002	89.63	68.8	8.11	6.2	32.46	25.0
2003	85.14	64.1	12.36	9.3	35.31	26.6
2004	86.00	62.6	13.17	9.6	38.15	27.8
2005	86.39	60.1	13.60	9.5	43.61	30.4
2006	87.32	58.9	14.28	9.6	46.60	31.4
2007	88.63	56.0	17.07	10.8	52.45	33.2
2008	89.41	54.6	17.09	10.5	57.00	34.9
2009	92.17	54.5	18.18	10.8	58.72	34.7

资料来源：西藏自治区统计局：《西藏统计年鉴2010》，北京：中国统计出版社，2010年6月，第47页。

不难看出,在90年代以前,西藏的从业人口从农业向非农产业转移的速度相当缓慢,而90年代以后,这种从业人口在产业间流动尤其是向第三产业流动的速度明显加快,从而推动了城镇化进程。

(三)西藏城镇化的特点

城镇化是社会经济发展的必然趋势,而城镇化水平的高低则通常可以反映一个国家和地区经济发展的现代化程度。城镇化的本质特征主要体现在三个方面:一是农村人口在空间上的转换;二是非农产业向城镇聚集;三是农业劳动力向非农业劳动力转移。对城镇化的特征,可以从不同的角度进行分析,这对进一步理解其本质特征是有益无害的。西藏经过和平解放五十多年来的发展,城镇建设取得了相当大的成就,也形成了自己的特色。但是和全国兄弟省市相比,西藏城镇化的程度仍然偏低,为现代经济和居民现代生活方式服务的功能仍比较欠缺。

1. 城市化率低

到2000年,发达国家的城市化率已经到80%,而在发展中国家,则地区差异很大。中等收入国家,如拉美和加勒比海地区等国,城市化率的平均水平已经达到74%,比较接近发达国家水平;而在亚洲、非洲等工业化水平较低的国家,城市化率尚不足40%①;我国在2000年的城镇化率仅为36.22%,同期西藏的城镇化率仅为18.9%,在全国处于最低水平;到2008年,我国的城市化率提高到45.7%,西藏只有22.6%,仍处于全国最低水平,还不到全国平均水平的一半,如表7-3所示。而且,西藏的城镇人口规模和密度都很小,没有都市特征,起到的辐射作用也就不大,如表7-4所示。即便是拉萨市,市镇人口数仍不足30万人,只相当于内地的一个中等县级市的人口规模。

表7-3 中国2008年城市化水平的地区差异

地区	城市化水平(%)	地区	城市化水平(%)	地区	城市化水平(%)
北京	84.9	安徽	40.5	四川	37.4
天津	77.2	福建	49.9	贵州	29.1
河北	41.9	江西	41.4	云南	33.0
山西	45.1	山东	47.6	西藏	22.6
内蒙古	51.7	河南	36.0	陕西	42.1
辽宁	60.05	湖北	45.2	甘肃	32.2
吉林	53.21	湖南	42.2	青海	40.9
黑龙江	55.40	广东	63.4	宁夏	45.0

① 安虎森.区域经济学通论.北京:经济科学出版社,2004:573.

续表 7-3

地区	城市化水平(%)	地区	城市化水平(%)	地区	城市化水平(%)
上海	88.60	广西	38.2	新疆	39.6
江苏	54.30	海南	48.0	全国	45.7
浙江	57.60	重庆	50.0		

资料来源:《中国统计年鉴 2009》,北京:中国统计出版社,2009 年 6 月。

表 7-4 西北地区 2008 年城镇人口密度的区域比较

	城镇人口(万人)	土地面积(万平方千米)	城镇人口密度(人/平方千米)
陕西	1 584	20.58	77.0
甘肃	845	45.64	18.5
宁夏	278	6.64	41.9
青海	227	72.12	3.2
新疆	845	166.04	5.1
西藏	65	122.84	0.5
全国	60 667	960	63.2

资料来源:人口数来自《中国统计年鉴(2009)》,北京:中国统计出版社,2009 年 6 月;土地面积来自赵雪雁:《西北地区城镇化与区域发展》,北京:经济管理出版社,2005 年 7 月,第 83 页。

2. 城镇化水平低

从城镇规模来看,西藏自治区面积达 120 多万平方公里,占全国国土总面积近八分之一,但仅有两座设市城镇和 32 个建制镇,每个城镇的服务面积平均仅为约 4 万平方公里。依据我国现行城镇等级划分标准,西藏的城镇除拉萨勉强达到中等城镇规模外,其余均属小城镇。仅有的两座城市中,拉萨,作为西藏最大的城镇,其面积不足 70 平方公里,第二大城市日喀则的面积仅 10 平方公里左右,许多建制镇的面积不到 1 平方公里。

3. 城镇功能不完善、不健全

由于受自然地理和人口分布等条件的限制,西藏的城镇分布比较疏散,除少数几个地(市)级政府所在地的人口规模在 3 万人以上外,大部分县城和镇的人口在万人以下。由于规模偏小,城镇功能多以行政职能为主,其经济职能薄弱,导致其辐射区域狭小,对资源的集聚能力小,从而未能充分发挥应有的推动非农经济发展、吸纳农牧区过剩人口、增加城乡居民收入的作用。

4. 城镇空间分布不均

由于受自然地理、人口分布、历史等因素的限制,西藏城镇的空间分布呈现出了明显的不平衡分布特点。“一江三河”中部流域、藏东三江流域的城镇,其规模相对较大,人口密度相对较高。西藏现在只有一个地级市(拉萨市)和一个县级市(日喀则市),均位于西藏的自然条件、社会人文条件、区位优势比较明显的“一江三河”

中部流域;城镇人口超过万人的县(市),大部分分布在上述两大区域。西藏各地市的市镇人口及密度差别明显,在自然条件以及经济条件较好的拉萨市,其人口密度最大,达到了两位数;而在条件不太理想的阿里和那曲地区,其人口密度均小于1人/平方公里。市镇人口密度则更低,全区平均的市镇人口密度只有不到0.9人/平方公里。分区域看,市镇人口大于每平方公里1人的地区,只有拉萨、昌都、山南、日喀则、林芝四地市;小于每平方公里1人的地区则有4个,阿里地区甚至小于每平方公里0.1人。

5. 城镇化起步晚,基础差

西藏的城镇化进程是从和平解放以来才开始的。和平解放时,拉萨的城镇建筑面积只有2万多平方米,西藏城镇总面积不足10平方公里,城镇人口仅7万人左右。日喀则、昌都、泽当、那曲、江孜等仅初具小城镇雏形,基本没有现代建筑设施。城镇功能比较单一,只在一定区域内建有党政机关活动、寺庙活动和居民消费品交换的场所。

6. 政府在城镇化进程中起主导作用

西藏是全国为数不多的计划经济成分较多、政府对经济和社会发展的主导作用较强的地区之一,在城镇化战略方面也是如此。西藏现有的两个城市和140个建制镇都是政府批准设立的,城镇的基础设施建设都是政府规划并主导实施的。而且,以安居工程为突破口的新农村建设是自治区推进新型城镇化发展的重要组成部分,安居工程成了城镇化的基础。2006年1月1日,西藏政府部门向社会承诺,实施以农房改造、游牧民定居和贫困户安居为重点的农牧民安居工程,用5年时间让住房条件较差农牧民中的80%住上安全适用房屋。到2009年底,上述目标提前一年实现。官方预计,到2010年底,当年确定的西藏全部住房条件较差农牧民都能住上安居房。

二、西藏城镇化的目标模式

自西藏和平解放以来,中央一直给予了西藏许多的优惠扶持政策,从1994年中央第三次西藏工作座谈会以后,中央加大了扶持西藏的力度,安排了部分省市对口援助西藏的政策。在这种良好的政策条件下,西藏的城镇化发展也具备了较好的条件。然而,鉴于目前资源环境条件、产业结构、人口分布的现状,西藏仍不具备推行全面的、大规模的城镇化的条件。因此,西藏既需要抓住发展机遇,适当加快城镇化进程;又要在城镇建设方面充分发挥自身的特色和优势,推行有重点、不平衡的城镇化战略。

所谓有重点、不平衡发展,就是指在不同时期、不同区域,要依据各地不同的环境和条件,对于重点城镇、重点功能区(居住区、工业区、商贸区、文教区、办公区、旅游区等)、重点产业(农畜产品加工业、建筑建材与房地产业、交通运输业、旅游业、民族手工业、批零餐饮业等)等,要采取差别化政策支持。建设和发展城市或城镇,还要遵循综合发展原则,即在城镇化过程中,应当兼顾经济效益、社会效益、环境(生态)效益,力求三者之间相互协调,达到总体效益最大化,实现可持续发展。

根据西藏地区的自然环境条件、社会经济发展水平和城镇发展现状,在今后相当长的一段时间内,全自治区的经济开发应采取以城镇为据点,采取集中发展、重点突破的方针。目前,西藏的城镇发育程度较差,缺乏带动和辐射作用的中心城镇和具备经济积聚功能的城市群。因此,西藏城镇发展的首要任务是重点建设能带动地区经济发展的综合性中心城镇,结合资源开发和产业布局,带动中心城镇周边的建制镇和集镇的建设与发展,加强农村集镇、村镇规划与建设,形成以中心城镇为核心,以建制镇和一般集镇为基础的城镇体系格局,构筑以小城镇为核心的区域经济共同体。按照自治区的城镇体系规划,到 2020 年,要形成"一江三河"和青藏铁路沿线为两大城镇发展区、以拉萨为全自治区区域中心城市,六地(市)行署所在地为地区中心城市,城乡和区域发展相协调、经济社会与资源环境相适应的全自治区城镇空间格局。①

西藏的小城镇发展在具体运作方式上,要做到"六个结合",即把发展小城镇与农村产业结构调整及城镇产业结构升级相结合;把发展小城镇与乡镇企业二次创业相结合;把发展小城镇与发展非公有制经济相结合;把发展小城镇与突出地域经济文化特色相结合;把发展小城镇与促进科技进步相结合;把发展小城镇与缩小城乡居民收入及生活差距相结合。同时要把发展小城镇的突破口放在着力破除城乡二元结构的体制性障碍上。

1. 人口城镇化

城镇化的发展首先表现为人口从农村向城镇的转移和集聚。一定的人口规模,是城镇职能产生的基础,也是发展城镇经济的劳动力基础。城镇人口的增长应当是随着农村经济的发展和农村产业结构的调整,大量农村剩余劳动力转移到小城镇,使得城镇人口增长速度快于总人口或农村人口的增长速度的自然结果,这才意味着城镇化水平提高;否则,城镇化水平的提高只是城镇人口自然增长或者通过行政区划调整的结果,这是人为的城镇化,而不是适合社会经济需要的、真正意义上的城镇化。在人口城镇化的过程中,既要注重社会、经济效益,同样也要注意人口城镇化的生态效益。

要实现人口城镇化,加快户籍制度改革是保证。小城镇人口凝聚力差主要是

---

① 引自自治区政府内部资料:《西藏自治区城镇体系规划(2009—2020 年)》。

政策原因:一是户籍障碍,二是承包地和资产障碍,三是宅基地障碍。逐步实现进城人口的市场化安置,即进入小城镇人口的自费安置,才不会形成政府的沉重财政负担,而且还会形成小城镇与经济发展之间的良性循环。

2. 城镇的规模结构

西藏地广人稀、自然条件制约和社会经济发展水平等特殊情况决定了西藏的城镇规模不宜过大,但是过小的城镇规模又会影响城镇向周边辐射的“外部经济”效应和规模经济效应,小城市或相对孤立的城市不足以提供聚集经济的优势。因此,城镇规模的规划就显得尤为重要。研究表明:只有人口在3万以上的城镇加上一定水平的基础设施和具有经济效益较好的乡镇企业,才能满足职工、居民的各种需求。西藏的建制镇大多是撤乡建镇的产物,其城镇内部功能是以行政管理和支农服务为主,限制了社会分工体系精细化和专门化的发展,制约了工业集聚经济效益和第三产业的发展。城镇化建设仅追求数量,靠行政区划调整等,对于经济发展并无带动作用,甚至导致“遍地开花”而丧失规模效益。因此,扩大现有建制镇的规模,完善建制镇功能,走内涵式、质量型发展道路是城镇规模规划的主要任务。西藏的城镇建设目标是,到2020年,建成2座城镇人口达到10万人以上的城市,即拉萨市(城镇人口达到45万人)和日喀则市(城镇人口达到10～18万人);5～10万人的城镇4座(八一镇、昌都镇、泽当镇、那曲镇),0.6～5万人的城镇13座,0.2～0.6万人的微型城镇56座。①

3. 城镇的职能结构

城镇的职能结构指城镇体系内各城镇之间的职能分工与联系,以及各城镇内部诸职能间组合关系的总和。职能结构合理化的基本要求是:城镇之间在发展职能(主导职能)上分工合理,密切联系,协调发展;城镇内部诸职能相互协调发展,主要包括专业化职能与一般职能的协调、生产职能与服务职能的协调等。合理化的城镇职能分工,既能够使各个城镇扬长避短,发挥优势,取得最佳个体效益,又能使城镇之间在合理分工的基础上密切结合,取得整体的最佳效益,从而使各城镇成为不同类型、等级的地域中心,全部城镇构成有机结合的多种类型和等级的地域中心体系。

4. 城镇用地

西藏虽然在总体上看人少地多,但海拔4 000米以下的土地面积只占全区总面积的13.9%,宜居土地并不多,而且,由于自然条件的制约,西藏绝大部分城镇都位于自然环境较好的河谷地区,城镇建设用地比较紧张,与农牧业争地的现象比

① 引自自治区政府内部资料:《西藏自治区城镇体系规划(2009—2020年)》。

较突出。因此,西藏在大力提倡和加快小城镇建设的过程中,必须本着节约用地的原则,科学地做好城镇用地规划,对城镇建设用地实行总量控制、人均用地面积控制,将耕地和基本农田保护与盘活城镇土地存量结合起来,协调好小城镇发展与农业用地保护的关系。

5. 城镇经济发展

城镇化的加速发展,要有相应的产业发展相匹配,并提供充分的城镇就业岗位。小城镇建设,是推动经济发展、工业化、农村非农化的主要手段;城乡经济的发展、农村工业化与非农化则是小城镇发展的经济基础和保障。实践证明,经济增长是农村小城镇发展最直接的动力。保持城乡经济持续快速增长,推行适度的工业化,在今后相当长时期内,仍是影响全区农村小城镇发展的首要因素。城乡工业和建筑业发展、整个经济尤其是服务业繁荣、农牧民进城或"离土不离乡"是小城镇发展的基础。发达地区小城镇发展的历史证明:小城镇的发展最终要依赖经济发展,是工业化和现代化进程自然演进的历史必然。经济繁荣是因,小城镇发展是果。只有经济发展到一定程度,城镇建设、农民进城或"农转非"才成为可能,不具备客观经济条件的城镇盲目建设只能形成"空心城",造成资源浪费和失业人口增加。

三、西藏城镇化的路径选择

西藏与内地尤其是沿海地区的自然、人文环境不同,城镇化起点偏低,其城镇化道路也不应雷同,不应生搬硬套内地城镇化模式。在西藏选择城镇化路径的原则是:一要广泛吸取国内外城镇化,特别是我国内地、沿海地区的城镇化经验,借鉴其教训,以避免走弯路;二要结合西藏实际,走出一条具有地方、民族特色的城镇化道路来。

依据西藏自身条件选择既符合客观条件又适应发展要求的路径,是实现城镇化的唯一可行选择。西藏的自然环境与资源条件呈多样化特征,生态环境脆弱,加之历史、政治、宗教等原因,城镇化道路也必然带有因地制宜及多样化的特征。在西藏这样一个乡村人口占总人口的76.2%、农牧业从业人员占从业人员总数的54.5%的地区(2009年数据),城镇化必须紧紧围绕着城乡之间的相互促进作用,通过户籍制度改革,培育农村市场,建立土地流转、置换与使用制度;加快城镇基础设施建设,增强社会服务功能;提高农牧民的素质,转变意识等政策和措施,增强城镇对农牧民、对投资者的吸引力,减少农村户籍对农牧民的约束力,鼓励农牧民、企业、投资向小城镇集聚。

1. 推进城镇户籍政策改革,完善社会保障制度

户籍制度改革要从保护农民利益出发,从增强农村对城镇的需求、降低农民进

城门槛的角度综合考虑。仅就户籍制度而言,就是要充分放开农民进城落户的限制,凡是在城镇有固定收入或稳定职业,或者有固定住房者,均可给予城镇户口。为了解除刚进城农牧民的后顾之忧,可以在自愿的前提下,允许他们在一定的时间内保留在农牧区承包的耕地和草场;还可以建立健全城镇居民最低生活保障制度,建立健全养老、医疗、教育等配套保障制度,并保证农牧民进城后能够切实享受到这些保障;要让农牧民进城后获得在城镇生活和工作的社会归属感和平等的社会地位,享受市民待遇。

2. 搞好城镇规划

高起点的科学规划是小城镇发展的基础。西藏在制定城镇发展规划时,有必要根据现实情况考虑城镇发展的近期、中期、远期目标,可能的困难与机遇,分别制定近期、中期、远期适度超前性的发展规划,以科学指导小城镇建设。要改变小城镇建设中自发的、分散的建设方式,在科学规划的基础上,实行统一征地、分片开发、配套建设。

3. 加快农牧业的发展,解放农村劳动力

只有加快农牧业的发展,解放农村劳动力,才能形成城镇化的内生需求。人们都知道"无农不稳",实际上,在西藏,也可以提"无农不富"(特色农牧业有这样的功能)。农牧业作为国民经济基础产业,在西藏这样一个尚处于农业社会后期的地区,时刻都不能忽视。只有农牧业发展了,农牧民收入增加了,农牧民才会从落后的农牧业生产中解放出来,从事非农产业,才会有进城的强烈愿望,形成城镇化的内生需求。只要经济(包括非农产业和农业)发展到一定程度,农民收入有较大增长,对生活的需求提高了,才会产生发展城镇的期望和动力。

4. 大力发展教育,提高农牧民素质

要实施"科教兴市"、"科教兴镇"战略。西藏的中小城镇在建设与发展过程中,必须在普及教育、繁荣文化、建设城镇、实现城乡一体化发展、开发适宜产业、综合治理生态公害等方面加大力度,促进科学技术转化为生产力。特别要注意落实"科教兴市"、"科教兴镇"战略,重视教育,在人员、资金配备、政策导向、舆论宣传等方面向教育倾斜,提高城镇居民的科技文化素质,"教育一代,建设一方",保持城镇建设的社会文化基础。积极开展人力资源培训,创造就业机会,提高进城农牧民的生存技能,解决农牧民进城的后顾之忧。另一方面,通过实施"科教兴市"、"科教兴镇"战略,也可以使西藏的新兴城镇,带有一定的文化、科技、教育功能,如"农科城"、"大学城"、"历史文化名城"等。

5. 积极引进人才

在推进城镇化战略过程中,既需要大量的建设人才,又需要建立和完善小城镇科技管理与服务体系。在西藏,特别需要促进科研机构、高等院校及大中型企业为城镇建设提供人才、地区城镇发展战略思路、科学技术、信息等多种服务，需要将“星火计划”优先引向试点的中小城镇(实际上，拉萨、江孜等地在90年代就已经开始实施“星火计划”)。要加快小城镇的统计指标体系和信息系统的建立。有必要在试点中小城镇建立规范的统计监测指标体系和有利于城镇规划建设的信息系统。从西藏的实际情况看，比较急需的人才是企业家、中介服务人才、工程技术人才、农牧科技人才、医护人才、教师等。

6. 推进乡镇企业改革，促进乡镇企业发展

从东部地区的经验看，乡镇企业的发展，对当地经济的繁荣、一方百姓的富裕、中小城镇的发展都具有重要作用。如“温州模式”、“苏南模式”已经证明了这一点。从东部地区发展乡镇企业的经验教训来看，必须深化乡镇企业的产权制度改革，明晰乡镇企业的产权关系，促进乡镇企业的规范发展和向现代企业制度过渡；要采取适当措施和通过利益导向，引导乡镇企业集中连片发展。对于已经分散创办的乡办、村办企业，要通过改造、联合、兼并等办法逐步向中小城镇集中，这样可以发挥城镇的集聚和扩散功能，使乡企和城镇可以实现相辅相成、共同发展。

7. 加强市场建设，增强城镇的服务功能

建立适应当地经济发展的商品批发、零售市场和要素市场，以市场促进小城镇周围农村经济发展和带动乡镇企业的发展。要把市场建设纳入小城镇发展规划，在征用土地、建设资金和税收等方面要给予优惠。要加快农村集镇建设，建立农村集镇体系，形成农资市场和农产品交换市场。目前，昌都地区农资市场发育滞后，化肥、农药、良种、农机市场不健全，经营规模小而分散，影响了农牧业的发展。农产品没有市场，形不成区域性农产品品牌，农产品商品率低，阻碍着商品经济的发展。随着农牧业的发展，必须构建区域性的农产品集散市场，形成区域农产品交换中心，培育区域性品牌农产品，为农牧业的发展提供商品交换出路，并形成出口区外的核心生产基地和购销中心。要鼓励建立市场中介机构，代替政府履行部分管理与服务职能，以优化资源配置功能，减轻政府负担，精简政府机构，进而节省财政开支；而且，要通过中介机构的建立和发展，加强小城镇的服务功能，活跃城镇经济。

8. 确立符合西藏实际的小城镇发展模式

我国小城镇发展模式主要有以下几种类型：(1)工业主导型。(2)特色农业主导型。(3)商贸主导型。(4)交通主导型。(5)旅游主导型。第一种模式类型显然不适合西藏，其他模式类型也只是部分地适合西藏。因此，西藏不能照搬内地的城市化发展模式，要考虑本地的环境、资源、经济、人口等特殊条件。大致可以考虑发展以下几种城镇：(1)增长极型小城镇。西藏土地面积大，城镇数量少，规模小，分布疏散，城镇之间的距离较远。外部资本、产业难以输入，这类区域中达到一定规模和经济实力的城镇型建制镇和中心镇、特别是县级政府所在地的建制镇，通过集

中发展，增强非农产业和人口的集聚规模，可能成为区域社会经济发展的增长极。(2)农副产品加工业牵引型。西藏是以农牧区为主，农牧业基础条件较好，农牧产品种类多，农畜产品外销潜力巨大，完全有条件根据本地的农牧业生产条件，发展农畜产品加工产业，推动小城镇的建设与发展。(3)资源开发型。西藏自然资源十分丰富，有矿产资源，水力资源，森林资源、藏医药资源等等，因此，许多资源所在地有条件发展成为资源开发型小城镇。(4)旅游开发型。西藏有丰厚独特的旅游资源，旅游业已成为西藏重点扶持的第一支柱行业。有利于催生旅游开发型城镇。

第二节　西藏乡村经济结构转型的目标模式与基本路径

在西藏自治区，乡村人口仍占到总人口的75%以上，第一产业产值比重也比全国高出约5个百分点。改革开放30多年来，西藏乡村经济的发展受益于家庭联产承包责任制和构建市场经济体制两次大的制度创新，取得了巨大成就，然而受要素报酬差异的影响，第二、三产业产值增长的速度明显快于第一产业，使得乡村经济产值在国民经济中所占份额处于长期下降通道，从业人员比重也呈下降趋势。但是，乡村经济是西藏经济发展和社会稳定的基础，仍处于十分重要的地位。它不仅承担着解决全区人口吃饭穿衣问题的重任，也承担着推动西藏经济发展，增加农牧民收入，全面建设社会主义新农村的重任，还关系到促进城乡协调发展，推进全面小康社会建设，促进西藏社会局势长治久安的大局。由于受自然条件、历史基础、社会经济发展的现实水平的制约，西藏乡村经济的发展还比较落后，存在结构不合理，技术水平低，市场发育程度低，经济效益不高等问题，已远不能适应现代市场经济发展的要求。推进乡村经济结构转型，提高乡村经济的综合竞争力是新形势下解决“三农”问题的必然选择，也是促进新农村建设和推进全面小康社会建设的战略举措。

我们以当前西藏乡村经济的宏观环境和发展现状为立足点，着重研究西藏乡村经济结构转型的目标和基本路径，构建适应西藏社会主义市场经济的乡村经济发展模式。

一、西藏乡村经济发展现状

(一) 农牧民收入较低

由于受经济基础薄弱、财源匮乏的制约，西藏农牧民收入水平普遍较低。西藏已成为全国农牧民收入最低、城乡收入差距最大、“三农”问题十分突出的省份。西藏农牧民增收渠道狭窄，收入增长缓慢，人均收入在全国的排序逐年下降，1978年居全国前十名，1985年下降为第21位，而自2000年开始即列全国倒数第一位；新世纪以来，在中央援藏政策和西部开发政策的双重影响下，西藏农牧民收入增长速度有所加快，农牧民人均纯收入已经由2001年的1 404元增加到2009年的3 532元，9年翻了一番多。即使如此，西藏的农牧民人均纯收入仍只相当于全国平均水平的68.5%，列全国第26位。收入水平低、城乡收入差距大（2009年西藏的城乡居民收入之比为3.84∶1，高于全国的3.33∶1的水平），已成为影响西藏乡村经济发展与稳定的主要因素之一。①

（二）乡村经济结构单一，且内部发展不平衡

自1994年中央召开第三次西藏工作会议以来，自治区十分重视产业结构并对各产业内部结构做了调整，采取了各种积极有效的措施，产业结构不断得到调整和优化，西藏乡村经济结构也得到了相应调整和优化。但是和东部发达地区相比，与西藏的城镇经济相比，乡村经济的发展还比较落后，其结构层次偏低，内部发展很不平衡。

1. 乡村经济结构相对单一

西藏乡村经济仍以传统农牧业为支柱产业，乡村第二产业尚处于萌芽状态，乡村第三产业的发展也十分落后，主要是一些传统的为维持简单再生产和为日常生活服务的部门，如农资和日用消费品供应、饮食服务业等，如表7-5所示：

表7-5　全区农村社会总产值　　单位：万元、%

年份	农村社会总产值	农林牧渔业		农村工业		农村建筑业		农村运输业		农村商业	
		总产值	比重	总产值	比重	总产值	比重	总产值	比重	总产值	比重
1990	182 283	170 347	93.4	2 055	1.1	2 712	1.5	3 433	1.9	3 736	2.1
1995	389 605	358 961	92.1	5 857	1.5	5 447	1.4	8 957	2.3	10 383	2.7
2000	570 808	512 185	89.7	13 307	2.4	14 546	2.5	17 086	3.0	13 684	2.4
2001	577 709	527 791	91.4	14 244	2.5	12 407	2.1	13 274	2.3	9 993	1.7
2002	618 802	558 874	90.3	11 707	1.9	14 788	2.4	20 832	3.4	12 601	2.0
2003	675 593	586 339	86.8	20 033	3.0	23 995	3.5	26 120	3.9	19 106	2.8
2004	757 243	627 373	82.8	26 536	3.5	40 567	5.4	41 556	5.5	21 211	2.8
2005	823 658	677 408	82.2	27 207	3.3	43 925	5.4	45 077	5.5	30 041	3.6
2006	877 722	704 765	80.3	27 802	3.2	64 743	7.4	47 445	5.4	32 967	3.7
2007	1 021 216	798 309	78.2	29 411	2.9	103 807	10.1	53 065	5.2	36 624	3.6
2008	1 150 468	884 519	76.9	30 385	2.6	126 476	11.0	59 854	5.2	49 234	4.3
2009	1 236 703	933 807	75.5	28 520	2.3	150 398	12.2	67 243	5.4	56 733	4.6

资料来源：《西藏统计年鉴2010》第134-135页。

① 数据引自《西藏统计年鉴2010》或根据该年鉴的相关基础数据计算而来。

表 7-5 表明,西藏农村的产业结构相对单一,以农林牧渔业为主,乡村非农产业所占比重偏低。乡村非农产业主要指乡村工业、乡村建筑业、乡村运输业和乡村商业。1990 年西藏农村社会总产值为 18.23 亿元,其中,非农产业产值仅占 6.6%;到 2009 年,农村社会总产值为 123.67 亿元,非农产业产值所占比重上升到 24.5%。可见,尽管从变迁上讲,西藏农村的经济结构有了显著变化,但是,非农产业在农村经济中仍只占到大约 1/4 的比重,农林牧渔业仍是农村的第一支柱产业。

2. 农业内部结构发生了明显变化,但仍不平衡

据统计,2009 年,西藏的农林牧渔业总产值为 933 807 万元,其中,农业(种植业)、牧业、林业、渔业、农林牧渔服务业的总产值所占比重分别为 41.9%、47.4%、7.6%、0.2%,种植业所占比重比 2000 年下降了 9.6%,林业、牧业、农林牧渔服务业、渔业分别上升了 5%、1.5%、1.3%、0.2%。[①] 从几大产业产值现状看,(1)农业比重较大,但发展水平较低。农产品科技含量较低,基本还是停留在对自然资源的简单利用上;机械化程度低,个别落后地区的耕种仍是人力和畜力的叠加。(2)作为西藏基础产业的畜牧业,虽然产值比重很高,但靠天养畜的局面还没有得到根本改变。重数量、轻质量观念的存在,致使畜牧业的高产出是以草场生态遭到破坏为代价的。(3)林业、渔业所占比重小,特别是渔业。90 年代以来,渔业产值比重最高的年份也只有 0.2%,最低比重约为 0.01%,几乎可以忽略不计。这种层次不高和林渔业、服务业过于弱小的产业结构,导致整个农业的主导产业和特色产业并不突出,比较效益差,农副产品竞争能力弱,为农牧民增收的能力不强。

西藏乡村这种农业型的单一经济结构,很难承受起市场因素和政策因素变动所引起的风险压力,整个经济带有较强的弱质性。在市场经济条件下,由于传统农业的低效益,使以传统农业为主的乡村资金的自我积累能力很弱,难以对现有的畸形的经济结构进行合理的调整。如果没有外来资金的大量注入,乡村经济结构的调整和优化将是十分困难和缓慢的。

(三) 乡村市场化程度低

由于西藏乡村封闭的环境和落后的生产力水平,基础设施差,经济形态多以自给半自给的自然经济、小农经济为主,农产品交换主要限于本地的农村集贸市场,市场半径和交换规模都很小,且缺乏市场竞争力,产品流通不畅,市场的整体发育

---

① 其中,农林牧渔服务业自 2003 年起才由第三产业划归第一产业,其总产值所占比重的变化是以 2003 年为对比基期的。

程度很低，使得西藏乡村经济发展相对滞后。

1. 乡村市场发育缓慢，商品流通体制不健全

由于特殊的地理位置和历史条件限制，与东中部地区的乡村相比，西藏农牧民的生产经营方式粗放、落后，商品经营意识不强，农牧产品商品率很低。例如，到2009年底，西藏的牲畜出栏率也只达到30%。超过2/3的农畜产品滞留在农牧区，各种生产要素不能有效流动。

2. 乡村市场主体组织化程度低

乡村市场的主体主要是指乡村的乡镇企业和农牧民。在西藏乡村，虽已实行家庭承包制，但广大乡村仍未摆脱生产经营的小生产方式，由于经济基础薄弱，生产规模小，生产处于小型化、分散化状态，单个农户无力抵御因市场竞争、需求变化带来的巨大市场风险。乡村乡镇企业大都是微小型，各自为政，其组织化程度低，加之市场中介组织不健全，难以适应日趋激烈的市场竞争。

3. 农牧产品缺乏市场竞争力

西藏乡村的农牧产品普遍缺乏市场竞争力，没有品牌效应，难以进入区内外的广阔市场，仅局限于狭小的本地市场内。(1)产业同构化。西藏不同程度存在产业结构趋同的问题，导致产品缺乏特色，产品进入市场处于劣势，在市场竞争中失败的可能性更大。(2)产销脱节。在市场经济条件下，市场是生产经营的出发点和归宿点，是一切经济活动的中心。产品从生产环节进入到市场流通环节，既是产品循环的最后一环，也是最重要的一环，其关系到产品价值能否实现和社会再生产能否持续进行。在西藏乡村，许多工农业产品产销脱节，难以通过市场实现产品的价值，这既有环境闭塞、交通线长、市场信息不灵的客观原因，也有忽视市场研究的主观原因。(3)农牧产品层次低。西藏乡村由于受资金、技术、人才等条件的限制，农牧产品科技含量低，科技对农牧业发展的贡献率比全国约低16个百分点；农牧产品质量不高、档次低，花色品种少，多为初级产品，从而影响了产品的市场竞争力。

4. 生产要素流动性差

生产要素是指资金、技术、劳动力、生产资料等。市场经济要求生产要素应合理流动和优化配置。由于思想认识、管理体制等方面的制约，乡村土地、劳动力、资金等生产要素普遍缺乏流动性，难以进行合理流动和优化配置。

5. 乡村服务体系建设滞后

西藏乡村由于缺乏必要的市场信息渠道，影响了农牧民对农牧产品的价格信息、供求信息等的了解，再加上农牧民组织化程度低，中介组织发育滞后，农牧民与市场的有效融合方面存在不少障碍，产品流通、销售都存在很大的问题。因此，乡村服务体系建设滞后客观上制约了乡村经济发展。

(四)乡村劳动者综合素质低

由于乡村文化教育事业相对落后,基础教育设施不太健全,教学设备陈旧落后,影响了乡村人口素质的提高。据全国第五次人口普查统计数据,2000 年,西藏乡村人口 171.72 万人,乡村从业人员为 100.83 万人,乡村文盲率为 35.90%,西藏农牧民受教育的程度平均只有 4.5 年左右,与内地相差 2.5 年左右;近 10 年来,西藏教育快速发展,特别是受基础教育及扫盲教育快速发展的影响,到 2009 年底,青壮年文盲率已下降到 1.8%,人口受教育年限已提高到约 6.5 年,但是农牧区的中老年人口的文盲率仍比较高。由于缺乏必要的科学文化知识和商品经济意识,加上传统的、习惯的生活方式,在西藏农牧区少数地方还沿袭着“以物易物”的交换方式,缺少必要的生产积累,有的农牧民家庭还相当贫困,收不抵支,难以维持简单再生产。由于乡村人口所掌握的文化知识和科学知识偏少,了解外界信息和市场渠道的能力有限,影响了其致富能力的提高。

(五)乡村基础设施建设相对滞后

交通运输、信息通讯等基础设施是乡村经济发展的基本条件。西藏乡村由于经济实力弱小、地广人稀,基础设施比较落后,通信不发达,乡村交通运输结构较单一,以公路运输为主,乡村公路大多是沙石土路,路况较差,到 2009 年底,还有约 20%的行政村没有通公路;有近 30%的农村居民还没有用上电;有大约 15%的行政村还没有通电话、乡镇通邮率只达到 80%。信息闭塞和交通不畅使得许多偏远乡村远离市场中心,当地农牧民失去了与外界交易的机会或需要支付高昂的交易成本,自给自足的自然经济难以根除,乡村的商品化、市场化进程比较缓慢。

(六)粗放型的经济

西藏乡村经济仍然是一种粗放型经济,“靠天吃饭”、“靠天放牧”的现象还在某些较偏远的农牧区存在,这成为天然草场、农田退化的一个重要原因。这种粗放型、缺乏市场竞争力的经济对西藏乡村经济可持续发展构成了严峻的挑战。由于受传统的生产方式的影响,西藏农牧民生产一直是自给自足的生产生活方式。首先,西藏的乡村经济属于小规模经济,难以获得规模经济效益;其次,西藏乡村经济的生产方式仍是传统的生产方式,靠天吃饭的状况多年来没有根本性改变;再次,西藏乡村经济的科技含量不高,农牧产品商品率、附加值较低,没用形成品牌效应。

(七)城镇发展水平低

从国内外城镇化水平比较看,西藏乡村经济范围内城镇化水平较低。世界城市化平均水平为 47%,发达国家和地区为 75%,发展中国家在 38%左右。最不发达国家大约平均为 22%,到 2009 年,我国的城市化水平约为 46%,而西藏只有

23.8%。而且,西藏的城市数量少、规模偏小,是全国唯一缺少大城市、只有几个中小城市的省区。这样,城镇对广大农牧区的辐射作用相当有限。

二、西藏乡村经济转型的目标

(一)乡村经济现代化是乡村经济转型的总体战略目标

乡村经济现代化是从传统乡村经济向现代乡村经济转变的过程,是农牧业生产和科学技术发展的产物。乡村经济现代化既是西藏乡村经济转型的战略目标,也是西藏乡村经济发展的基本方向。在乡村经济转型的过程中,要在有条件的地区率先实现乡村经济的现代化。

自改革开放尤其是90年代以来,西藏乡村经济的现代化发展经历了从稳健发展到加快发展再到跨越式发展、从基本稳定到长治久安的历史性转变。但由于特殊的地理环境和历史原因,西藏目前仍属欠发达地区,与全国现代化发展的平均水平仍有较大差距。目前,西藏还有75%左右的人口居住在乡村,有54%左右的劳动力还在从事农牧业生产,西藏农业主要还是依靠土地和劳动力的投入,机械、物资、科技投入量较少,农业生产率较低。但是,乡村经济现代化是西藏乡村经济发展的基本方向。首先,乡村经济现代化关系到西藏整个国民经济能否可持续发展。农牧民收入的提高,首先依赖于农牧业劳动生产率的提高。目前,西藏乡村经济规模小,农牧业生产手段落后,农牧产品成本偏高,农牧产品加工增值链短,农牧业劳动生产率低,要从根本上解决这些问题,必须积极稳妥地推进乡村经济现代化。其次,乡村经济现代化是参与国际竞争的必然要求。由于西藏传统乡村经济经营规模小,经营手段和经营方式落后,基本上是与自给半自给经济相适应的。对于多数农户而言,"种粮保吃饭"的自给性消费,成为农户农牧业经营的首要目标。随着国际竞争国内化,国内竞争国际化的迅速发展,如何提高西藏乡村经济的国际竞争力,也是一个迫切需要解决的问题。最后,乡村经济现代化也是推进城镇化、转变二元经济结构的客观要求。城镇化是工业化的必然结果,也是实现乡村经济现代化的重要标志。城镇是现代经济生活所依托的基本环境,是建立现代化生产和消费关系的基础。工业化过程、城镇化过程和二元经济结构转换过程,也是乡村农业劳动力向非农业转移的过程,是对农牧产品和土地需求扩大的过程,是乡村经济市场化和商品化的过程。因此,乡村经济现代化既是工业化和城镇化的前提条件,也工业化和城镇化的必然结果。

(二)西藏乡村经济转型的具体目标

1. 乡村经济市场化

西藏乡村经济市场化建设的基本目标是建立乡村市场经济体制,完善乡村市场经济体系。具体来讲,就是以市场需求为导向,不断调整优化乡村产业结构,实现乡村生产经营结构的市场化;通过制度创新和组织创新,大力培育乡村市场经济微观主体,组织引导农牧民走向市场;以效益为中心,依托科技进步,提高工农业产品的生产率和优质率,降低生产成本,增强产品的市场竞争力;按市场经济规律要求改革西藏乡村农产品流通体制,搞活乡村市场流通,完善乡村市场体系,做到货畅其流和生产要素合理配置。

2. 乡村经济城镇化

实施城镇化战略,推进城镇化进程,是西藏乡村经济现代化建设的关键路径,也是优化经济结构尤其城乡结构,促进西藏国民经济良性循环和社会协调发展的关键路径。发展小城镇有利于更大规模地转移乡村富余劳动力,有利于提高农牧民素质,提高生活质量,促进乡村二、三产业的发展,也有利于扩大内需,推动西藏国民经济更快增长。

3. 西藏乡村经济工业化

西藏由于经济基础差,乡村小城镇建设的资金匮乏,要实现乡村城镇化,必须先构建小城镇的产业基础。只有在产业聚集、人口聚集的基础上形成经济功能的乡村小城镇,才会有持续发展的动力。可见,没有乡村工业化,就难以实现乡村城镇化。没有乡村经济的发展,就没有西藏经济的全面发展,没有乡村的小康,就没有西藏的全面小康,没有乡村的现代化,就没有全西藏的现代化。西藏要实现快速发展,克服区位、自然条件和经济基础薄弱等传统因素的不利影响,必须自觉树立起以工业化带动城镇化,以信息化带动工业化的发展思路,实现它们之间的良性互动。

4. 乡村经济科技化

西藏地域辽阔,城镇和乡村在经济文化社会环境方面差异较大。与城镇相比,乡村科技水平落后。提高整个西藏的科技化水平先要解决乡村科技水平不高的"短板"问题。乡村经济的科技化既需要农牧业技术和管理创新,也要有相应的制度创新。其中,科技创新是农牧业发展的主要动力。在乡村经济结构转型中,要结合农牧业结构的战略性调整,逐步推广农牧业机械化,应用先进适用技术,发展高新技术农牧业,健全农牧业科技推广体系,培养农牧业科技人才,并相应地推进乡村经济制度与农牧技术政策创新,这既是顺利实现西藏农牧业科技化的关键,也是西藏农牧业结构战略性调整能否取得成效的关键。

三、西藏乡村经济转型的基本路径

(一)结构调整是西藏乡村经济转型最基本的路径

中央第三次西藏工作座谈会召开以来,西藏乡村经济进入了一个新的发展阶段。但也出现了一些新的结构性矛盾:如种养结构单一,粮食生产和牛羊放牧仍然是乡村经济的支柱,多种经营、乡村副业和劳务输出不足,农牧民增产不增收现象明显;青稞、牦牛等特色产品加工业滞后,使得西藏的特色农牧业产业链条偏短,产品附加值和市场化率均偏低。生产结构与市场需求结构脱节等问题日益凸现。乡村工业、建筑业、服务业非常弱小,不利于产业结构高度化和统筹城乡发展。因此,对乡村生产要素进行重新配置,调整优化乡村经济结构,推动西藏农牧业向多元化、专业化、市场化、现代化和外向型转变,这既是解决当前农牧产品销售不畅、农牧民收入增长缓慢的迫切要求,也是提高乡村经济整体素质和效益的内在反映,更是乡村经济转型的最基本的路径。

1. 因地制宜,实事求是搞好乡村经济结构调整工作

乡村经济结构调整既是一项战略任务、一项系统工程,也是乡村经济的深刻变革。西藏由于受到自然环境、文化环境的约束较强,经济基础又十分薄弱,进行结构调整面临的困难和问题会很多,难度大于内地省区。因此,调整结构是一项长期的、艰巨的演变过程,不可能一蹴而就。乡村经济结构的调整要坚持从各地的自然条件、资源特点和经济发展状况出发,尊重农牧民的经营自主权,发挥区域比较优势,调整生产布局,提高竞争能力,全面提高农牧业的整体素质和效益。在西藏的中部地区(主要指“一江三河”中部流域),由于自然、经济、社会条件都比较好,需要在重视粮食生产的前提下,积极发展林果、蔬菜、花卉等经济作物的生产,大力发展城郊农牧业及农牧产品加工业。例如,青稞属地方习惯种植和当地居民消费的主要粮食品种,尽管口粮消费的市场容量有限,但可进行深加工开发,青稞啤酒、绿色糌粑、青稞麦片深受欢迎,市场前景较为广阔。西藏油菜籽生产还远不能满足当地需求,加之邻国尼泊尔对菜籽油的需求较大,可适度扩大双低油菜种植面积。而在海拔较高的藏西、藏北地区,应根据本地的环境资源条件,提高草原畜牧业发展水平,即在适当减少草原载畜量的前提下,通过扩大饲草种植和饲料加工业,提高活畜出栏率、畜产品商品率,延长畜牧业产业链条等,来达到提高其产值比重和经济效益的目的。针对西藏牧区冬季严重缺草、雪灾频繁的情况,要建设人工饲料基地,走农牧业结合之路。要通过优化农牧业内部经济结构(粮经饲结构),发展农畜产品加工业,来实现粮食、肉奶自给有余。西藏是我国五大牧区之一,有面积广大的纯牧区,畜牧产品品种丰富、产出规模较大,具有很高的食用营养价值和经济价值,有的产品经过加工增值,在国内外市场上获得了可观的经济效益。要重点发展青稞和藏药原料种植、牦牛和藏绵羊等特色牲畜饲养等特色农牧业,大力发展农牧产品加工业,提高农牧产品深加工程度,形成加工规模,扩大市场占有率,以获得更大的利润。在增加品质的前提下,要盯准、盯紧区内外市场需求,以市场为导向,挖掘发展潜力,引导群众优化产业结构、产品结构,提高产品品质等,实现低效农区畜牧业向高效农区畜牧业转变,传统粗放经营向现代化农区畜牧业转变。西藏是我

国重要的边疆地区,边境地区乃至全自治区乡村经济发展的一个重要途径是,继续搞好搞活边境贸易和多种经营。

2. 发挥资源优势,搞好农牧产品的开发和加工

畜牧业、种植业及其产品加工业,不仅是人们赖以生存的基础,也蕴涵众多的特色经济元素,具有广阔的市场前景,对第二、三产业发展也具有支撑作用。我们要按照“因地制宜、突出重点、农牧结合、协调发展”的方针,调整优化种植业和畜牧业结构。在结构调整中,一方面应大力发展畜牧养殖业,发展牦牛、绵羊、绒山羊、藏猪、藏鸡等养殖业,为乳、毛、绒、肉、皮等畜产品的开发和加工打下基础;另一方面因地制宜加快经济作物、经济林及林下产品的开发,推进种植业“粮、经、饲”三元结构的优化,加大对现有农副产品加工企业的技术改造力度,鼓励他们采用新技术和先进工艺,提高加工能力和产品的质量,开发更多的农牧业加工产品特别是精深加工产品,延伸产业链,提高附加值,以便让农牧民更多地分享工业和商业利润。大力发展农畜产品加工业、开拓区外农畜产品市场,是西藏实现农牧业结构优化和农牧业可持续发展的关键。为此,需通过政策和技术等多种支持方式,培育农畜产品加工龙头企业,如可以大力发展畜产品特别是牦牛系列产品加工,藏药原料加工,藏毯加工,高档食用菌等林下资源加工等,要注重创建驰名商标,建设农牧产品加工业园区或集中区。

3. 调整乡村劳动力市场结构,大力发展乡镇企业和多种经营

乡镇企业作为乡村非农产业的重要组成部分,为解决乡村剩余劳动力就业和增加非农收入发挥了重要作用。首先,发展西藏乡镇企业可以解决乡村剩余劳力出路,带动和促进农村经济的全面发展,让越来越多的农牧民离开土地、离开乡村,进城打工或创业,从事娱乐、饮食服务、劳务等非农业生产行业。要引导乡村富余劳动力从事城镇第二、三产业,走乡村工业化、城镇化发展之路。其次,发展乡镇企业和多种经营是增加农牧民收入、脱贫致富奔小康的重要途径。西藏乡村经济发展缓慢,农牧民收入低,与全国以及其他民族区域自治地方相比,差距主要体现在乡镇企业不发达、多种经营少、层次低等方面。再次,西藏发展乡镇企业有利于加快小城镇建设,农牧民涌入城镇,促进了城镇经济的繁荣和发展,加快了乡村城市化进程,推进了小城镇的迅速发展。应将乡镇企业和小城镇建设协调起来,共同发展;要坚持发展与提高并重的方针,科学规划,调整发展思路,一方面不断提高乡镇企业的技术装备水平和开发创新能力,提高产品质量和档次;另一方面通过小城镇建设,把乡镇企业聚集在小城镇,这既是乡镇企业自身发展的需要,也是实现乡村工业化与城市化同步发展的客观要求。政府部门要发挥乡镇企业在转移乡村剩余劳力和推进农村城镇建设方面的积极作用,就要鼓励农牧民进城居住,改革户籍管理制度,逐步取消农牧民进城的障碍,缩小城乡差别,走城乡一体化发展道路。西

藏乡镇企业的发展应该坚持积极扶持、合理规划、适当集中、加快发展的原则，充分运用国家鼓励和支持乡镇企业发展的优惠政策，推动乡镇企业发展。在发展布局上，要尽量向能源、交通条件较好，有较强经济吸引力和辐射力的城镇集中或者靠拢，以乡镇企业促进城镇的发展，以城镇的发展辐射带动乡村发展。乡镇企业发展特别要加强对外横向联合，尽可能地吸收、运用国外和内地的资金、技术和管理经验，在联合中共同发展，共同在开发市场中提高产品档次，扩大乡镇企业规模。从总体来说，由于西藏乡镇企业起点低，今后几年有一个循序渐进的过程，这就要求绝大部分乡镇企业应立足于本地资源和传统技术，从家庭经营、联户经营开始，从较小规模开始，从简单的商业服务、运输、民间建筑、手工业、粮油加工业开始，逐步发展提高。

（二）乡村经济市场化是西藏乡村经济转型的客观要求

建立与完善社会主义市场经济体制，是西藏经济体制改革的目标。农牧业作为西藏国民经济的基础产业，其市场化是社会主义市场经济的重要组成部分，也是西藏农牧业发展的必然趋势。西藏农牧业长期处于计划经济体制之下，排斥市场机制的作用。改革开放以来，西藏乡村经济市场化有了很大发展，乡村经济总商品率有了很大程度的提高。但是，西藏乡村经济的市场化发展还不足，农牧产品商品率与全国相比还很低，农户参与市场竞争的能力较弱，农牧产品市场体系不完善，农牧产品流通渠道不够畅通，市场信息体系不完善，市场中介组织不健全。因此，新阶段乡村经济结构转型能否取得成效，在很大程度上取决于乡村经济市场化的发展情况，如何有效地推进乡村经济市场化，是新阶段乡村经济发展和改革面临的又一新问题。乡村经济市场化是在农牧业生产社会化、专业化的基础上发展起来的，因此，乡村经济市场化是一个渐进的、长期的过程。推进西藏乡村经济市场化，需要做好以下几方面工作：

1. 合理引导农牧民的消费习惯，促进乡村需求结构的多样化发展

需求结构的多样化发展将对乡村经济的快速增长产生越来越大的拉动作用，反过来，乡村经济的快速增长将增加现实购买力，进而扩大乡村市场需求，促进乡村经济良性循环。

2. 建立和完善乡村市场机制

主要是建立健全乡村市场体系，充分发挥市场配置资源的基础性作用，积极调动乡村各个要素的整体优势，以达到繁荣乡村经济、增加农民收入的目的。随着西藏农牧区经济结构的进一步调整和社会主义市场经济体制的逐步建立，对农牧产品市场化提出了新的要求。应努力开拓区外市场，提高与周边地区的市场竞争力，树立产品品牌，打好绿色牌、高原牌、民族牌及宗教特色牌，以旅游和开拓区外市场来带动农畜产品贸易，并进而促进农牧业发展和农牧民增收。

3. 完善乡村社会化服务体系

从西藏实际出发,因地制宜,建设一个适应不同地区生产力发展水平的多经济成分、多渠道、多形式、多层次的多样化乡村社会化服务体系,是乡村经济发展的基础性条件。该体系包括:政府部门的各种专业经济技术服务、社区合作经济组织的综合服务、公司(企业、集团)为农户提供的综合服务和农牧民协会为农户提供的服务等四大服务体系。这四大社会化服务体系将长期并存,相互补充,并将成为西藏现代乡村社会化服务体系的骨架和主要渠道,通过四轮驱动,共同推动西藏乡村经济现代化的进程。

(三) 完善经营机制是西藏乡村经济转型的微观基础

新的历史时期,西藏乡村经济的战略转型,要以质量和效益为中心,要促进乡村经济综合素质和市场竞争力的提高,拓宽乡村经济进一步发展的空间,它是一次长时期的、战略型的、全局性的变革。因此,乡村经济战略转型,不仅需要采取有效的宏观调控措施,而且也要建立和完善一套有效的经营机制。

1. 发挥资源优势,坚持走农牧业产业化的新路子

西藏各地乡村都有比较丰富的自然资源,但多以粗放经营为主,资源优势未能得到充分的发挥。需要开拓思路,坚持以市场为导向,把握好资源优势,变资源消费型为资源节约型,在加工增值上下功夫,延长产业链,形成产业群;在农业产品结构调整、优化中,要着力于建立绿色取向的农业生产体系,大力发展无污染、营养价值高的绿色食品、特色产品,使乡村经济朝着生态农业、现代农业和特色农业的方向发展;在生产经营方式上要对接市场,大力推广"订单农业"、采用"公司+农牧经纪人+基地+农户"的生产经营模式;完善股份合作的利益分配机制,充分调动农牧民的生产积极性。要推进农牧业产业化进程,延长产业链条,提高农牧业生产、加工、销售的组织化程度,进一步搞活农产品市场流通;要通过发展乡村专业合作社、营销协会、农产品批发市场、在外设立销售窗口等,开拓农牧产品销售市场,实现农牧业增产、增效,农牧民增收。如距拉萨市110公里,距尼木县城20公里,坐落于拉萨至日喀则交通干道旁的吞巴乡,是西藏古老的藏香产地,山清水秀的自然景观配上颇具民族特色的工艺流程:靠水磨把木头在石槽中磨成木浆,成为制作尼木藏香的原料。其手工业环境及工艺给人一种清新和谐、古老而蕴涵内在文化活力的强烈感受,极有观赏价值。此类村落有很强的旅游开发价值,足可以开发经营为专业化品牌乡村,进而带动乡村建设和乡村经济发展。这种形式也符合西藏把旅游业作为支柱产业的产业发展导向。西藏的许多乡村都具有类似于吞巴乡的特点,如堆龙德庆县古荣乡的朗孜水磨糌粑,不只是获得了工业收益,所形成的"十八水磨路"也形成了当地一道亮丽的旅游风景。这些特色乡村或以某类工艺成名,或以某一景观、传说、名刹闻名,应积极加以开发,形成特色经济专业村落。

2. 推广“公司＋农牧经纪人＋基地＋农户”式经营模式

“公司＋农牧经纪人＋基地＋农户”式经营模式是西藏农牧业产业化经营的重要形式，对解决小农户与大市场的矛盾，提高农牧业生产的专业化、市场化、集约化水平，提高西藏农牧业的国际竞争能力和农牧业现代化水平，实现农牧民增收起到了很大作用。要完善“公司＋农牧经纪人＋基地＋农户”式经营模式，一是政府要加强扶持和引导，帮助企业实现“公司＋农牧经纪人＋基地＋农户”式经营模式，引导企业开展市场化运作。政府对龙头企业的扶持可以通过税收优惠，贴息贷款等制度进行，通过扶持一批具有市场知名度和竞争力的农牧业产业化龙头企业，推进特色农畜产品深加工，延伸产业链，提高附加值，增强竞争力。二是龙头企业自身要按照现代企业制度的要求，建立和完善企业法人治理结构，规范运作，提高经营管理水平。三是政府要鼓励科研单位与龙头企业联姻，提高龙头企业的研究和开发能力，并从制度上保证这种联姻的可行性和有效性。龙头企业要注意加强与农业科技部门、高等院校、科研单位以及技术推广部门的联系，建立稳定的协作关系，引进农业适用技术和高科技，开发新产品，提高农产品科技含量，推进科技进步与创新；要建立农产品质量安全体系，以安全优质产品占领市场。

（四）人力资源开发与合理配置是西藏乡村经济转型的根本

随着人口的增加，西藏乡村从事生产经营活动的劳动力逐步增多，特别是从事非农产业生产经营活动的乡村劳动力呈上升趋势。从农村农业劳动力和农村非农业劳动力所占比重看，从事农业生产的劳动力在1996年以前占93%以上，从事农村非农产业的劳动力不足7%，其中在1990年，全区农村劳动力为90.85万人，从事非农产业的劳动力为4.84万人，其所占比重仅为5.3%。从1997年开始，从事农业生产的劳动力逐年下降，到2000年，全区农村劳动力增加到100.83万人，从事非农业的劳动力达到20.5万人，其所占比重提高到20.3%；到2005年，从事农业生产的劳动力所占比重下降到78.6%，从事农村非农产业的劳动力上升到21.4%，主要分布在服务业和建筑业；到2009年，从事农业生产的劳动力所占比重进一步下降到76.4%，从事农村非农产业的劳动力进一步上升到23.6%。详见表7-6。

表7-6　乡村从业人员分布情况　　单位：万人

年份	合计	农林牧渔业	工业	建筑业	交通运输、仓储邮政业	批发零售餐饮业	其他非农行业
1990	90.85	86.01	0.40	0.48	0.79	0.67	2.50
1995	94.72	88.48	1.23	0.79	1.17	1.12	1.93
2000	100.83	90.12	1.57	2.33	1.89	1.99	2.93

续表 7-6

年份	合计	农林牧渔业	工业	建筑业	交通运输、仓储邮政业	批发零售餐饮业	其他非农行业
2005	108.83	85.53	2.62	5.63	2.98	2.81	9.26
2006	109.92	86.38	2.65	5.68	3.01	2.84	9.36
2007	112.42	87.67	2.34	7.71	3.59	2.64	8.47
2008	115.07	88.28	2.39	7.59	3.50	2.94	10.37
2009	119.36	91.19	2.44	8.41	3.45	2.80	11.07

资料来源:《西藏统计年鉴 2010》第 127 页。

表 7-6 表明:占全区从业人员总数 70.9%的乡村从业人员是西藏人力资源的主体,在人力资源开发中应该首先考虑开发乡村劳动力资源。但从目前的情况看,西藏人力资源结构不够合理,多数劳动力还在从事农林牧渔业,且人力资源质量偏低,向非农产业和城镇转移的进程比较缓慢,转化为人力资源红利的程度远远不够,这是长期的、多方面的原因形成的,不是短时间内可以改变的。针对西藏农牧民的特点,一是要继续狠抓乡村基础教育,提高和稳定乡村适龄儿童入学率,扫除青壮年文盲。二是向农牧民普及科学文化知识,使农牧民转变观念、崇尚科学文明和市场竞争。三是积极发展多层次职业技术教育体系,逐步培养具有科学文化知识,崇尚科学文明的新一代农牧民。使他们掌握适应农业集约化经营中普遍采用的各种新兴的农牧业技术,如品种改良、农业机械使用、塑料大棚或太阳棚使用、农产品加工等。四是加强技术骨干的培养、实用技术的推广和应用,在此基础上引进高新技术企业,发挥其示范和带动作用。与此同时,要制定多种优惠政策,鼓励科技、文化、教育下乡,吸引一批德才兼备的科教文化人才到县乡一级面对面地为农牧民服务。总之,全面提高乡村人力资源素质,是乡村经济实现粗放经营向集约经营转变的最基本条件。

(五)科技化是西藏乡村经济转型的重要手段

21 世纪的农业,不只是以资源为基础的农业,更是以科技为基础的农业;21 世纪的乡村经济不再是以农业为主要支柱的传统农村经济,更是农业与非农业并举、城镇与农村紧密结合的乡村经济。以新型乡村经济为转型目标的乡村经济结构调整,必须紧紧依靠科技,把科技进步贯穿于结构调整的全过程,通过品种改良,新产品的开发与引用,先进适用技术的推广普及和高新技术的应用,增强科技创新能力,提高农业技术装备水平和科技对乡村经济增长的贡献率。

1. 加快农牧业科技的研究

西藏农牧业经济的转型对农牧科技工作提出了新的要求。对今后一段时期的农牧科技工作,西藏自治区提出了要坚持“三个重点”,努力做到“三个突破”。“三个重点”是:以基层农牧科技人员的培训提高为重点,以农牧业实用技术的推广普及为重点,以引进适应高原种植的作物优良品种和本地畜种改良为重点。“三个突破”是:做到在“绿色证书”的推行上有重大突破,在农牧实用技术的推广范围和效益上有重大突破,在农作物品种和牲畜畜种改良上有重大突破。把农牧业生产的发展从依靠传统经济转移到依靠科技进步和提高劳动者素质的轨道上,使农牧业生产朝着高产、优质、高效的方向发展。

2. 应呼吁和请求各对口支援单位调整对口援藏的重点和方式,实现援藏工作重点由城市向农村的转移

过去,国家援藏及地方对口援藏工作主要集中在城镇,为城镇基础设施建设和城镇居民收入水平提高做出了重要贡献。在城乡居民收入差距过大、乡村基础设施较差、农牧业生产条件长期得不到根本改善的情况下,加大对乡村的援助力度已势在必行。乡村援助的重点可以包括:一是大力发展农村职业技术教育,提高农牧民的素质,培育和发展生产要素和人力资本,为农业和乡村经济的发展培养一大批科技带头人和合格劳动者。通过开展实用科技培训,提高基层管理干部、科技人员和农民的科技素质;二是扶持“退牧还草”移民工作,使部分生存条件极差的农牧民摆脱极端恶劣的生存环境。三是争取全国及区域性农业科研教育单位加大援藏力度,重点包括人才交流和培养、技术成果的转让和推广、科技条件的改善等方面。通过加大乡村科技的援藏力度,可以显著增强西藏农业和农村经济实现可持续发展的能力。四是把扶贫开发和小康建设作为援藏工作的重点领域,争取更多的援藏资金、物资、项目和人才的支持。

3. 走新型工业化道路,积极拓展营销网络,推动乡村经济转型

在乡村经济转型的过程中,要“以信息化带动工业化”,走出一条“科技含量高、经济效益好、资源消耗低、环境污染小、人力资源优势得到充分发挥”的新型乡村工业化道路。乡村新型工业化道路的实质,就是要改变依靠大量消耗资源获取经济高速增长的做法,在乡村经济各领域广泛应用信息技术,大力发展循环经济和节约型经济。因此,推动乡村经济的转型,信息化、新型工业化应当发挥重要的支撑作用。要加快农牧区邮政、电信设施建设,逐步拓展行政村通邮工作,改善乡村通信条件;要积极运用信息技术,开展网络营销,开拓国际国内市场。要壮大农牧产品加工业、民族手工业,坚持现代科技与传统工艺相结合,提高农牧产品加工业、民族手工业产品的科技含量;要引进、培育生态工程技术和清洁加工技术,大力发展特色农牧产品加工业;要充分发挥各地传统手工业技艺优势,大力保护和发展民族传统手工技艺,要重点抓好藏毯、民族服饰、唐卡、金银铜器、藏香等民族特色旅游商品的生产和销售,打造多元化、高效率的乡村经济。

（六）提高农牧民收入是西藏乡村经济转型的根本目的

提高农牧民收入，是西藏农牧业和乡村经济发展的根本出发点。西藏的乡村仍是农牧民生存的基本空间和主要经济来源，乡村人口仍占总人口的75%以上，因而，乡村经济仍是西藏经济的重要基础，是西藏经济增长、民生改善和社会稳定的基本保障。在乡村经济发展的战略转型中，必须紧紧围绕提高农牧民收入这一中心问题。中央明确提出："改善农牧民生产生活条件，增加农牧民收入，是西藏经济社会发展的首要任务，是衡量西藏发展战略成功与否的重要标准。中央对西藏明确要求："到 2010 年力争农牧民人均纯收入进入全国中等行列。"在西藏，没有农牧民收入的快速增长，就没有乡村经济的较快发展，西藏乡村经济的转型也就会成为一句空话。尽管在和平解放近 60 年来尤其是改革开放以来，西藏社会经济发展已经发生了巨大变化，广大农牧民的生活条件和质量有了很大的提高，农牧民的收入水平已由 1978 年的人均 175 元增加到 2010 年的 4 139 元，绝对贫困人口数量迅速下降①。但是和发达地区相比，西藏农牧区社会经济发展的基础仍十分薄弱，乡村经济和农牧民的生活质量仍存在较大差距，并呈现出整体的相对贫困状态。2000 年时，除直辖市之外的收入最高的浙江省农民人均纯收入为 4 253.67 元，是西藏 1 331 元的 3.2 倍；到 2010 年，浙江省农民人均纯收入为 11 302.6 元，是西藏 4 139 元的 2.7 倍。因此，在乡村经济发展的战略转型中，必须从全局的高度，充分认识农牧民增收的重要性和紧迫性，把增加农牧民收入作为农牧业和乡村经济转型的出发点和落脚点，切实解决农牧民增产不增收的问题，广辟渠道增加农牧民收入。其一，为了提高农牧民收入，在新的历史时期，西藏乡村经济的战略转型必须实现三大转变：一是要以追求农牧产品数量增长为中心向提高效益为中心转变，也就是从粗放型经营向集约型经营方式转变。西藏农牧民迄今的现金收入很大一部分来自挖虫草、捡蘑菇、劳务输出等多种经营，作为传统主业的农牧业由于自给性、低效率和低商品率状态，给农牧民带来的现金收入不多。二是要从以农牧业支持工业化发展向以工农业协调发展转变。在财政投资方面，特别是农牧业基础设施投资方面，要改变重工轻农的倾向。三是要从重城镇轻乡村向城乡统筹发展转变。以提高农牧民收入为根本出发点，改变向城镇倾斜而忽视乡村的体制和政策。其二，从乡村经济转型的战略性思路上考察，提高农牧民收入的突破点在于既要打破城乡分割体制，推进城镇化，提高农牧业劳动生产率，又要进行农牧业生产结构的调整，增加农牧业投资，加大农牧业科技推广和应用的力度，发展农牧业产业化和

---

① 根据西藏贫困统计监测资料和《西藏蓝皮书·中国西藏发展报告(2010)》相关资料，到 2005 年底，收入在 625 元以下的人口为 6.8 万人，占 3%；到 2009 年底，农牧民人均纯收入低于 1 700 元的重点扶持人口已由 2005 年底的 96.4 万人减少到 59.6 万人。

乡村社会服务体系。其三,从制度层面上考虑,增加农牧收入在乡村经济转型的制度安排上应重视三个问题:第一,把乡村经济转型过程中提高农牧民收入列入西藏国民经济和社会发展规划。第二,把国家建设项目和对口援藏建设项目向乡村倾斜,以乡村经济建设为重心,把建设项目和资源配置到基础设施最薄弱的乡村,为提高农牧民收入创造有利条件。第三,把依靠外部援助与自力更生结合起来,克服等、靠、要的思想,加大对自力更生、勤劳致富的宣传、动员力度,并努力使之制度化。

(七)加强基础设施建设是西藏乡村经济转型的基本条件

经过和平解放以来近 60 年的建设,西藏的基础设施条件已经发生了翻天覆地的变化。但是,和城镇相比,乡村的基础设施条件仍不太理想。交通不便、通信不畅、电力不足、科技教育卫生机构偏少、商业及文化设施欠缺,仍是制约西藏乡村经济乃至整个社会经济发展的重要因素。针对存在的这些制约西藏经济发展的“瓶颈”问题,自治区党委和人民政府立足西藏区情,做出“今后相当长的时期,需要进一步加大投入,加强基础设施建设,这是推动我区经济社会实现跨越式发展的关键”的英明决策,并且提出了“基础设施建设的重点一定要放在解决‘瓶颈’制约上”的发展思路。

1. 各级政府财政要加大投入,支持乡村经济发展

西藏的县乡级财政十分困难,自身组织的财政收入极为有限,主要靠上级一般转移支付维持其乡(镇)政府的正常运转,保障其各项事业发展的基本需要,多数乡(镇)缺乏必要的财力投入来促进乡(镇)经济自身的发展。在这种情况下,一方面更需要调整财政支出结构,转变财政支持经济发展的方式,以确保重点发展。财政政策和财政资金要坚持向农牧区倾斜,向县以下基层倾斜。现阶段,西藏公共财政要覆盖农牧区,从资金上大力支持乡村经济的发展。另一方面,西藏要做大乡村经济和财政的“蛋糕”。为此,必须实施“放水养鱼”的财政政策,稳定完善和强化各项支农政策,加大政府对农牧业和农牧区的投入力度,运用财政政策手段,设立专项资金,重点扶持乡村经济发展。要加大自治区级财政向地县财政转移支付的力度,积极引导援藏资金、项目向农牧区倾斜。

2. 加快乡村基础设施建设,为乡村经济转型创造条件

一是要加强乡村公路建设,提高乡镇、行政村的通达深度和通过能力。要把握好青藏铁路建设和筹划支线建设的机遇,做好铁路主干线和支线沿线县站点建设,为发展乡村经济创造便捷的交通条件。根据建设社会主义新农村的需要,各地各部门要认真搞好规划,抓住“农牧民安居工程”这个龙头,集中力量建设通电、通路、通水、通信及广播电视、学校、卫生院等农牧区基础设施。到 2010 年,力争所有乡镇和 80%的建制村通公路。二是要强化能源建设,充分发挥西藏的地理优势,开

发利用风能、太阳能等可替代能源。能源建设的重点是电力建设,要坚持以水电为主,加快电源和电网建设步伐,开工建设旁多水利枢纽等一批重点电源项目;通过建设青藏"电力天路",彻底缓解西藏藏中的缺电问题①;要通过发展热电、光电和风电,着力解决偏远地区群众生产生活用电问题。要切实解决农牧民生活能源短缺问题,以保护环境资源。三是要搞好农牧区电网建设和改造,扩大电网覆盖面。四是要发展以县域为中心的通信业,逐步向农牧区乡、村延伸。在不远的将来基本实现乡乡通邮、村村通电话②。四是搞好乡村的农牧业综合开发,探索建立有利于巩固和发展开发成果的开发区经营管理模式,使乡村的开发区成为农牧产品的主要商品基地,为农牧科技推广和科学经营管理作出示范。要继续实行最严格的耕地和草场保护制度,加强农田草场水利基本建设,搞好农牧业综合开发。要大力推广农牧业先进适用技术,积极实施粮食单产行动计划,着力提高粮食品质和产量。要结合草场承包责任制的落实,实施好退牧还草工程。五是要大搞以水利为主的农田、草场基本建设,新修、扩建一批水利工程,增加保灌面积,同时加强对中低产田的改造和土壤改良,提高抗灾能力和现有耕地的产出率。六是加强防、抗灾基地和畜产品的基地建设,在条件合适的地方因地制宜地建设一批饲草料基地,以稳定畜牧业生产。

① 被誉为"电力天路"的青藏交直流联网工程已于 2010 年 7 月 29 日正式动工,总投资 162 亿元,预计 2012 年底建成。

② 据《西藏蓝皮书 · 中国西藏发展报告(2010)》相关资料,到 2009 年底,西藏的电话村通率达到 85%,2010 年的目标是达到 88%。

第八章

西藏的所有制结构转型

所有制结构转型实际上是生产关系的适应性调整问题，也是重大的制度创新问题。实践证明，以经济体制改革、所有制结构转型、对外开放为主要内容的制度创新对经济发展的促进作用，在某些特定阶段要大于劳动、资本等传统要素的作用，甚至也大于科技进步的作用。

就全国情况看，在改革开放以前，与计划经济、封闭型经济相适应的公有制经济占据绝对统治地位；自改革开放以来，随着市场化改革和对外开放的推进，公有制经济在国民经济中所占份额不断下降，与开放型市场经济相融的非公有制经济所占份额不断上升。据王小鲁、樊纲在20世纪末的估计，包括农业在内的非国有部门占GDP的份额在1978—1998年间由42%持续上升到62%，占据了主导地位[①]。另据刘小玄教授在2004年得出的实证分析结论，在全国工业企业的销售收入、就业人员总量中，国有性质的工业企业(含国有控股企业)都只占大约1/3的比重[②]；在广东中山的某些中等发达镇，民营企业产生的产值、税收足以占到当地产值、税收总量的90%以上，那里的镇政府一年的财政收入可以达到8亿元左右，农民在没有失去土地的情况下，每人每月可以领到约300元的社保收入。[③] 可以认为，改革带来的经济高速增长，主要是市场化制度变迁的结果，而且主要是通过非国有经济部门的发展实现的[④]。东部沿海之所以成为发达地区，最根本的因素是改革开放，而改革的核心是所有制结构的转型，说得再直白一点，也就是得益于国有经济战略布局的调整和包括外资经济、“三资”经济、民营经济在内的非公有制经济的蓬勃发展。西部经济发展之所以滞后，其主要原

---

① 王小鲁，樊纲. 中国经济增长的可持续性——跨世纪的回顾与展望[M]. 北京：经济科学出版社，2000:16.

② 刘小玄. 民营化改制对中国产业效率的效果分析——2001年全国普查工业数据的分析[J]. 经济研究，2004(8).

③ 这是笔者2006年到中山市东升镇调研时得到的数据。该镇人口不到10万人，企业达5 000多家，90%以上都是私企和外企。

④ 刘小玄. 民营化改制对中国产业效率的效果分析——2001年全国普查工业数据的分析[J]. 经济研究，2004(8):16-17.

因并不是资源的短缺，也不能都归咎于科技教育的落后，最主要的原因还是改革开放的进程不如东部地区快，国有经济转型不够，引进外资、“三资”不够，民营经济发展较慢。

西藏作为西部地区的后发展地区，制约经济发展的因素不只是环境恶劣、“硬件”建设落后、科技教育落后，更重要的是所有制结构调整的滞后及由此带来的市场发育的不足、经济活力的缺乏。

如果说别的经济结构转型要重视西藏的特殊性，那所有制结构的转型可能更要重视一般性，因为不同所有制的效率差异在不同区域的表现大同小异。计划经济、国营经济的低效率已经被改革开放前的中国经济实践所证明，也已经被经济学界所证明；同样地，市场经济、新国有经济、民营经济的高效率，也已经被改革开放后的中国经济实践特别是“长三角”、“珠三角”地区的成功试验所证明，也为经济学界所证明。西藏拥有民族区域自治的巨大政策弹性，在所有制结构调整方面，完全可以向发达地区学习，甚至可以在某些区域开展特区式的制度试验。

第一节　西藏的所有制结构转型简论

一、西藏所有制结构转型的目标

西藏的所有制结构转型的目标至少应该是和全国一致的，都是构建多种所有制经济并存的混合所有制经济，即使在“国退民进”方面激进一些，也会对西藏的经济发展和民生改善有益处。这里有一个思想解放和理论创新的问题，不能把公有制经济等同于“全民所有制＋集体所有制”经济（“斯大林模式”），不能把“以公有制经济为主体”理解成是公有制经济在国民经济中所占的比重超过非公有制经济。中共十五大报告首次指出，“公有制经济不仅包括国有经济和集体经济，还包括混合所有制经济中的国有成分和集体成分”，从而突破了“斯大林模式”，形成了“公有制经济＝国有经济＋集体经济＋混合所有制经济中的国有、集体成分＋……”的新观念。看公有制的主体地位，要看两个主要标志：一是公有资产在社会总资产中占优势，二是国有经济控制国民经济命脉。公有资产的量的优势在比重上到底应占多少合适，应当根据各时期经济发展的水平和面临的任务，按照“三个有利于”的标准来把握。[①] 而且，计算公有资产，不应只计算资产存量，要把非公有经济上缴的税收和非税收入考虑进去。而国有经济控制国民经济命脉，则主要体现在国家控

① 邓海潮，杜跃平．政治经济学——基本理论及新发展［M］．北京：中国人民大学出版社，2005：259，261.

制土地、矿山、能源、财政、金融、公用事业等几个关键领域，而不是国有经济的一些比重占优。

自党的十六大以来，在对待公有制经济和非公有制经济地位的问题上，中央坚持"两个毫不动摇"的基本方针。2005年初，国务院出台的《关于鼓励支持和引导个体私营等非公有制经济发展的若干意见》是新中国首部以促进非公有制经济发展为主题的中央政府文件。理论界关于所有制结构变迁的目标，争论还是比较激烈的。就西藏地区而言，采用何种所有制结构，不能纠缠到"姓社"、"姓资"的意识形态和无谓争论中，判别标准只能是"三个有利于"。理论和实践早已证明，在同等竞争条件下，民营经济比公有经济更有活力和效率。西藏在大力发展非公有制经济方面不应犹豫不决，而且，西藏的经济规模如此之小，其非公有制经济比重再高也不会危及全国的公有制经济主体地位。这样我们就不难理解为什么西藏自治区前党委书记张庆黎在全区经济工作会议上要讲"对于我区来讲，发展非公有制经济，怎么发展都不过分，怎么发展都不要限制"①。当然，也要看到公有制经济在安置就业、促进分配公平、保护环境、维护社会稳定、巩固边疆和帮助政府调控经济方面也有其重要作用，而且，西藏有不少国有资产、企业和项目，尤其是军工项目或平战结合项目、援藏项目、战略能源和矿产等，离不开政府的经营，在西藏保留一定比重的国有经济是必要的。所以，笔者认为，从总体上看，西藏所有制结构变迁和转型的目标是逐步构建以公有制为主体、民营经济占支配地位、多种所有制经济共同发展的混合所有制经济，这既是建设社会主义市场经济的需要，也是谋求跨越式发展和富民强区的需要。

二、西藏所有制结构变迁的历程简述

自改革开放以来，特别是随着社会主义市场经济的构建和中央第三次西藏工作座谈会的召开，西藏和全国一样，也为民营经济的发展和公有制经济结构的调整创造了环境和条件。第三次西藏工作座谈会召开后，自治区党委、政府先后出台了《关于加快个体、私营经济发展的若干规定》、《关于大力发展非公有经济的决定》；"十五"期间，西藏各级党委和政府更加重视促进非公有制经济或民营经济的发展，出台了许多鼓励和扶持的政策措施，取得了显著成效。个体工商户、私营企业从业人员分别增长了74.1%和5.2倍。② 对于国有企业，西藏也在加快其股份制改造即改制工作。到2004年底，全区153户国有企业中已改制44

① 西藏社会科学院.西藏蓝皮书·中国西藏发展报告(2006)[M].拉萨：西藏人民出版社，2006：234.

② 引自《西藏"十一五"国民经济和社会发展规划纲要报告》，新华网西藏频道2006-01-24。

户，改制面为29%。①

近年来，自治区党委和政府明确提出要"采取特殊扶持政策，发展壮大中小企业和非公有制经济，为推动科学发展注入新的生机与活力"，"保护中小企业和非公有制经济的合法权益"，"促进中小企业和非公有制经济实现又好又快发展"。② 政策的支持有力地推动了个体、私营和混合所有制经济的发展，使公有制经济的实现形式出现了多样化，公有制企业的现代企业制度建设取得了显著成效。到2008年，西藏国有企业的改制面进一步扩大到55%左右。③ 从总体上看，公有制经济在资产上仍然占主体地位，到2009年底，西藏的公有制企业达到5 203户，注册资金为262亿元；外商投资企业达到243户，投资总额6.36亿美元；全区个体工商户达8.7万户，注册资金为24.66亿元。显然，工商业中的公有制企业的资产仍占总资产的70%以上。不过，非公有制经济在创收方面已经超过了公有制经济，2009年，个体私营经济全年上缴各项税收共计25亿元，占到全区税收总额的73%。④ 从主要的竞争性行业的所有制结构情况来看，西藏的非公有制经济产值比重也超过了公有制经济，其在国民经济中的地位不断提高。

首先，从农业看，自80年代中期在90%以上的农户中推行家庭联产承包责任制以后，个体经济已占绝对支配地位。据统计，到2005年底，第一产业国有经济单位的从业人员占该产业从业人员总数的比重已只有0.6%。

其次，从工业看，"国退民进"趋势已经形成。在工业总产值中，公有制经济所占比重已经由1978年的100%下降到1995年的87.6%，2009年32.2%；非公有制经济所占比重则由1978年的0%提高到1995年的12.4%，2009年67.8%。

再次，从商业看，仅从1981—2000年，国有商业所占比重就由80%下降到20%，集体商业由5%下降到2%，个体、合营和其他经济的商业则由15%上升到了77%。⑤ 在社会消费品零售总额中，公有制经济成分所占比重已经由1978年的100%下降到2009年的32.3%，非公有制经济成分所占比重已经由1978年的0%上升到2009年的67.7%。⑥

---

① 西藏社会科学院.西藏蓝皮书·中国西藏发展报告(2006)[M].拉萨：西藏人民出版社，2006:239.

② 引自向巴平措在西藏自治区第九届人民代表大会第三次会议上所作的《西藏自治区政府工作报告(2010年)》。

③ 西藏社会科学院.西藏蓝皮书·中国西藏发展报告(2008)[M].拉萨：西藏人民出版社，2008:241.

④ 数据来自西藏社会科学院的《西藏蓝皮书·中国西藏发展报告(2010)》，第153-154页，西藏人民出版社2010年版。

⑤ 袁寅辰.西藏所有制结构的演变、特点及其调整[J].边疆经济与文化，2004(1).

⑥ 由于统计年鉴数据无法细分，工商业中的公有制经济只包括了国有经济和集体经济，因此，公有、非公有制经济的比重只是一个近似数。

第二节　西藏的国有经济转型

本文要探讨的国有经济转型，就是指国有经济布局和结构的战略调整，其内容包括两个方面：一是指传统国企通过公司制或股份制改造，完善委托—代理制和法人治理结构，建立"归属清晰、权责明确、保护严格、流转顺畅的现代产权制度"，改造成为适应竞争市场环境的新国企；二是通过国有经济的有进有退，鼓励发展民营经济，在保持国有经济控制力的同时，构建民营经济占支柱地位的混合所有制经济。

国有企业改革已经进行了多年，从全国来看，已经取得了重大的成就。但是从各地区的发展来看，各地的国有企业改革很不平衡，东部要大大领先于西部。地处西部的西藏地区，受特殊的地理环境和社会环境制约，国有企业改革严重滞后，表现出不同于其他省份的特殊性。本节将通过研究影响西藏国有企业改革的内外部因素，试图找出西藏国有企业进一步发展的出路。

一、西藏的国有经济布局调整概述

（一）国有企业的现状

一个地区的发达程度主要靠当地企业的整体发展水平，一个地区的经济竞争力直接取决于市场的发达程度。从西藏自治区与全国其他省份的竞争力比较来看，除了财政金融、发展环境有一定竞争力外，其他单项指标排名都比较靠后，产业竞争力、知识经济竞争力、政府作用竞争力基本上处于垫底位置，综合竞争力也处于末位（见表 8-1），既反映出西藏自治区市场经济、产业经济发展的滞后，也反映出该地区国有企业发展的落后。

表 8-1　西藏自治区经济综合竞争力的全国排名

项目 年份	宏观经济竞争力排名	产业经济竞争力排名	可持续发展竞争力排名	财政金融竞争力排名	知识经济竞争力排名	发展环境竞争力排名	政府作用竞争力排名	发展水平竞争力排名	全国比较综合排名
1998	16	29	28	10	20	7	31	31	29
2004	31	31	28	30	12	31	31	29	31
2007	25	26	31	13	31	17	31	23	31
2008	27	31	30	13	31	24	31	26	31

资料来源：①李闽榕：《全国省域经济综合竞争力评价研究》，载于《管理世界》2006 年第 5 期；②李建平：《中国省域经济综合竞争力评价研究》，载于《综合竞争力》2010 年第 2 期。

从整体来看，西藏自治区国有企业表现出以下几方面的特点：

（1）企业数量少、规模小。据统计，2004 年，全区共有乡及乡以上工业企业

486 个,其中国有企业 243 个,集体企业 117 个,共吸纳职工 1 万多人;中型企业 12 个,无大型企业。到 2009 年底,全区工业企业虽有所增加,仍只有 519 个,其中国有企业 180 个、集体企业 84 个、其他性质企业 255 个;大型企业 1 个、中型企业 9 个、小型企业 509 个。工业企业数量只相当于东部地区一个中等发达镇的 1/5 左右,也比不上西部一个中等水平县的工业企业数,平均每个工业企业创造的增加值尚不足 700 万元,小规模特征明显。

(2) 国有企业行业领域集中,生产技术落后,经济效率较低。西藏的国有企业主要集中在采矿、食品、非技术矿制品、药业等市场竞争性领域,并且占有绝对地位。同时技术落后,产业链、价值链过短,无比较优势和绝对优势可言。2004 年,代表西藏优秀企业的西藏矿业、西藏药业、西藏金珠、西藏圣地、西藏发展、西藏天路、五洲明珠、珠峰摩托等八家上市公司,累计实现利润总额为负的 1.7 亿元①。2009 年,西藏的 28 家规模以上国有工业企业中有 10 家是亏损企业,盈亏相抵后,全部规模以上国有工业企业的利润总额为−1.362 4 亿元。

(3) 管理落后,缺乏创新精神。西藏国有企业的经营者大多缺乏创新能力、品牌创建能力和市场开拓能力,在很大程度上制约了企业的市场竞争力。一方面,管理者大多文化素质偏低,思想观念陈旧,管理方法落后,对诸如资本经营和现代营销策略知之甚少。主要是凭直觉和经验进行管理,对企业上水平、产品上档次、开发新产品考虑不多。另一方面,西藏的国有企业官僚主义严重,机关作风盛行,缺乏民主制衡与科学决策机制,缺乏国际化的经营人才和贴近国际市场的决策机制,这些都直接影响了企业的市场运作。

(二) 国有企业改制的困难

针对西藏国有企业的现状,以及跟上全国经济体制改革步伐的“框架一致”要求,西藏的国有企业必须加快改革。但是由于以下几方面的原因,西藏的国有企业改革面临着特殊的困难。

1. 企业留存目标多元化特征明显,社会负担过重

西藏特殊的历史背景、宗教文化因素、地理位置、人口的民族结构等因素,决定了其国有企业具有更加强烈的多元目标,一方面是为了适应西藏的政治性和经济性目标的实现,另一方面是由于西藏国有企业执行着政府赋予的职能,从而在企业与政府之间形成了一种非经济性的责任关系,于是企业经营绩效的优劣往往被政策性的盈利或政策性的亏损所掩盖②。多元目标的存在使得西藏国有企业在追求

① 狄方耀,等.西藏经济学导论(第二版)[M].拉萨:西藏人民出版社,2006.

② 白永秀,严汉平.转轨时期国有经济退出路径的变迁 [J].求是学刊,2003(2).

自身经济利益的同时，还必须与政府的各种目标相符合，而在市场经济当中，企业往往处于两难境地。如政府要求国有企业解决部分人的就业问题，使得企业冗员过多，负担过重。加之西藏民营经济不发达，从国有企业富余出来的劳动力无法被市场吸纳，加之缺乏完善的社会保障制度作后盾，就很可能出现社会不稳定问题，从而进一步加深了西藏国有企业改革的难度。

2. 国有企业改革容易受到既得利益集团的阻挠

我们知道任何一种政策都具有明显或含蓄的福利再分配功能，总是要把钱从一些人的口袋里拿到另一些人的口袋里，完全中性的政策是罕见的[①]。国有企业改革是利益的调整和再分配，尽管我们期望改革是一种帕累托改进，但现实中的改革并不能实现帕累托最优。政府部门往往倾向于超出企业所需要的程度来提供超额服务，导致公共服务的过渡生产。这是一种社会财富的极大浪费，是与政府官员追求个人利益、个人权威以及政绩分不开的。西藏的国有企业数目相比其他省份是少之又少，而既得利益者却相当庞大，这样一来，西藏在国有企业改革的过程中就必然会使更多的既得利益者受损，而既得利益受损者在不能得到有效补偿时，就成为改革的阻挠者。而且，西藏的国有企业改革起步晚、进度慢，行政主管部门林立，市场化改革是对各地方政府权力的削弱，因而各地方政府总是为国有企业改革设置壁垒，阻挠改革进行。

3. 市场经济发育滞后、体制极不完善，特别是产品市场和要素市场不协调、不同步

我国社会主义市场经济体系的建设与经济发展的要求不对称，产品市场的改革在先、要素市场的改革在后，这种非同步性造成市场经济体系的畸形发展，这种状况在西藏表现得尤为突出，至今西藏还没有一个统一而独立的劳动力市场。劳动力市场、资本市场、产权市场等要素市场的发展滞后，使企业很难按照市场要求进入一个市场或退出一个市场，企业难以进行资源再配置。

4. 对公有制与公有制的实现形式以及社会制度认识的误区

国有经济改革面临的一个重要问题就是什么是公有制及其与社会制度的关系问题。传统观点认为，所有制决定社会制度，因而只有生产资料的公有制占绝对比例，才能保证社会主义制度的性质不变，才能坚持社会主义方向不变。把国有企业的改制看成是公有制的削弱，看作是动摇了社会主义公有制的根基，这无形中为国有企业的改制设制了人为障碍，放慢了国有企业的大胆改革的速度。

（三）国有企业改革的有利条件

我国发达地区的国有企业改革为西藏国有企业改革提供了宝贵的经验和教

---

① 布坎南. 自由、市场与国家[M]. 上海：上海三联书店，1989.

训，西藏自治区自身独特的政治、经济、地理环境以及国有企业自身的特点，决定了西藏的国有企业完全可以进行股份化、民营化的改革。

1. 政治优势明显，经济社会发展良好。西藏自和平解放至今，中央政府从财政、金融、税收到物资、技术、人才等方面给予了巨大的特殊支持。尤其是改革开放以来，中央政府先后召开了五次西藏工作会议，就西藏的经济社会发展制定了特殊的优惠政策，使西藏自治区拥有了优于其他省份的政策优势。例如“十五”期间，国家投资、全国援建西藏43项工程、62工程，建设“117”等项目，总投资500亿元[①]；“十一五”期间，仅国家给予西藏的财政补助一项就达到了1 840.999 1亿元，其中仅2009—2010年，国家财政补助就高达上千亿元。政策上的优势为国有企业改革创造了良好的外部环境。

西藏在经历“一个转折点、两个里程碑”的伟大实践后，经济得到较迅速的发展，发展模式已经从快速发展向跨越式发展转变。西藏自1993年以来，已经累计有14年保持了12%以上的增长速度，为国有经济转型和民营经济发展打下了物质基础。应该说西藏要实现经济社会的跨越式发展，就必须盘活、用好巨额国有资产，进行国有企业改革，建立适应市场经济要求的所有制结构和现代企业制度，提高产业组织的效率，实现产业经济质的飞跃。

2. 国有企业主要集中在市场竞争激烈的行业领域

市场经济要求国有资产基本配置在公共经济领域或其他具有较大外部性的领域，如基础产业、高科技产业、环保产业等领域。计划经济时期的国有经济投资是全方位的，不仅存在于公共领域而且集中在市场竞争性领域，严重影响了微观经济活力和效率。因此，现阶段西藏国有经济的转型就需要从竞争性领域退出。实践已经证明，将国有中小型企业股份化、民营化是发展社会主义市场经济的重要途径。之所以这么说，就是因为从计划经济转向市场经济必须有一个国有经济产权结构的调整问题，而西藏国有企业基本都是中小型企业，处在竞争性领域。从生产力水平来看，他们本不应该采取国有制形式，对他们进行股份化、民营化改革，是建设社会主义市场经济的应有之义。

3. 国际民营化浪潮势不可挡

从国际大环境来看，由于国有化形成的人为垄断和官僚机制，阻碍市场经济的发挥，早在20世纪40年来后期，美国政府就把100亿美元的大部分军事工业企业先后转卖给了私人组织。到20世纪70年代末期，各国政府开始抛弃凯恩斯的国家干预主义政策主张，进而强调自由竞争和市场机制的作用。1979年，英国保守

---

① 江郑伟.对西藏发展特色优势产业的思考[J].西藏发展论坛，2006(2).

党领袖撒切尔夫人上台后，英国进行了大规模的民营化，几乎涉及所有产业。紧随其后的还有法国、联邦德国、意大利、美国、荷兰、日本等国。20 世纪 90 年代以来，民营化浪潮愈加迅猛，几乎涉及所有国家和所有产业领域，从国民经济的基础部门钢铁、汽车到邮电、铁路、航空部门①。此外，还有一些国家花了近半个世纪建立的社会福利设施也实施了民营化。在这种大背景下，作为刚刚进行市场化改革的西藏自治区，就应该借鉴国内外经验，少走弯路，大胆进行国有企业的民营化改革。

（四）国有企业改革的意义和可行性

1. 国有经济股份化、民营化决不是对公有制的否定

股份化、民营化的实质意义是国家把经济生活的直接干预演变为利用财政杠杆的间接干预，以图更加灵活、有效地使用其所拥有的公共资源。当然，对国有企业进行股份化、民营化的改革决不是要消灭公有制，在社会主义市场经济中，需要保持一定数量的国有企业，来承担提供公共产品、限制私人垄断、维持市场公平竞争、实现社会目标等特殊功能，例如，军工、金融、战略资源利用、民航、铁路等，还应该由国有部门来经营或控制产权，特别是在西藏自治区，国有经济仍发挥着不可替代的作用。而且，国有民营改变的不是资产所有权，而是资产的经营使用权。所以，不能认为国有企业的民营化是对公有制的否定。民营经济本身正处于不断演进、不断发展的过程之中，从动态的、发展的角度来看，社会主义条件下的民营企业，只要规模不断扩大，向公众持股企业不断演进，就成为一种新公有制企业②。

2. 国有企业股份化、民营化有利于地方政府机构改革

国有企业的存在必然要由政府的主管部门任命董事会成员和高级经理人员，由于我们熟知的委托一代理问题的存在，国有企业的委托者和代理者往往都是一些不善于经营的人，有些委托者还难免凭借直接管理国有企业的权力贪污受贿，侵吞国家资产，成为国有企业的“蛀虫”，阻碍国家经济的发展。而实施民营化后，企业和政府不再有直接的利害关系，主管国有企业的政府工作人员可以大为减少，不仅有利于精简各级政府机构的冗员，节省财政开支，而且有利于克服政府官员的腐败现象，促进自治区政治体制改革。

3. 国有企业改革特别关系到西藏第二、三产业的兴衰

西藏的产业产值比重已演变为“三二一”，第二、三产业在西藏经济发展中的贡献率已经超过 90%，已经成为经济增长的主导力量。在西藏第二、三产业的基础组织中，国有企业仍占据半壁以上江山，国企改革与发展对西藏第二、三产业的发

---

① 单东. 民营化：经济调整的战略选择[J]. 经济学家，2004(2).

② 厉以宁. 论新公有制企业[J]. 经济学动态，2004(1).

展显然起相当关键的作用。

然而长期以来，我国尤其是西部地区的第二、三产业，对内、对外开放程度都很低。一些领域具有自然垄断性，如煤、油、电、水、路等；一些领域被认为是公益型、福利型事业，如医疗、教育、交通等；还有一些领域如金融、电信等，由于涉及国民经济命脉或国家主权和安全，市场保护程度较高。这些行业成功地维持了垄断，消费者承担了昂贵的价格，使得这些企业获得了超额的垄断利润。虽然这些企业为社会经济做出了贡献，但是从长远来看却损害了这些行业的竞争力和应对市场经济的成长能力。由于第三产业提供的大部分产品的生产和消费是无法分开的，不可能像货物那样集中生产实现规模经济效应，因而第三产业只有保持合理的市场结构，避免垄断，行业效率才可能提高，公众福利才可能改善。西藏的国有企业大多机制不活、市场反应较慢，无法适应来自国内外同行业企业的竞争。而第二、三产业又是西藏经济发展的主要贡献者，因而该领域的国有企业改革就显得非常必要。

4. 国内学者对国有企业改制进行的实证分析已经证明民营化是国有企业战略调整的有效选择

白重恩等通过对 1998—2003 年鉴全部国有企业和规模以上非国有企业的数据分析研究了国有企业改革的效果，发现国有控股企业社会效益较好，而非国有控股资企业的经济效益较好①。郝大明根据 2001 年山东省第二次基本单位普查工业企业数据资料，进行实证分析，认为提高国有企业改革效率的关键在于把国有企业改造成为真正独立的市场主体，根本途径在于降低国家资本的比率②。胡一帆等根据世界银行对中国五个城市、六个行业、覆盖近 300 家国有企业的 1996—2001 年间的调查数据发现，绩效较好的国有企业首先被民营化，由民营机构控股、彻底民营化的企业比仍然是国有控股、部分民营化的企业绩效表现更好③。刘小玄利用 2001 年全国基本单位普查数据，考察了最新的民营化发展动态，发现国有企业对效率具有明显的副作用，私营企业推动产业效率的作用最强，三资企业和股份合作企业其次，再次是股份企业和集体企业④。所有这些研究都支持了西藏国有企业民营化的紧迫性。对西藏来说，国有企业改革的成败不仅关系到产业经济发展，也关系到当地群众的就业和增收，进而关系到西藏乃至全国的社会稳定与和谐。

---

① 白重恩，路江涌，陶志刚. 国有企业改制效果的实证研究[J]. 经济研究，2006(8).

② 郝大明. 国有企业公司制改革效率的实证分析[J]. 经济研究，2006(7).

③ 胡一帆，宋敏，张俊喜. 中国国有企业民营化绩效研究 [J]. 经济研究，2006(7).

④ 刘小玄. 民营化改制对中国产业效率的效果分析 [J]. 经济研究，2004(8).

（五）小　结

国有企业民营化是西藏国有经济调整的有效途径。“一个国家的资源要得到有效的配置，一定主要靠民间资本的力量、靠自由企业制度下的力量来推进他的发展”①。西藏地区拥有着大量丰厚的资源，地区经济发展必须依靠大量的民间资本，发挥地区比较优势。

1. 国有企业民营化有利于提高国有资产存量的转移弹性，适应经济发展对国有资产投向及活动重点的新要求②

随着西藏社会经济生产力的发展，社会资本存量必然朝着适应政府调整经济所要求的投向及活动重点发展，但是由于国有企业资产不能够自由而迅速的流入和流出，使之具有较大的存量转移刚性，在很大程度上影响和制约产业结构的迅速变化和经济发展。因此，只有根据西藏经济发展的客观要求，及时对国有企业进行改革，才能更好地发挥国有经济优势，提高地区经济的整体效率。

2. 国有企业股份化、民营化有利于释放国有资产存量积淀下来的活力，调动社会各类经济主体的投资积极性

西藏的公共财政极为有限，基本靠中央政府进行输血，地方财政无法满足西藏经济社会越来越多的投资需求。国有企业股份化、民营化可以充分发挥民间资本的经济力量，满足社会投资需要。

3. 国有企业股份化、民营化有利于转移呆滞在夕阳产业中的国有资产的存量，促进其向新兴产业和战略产业转移

西藏的国有企业绝大多数是亏损企业，政府负担沉重，实施股份制改造和民营化改革，既可以甩掉长期亏损的国有企业的“包袱”，减轻国家巨额的财政补贴，同时还能够通过转让夕阳产业的国有资产存量，迅速筹集大量有价值的国有资产，加强最关键最紧要部门，或开拓急需的新兴产业和战略产业的需要。

总之，西藏自治区应该从西藏的区情及国有企业的现实状况出发，发挥比较优势，扬长避短，对国有企业进行彻底改革，为西藏的市场经济体制改革和实现西藏经济社会跨越式发展服务。

第三节　推进西藏的国有经济改革——基于制度变迁理论的视角

受诸多复杂因素尤其是历史、政治因素的影响，西藏在和平解放之后走出了一

① 张维迎. 企业产权改革和我国后发优势的转变[J]. 经济学动态，2005(2).

② 单东. 民营化：经济调整的战略选择[J]. 经济学家，2004(2).

条不同寻常的制度变迁和社会经济发展之路。当前,西藏经济社会在从计划经济向社会主义市场经济过渡中,与其他省份相比,市场化改革的任务更加艰巨和复杂,其中加快推进国有经济改革是西藏的一个中心任务。我们认为,要研究西藏的国有经济,既需要深入了解西藏的历史和现实,又需要融合制度变迁理论,这里试图从这一角度做出有益尝试。

(一)制度结构非平衡发展要求加快推进国有经济改革

最有效的制度安排是一种函数,尤其是制度结构中其他制度安排的函数。制度安排"嵌在"制度结构中,所以它的效率取决于其他制度安排实现它们功能的完善程度。也就是说,当其他制度安排发生变化时,现行的制度安排就不再是这个制度安排选择集合中最有效的一个了①。当前西藏经济社会制度结构的非均衡发展就要求加快推进国有经济改革,以促进国有经济资源的有效利用。

1. 国家目标函数的变化要求加快推进西藏的国有经济改革

"国家的存在是经济增长的关键,然而国家又是人为经济衰退的根源"②。国家是追求利益最大化的"经济人",具有福利最大化或效用最大化倾向。但是,由于社会制度和政治传统的不同,使得各国目标函数的具体表现,以及它们的治国方略就存在很大的差异性。国家的目标函数中包括多个自变量,即国家经常要追求多重目标。

在西藏,几乎所有涉及生产生活的设施、产品和服务都是由国家所有和经营,西藏国有经济存在的核心目标是社会稳定、民族团结、边疆稳固。尽管这种单一所有制结构在特殊的历史时期满足了国家的效用,对西藏经济社会飞跃式发展起到了决定性作用。但随着西藏政治局面的进一步稳定,经济的持续快速发展,这种单一所有制结构明显地和生产力的发展不相适应。因而,当前西藏最紧迫的任务之一就是改变这种单一结构,实现经济社会跨越式发展。

2. 自由、开放政策扩大了西藏国有经济改革的制度选择集合

(1) 国家给予西藏特殊的政治优待,促使西藏国有经济改革的制度选择集合不断扩大。从1980年至今,中央先后五次召开西藏工作会议,制定了一系列有利于西藏经济发展的具体政策措施,特别是1994年中央第三次西藏工作会议以来,西藏加快了社会主义市场经济的步伐。制度创新、制度变迁加快,原有的不利于西藏经济社会发展的政策法规不断被剔除。例如,西藏自治区政府为鼓励国内外客商进藏投资建厂,公布了23条优惠政策。同时,中央和内地省市平均每年向西藏

---

① 林毅夫.关于制度变迁的经济学理论:诱致性变迁与强制性变迁.罗纳德·科斯,等.财产权利与制度变迁[C].上海:上海三联书店、上海人民出版社,1995:383-384.

② 道格拉斯·C·诺斯.经济史中的结构与变迁[M].上海:上海三联书店、上海人民出版社,1995:20.

投资近100亿元，有力的激活了区内和周边地区要素流动，促进了西藏经济市场化的步伐[①]。(2)全方位开放扩大了西藏国有经济制度选择的集合。我们知道，一个国家或一个地区通过借用其他社会制度安排来完成本社会制度变迁的可能性，可以极大地降低其在基础社会科学研究方面的投资费用。随着我国市场经济体系的建立和完善，以及来自内地省市的改革经验都可以为西藏的国有经济改革提供积极的借鉴。同时，西藏利用自己独特的地理位置积极开展同印度、不丹、尼泊尔等周边国家的贸易交往，不仅发展了西藏的经济，也促进了西藏与外国的思想文化交流。

3. 市场扩大、技术提高刺激西藏的国有经济深化改革

青藏铁路通车拉萨及进一步延伸、区内公路交通的发展，以及边境贸易的扩大，都大大促进了西藏市场的扩大。根据分工理论，分工的深浅和市场的大小两者之间紧密相关，市场扩大促进分工细化，分工细化又进一步促进市场规模扩大，进而促进企业组织的规模化和复杂化。“新的制度安排往往需要利用新的潜在外部效果，或者需要修改要素所有者和经济部门之间新收入流的分割”[②]。可见，随着西藏市场的不断扩大，必将促使国有企业加快改革，以适应市场经济发展的要求。

从技术水平来看，由于技术硬件的移植比较容易，近年来西藏国有经济的发展也主要是由于技术的引进。但技术水平的提高必须配以相应组织的改变，制度的变迁，否则将可能出现“后发劣势”[③]，为长期经济发展留下隐患，甚至可能导致长期发展失败。因此，西藏国有经济技术水平的提高也要求突破制度“瓶颈”。同时，技术水平的提高也降低了国有企业的交易费用，为企业进行制度创新提供了可能。

4. 职工人力资本价值提高、市场化意识增强也要求西藏的国有经济深化改革

从人力资本价值提高来看，传统的国有企业忽视人力资本在企业中应该享有的剩余权利，不能发挥人力资本的有效作用，致使国有企业效率低下。这是因为，人力资本理应享有剩余权利，其理由为，一是人力资本具有一定程度的可抵押性，人力资本价值形成对特定契约的实际隶属，迫使其所有者选择合作，维系契约关系的稳定和延续；二是人力资本和非人力资本同时为企业剩余的源泉和条件；三是人力资本只能激励不能压榨；四是人力资本在应对外界不确定因素方面具有更重要的作用[④]。因此，人力资本要素相对价格的上升，使这种要素的所有者相比其他要素而言要获得相对更多的利益。据统计，1965—2009年，西藏平均每万人中各类

① 朱玲.西藏经济市场化进程中的劳动力流动[J].中国人口科学，2004(1).

② 林毅夫.关于制度变迁的经济学理论：诱致性变迁与强制性变迁. 罗纳德·科斯等.财产权利与制度变迁[C].上海：上海三联书店、上海人民出版社，1995：386.

③ 张曙光.思考变迁[C].郑州：郑州大学出版社，2004：29-35.

④ 段文斌，等.制度经济学[M].天津：南开大学出版社，2003：94.

在校生数的变化情况：大学生由 16 人增至 104 人；中专生数由 3 人增至 74 人；中学生人数由 8 人增至 626 人；小学生数由 487 人增至 1 052 人①。西藏普及九年义务教育和基本扫除青壮年文盲的目标也已经实现，人均受教育年限已接近 7 年。人力资本的提高能够扩展人的有限理性，因而不仅能够提高个人管理现行制度安排的能力，而且还能提高个人领会和创造新制度安排的能力。随着人力资本价值的提高，一方面要求改革西藏的国有企业，另一方面也为国有企业改革创造了条件。同时，西藏旅游业的兴起，为西藏独特的民族产品提供了广阔的市场空间，在民族产品的生产中，人力资本是第一位的，这就为人力资本要素价格的提升，分享剩余提供了条件，迫使企业进行制度变迁，使其外部利益内部化。

意识形态是减少提供其他制度安排服务费用的最重要的制度安排。诺斯认为，意识形态是个人与环境达成协议的一种节约费用的工具；当个人的经验与他的意识形态不一致时，他会改变意识形态上的看法，他试图发展一套新的、更好的"适应"其经验的合理解释。由于国家对西藏多年的特殊政策和各省市的大力扶持，西藏人民的整体观念正在发生着巨大的变化，特别是改革开放以来，我国制度变迁加快，西藏也在发生着翻天覆地的变化，社会主义市场经济思想正在深入人心。另外，我们看到来西藏创业和寻求发展机会的内地创业者所表现出的主动性和创造性，也对本地居民的观念和行为的转变起到了积极的示范作用。

（二）国有经济改革的制度性障碍

1. 国有经济改革的低成本易于形成路径依赖

诺斯在其《制度、制度变迁与经济绩效》中指出，经济发展过程中存在路径依赖，路径依赖是分析经济变化的关键。他认为制度变迁一旦走上某一路径，就会在往后的发展中得到不断自我强化。沿着既定的变迁路径，经济或政治制度变迁可能进入良性循环的轨道，也可能因为一些错误而陷入恶性循环之中，某些制度会锁入到无效率的状态而难以跳出。西藏国有经济改革是一个巨大的制度变迁过程，这个过程自然具有路径依赖的特征。(1)由于西藏特殊的历史和现实背景，政府对社会稳定和政治稳定的偏好，制度变迁往往是以政治稳定为主要目标，而不是以经济效率为目标，这就使其国有经济原有的计划性一直很强，而这种初始的体制选择会强化现有体制的刺激和惯性，当前的改革必然要受原有改革道路的制约。例如，到 2004 年，全西藏 153 家国有企业中已经改制的仅为 44 家，改制面为 29%②，即

① 引自《西藏统计年鉴 2010》第 246 页，中国统计出版社，2010.

② 狄方耀，等. 西藏经济学导论(第二版)[M]. 拉萨：西藏人民出版社，2006：215.

使到2009年底，全区国有企业的改制面也只达到了60.5%①，可见改革之困难；(2)西藏的国有经济改革缓慢，易于形成既得利益的压力集团。西藏的国有企业很少，而既得利益者却相当庞大，这就有可能使西藏的国有企业改革导致更多的既得利益者受损，进而使既得利益受损者成为改革的阻挠者，其中当然包括因国有企业改革致使权力被削弱的地方政府部门②。这样一来即使下一步改革有利于整体效率的改进，压力集团也会阻挠改革或者促使改革朝着有利于他们既得利益的方向发展。由此可见，西藏国有经济改革能否成功，除了改革方向正确外，还要突破一开始的路径选择。

2. 意识形态的黏性滞后于制度变迁

制度变迁的方向和可能出现的制度形式除了受到变迁起点的影响外，还要受到既存的文化、传统、信仰体系等因素的制约。随着历史的变迁，信仰体系的演变是一个集体学习的过程，是一种文化适应的积累过程，因此它还受到人们认知模式和知识基础的影响。由于起点、文化、信仰体系等方面的差别，以及认知模式的局限，不同国家和地区制度变迁的“终点”在大多数情况下是不同的③。西藏社会总体的意识形态落后，一是藏族传统文化中的忽视人的主动性和创造性的落后意识形态，与市场经济不相吻合。二是藏传佛教，给西藏的经济、政治、文化变迁产生了重要影响，藏传佛教往往与“西藏问题”联系在一起，不重今生重来生，不重奋争重供奉，与世无争等消极态度，导致竞争能力和上进心的淡化，这些都与经济的快速发展与制度变迁相矛盾。

3. 学习机制缺乏不利于西藏国有经济深化改革

学习机制对制度变迁的影响主要表现在：制度变迁的速度取决于学习的速度，即制度变迁的速度是学习速度的函数；经验和学习的差异是形成不同社会和文明的重要原因；知识存量对制度变迁的时间因素起重要作用④。

西藏现行社会的学习机制落后于经济发展的步伐，不利于制度变迁与国有经济改革。其具体表现在：第一，西藏工业企业规模小，分布分散，缺乏基本的交流，不利于相互学习和借鉴。2008年以前，西藏的工业企业中没有大型企业，只有10余家中型企业，95%以上都是小型企业。而且，分布分散⑤；到2009年底，这种状况有所改变，出现了1家大型企业，但中型企业仍只有9家，小企业为509家，工业

① 西藏社会科学院.西藏蓝皮书·中国西藏发展报告(2010)[M].拉萨：西藏藏文古籍出版社，2010：183.

② 李继刚.论西藏国有企业民营化战略调整[J].西藏民族学院学报(哲社科版)，2008(1).

③ 段文斌，等.制度经济学[M].天津：南开大学出版社，2003：348.

④ 卢现祥.制度经济学[M].北京：中国发展出版社，2003：105-106.

⑤ 狄方耀，等.西藏经济学导论(第二版)[M].拉萨：西藏人民出版社，2006：206.

企业的小规模特征仍很明显。第二,人力资源流动僵化,人员之间的非正式沟通缺乏,难以产生知识溢出。由于西藏市场经济的落后,自然环境恶劣,交通极为不便,知识信息沟通困难。这种劳动力的非流动性、非沟通性使得相互影响困难,知识不易扩散;第三,西藏的服务设施落后不利于制度变迁。西藏缺乏完善的公共服务机构,不能为企业提供劳动力培训和教育,滞后的服务设施也难以为企业制度创新提供条件。

4. 诱致性制度变迁力量不足

诱致性制度变迁与强制性制度变迁是制度变迁的两种方式。诱致性制度变迁是指一群(个)人在响应由制度不均衡引致的获利机会所进行的自发性变迁;强制性制度变迁则是由政府命令和法律引入来实行①。几千年的中国社会所形成的强政府,弱社会的传统一直延续到今,西藏社会也不例外。现在,西藏的社会主义市场经济体制建设才刚刚开始,国有经济制度变迁由政府主导,政府不仅是政治主体,也是利益主体,形成了政府推动的经济改革模式,抑制了市场的力量。

(三)推进国有经济改革的思路

1. 坚持国有经济改革方向,突破路径依赖

继续推进国有经济的战略调整,推动国有经济向关系国计民生的关键行业和重要领域集中,这个方向不能动摇。按照现代企业制度的方向推进国有企业的制度创新,使混合所有制经济成为我们所有制结构的主要特征。

首先,政府作为国有经济改革的主体,要加强自身素质建设,突破已有的路径依赖。政府要树立诚信、廉洁、务实、创新的工作作风,降低制度变迁中的交易成本,增加政府的制度知识,提高政府的制度设计能力,拓宽政府的制度选择集合,从而加快国有经济的改革。

其次,从改革的内容上不断突破极限,摆脱路径依赖。(1)把竞争性行业的国有企业引向市场,在产权制度、治理结构等方面,逐渐与市场经济所要求的制度接轨;(2)努力创新自然资源类生产企业的公有制实现形式。西藏在其自然资源方面占有一定优势,同时又是生态最为脆弱的地带,要实现西藏的和谐发展就必须探讨自然资源的安全、有效利用问题。政府要树立科学发展观,处理好当前利益与长远利益、自然生态保护与人民生活水平提高等矛盾,破除障碍,努力创新。在西藏的自然资源中需要创新其具体的实现形式,必须通过明晰产权、合理引入市场机制、改革和完善对自然资源的管理和使用制度,以使这些资源得到合理、有效、可持续

① 林毅夫.关于制度变迁的经济学理论:诱致性变迁与强制性变迁.罗纳德·科斯,等.财产权利与制度变迁[C].上海:上海三联书店、上海人民出版社,1995:384.

的开发利用①。

2. 解放思想、树立社会主义市场经济意识

通过积极倡导社会主义市场经济意识，改变人的行为方式，使其适应社会主义市场经济发展要求。提高职工素质，构建更合理的个人收入成本函数、目标函数、降低推行新制度的阻力，有利于制度变革；职工素质的提高，可以降低制度不均衡潜在利润的发现成本，因而更有利于制度自发演变过程的低成本进行。

3. 建立长效学习机制，推进国有经济改革

(1) 加快服务设施建设，为企业间的学习创造条件。由于西藏服务设施落后，建设难度较大，我们认为政府可以引入竞争，使服务设施市场化、产业化。这样既加快了市场体系的建设，又为企业间的学习和创新提供了条件。

(2) 建立企业集群，加快知识传播。针对西藏国有经济分布分散、规模较小的现实，政府可以借鉴企业集群发展模式，建立企业间长效的学习机制。企业集群所产生的知识溢出效应能够为企业创新活力的发挥提供条件。知识溢出的过程是一种相互学习的过程，通过“干中学”、“应用中学”、“互动中学”、“学习中学”，使企业根据市场环境的变化，不断调整自己的行为，保证创新的传播、交换和技术文化的不断更新。

(3) 扩大开放，积极吸取各种有益文化。开放是经济系统之间和经济系统内部相互交流物质、信息、能量的状态和过程，开放在整个制度变迁中具有关键的作用。开放产生制度竞争机制，学习机制，增加潜在利润，降低了制度变迁交易成本，为获取比较优势、后发优势及跨越式制度变迁提供了可能性。有效的学习机制只有在开放中才能长久。

4. 加强社会力量在国有经济制度变迁中的作用

加快推进西藏国有经济的制度变迁，不仅需要政府的推动力，而且需要全社会的支持。(1)要充分尊重个人权利。个人在民事、经济和政治上应享有充分的自由权利，这包括自由流动的权利，出售自己的劳动力及技能的权利、拥有财产的权利等；(2)平等对待民营企业，积极鼓励民营企业参与国有经济改革。国有经济改革离不开民营企业的支出和参与，十六届三中全会提出，要使混合所有制经济成为公有制的主要实现形式，使国有资本、集体资本和民间资本，相互联合、融合参股，来实现股权多元化，实现新的公有制形式。

西藏的国有经济改革是一个长期渐进的过程，这种制度变迁的目的在于提高国有经济的效率和竞争力，增强整个社会的资源配置能力，提高经济社会发展的速度。国有经济改革只有在渐进、动态中才能适应西藏社会经济发展的需要。同时，

---

① 李太淼. 所有制原理新辩及我国所有制改革趋势[J]. 中州学刊，2003(5).

西藏的国有经济改革应从自身实际出发，实现国有经济的制度变迁，“不参照社会中其他相关的制度安排，就无法估价某个特定制度安排的效率。因此，在一个社会有效的制度安排在另一个社会未必有效”①。这就要求我们在进行国有经济变迁中，必须根据西藏自己的具体实情，特别是文化传统，审慎选择与此匹配的制度结构，进行精心移植、设计和创造制度，同时注意反向改造、优化各种制度结构，从而充分发挥国有经济应有的作用。

第四节　西藏非公有制经济发展的现状及改革路径

学术界关于非公有制经济或民营经济的内涵和外延的界定并不统一，关于民营经济大致有三种界定：一种是把民营经济和个体、私营经济等同；第二种是把民营经济界定为相对于国有经济而完全按照市场规则运作的经济形式，包括私营企业、个体户、集体经济、国有非控股企业和国内资本控股的外资企业；第三种是把民营经济界定为利用国内民间资本兴办的私营、个体、股份制企业等各种形式的混合所有制经济。② 一般而言，非公有制经济不包括集体经济，而民营经济包括集体经济。

一、西藏非公有制经济发展的现状

非公有制经济走过了一段艰难曲折的发展道路。在1982年通过的宪法中，个体经济被定义为“社会主义公有制经济的补充”；1987年2月，中共中央在《把农村改革引向深入》的5号文件中，把发展私营经济概括为“16字方针”：允许存在，加强管理，兴利抑弊，逐步引导；1988年，修宪肯定非公有制经济是公有经济的“补充”；1993年，“社会主义市场经济”首次被写入宪法；1997年，党的十五大报告，首次提出“公有制为主体、多种所有制经济共同发展”是中国社会主义初级阶段的基本经济制度，并提出非公有制经济是社会主义市场经济的重要组成部分。1999年，随着市场经济的发展，把非公有制经济提升为社会主义市场经济的“重要组成部分”；2002年召开的党的十六大更进一步把发展私营经济、保护私人财产纳入了我国的基本经济制度范畴；2004年的十届人大第六次会议通过的宪法修订本增加了“鼓励、支持和引导”非公有制经济和“公民的合法的私有财产不受侵犯”等内容；2007年召开的党的十七大已经把非公有制经济提升到与公有制经济同等重要的“两个毫不动摇”的地位。这表明，以产权制度改革为核心的中国经济体制改革进

① 林毅夫. 关于制度变迁的经济学理论：诱致性变迁与强制性变迁. 罗纳德·科斯，等. 财产权利与制度变迁[C]. 上海：上海三联书店、上海人民出版社，1995：374.

② 剧锦文，韩晓芳，等. 民营经济、民间资本与经济政策[M]. 北京：中国财政经济出版社，2004：28.

入到实质性阶段。而民营经济能够在短短二十余年,从个体劳动者的资本原始积累,发展到现在的至少“三分天下有其一”,其发展历程也并不是一帆风顺的。宏观政策的每一次细微的变化,都不难在民营经济的发展过程中找到缩影。民营经济已当之无愧地成为中国经济市场化改革的风向标。而民营经济在获得长足发展的同时,对区域经济的发展也起到了强有力的推动作用。①

西藏经济的市场化改革和本地经济的持续快速发展同样有赖于民营经济的发展。政府对非公有经济的发展十分重视。1999 年,自治区党委、政府制定了《关于大力发展非公有制经济的决定》;随后,各地(市)也制定了鼓励个体、私营经济发展的相关政策,如日喀则地区出台了《关于加快非公有制经济发展的若干政策意见》,山南、林芝、日喀则等地区对农牧区发展个体工商户实行“只登记、缓办照、免收费”的措施。党的十六大以后,西藏的非公有制经济发展的制度环境同全国一样进一步好转。随着各种支持政策的逐步贯彻落实,西藏的非公有制经济在市场经济的大背景下大踏步地向纵深发展,为西藏经济结构调整尤其是国有经济布局的调整起到了积极推动作用。非公有制经济已经在西藏经济大舞台上占有了重要的一席之地,引领着西藏经济体制向市场经济体制转变,也引领西藏经济步入了快速健康的发展通道。

(一) 非公有制经济发展的历程和现状

西藏以个体、私营企业为主的非公有制经济,是改革开放以后出现的新生事物,经过近 30 年的发展,现在已经成长为社会主义市场经济的重要组成部分。有资料显示,1978 年时,西藏只有 53 户外商(尼泊尔商人),1980 年时,全区只有个体工商户 489 户,从业人员 525 人;到 2010 年底,个体工商户增加到 9.4 万户,从业人员数增加到 20.84 万人;注册资金由 1980 年的 51.3 万元增加到 2010 年的 28.41 亿元。私营企业起步较晚,但发展迅速。从 1990 年到 2010 年底,西藏的私营企业由 6 户增加到 7 250 户,从业人员数由 95 人增加到 12.745 万人;注册资金由 157 万元增加到 209.4 亿元。具体情况见表 8-2 所示。

表 8-2　改革开放以来西藏个体、私营经济基本数据

年份	个体工商户			私营企业		
	户数(户)	注册资金(万元)	从业人员(人)	户数(户)	注册资金(万元)	从业人员(人)
1978	53					
1980	489		525			
1984	37 569	23 083	42 395			

① 一般来说,民营经济是指非国有经济,比非公有制经济的范围略宽一些。

续表 8-2

年份	个体工商户			私营企业		
	户数(户)	注册资金(万元)	从业人员(人)	户数(户)	注册资金(万元)	从业人员(人)
1990	36 777	13 941	49 191	6	157	95
1995	39 851	19 437	57 307	148	5 207	1 727
1998	39 046	32 531	35 918	253	9 079	3 293
1999	41 125	40 882	59 080	600	104 398	6 338
2000	42 321	43 253	62 616	677	111 196	6 776
2001	45 410	46 080	69 199	1 047	206 400	13 709
2002	48 333	51 248	77 707	1 367	310 053	19 593
2003	52 401	63 952	85 643	1 823	380 404	28 943
2004	56 591	82 530	98 155	2 218	511 432	37 982
2005	61 886	108 693	115 836	2 631	712 808	43 635
2006	68 664	143 256	134 529	3 414	957 566	51 031
2007	77 000	186 000	167 000	4 236	1 396 000	81 000
2009	87 000	246 600	202 400	6 286	1 769 700	118 400
2010	94 000	284 078	208 410	7 250	2 094 118	127 453

注:本表数据来自西藏自治区工商联的《西藏自治区民营经济发展报告》(2007 年),2007、2009 年的数据参照了《西藏蓝皮书·中国西藏发展报告》(2009、2010),2010 年数据来自西藏工商联《西藏自治区非公有制经济中长期发展指导性规划纲要(2011—2020 年)》。

(二)非公有制经济发展的特征

1. 城乡非公有制经济发展的层次明显

在推动经济增长方面,非公有制经济或民营经济已成为十分重要的力量。90 年代后期以来,全区非公经济年均增长速度在 15%以上,超过全区经济增长速度,其中,拉萨市、日喀则和林芝地区非公经济贡献率以超过 18%的速度向前发展。到 2010 年,全区非公有制经济已占到全区经济总量的 40%以上,上缴的税收已占到全区税收总额的 82.9%。① 可见,个体、私营等非公有制经济或民营经济为当地的经济增长、财税创收做出了重大贡献。特别是中心城区的非公经济在总量上已经具备较大的规模,成为经济增长和增收的支柱力量。城市非公经济的发展,也对近郊地区的非公经济产生了辐射效应,使得近郊地区的非公经济呈现蓬勃发展态势。远郊地区的非公经济发展则相对较弱。总体而言,西藏非公经济

① 2010 年数据来自西藏工商联《西藏自治区非公有制经济中长期发展指导性规划纲要(2011—2020 年)》,以下如无说明,2010 非公经济数据亦来自此处。

的发展，从地域上看，梯度效应较为明显。相信随着中心城区的非公经济向规模经济发展，会对周边县区产生较强的辐射能力，而近郊地区非公经济的提速，也会逐步对远郊地区非公经济产生强大的推动力，从而促使西藏非公经济整体上向纵深发展。

2. 区外民间投资成为社会投资的重要力量

长期以来，西藏经济增长靠投资拉动的特征明显，从1994—2010年，西藏累计完成固定资产投资2 643.025亿元，平均每年增长21.4%。这17年是西藏固定资产投资力度最大、规模扩张最快、投资效果最好的时期，推动西藏经济达到了年均12.4%的高速度。[①] 固定资产投资规模的迅速扩大，使西藏的基础设施得到了极大的改善，增强了对经济发展的推动力，投资成为西藏经济增长的主要因素。近几年，自治区党委和政府下发了关于进一步加快非公有制经济发展的相关决定，各地市也制定了本地区鼓励非公有制经济发展的相关政策。如林芝地区、山南地区分别出台了招商引资的措施。相关的政府部门也同时出台了配套文件，鼓励和引导民营资本向基本建设项目、城市公共设施、高新技术产业等等区域有序流动，民间资本参与社会投资的积极性也正在增强。区外民间投资是西藏非公有制经济发展的主要推动力，近几年来藏投资的区外民间资本约占民间投资总额的70%，在西藏注册资本1 000万元以上的外来企业就有34家，注册资金达6亿多元，涉及交通、建筑、医药、旅游、矿产开发、餐饮娱乐等行业，涌现出了一批如奇正藏药、南方建筑、协和医药、五谷酒业、藏香醇等有影响的非公企业。从2000—2008年，西藏招商引资实际到位资金达183.62亿元；2010年，非公有制经济完成固定资产投资126.6亿元，已占到全区固定资产投资总额的27.3%。民间投资不仅可以弥补国有投资的不足，还可以分散西藏的财政、金融风险。政府对于民营资本的有序引导，一方面调节了社会投资总量，另一方面也能够增加对于宏观经济的调控弹性。随着越来越多的行业向民营资本开放，民间投资推动西藏经济发展的乘数效应正在逐步显现。

3. 非公有制经济成为推动改革、增加就业和维护社会稳定的重要力量

非公有制经济能够为社会提供更多的就业岗位，不仅是增加就业岗位的主力军，也是维持社会稳定的重要力量。其一，国有资本逐步退出竞争性行业的基本趋势已经确立，“国退民进”使得私营企业、外资企业和个体工商户在国有企业改组、联合、兼并、租赁、承包和收购中充当了重要角色。其二，非公企业的劳动力密集型特点为吸纳社会劳动力创造了条件。目前，西藏的非公企业总体规模

---

① 2010数据来自《西藏统计年鉴2010》，以下数据若无说明同此来源。

还小，小型企业居多，从就业情况看，据自治区工商部门统计，从2005—2010年，在全区新增社会就业人员总量中，非公有制经济吸纳的人员达到了70%以上，近2年更是达到75%以上。总的来说，非公经济在西藏经济总量中所占的比重正逐步加大，其对于增加就业和维护社会稳定的作用也在逐渐增强。可见，西藏的非公企业，以其先天的制度优势和市场化的经营模式，正逐渐成为西藏经济发展的生力军。

二、西藏非公有制经济发展存在的问题

如上所述，西藏的非公经济已经取得了较大成绩，成为推动西藏经济全面、协调、可持续发展的重要力量，社会各方对其寄予厚望。而且，随着经济全球化进程的加快和我国的市场经济体系不断完善，非公经济还有巨大的发展空间，但如何发展壮大，进一步冲破制约非公经济发展的障碍是当前非公企业需要解决的问题。非公企业之所以难以做大做，其原因就是种种障碍的制约。

1. 观念障碍

观念决定行动。影响非公企业发展的观念主要体现在以下两个方面：一是社会各界如何对待非公经济。从社会各界和国家出台的政策和措施来看，是鼓励非公经济发展的，前面已经做了较为详尽的阐述。不过，由于很多歧视非公经济的个案不断发生，引发了人们对中国非公经济以及民营企业家或非公经济人士的思考和讨论，同时也加深了人们对非公经济的认识，例如“富人安全问题”、“仇富心态”、民营企业家的“原罪问题”、民间融资问题和企业家的社会价值问题等等。二是民营企业家自身对企业长远发展的考虑。从民营企业家的观念来看，民营企业家多数是白手起家，借助的是灵活的经营机制聚集财富，因此在企业规模扩大的同时，很少为企业做出长远的战略规划。同时由于投机思想比较重，生产经营项目多，生产转向频繁，盲目多元化，显得急功近利。还有，非公企业的诚信问题是非常突出的，较低的信用状况和脆弱的信用关系，造成失信行为十分普遍。再者，非公经济人士也缺乏对于企业社会责任的思考，即在赚取利润的同时，对环境、社会和利益相关者承担的公共责任还很不够。

2. 产权障碍

非公企业的产权关系大多比较模糊、结构单一。非公企业以“家族制”为主。家族在企业产权中所处的主导地位，导致企业缺乏有效的监督机制，制约着企业广泛地筹集资金，不利于企业更好地利用资本市场，形成了资本扩张的瓶颈。西藏有的非公企业打的是集体经济的幌子，或者以挂靠在公有制单位名下的隶属企业身份出现，造成产权不清和民事责任不清。既不利于宏观管理和司法工作的顺利进行，也不利于非公企业发挥其天生的市场主体优势，使企业难以在市场竞争中生存

和发展。如今,非公企业整合国有企业正在成为趋势,非公企业的自身产权障碍,导致了非公企业参与国有企业转轨运作时候的大量超经济行为,造成产权虚置。多数的非公企业发展到一定的阶段后,关注的焦点就是利益分配,造成了非公企业的法人资产被不恰当地分割。

3. 法律法规落实上的障碍

虽然非公经济发展已没有法律障碍,但现阶段缺少系统的、可操作的法规来维护非公企业的合法权益。当非公企业业主和员工的权益受到侵害或者出现经济纠纷时,难以寻求法律的保护。《公司法》和《合伙企业法》等法规确立了以平等市场主体为特征的新型法律框架,国家也相继出台了一些调整非公经济的法律法规,但也仅仅是对于企业的某些具体经济活动加以局部调整。在当今转型经济条件下,如果立了法,但法律规定的模糊性较强,仍会造成非公企业的发展无所适从,对企业把握准确的市场机会造成一定程度的影响。而且,对非公经济监管的机构过多,存在重复执法、交叉执法现象,有些中小企业反映,先后打交道的行政单位竟有 20 多家;另据西藏有关部门调研的情况,约有一半非公有制经济人士认为"部门或地方执行不力"是贯彻落实党委、政府支持非公有制经济发展的两个《意见》的主要障碍。①

4. 融资障碍

资金问题是非公企业和个体工商户发展面临的最大的外部障碍和瓶颈。非公企业和个体工商户既缺乏国有企业的积累机制,又缺乏国有企业的来自于政府的政策性补贴和贷款;区内资本市场的发育缓慢以及国有金融机构对国有经济的天然偏好,形成了中小型非公企业和个体工商户天生的"自然融资屏障",②都使得非公经济单位普遍面临着资金短缺和融资的困难。非公企业在创业阶段完全依靠自筹资金,90%以上的初始资金都是由业主、金融机构的抵押贷款、合伙集资等内源性筹资方式筹集,以滚雪球的方式扩大资本规模。由于其本身规模小、资信度低和财务制度的不健全,限制了其在资本市场的发展。为西藏的非公经济单位提供融资的主体,主要是城市商业银行和信用社,还有就是近年出现的中小企业担保贷款机构、国内的风险基金,它们能够提供的金融产品种类少、资金规模小,难以满足蓬勃发展的非公经济的资金需求。西藏现在尚未发展起一个与非国有产业部门发展规模相适应的非国有中小银行群体,加上金融机构越来越注重内部监督,也使民营

① 西藏社会科学院.西藏蓝皮书·中国西藏发展报告(2009)[M].拉萨:西藏藏文古籍出版社,2009:178.

② 据剧锦文等人著的《民营经济、民间资本与经济政策》(中国财政经济出版社 2004 年版)一书介绍:1931 年,英国议员 Mcmillan 在向国会提供的关于中小企业问题的调查报告中,发现当企业需要的外源资本的规模低于 25 英镑时,很难在资本市场上融到资金,从而形成中小企业的"自然融资屏障"。

企业本身普遍存在抵押担保难、跟踪监督难和债权维护难等问题，让有融资需求的民营企业面对市场机会只有望洋兴叹。例如，1999年西藏自治区经贸委会同有关职能部门和各商业银行确定了西藏自治区首批20家授权企业，但这20家企业中没有一家是非公企业。

5. 竞争力障碍

低成本和大市场是中国的优势，非公经济的发展，在很大程度上得益于这一点。西藏的非公经济单位总的来说起点较低、产业形式以劳动密集型为主，科技含量比较低，抵御市场风险的能力也比较差。随着市场的饱和竞争的加剧，非公经济单位面临着缺乏足够的技术积累和产品开发经验的困境。非公企业若没有更进一步的技术创新能力，就难以进行必要的替代技术开发。而现在的企业与企业之间的竞争，已经直接上升为企业整体实力和核心竞争力的对抗，非公企业靠着简单地模仿其他企业的技术产品，想在激烈的市场竞争中立于不败之地，显然会越来越力不从心。西藏非公企业的研发水平总体比较低，企业所拥有的专利很少，也普遍处于较低层次，企业自身保护知识产权的意识不足，信息技术在企业的运用不够宽深，都在一定程度上制约着企业的纵深发展。

6. 管理体制障碍

“家族式”管理是非公经济单位普遍采用的治理结构。在非公企业的初创期，家族化管理是很有效率的，但随着企业从谋生、维持到发展阶段，非公企业面临的经营问题越来越复杂，对资源整合的要求也越来越高，家族化管理日益暴露出产权结构不合理，资本、风险与决策权高度集中，管理缺乏规范和效率等弊端。

非公企业的经营者往往就是企业的创业者，其管理水平较多停留在经验管理阶段。企业的内控制度普遍不够健全，主要表现在：内部授权边界不规范，管理职责混乱不清；管理模式僵化，生搬硬套成功企业的管理模式；缺乏人员考核制度和收入分配制度，企业内部近亲繁殖的现象严重。因此，建立起一套与市场相适应的管理机制，已成为非公企业发展壮大的关键所在。

7. 国际化贸易体系对接的障碍

西藏绝大多数的非公企业在原料采购和市场销售上依靠的是自身的力量，产品以内销为主，就算有少量产品的出口，也还是采用边境贸易、政府组团促销或等客上门等传统方式完成，暂时还很少融入国际化的贸易体系。而东部发达地区的非公企业，由于企业规模较大、产品升级换代较快，已经能够较为自由地参与国际经贸往来。西藏的非公企业在捕捉中国加入WTO以后的全球化的市场机会、参与国际市场竞争方面，还处在比较滞后和薄弱的状态。

三、西藏非公有制经济发展的基本路径

（一）原生民营经济、外资进入和国有经济的民营化相结合是非公经济加快发展的重要路径

个体、私营经济是原生的民有或民营经济，有着久远的历史。改革开放以来，个体工商户和私营经济的重新出现标志着非公经济在新的历史条件下获得再生。外商合资企业、独资企业的出现，则进一步扩大了非公经济的阵容。随着国有经济和集体经济改革的深化，一些处境困难的中小型国有企业通过各种方式逐步实现了民营化，经济发达地区的乡镇企业也迅速完成了民营化的改造。据调查，本世纪初，乡镇企业中有83%至86%已成为私营企业或股份合作制企业。如江苏省到2000年底，已有93.2%的乡镇企业实现了改制。改制后全省乡镇企业的资本结构发生了根本性的变化，非集体资本所占比例已经由1998年的51.6%上升到74.5%。这两股力量的加盟，使我国非公经济的实力大大增强了。民营高科技企业的快速崛起，给非公经济输入了新鲜血液，带来了活力。天然就是非公性质的个体工商户、私营企业、外商独资企业，和后天改造为非公经济形态的合资企业、民营化了的乡镇企业与国有企业仍然是我国非公经济进一步拓展的基础和发展原动力，它们会在激烈的市场竞争中优胜劣汰，逐步强大起来。另外，在全球一体化和国有企业进一步从竞争性乃至一些垄断性行业退出的大背景下，更多外商在中国设立独资和中外合资企业，特别是鼓励外资对国有企业的并购改造，以及促使更多的国有企业，包括一些大中型国有企业的民营化，从而在增量上扩大非公经济的规模，提高非公经济的档次，将是一条十分重要的路径。

（二）非公经济治理结构和经营模式的变革，是促使非公经济发展壮大的重要路径

民营企业特别是一些个体、私营企业多数是由出资人独家发起成立的，实行家族式管理。这种方式在起步阶段具有凝聚力强等优点，但它的局限性，如家长个人决策，接班人世袭，任人唯亲，产权封闭(所有权与经营权不分离)等弊端，已经制碍了非公经济的发展。虽然说现代企业制度并不排斥家族制企业，但随着企业规模的不断扩大，那种落后的家族式管理方式的弊端已越来越明显地暴露出来。根据世界企业发展的历史经验，随着企业规模的扩大和企业法律的不断完善，企业制度和企业管理也会走向现代化。也就是说，企业对现代企业制度的需求与企业的规模大致成正相关关系。我们已经看到，近几年我国民营企业已经出现了依照规范的现代企业制度进行改制的倾向。有资料显示，从1992—2002年，我国私营企业中，独资企业所占比重由55.34%下降到23.41%，有限责任公司所占比重由

12.6%上升到71.45%。[1] 当然,私营经济选择什么样的企业体制和管理方式,要由企业根据自身的实际情况选定。不过,对那些具有一定规模且产权多样化的民营企业,要帮助它们在企业内部建立规范的法人治理结构,推行股份制、公司制改革,促使其实现所有权和经营权的分离,从而改善、提高他们的决策水平和决策效率。

(三)优化产业结构,大力发展民营特色产业是提高非公经济效益的重要举措

西藏现行产业结构从产值结构看属于以服务业为主的轻型结构,从就业结构来看,属于以农牧林渔业为主的传统结构,从投资结构和产业内部结构中又不难看出消费型和政府推动型结构特征。这样的结构已经比传统的一元结构和非典型二元结构有了明显进步,但还不能说是合理的产业结构,因为这样的结构依然缺乏自生能力和现代化特征。产业结构的高度化对于促进西藏地区的经济持续快速发展和人民生活水平提高而言,和发达地区相比显得更加重要和必要。西藏非公经济的发展也同样需要一个理想的产业环境。在西藏,调整、优化产业结构要针对自身环境条件的特殊性,要确立产业发展战略目标和科学规划,积极调整布局,健全产业体系。而要实现这些目标,必须立足本地的资源优势,发挥自身的比较优势,以市场为导向,形成以"重点区域—特色产业"为增长极,并向周边地区辐射的经济发展模式,培育以旅游业、藏医药业、矿产业、民族手工业、绿色饮品加工业、农畜产品加工业等特色产业为支柱的区域产业体系。在优化产业结构的过程中,政府的产业战略和产业政策固然重要,但决不能忽略市场导向的作用,更不能忽略民营企业在产业转型中的微观作用。

1. 要在稳定粮食生产的前提下,大力发展特色高效的商品型农牧业

首先要深化农牧业结构调整。目前西藏的农业仍以粮食为主,结构相对单一;畜牧业仍靠天养畜。传统落后的农、牧业都亟须进行结构调整。要按照"优势区域、优势资源、优势产业、优先发展"的原则,加快特色产业的开发,不断在做大做强优势产业上下功夫。

其次要调整畜牧业区域布局。基本思路是稳定东南部、发展中南部、保护西北部。东南部林芝和昌都地区应从传统游牧放牧转为暖季游牧与冷季舍饲结合;中南部"一江两河"流域应大力发展定点畜牧业,以农养牧、以牧促农,兴建牲畜育肥基地和越冬基地,同时大力发展奶牛业;西北部那曲、阿里地区,要解决草场超载问题,畜群规模必须加以控制,部分牧民和牲畜应向东南部迁移,同时应加大草地自

---

① 剧锦文,韩晓芳,等.民营经济、民间资本与经济政策[M].北京:中国财政经济出版社,2004:10.

然保护区建设的力度。

其次，要延长产业链，发展农畜林渔产品加工业。西藏的青稞、高原瓜果蔬菜、牦牛肉和藏羊肉为绿色食品，食用菌和藏药原料是极珍贵的资源，其加工产品糌粑、饮料、保健品、牛羊肉制品、奶制品、茶叶、酒、藏药等在内地、港澳台、海外市场都深受欢迎，国家加入 WTO、西部大开发和青藏铁路的全线贯通为西藏的绿色农林产品及牛羊肉出口带来了新机遇。可在青藏铁路沿线建设屠宰、冷冻和加工企业生产分割包装肉；在城郊和“一江两河”地区公路沿线的村镇发展奶牛业和奶制品加工业；在阿里和日喀则西部大力发展白绒山羊，建设山羊绒生产基地；大力发展与邻国边境畜产品贸易，努力创出绿色、优质名牌产品。

2. 建成龙头企业，大力发展西藏特色旅游业

旅游产业是当今世界上发展最快、对环境和资源的破坏最小、最具有广阔前景的一项新兴产业。据世界旅游组织统计，旅游业已发展成为仅次于石油工业的全球第二大创汇产业，同时旅游产业也是为全世界提供就业机会最多的经济部门。旅游资源是西藏的优势资源。旅游业应作为西藏产业结构调整和升级的关键产业。据统计，从 2001—2010 年，西藏接待国内外游客由 68.611 6 万人次增加到 685.139 万人次，10 年增长约 9 倍，年均增长 29.1%；旅游总收入由 7.505 3 亿元增加到 71.440 1 亿元，年均增长 28.5%。旅游业是西藏增长速度最快的行业之一。

自改革开放以来，旅游业在西藏一直都是比较受重视的产业，在 80 年代被作为经济起飞的“两翼”之一，自 90 年代以来，一直都是西藏的支柱产业。这主要是因为政府和民间都看到了西藏丰裕而又独特的旅游资源。到 2009 年底，西藏有世界自然保护区 2 处，国家级自然保护区 2 处，国家级风景名胜区 1 处，国家级历史文化名城 2 座，国家级文物保护单位 37 家，自治区文物保护单位 11 家，可供海内外游客观光游览的景点 100 多处(其中 A 级景区 18 处)。和世界其他地区及其国内其他省份相比，西藏的旅游资源复杂多样，极具特色，给人以新奇神秘之感，并有浓郁的民族和地方特色。但旅游效益和其他省份相比却十分落后。① 这当然是多方面原因造成的，但外资和本地民间资本介入的不充分不能不说是一个重要原因。

3. 加强矿产开发，将潜在的资源优势转化为现实的比较优势

西藏已发现矿产 100 多种、矿产地 2 000 余处，已探明储量矿产中居全国前 10 位的有 18 种，是我国矿产资源安全保障的重要储备区和开发接替区。为将资源优势转化为经济优势，特提出如下建议：

① 例如，土地面积不到西藏 1/6 的陕西省，现在每年接待国内外游客已超过 1 亿人次。

(1) 根据市场需求开发优势资源,要优先开发易采选、易运输和有市场前景的矿产(如金、铬、锑、宝玉石、铜、硼等),并根据条件逐步加强其他矿产(如盐湖矿产等)开发。对于全国短缺而西藏具有优势的矿产应根据国家需求和国际矿业市场态势,实行保护性开发或战略储备。

(2) 坚持矿产开发与环境保护并重的原则。西藏生态环境异常脆弱,必须坚持开发前认真做好环境影响评价,切实加强矿区及外围的生态环境保护工作。

(3) 要重视矿产资源的综合勘查、综合开发。西藏矿产资源类型多,伴生、共生矿产资源量比例很大。为提高矿产资源利用率,要综合勘查、综合评价、综合开发利用。建议科技部门安排类似新疆"305"项目的综合性矿产资源研究项目,以进一步摸清西藏矿产资源的家底,为建设西藏的现代化矿业打好基础。

矿产业一直被视为战略资源经营行业,长期处于由国家或其代理人国有企业垄断经营的局面,民营化程度很低。随着垄断行业对民营企业的解禁,这种状况理应有所改变。

4. 推广藏医药产品,做大做强藏医药产业链

藏医药具有显著的资源优势、比较优势和竞争优势。资源优势是西藏经济发展的前提。藏医药作为一种产业资源,经过漫长的历史积累与系统发掘,较其它自然资源已具备显著的优势,它是将青藏高原的生态环境、自然资源和民族文化结合得最好的资源,是最有价值又最容易转化为经济优势的资源之一。藏医药是一种传统知识体系,植根于藏族传统文化土壤,其理论规范、思维方式、技术手段、医德伦理都蕴含着藏民族传统文化的特征,是吸收中医学、天竺医学、大食医学等周边民族医学,并对本地的疾病特征,经过长期的临床实践总结而成,竞争优势明显。首先,青藏高原藏药药材种类丰富,储量大,部分为西藏特产。其次,藏药产品具有体积小、重量轻、附加值高、便于运输等特点,在国内市场及国际市场均有强劲的竞争优势。青藏高原作为藏医药学的发源地和藏药的产地,其藏药的活性成分高且无污染是国内外罕见的,对高原疾病、心血管病、胃病、风湿病、跌打扭伤等有独特的治疗效果。到2009年底,西藏藏药厂家已有18家,年产值达6.28亿元。藏医药业只要坚持不断地注入科技含量,不断拓展其市场空间,完全能够成为特色支柱产业。藏医药业原本就是从民间生成的产业,如今它的蓬勃发展也得益于民间资本和民营企业家的贡献(如"奇正藏药"董事长雷菊芳就是2010年全国十大民营企业家之一),坚持民营化、市场化、外向型、股份制方向,无疑是做大、做强藏医药业的关键所在。

(四) 政府要引导非公经济向着体现西藏经济战略目标内在要求的方向发展,同时加强对非公经济的宏观管理

在西藏,非公经济还是一棵并不健壮的小树,扶持其成长无疑是政府及社会各

界第一位的任务。然而，切不能忽视对其发展方向的引导，切不能忽视对其运行过程的宏观管理。一是要加强产业指导，鼓励、引导民营资本和民营业主投身于基础产业和服务业，抑制民营经济的短期投资行为。二是要鼓励、引导民营企业履行社会责任和环境责任，鼓励它们吸纳下岗职工和进城农民工就业，鼓励它们投身社会公益事业和环保事业，同时要限制它们可能存在的污染环境、掠夺资源、破坏市场秩序、忽视生产安全与产品质量的不良行为。三是要加强监督管理，优化服务环境。政府和行业协会要引导私营、外资企业和个体工商户树立“致富思源、富而思进”的思想，引导和监督其照章纳税、守法经营，帮助其了解行业和市场信息，督促其加快技术进步和制度创新的步伐。

第九章

生态、文化产业发展与西藏经济结构转型

众所周知，西藏是一个生态环境极为重要和极为脆弱的地区，而产业结构的高度化、适度的工业化和城镇化都不可避免地会对环境和资源产生影响，人们所期待的是这方面的正面影响能多于负面影响，这就需要统筹兼顾经济发展和生态环境保护与改善。如何做到在保护和改善青藏高原脆弱环境的前提下促进西藏经济社会跨越式发展，是从中央到西藏地方都十分重视的问题。2006 年 3 月，胡锦涛在参加十届全国人大四次会议西藏代表团讨论时，提出要“在科学发展的轨道上推进跨越式发展”。中央第五次西藏工作座谈会提出，要“统筹生态环境保护和经济发展、社会进步、民生改善，实现西藏生态系统良性循环”。那么，西藏如何才能做到统筹生态环境保护和经济社会发展呢？我们认为，一个可行的办法是，打破按照三次产业来确定产业发展战略的传统思维，树立寻找主导产业群、特色产业群的新观念。可以用生态、文化产业来统领、组合优势、特色产业群，以低碳经济模式促进经济结构转型和经济发展方式转变，从而实现“在科学发展的轨道上推进跨越式发展”。

第一节　对西藏生态、文化产业的界定

一、关于生态、文化产业的一般界定

（一）关于生态、文化产业的内涵界定

本章所讲的生态、文化产业是一个产业集群概念，它由生态产业和文化产业两个产业群组成。关于生态产业的涵义，存在多种界定。例如，一种定义是，生态产业是指仿照自然界生态过程物质循环的方式来规划产业生产系统的一种产业模式。生态产业力求把产业生产过程纳入区域生态系统中的物质系统，把生态环境的优化作为衡量产业发展质量的重要标志。[①] 第二种定义是，广义的生态产业或

---

① 徐爱燕，安玉琴，王大海. 论西藏生态产业体系及发展重点[J]. 西藏大学学报(社会科学版)，2010(4).

环境产业，主要包括生态业、环保业、“熵”处理业、废旧物品回收和利用业及其为生态环境建设直接服务的部门。① 不管是哪一种定义或解释，有两点是共同的：一是生态产业不是一个产业，而是一个跨越三次产业的产业集群；二是生态产业是以生态环境和生态资源为依托，以追求生态效益为主目标，具有和谐生态功能的新兴产业。

关于文化产业的内涵，也是众说纷纭。德国学者阿多诺(Theodor Adorno)和霍克海默(M. Horkheimer)在他们的《启蒙的辩证法》(1947)一书中，首先提出了“文化产业”(culture industry)一词。1980 年初，欧洲议会所属的文化合作委员会首次组织专门会议，探讨“文化产业”的含义等问题，文化产业从此成为被广泛使用的专用名词。

各国政府也根据本国文化产业发展的基本情况，给出了不同的文化产业概念和行业分类标准。例如，英国政府将文化产业定义为“源于个体创造力、技能和才华的活动，而通过知识产权的生成和取用，这些活动可以发挥创造财富和就业的潜力”；②日本把文化产业界定为“与余暇相关联的服务行业”；③美国把文化产业定义为“通过工业化和商品化方式进行的文化产品和文化服务的生产、交换和传播”的产业④。联合国教科文组织的界定较有代表性，该组织认为，文化产业是“按照工业标准生产、再生产、存储以及分配文化产品和服务的一系列活动，采取经济战略，其目的是追求经济利益而不是单纯为了促进文化发展”。⑤

我国提出“文化产业”概念相对较晚。2000 年 10 月，中央十五届五中全会通过的《中共中央关于制定国民经济和社会发展第十个五年计划的建议》，第一次在中央正式文件中使用了“文化产业”一词。2004 年 3 月，国家统计局发出《关于印发〈文化及相关产业分类〉的通知》，首次从政府统计的角度对文化及相关产业进行了全面的界定，即文化产业是指“为社会公众提供文化、娱乐产品和服务的活动，以及与这些活动有关联的活动的集合”。⑥ 我们认为，文化产业就是指从事文化产品生产和提供文化服务的经营性行业。

（二）关于生态、文化产业的行业划分

由于生态产业的界定还处在探讨阶段，其行业分类既没有形成国际标准，也没

---

① 刘思华. 创建五次产业分类法，推动 21 世纪中国产业结构的战略性调整[J]. 生态经济，2000(6).

② 冯子标，焦斌龙. 分工、比较优势与文化产业发展[M]. 北京：商务印书馆，2005：37.

③ 冯子标，焦斌龙. 分工、比较优势与文化产业发展[M]. 北京：商务印书馆，2005：38.

④ 丹增. 文化产业发展论[M]. 北京：人民出版社，2005：9.

⑤ 参见联合国教科文组织网站：http://www.unesco.org/culture/industries.

⑥ 李悦. 产业经济学(研究生教学用书，第三版)[M]. 第 302-303 页，北京：中国人民大学出版社，2008.

有形成国家标准,这里只能介绍理论研究的一些结论。目前比较有代表性的划分有两种:一种按照三次产业分类的思想,把生态产业划分为生态农业、生态工业、生态服务业和环保产业。① 第二种是把生态产业划分为三大部门、十个产业群,它们是:(1)生态环境科学技术产业群。包括生态环境科学研究部门、生态环境技术产业。(2)直接生态环境保护与建设部门。包括“熵”处理产业(即工业废弃物的处理、农业生态循环产业、各种垃圾的处理与利用等)、资源综合利用产业、再生资源回收加工与利用、直接创造生态环境产品与收益的产业(主要有林业、草业、生态养殖、江河整治、水土改良等)、自然生态保护业、生态环境监测与自然灾害的预报及防治产业、生态环境文化教育产业、生态环境信息产业等8个产业群。(3)间接生态环境部门。其生产活动包括在三次产业之内。②

文化产业的行业分类没有统一的国际标准,部分国家制定了自己的分类标准。比如,澳大利亚统计局把文化、休闲产业分为4个大类、22个中类,4个大类包括文物与遗产、艺术、运动和休闲体育、其他文化与休闲活动。英国政府界定的创意产业(即文化产业)主要由广告业,建筑业,艺术品/文物交易,工艺品,设计业,时装设计,电影、音像与摄影,音乐与表演艺术,出版业,软件与计算机服务,广播与电视等11个行业大类组成。美国界定的文化产业主要包括文化艺术业(含表演艺术、艺术博物馆)、影视业、图书业和音乐唱片业。韩国把“动画、卡通、漫画、电影、音乐、电子图书、移动/互联网内容、游戏、娱乐内容、广播电视”等行业纳入文化产业之中。③

按照联合国教科文组织的定义,文化产业至少包括印刷、出版和多媒体,视听、唱片和电影的生产,以及工艺和设计等行业。根据联合国第三次修订的国际标准产业分类,文化产业包括文化内容发展(如书籍、资料、报刊、音像制品出版、广播电视活动、广告业、音乐艺术活动等)、文化产品的制造(如电讯仪器、乐器制造等)、文化内容的翻译和传播(如印刷业、电影制造、发行和放映等)、文化交流(如图书馆、档案馆、博物馆活动等)四个部分。④

我国国家统计局印发的《文化及相关产业分类》把文化产业分为“文化服务”和“相关文化服务”两大部分,再细分成9个行业大类、24个行业中类,具体见表9-1。

---

① 徐爱燕,安玉琴,王大海.论西藏生态产业体系及发展重点[J].西藏大学学报(社会科学版),2010(4).

② 刘思华.创建五次产业分类法,推动21世纪中国产业结构的战略性调整[J].生态经济,2000(6).

③ 郭惠英.中外文化产业行业界定比较研究[J].中国文化产业网 2007-3-14.

④ 转引自:李悦.产业经济学(研究生教学用书,第三版)[M].北京:中国人民大学出版社,2008:302.

表 9-1　中国"文化及相关产业分类"(中类划分)

类　别　名　称	类　别　名　称
第一部分　文化服务	13. 互联网信息服务
1. 新闻服务(新闻业)	14. 旅游文化服务
2. 书、报、刊出版发行	15. 娱乐文化服务
3. 音像及电子出版物出版发行	16. 文化艺术商务代理服务
4. 版权服务	17. 文化产品出租与拍卖服务
5. 广播、电视服务	18. 广告和会展文化服务
6. 广播、电视传输	第二部分　相关文化服务
7. 电影服务	19. 文化用品生产
8. 文艺创作、表演及演出场所	20. 文化设备生产
9. 文化保护和文化设施服务	21. 相关文化产品生产
10. 群众文化服务	22. 文化用品销售
11. 文化研究与文化社团服务	23. 文化设备销售
12. 其他文化艺术服务	24. 相关文化产品销售

资料来源:国家统计局关于印发《文化及相关产业分类》的通知。中国文化产业网 ,2007-09-18。

我们认为,参照国际上对文化产业的划分和国内发展需要来看,我国的文化产业还可以增列包括建筑设计在内的设计业、文化创意和文化科技、动漫游戏等行业。

二、关于西藏的生态、文化产业的行业构成

从理论上讲,生态、文化产业的内涵和行业划分可以适用于西藏,从突出地方特色和重点的角度讲,也可以界定西藏的生态、文化产业。我们认为,西藏的生态产业在大类上也可以分为生态农业、生态工业、生态服务业和环保产业。其中,生态农业包括生态种植业(含藏药原料种植)、生态畜牧业(含草业)、生态林业(含林下经济)、生态渔业;生态工业包括农林畜渔产品加工业、绿色能源工业、绿色食饮品工业、民族手工业、藏药产业、高原特色生物产品加工业(如生态有机肥、绿色饲料加工、生物制药等)、高原特色新材料行业(如绿色建材等);生态服务业包括生态旅游业、生态物流业、其他生态服务业;环保产业包括环境污染治理产业、资源再生利用产业、生态建设产业。① 与高原生态资源的开发和高原生态环境保护相关的产业无疑是西藏生态产业的特色和重点。

西藏的文化产业基本上和全国的文化产业一致,可以包括新闻出版业、广播电视电影业、文艺创作和表演业、文化保护和文化设施服务、群众文化及文化社团服务业、互联网及动漫文化服务业、旅游休闲文化服务业、其他文化产业(主要是文化产品及设施的生产、出售、出租业,广告和会展文化服务业,文化研究、文化教育、文

① 参考了徐爱燕、安玉琴、王大海《论西藏生态产业体系及发展重点》一文中的思路,但有扩展。

化宣传服务业等)。其中,与民族文化艺术、西藏历史文物与非物质文化遗产、宗教文化相关的产业,无疑是西藏文化产业中的特色产业和重点产业。

第二节 大力发展生态、文化产业的重要意义

“今天的环境,明天的经济”,生态环境和人文环境是未来地区经济竞争力的关键因子。生态、文化产业作为知识密集型、环境友好型、资源节约型的知识经济、低碳经济或绿色经济,受到了国际组织和世界各国的高度重视。早在 1992 年,世界环境与发展大会发表的“里约宣言”就确立了全球可持续发展道路;1994 年,我国也将可持续发展上升为国家战略。1998 年联合国通过了《文化政策促进发展行动计划》,明确提出:世界经济发展可以最终以文化概念来定义,文化的繁荣是发展的最高目标。① 2006 年 9 月,我国第一个文化产业发展中长期规划《国家“十一五”时期文化发展规划纲要》出台。2007 年 10 月,中共十七大报告首次提出要建设生态文明,推进“社会主义文化大发展大繁荣”,把文化建设、生态文明建设和经济建设、社会建设、政治建设相提并论,把生态、文化建设提升到了前所未有的战略高度。

为什么国际组织、各国政府和市场主体都对生态、文化建设和生态文化产业发展极为重视?我们认为,这是社会经济发展的内在规律在起作用。有研究表明,当恩格尔系数下降到 50 以下,人均 GDP 超过3 000美元时,文化消费在总消费中的份额就要超过 30%~40%;解决了温饱正在为小康生活奋斗以及已经过上了小康生活的人们,也都越来越向往亲近大自然、越来越关心生活环境的质量。不断增长的生态、文化需求是拉动生态文化产业发展的根本动力。

一、发展生态、文化产业的一般意义

960 万平方公里的国土和生态环境,是中华各民族共同的家园;五千年悠久灿烂的中华文化,是中华民族生生不息、国脉传承的精神纽带,是中华民族历经劫难而屹立不倒、百折不挠的力量源泉。建设社会主义生态文明、繁荣发展社会主义先进文化,必将为实现全面建设小康社会宏伟目标、构建社会主义和谐社会提供环境资源保证、思想保证和精神动力。② 近年来党和政府已经看到了生态、文化产业发展的战略意义和发展差距,党的十七大报告就指出:“坚持生产发展、生活富裕、生

---

① 王平.文化产业:一场新型的“国际战争”[N].第一财经日报,2007-11-29.

② 国家“十一五”时期文化发展规划纲要(全文).人民网 2006 年 09 月 13 日.

态良好的文明发展道路，建设资源节约型、环境友好型社会，实现速度和结构质量效益相统一、经济发展与人口资源环境相协调，使人民在良好生态环境中生产生活，实现经济社会永续发展。”“必须把建设资源节约型、环境友好型社会放在工业化、现代化发展战略的突出位置，落实到每个单位、每个家庭。”“当今时代，文化越来越成为民族凝聚力和创造力的重要源泉、越来越成为综合国力竞争的重要因素。”我们要“大力发展文化产业，实施重大文化产业项目带动战略”。①

（一）生态、文化产业有着其他产业难以比拟的特色和优势

生态、文化产业作为新兴的朝阳产业，其特色和优势主要表现在以下六个方面：

一是生态、文化产业资源消耗低，环境污染小，属于低碳产业。对自然环境的正面影响远大于负面影响。

二是生态、文化产业市场需求强、发展潜力大。据专家统计，人均 GDP 超过 3 000 美元，人们消费结构就会出现明显变化，物质消费的比重会逐渐减少，生态、文化消费的比重会不断增加。我国 2010 年的人均 GDP 已达到 2. 97 万元，按 2010 年底的人民币兑美元汇率，已达到约 4 400 美元，人们对生态、文化产品和服务的消费正在迅速增长，原生态产品和服务明显供不应求，显示出生态、文化产业巨大的发展潜力和良好的市场前景。

三是生态、文化产业易与新技术对接，具有较强的创新应变能力。从内容上看，生态产业属于科技型产业，文化产业属于创意产业；从形式和载体上看，生态、文化产业会自发地创新求变。近年来，生态产业与生物工程技术对接，派生出许多高新技术产业；文化产业与网络技术、数字技术对接，派生出一系列新生的文化业态，为文化艺术提供了新的表现形式和传播渠道，展现出强大的生命力和创新应变能力。

四是生态、文化产业进入门槛低，吸纳劳动力能力强。生态、文化产业既适合现代化大规模经营，也可以接纳个体化、小规模、依靠个人创作和传统技艺发展的市场主体。进入门槛可高可低，各类人群、各类企业组织形式都能够从事生态文化产业。

五是生态、文化产业经济回报高，受益时间长。生态、文化产品一旦受到消费者的追捧，就会获得较高的经济回报。同时，原生态产品和优秀文化产品的价值不会随时间推移而减少，反而会随着时间流逝而不断增值。

六是生态、文化产业属于经济危机中的“疗伤产业”，具有反经济周期功能。比

---

① 胡锦涛. 高举中国特色社会主义伟大旗帜 为夺取全面建设小康社会新胜利而奋斗——在中国共产党第十七次全国代表大会上的报告[N]. http://www.sina.com.cn 2007 年 10 月 24 日 20:58.

如在 2008—2009 年的全球金融危机中，生态、文化产品的市场需求不仅没有萎缩，反而出现了快速增长。可见，在金融危机背景下，发展生态、文化产业有利于化危为机，促使受伤的经济肌体恢复健康。

（二）生态、文化产业具有生态、文化、政治、社会、经济五大基本功能

生态产业具有显而易见的生态功能，也具有明显的经济功能，在人们越来越追求生活品质的情况下，原生态的产品具有越来越高的附加值。而文化产业则具有以下五大基本功能：

(1) 文化功能。文化产业的首要功能是促进文化传承和文化繁荣。文化产业以市场运作的方式开展文化建设和文化产品生产，大规模创制、复制文化产品，在更好地保存和弘扬传统与既有文化的同时，也会催生出众多具有新的价值观、新的内容、新的形式的文化产品，从而推动文化的发展和繁荣。

(2) 政治功能。文化产品会影响意识形态，即它所包含的信息内容，会潜移默化地影响人们的价值观、人生观和世界观，文化产业由此发挥着政治宣教功能。

(3) 社会功能。文化产品可以反映社会生活和人的精神世界。文化产业的发展，可以满足公众的精神生活需求，提高人们的思想道德素质和文化素质，促进社会文明程度的提高。

(4) 经济功能。文化产业具有低投入、高产出，一次投入、反复受益等特点，文化元素也可以使物质产品增值。事实证明，文化产品和文化产业除了其宣教作用外，也是可以营利的。一部好莱坞电影《泰坦尼克号》就创下了 15 亿美元的票房价值，其中索尼公司单靠发行它的一首主题歌原声带就进账 2 亿美元。① 文化产业还是国民经济新的增长点。文化产品的商业化、市场化运作，直接促进了文化市场的繁荣，带动了相关产业的发展，进而会带动整个国民经济的发展。

(5) 生态功能。生态文化产业作为典型的低碳产业，把它们培育为战略支撑产业集群，有利于保护和改善日益脆弱的生态环境，节约日益稀缺的自然资源，减少自然灾害，从而在产生经济效益和社会效益的同时，产生其他产业难以比拟的生态效益。

（三）发展生态、文化产业对于经济结构调整具有重大意义

生态、文化产业跨越三次产业，且其中的大多数行业都属于第二、三产业。显然，发展生态、文化产业会直接促进第二、三产业发展，进而促进产业结构高度化。随着高新技术的推广，生态、文化产业与环保、信息、通讯、网络等行业的联系也越来越紧密，不断催生新的生态、文化产业业态，从而也促进了绿色经济、知识经济的

---

① 邱永建. 世界文化产业发展对我国经济社会发展的启示[J]. 经济与社会发展，2005(3).

发展。另外，由于乡村和边远地区的自然与文化的原生态得到了良好保护，促进了乡村和边远地区旅游业的发展，这对于优化城乡结构、区域结构，推进乡村扶贫开发，无疑是大有益处的。

（四）发展生态、文化产业是提高我国综合国力和国际竞争力的重要途径

随着我国经济实力的不断增强，以及经济、文化、生态融入全球化程度的不断加深，生态、文化如同经济一样，越来越成为综合国力竞争的重要因素。生态环境质量和文化软实力已经是综合国力和国际竞争力的重要组成部分，世界各国尤其是发达国家纷纷把提高国家文化软实力和可持续发展作为重要发展战略，千方百计提高本国文化的整体实力、国际竞争力和生态环境的吸引力。我国要想提高综合国力，在新的国际竞争中赢得主动，就需要维护国家的生态、文化安全，加快发展生态产业和文化产业，切实提高国家的生态、文化、科技软实力。

（五）发展生态产业有利于维护国家的生态安全

生态安全同国防安全、政治安全、经济安全一起，构成国家基本的安全体系。就大国而言，国防安全、政治安全相对容易做到，生态、经济安全反而更需要受到重视。日本 2011 年 3 月 11 日发生的 9 级特大地震及由此产生的持久的核辐射，给全世界的生态安全敲响了警钟。我国也存在土地沙化、荒漠化、水土流失，草场农田退化，地震、洪涝、干旱、雪灾等天灾，水污染、空气污染等诸多生态不安全问题或隐患。大力发展生态产业和低碳经济，可以减少环境污染、节约资源、加快环境治理，有利于建设国家生态安全屏障。

（六）发展文化产业可以为经济社会发展提供思想保证、精神动力和智力支持

文化教育可以提高全民族的思想道德素质和科学文化素质，提高全民族的文明程度，文化事业和文化产业发展必然为一国和地区的经济发展和社会进步提供思想保证、精神动力和智力支持。对于我国这样一个拥有 13 亿多人口的大国，更有必要通过发展文化事业和文化产业，提高公民的科学文化素质，把沉重的人口负担转化为巨大的人口红利，这是促进国民经济和和社会可持续发展的根本保证。

二、在西藏发展生态、文化产业的特殊意义

西藏是一个生态、文化资源丰富，资源禀赋独特的地区，发展生态、文化产业具有明显的比较优势；在西藏这样一个生态环境和自然资源约束强烈的地区，优先发展包括生态、文化产业在内的第三产业，也是产业结构优化的必然路径。而且，在西藏发展生态、文化产业，维护高原生态安全和弘扬社会主义先进文化，对于维护社会稳定和边疆安宁具有战略意义。

(一)西藏地区发展生态、文化产业具有比较优势

(1)西藏地区的生态、文化资源禀赋优良。按照赫克歇尔和俄林的生产要素禀赋论,一种生产要素越丰裕,以它为投入品的产品或产业的比较优势和竞争力就越强。西藏的生态、文化资源既丰裕又独特,开发成本也不高,发展生态文化产业具备优越的资源条件。

首先,西藏占了青藏高原境内面积的大约一半,是青藏高原的主体部分。这里既是世界屋脊和"地球第三极",也是江河之源、"亚洲水塔",东半球和北半球最重要的气候调节区,是构筑全国甚至亚洲安全屏障的主体地区,这里的生态安全不只是关乎西藏本地利益,也关乎全国甚至全球的生态利益。同时,这里的生态环境极为脆弱,一旦被破坏,自我修复能力很差。这里是全国乃至全球受到工业破坏最小的地区,生态环境基本上保持了原生态,也是天然的植物宝库和野生动物的乐园,生态资源丰富,自然景观神奇,发展生态产业的资源条件优越。当然,在西藏发展生态产业,需要统筹生态安全和生态资源开发的关系,"既要金山银山,更要绿水青山"。既不要忽视跨越式发展和现代化建设的重要性,更不能忽视保护环境的极端重要性,要把经济效益和生态效益兼顾起来。

其次,西藏地区保留了众多原汁原味、独具地域特色的民族文化,文化资源极有特质和经济价值。西藏是我国民族文化、高原文化的重要集萃地,蕴藏着极为丰富的民族文化资源。例如,以雄伟壮丽的布达拉宫为代表的文物古迹浩若繁星,散布在西藏的山川大地;以藏民族文化发祥地——雅砻河谷为代表的人文、自然景观十分丰富,尤以浩瀚的历史、宗教、文化艺术等珍贵典籍而享誉世界。尤为可贵的是,西藏的传统民族文化如同高原生态一样得到了很好的保护。西藏文化资源的种类也比较齐全,品质优良。张云研究员在《西藏传统文化的内在魅力与独特价值》一文中将西藏的文化资源划分为4类:一是历史文献、典籍、建筑和各种文物;二是语言文字、历史、文学、医学、天文历算和工艺技术;三是宗教哲学、社会制度与风俗习惯;四是传统体育运动与歌舞艺术。① 这些文化资源都很有特质,它们一旦和现代文化和市场经济相结合,就显现出极高的经济价值。如西藏著名寺庙的壁画、年代久远的唐卡等,可谓价值连城,即使是它们的复制品或仿制品也有很高的经济价值。藏药、手工艺品都供不应求,文化旅游、生态旅游近年来更是出现了"井喷"式增长。

第三,西藏文化具有独特的精神魅力。西藏的传统文化尽管存在一些积弊,如

---

① 转引自:许广智.西藏传统文化与社会可持续发展的关系[J].西藏研究,2007(4).

“重牧农，轻工商”、“重来世，淡现实”、“自由、散漫，超缓慢节奏”等，[①]但是瑕不掩瑜，其独特的精神魅力令世人神往。这种精神魅力主要体现在：(1)具有和平主义、爱国主义、利他主义的精神内核，也对自然、对人生、对社会的终极关怀，它们与人类已经失去或正在失去的传统人文精神相契合，从而显现出极大的魅力。正像有些学者所指出的那样：在环境生态问题日益严重的今天，“天边的那块静土尤其令人神往，善待自然、珍视生命，万物有灵，人与自然和谐共处的思想具有重要环保价值。这些特性使西藏文化成为全国甚至世界文化的一大亮点，预示着西藏文化产业具有巨大的市场需求潜力”。[②] (2)具有反对邪恶，抗击侵略，保家卫国、不怕牺牲的英雄气概，以及为理想而不计荣辱得失、不畏艰难困苦、生死不移的奋斗精神。(3)具有重哲学、重理念、重圣贤英雄的社会风尚，以及朴实正直、自尊、敬人、扶助弱小、抑制豪强的道德观。(4)具有乐天知命的人生态度。[③]

这些独特的文化内核和精神特质，使得西藏高原民风淳朴，颇具华夏上古之风，对于祖国内地和境外久居都市的人们特别具有吸引力。

(2) 与其他产业相比较，西藏的生态、文化产业是劣势较小的产业。李嘉图的比较优势论的核心思想是“两利相权取其重，两害相权取其轻”。西藏的农牧业属于弱质产业，产业链短，需求弹性小，产出增长率和附加值较低，受土地、气候、季节的制约大，因此，在产业选择中，只宜把农牧业作为基础产业，而不宜作为主导产业。西藏虽然具有丰富的自然资源，但是，其工业开采的难度大、成本高、对生态安全威胁大(生态工业除外)，受交通、能源等基础设施的制约大，因此西藏并不具备大规模发展工业的条件。生态、文化产业以丰富的生态资源和现存文化资源为基础，且有一次开发、重复利用的特点。发展低耗、高效、清洁的生态、文化产业极有利于保护和改善高原脆弱的生态环境。发展生态、文化产业也有利于西藏突破资金、技术等生产要素及运输的制约，从现存的自然资源和文化遗产中获取良好的经济、社会和生态效益。由此可见，生态、文化产业在西藏应该是优势最大或者说劣势最小的产业。

(二) 发展生态、文化产业是促进西藏经济持续快速发展的需要

首先，西藏经过近 60 年的建设和发展，已经告别了短缺经济时代，加之进藏旅游人数的快速增长，导致需求结构发生了深刻的变化，突出的表现是生态、文化需求增长较快。需求的增长必然拉动生态、文化产业的发展。其次，西藏在 2000 年提出了跨越式发展战略，并且得到了中央的肯定和支持。确保跨越式发展目标的

---

① 丹珠昂奔. 藏族文化发展史(上)[M]. 兰州：甘肃教育出版社，2001：21.

② 耿香玲，刘士岭. 西藏地区发展文化产业的比较优势探析[J]. 西藏大学学报，2004(2).

③ 丹珠昂奔. 藏族文化发展史(上)[M]. 兰州：甘肃教育出版社，2001：22-25.

实现必然要求经济长期保持12%左右的高速度，大力发展包括生态、文化产业在内的第二、三产业有助于推动西藏经济加快增长。从国内外的发展实践看，文化产业是高成长、产业关联效应大、受经济波动影响较小的行业，大力发展文化产业有利于减轻资源环境压力和消减金融危机的影响，带动其他产业发展，促进经济快速增长和产业结构高度化，从而促进经济可持续快速发展。特别是在环境资源约束较强情况下，优先发展生态、文化产业，进而带动一些与当地生态、人文环境相适应的特色工业和服务业发展，完全符合西藏的区情，是西藏促进经济社会可持续发展和跨越式发展的理想路径。

（三）发展生态、文化产业是全面建设小康社会的需要

西藏提出的全面小康目标是一个包括20多个指标在内的目标体系，其中有大约1/3的指标都直接或间接与生态文化产业有关。生态安全和文化发展不仅是建设小康社会的重要目标，也是全面建设小康社会所必须的环境保障、精神动力、智力支持和思想保证。在西藏，占人口绝大部分的藏族居民，大部分都信仰藏传佛教，热爱民族艺术，他们对于大自然的崇敬和对精神生活的追求热情甚至超过了物质生活享受。只有重视生态文明建设和文化产业发展，才能真正建成一个符合当地居民需要的全面小康社会。

（四）新发展观的确立为西藏发展生态文化产业提供了巨大机遇

20世纪90年代以来，"以人为本"的新发展观逐渐成为全球共识。这种发展观将"文化多样性"作为重要的发展目标。1995年，联合国教科文组织发表了题为"我们创造的多样性"的报告，报告认为，民族文化是一个民族赖以生存和发展的精神支撑，脱离文化的发展是一种没有灵魂的发展，是无根的增长（rootless growth）。"发展可以最终以文化概念来定义，文化繁荣是发展的最高目标"。[①] 我国提出的科学发展观也把生态文明和文化建设摆在了和经济、政治建设同等重要的位置，为生态、文化产业发展提供了良好的制度环境。

在西藏维护生态安全和建设生态文明，发扬光大民族优秀文化，对于维护高原生态和民族文化的多样性，进而实现科学发展具有战略意义。维护全球生态安全和生态多样性的关键出路在于全球环境保护与治理的合作，维护世界民族文化多样性的最好出路就是让各国民族文化相互交流、交融。由于生态文化产品和服务的出口被纳入了全球服务贸易的范围，可以享受世界服务贸易总协定中对广大发展中国家的特殊安排和优惠待遇，故而发展生态、文化贸易的门槛较低、阻碍较少。而且，西藏所在的青藏高原是亚洲各国和地区共同的生态安全屏障，西藏又同南

---

① 转引自：耿香玲，刘士岭.西藏地区发展文化产业的比较优势探析[J].西藏大学学报，2004(2).

亚、东南亚、东亚地区以及泛太平洋地区共属佛教文化圈，具有共同的文化背景和相同或相似的文化需求，这使得西藏与我国各省市区及亚洲其他国家和地区开展生态、文化合作具备先天的优势。

（五）发展生态、文化产业是开展反分裂斗争和维护社会稳定的需要

文化属意识形态的范畴，西方反华势力和达赖分裂集团企图利用文化渗透与我们争夺意识形态，争夺下一代，严重威胁着我国的文化安全。因此，大力发展文化产业是我们牢固占领意识形态、占领文化阵地，开展反分裂斗争的需要。① 在西藏维护社会稳定的关键除了要坚决打击分裂活动和暴力犯罪活动外，还要切实维护民族团结和保护生态环境，加强法制教育和道德教育。文化是维系民族团结的精神纽带和思想保证，也是对居民进行思想道德教育的有力武器。而且，在西藏大力发展生态、文化产业，可以使得达赖分裂集团制造的西藏生态环境破坏论和西藏文化灭绝论的谣言不攻自破。因此，大力发展生态、文化产业，维护西藏的生态安全，促进生态文明和文化发展，无疑是实现西藏社会局势长治久安的重要路径。

（六）发展文化产业是传承、发展民族传统文化和社会主义先进文化的需要

每个区域、每个民族的现代化进程都离不开传统文化和先进文化的共同支撑。民族传统文化是发展特色经济的重要前提条件，外来先进文化则是发展现代产业的重要基础。只有大力弘扬优秀的民族传统文化，切实保护和适度开发民族文化资源，同时积极吸收外来先进文化，促使多元文化有机融合，才能真正促进当地经济和文化的共同发展。

传承、发展民族传统文化特别要重视文化遗产的保护。联合国在其发表的《保护非物质文化遗产公约》(2003)中强调：非物质文化遗产面临损坏、消失和破坏的严重威胁，它又是可持续发展的保证。我国政府也已经开始对民族民间传统文化进行立法保护，2003 年出台了《中华人民共和国民族民间传统文化保护法》②。在西藏发展文化产业首先要做好优秀的民族传统文化的保护、传承和发展工作。因为从资源禀赋角度看，西藏的民族传统文化要比现代文化更有特色和优势。优秀的民族传统文化是西藏发展文化产业的主要资源。保护和开发西藏的文化资源需要注意两个关键问题：一是要对民族传统文化进行“扬弃”，即用社会主义先进文化来改造传统文化，以便传承和发扬传统文化的精华，革除传统文化的糟粕。二是要

① 马如龙.大力发展西藏文化产业的几点思考[J].西藏大学学报,2005(2).

② 许广智.西藏传统文化与社会可持续发展的关系[J].西藏研究,2007(4).

通过发展文化产业，开发文化资源，变单一的保护为开发中保护，让文化资源更好地为发展当地经济和改善民生服务。同时，在发展文化产业中所积累起来的人才、资金、技术，又可以为民族文化遗产的保护与发展服务。在计划经济时代，西藏没有市场意义上的文化产业，只有以公共文化产品生产为核心的文化事业；在改革开放之后，文化的商品化经营才得以实现，文化产业才开始起步和逐步发展，藏民族传统文化才得到了更好的保护、挖掘、传播和发展。例如，西藏的手工业、藏医藏药、广播电视、新闻出版、信息产业等行业的发展，都对西藏传统文化、民间技艺的挖掘、保护、传播和发扬光大产生了很大的推动作用。

（七）发展生态、文化产业有利于保护和改善西藏的生态环境

在西藏，保护传承民族传统文化和保护改善生态环境是结合在一起的。在包括西藏在内的诸多藏区，文化和自然环境结合得相当紧密。例如，神山圣湖和依山而建的寺庙宫殿就是两者结合的产物。两者的结合使得保护民族传统文化也就成了保护生态环境的组成部分，这种对大自然崇拜的文化价值观在客观上起到了保护当地生态环境和自然资源的作用。另一方面，生态产业、文化产业都是资源节约型、环境友好型的低碳产业，其发展有利于节约自然资源，净化、美化生态环境，改良人文环境。高原圣洁的生态环境和神秘的民族文化，以及由此衍生的绿色产品和文化产品，正是西藏在全球知名的天然品牌，可以给西藏带来可观的潜在经济效益。

专栏 9-1　西藏在国家支持下致力于建设生态安全屏障和发展绿色经济

2009 年初国务院审议并通过了《西藏生态安全屏障保护与建设规划》，计划投资 155 亿元，实施 3 大类 10 项生态环境保护与建设工程，到 2030 年基本建成西藏生态安全屏障。

据西藏自治区环保厅介绍，这 10 项生态环境保护与建设工程包括：天然草地保护、森林防火及有害生物防治、野生动植物保护及保护区建设、重要湿地保护、农牧区传统能源替代、防护林体系建设、人工种草与天然草地改良、防沙治沙、水土流失治理和生态安全屏障监测。

至 2030 年，国家将通过保护与建设藏北高原和藏西山地以草甸、草原和荒漠生态系统为主体的屏障区，藏南和喜马拉雅中段以灌丛、草原生态系统为主体的屏障区，藏东南和藏东以森林生态系统为主体的屏障区等三个生态安全屏障区，构建西藏高原国家生态安全屏障。

为应对全球气候变暖，中央加大西藏生态环境保护与建设力度，西藏坚持走有

“中国特色、西藏特点”发展路子，加大对生态旅游、高原绿色食饮品、绿色农畜产品等低碳绿色产业的投入，大力发展太阳能、风能、沼气等清洁能源产业和薪柴能源替代工程，经济可持续发展动力不断增强，能耗不断降低。

在实施禁伐后，拥有中国保存最为完整原始森林的西藏东南部林区加快转变经济发展方式，经济发展已从过去依靠木材加工为主向以生态经济为主的特色、绿色、优势产业转变。去年，林芝地区农牧民人均纯收入达到 4 730 元，比全区农牧民人均纯收入多出 1 100 多元。

西藏还积极发展碳汇林业，已成为当地“低碳经济”的试点领域。截至目前，西藏森林活立木蓄积量达 22.73 亿立方米，森林生物总量达 18.98 亿吨，森林总碳汇量达 9.53 亿吨。这三项指标均居全国第一。

根据新华网 2010-9-25、2011-1-4 报道改写

第三节　发展现状与主要问题

一、发展现状

（一）生态产业发展现状

西藏的生态产业已经具有一定的基础，初步形成了包括生态农牧业(尤其是林业和草业)、生态工业、生态建筑业、生态服务业在内的产业体系。其中的生态农业、生态手工业、藏医药业、古建筑业历史较悠久，青稞种植、牦牛养殖，地毯等编织、唐卡制作、藏药生产、青稞啤酒和矿泉水等饮品生产、寺庙和宫殿等古建筑，是当地比较有特色的生态产业。突出成就有：(1)西藏的林业和林区特色经济取得重要成就。据 2009 年公布的全国第七次森林资源连续清查结果显示，西藏森林面积 1 462.65 万公顷，居全国第 5 位；活立木总蓄积 22.73 亿立方米，居全国第 1 位；森林覆盖率 11.91%。森林面积较 2005 年公布的全国第六次森林资源连续清查结果增长 73.04 万公顷，森林覆盖率提高 0.6%。① 西藏林区的林下资源非常丰富，例如，在林芝地区，仅 2010 年，群众采集松茸的直接经济收入就超过 1 200 万元。林下资源收入占林芝地区农牧民收入的 35%左右。仅在波密县，2010 年的虫草采集就为群众增收 1 881 万元，而松茸采集则为群众增收 415 万元；2010 年，波密县已经在全县 880 户农牧民中推广种植天麻，种植面积扩大到 76 702 平方米，年产

① 《西藏退耕还林实施近十年治理林地超百万亩》，《新华网》，2011-8-18.

值达1 831.4万元，每年可为群众增收484万元。[①] (2)天然草地保护取得很大成绩。天然草地保护是西藏生态安全屏障保护与建设规划中计划投资规模最大的一项工程，到2011年7月底，累计落实国家投资7.7亿元，实施天然草地禁牧116万公顷、休牧100.6万公顷、退化草地补播73.4万公顷，治理鼠虫毒草害面积达1 241.6万公顷。西藏的自然保护区面积已经占到全区总面积的1/3。(3)特色生态产业发展良好。例如，5100冰川矿泉水公司属于纯绿色产业，目前已经占有国内高端市场份额的25%左右。公司2010年实现产量8.197万吨，仅向当雄县就纳税3 852万元。水厂的205名员工中，约90%是本地村民。水厂投产之前，当地牧民年收入只有1 000多元，现在员工年均现金收入可达四五万元。又如成立于2009年4月的西藏青稞啤酒有限公司，已初步建成一座设计年产20万吨的现代化啤酒酿造工厂，预计可年消化青稞约8万吨，待青稞啤酒全部产能实现后，每年将实现产值20亿元，超过2009年西藏饮料业产值总和，实现利税3亿元，并可解决大量当地各族群众就业。[②] (4)循环经济也有所萌芽，如位于堆龙德庆县的远征包装公司，已经开始生产以废纸、废纸箱为原料的生态包装物；龙湖公司也生产了适应高原农业的生态有机肥；利用水力、地热、太阳能、风力、沼气发电，也成了当地能源的主要来源。

（二）文化产业发展现状

西藏自和平解放以来，特别是改革开放以来，随着社会政治制度变革、经济持续快速发展和人民生活水平的日益提高，文化事业和文化产业也呈现出蓬勃发展的态势。主要表现在：

一是机构、队伍初具规模。到2008年底，西藏有从事文化产业的企业和单位近3 000家，从业人员近30 000人，每年实现税收2 000余万元；从事西藏文化研究、工作的机构有50多个，已建有专业艺术表演团体10余个，业余文艺演出队和藏戏表演队500多个，县级民间艺术团18个。文化系统共有各类文化工作者2 000多人，其中藏族占88%，专业技术人员1 200余人(其中高级技术职称的文化工作者110名)，一大批享誉中外的艺术家、专家脱颖而出，以藏族为主的各民族紧密团结协作的文化队伍基本形成。

二是特色节日文艺丰富多彩。改革开放以后，西藏自治区在广大城乡纷纷成立业余文艺演出队和藏戏队，自编自演了众多反映解放后新生活的节目，他们常年活跃在农牧区基层，深受群众喜爱。自治区和各地(市)、县以及部分城镇社区、部队、学校，每年都不定期地举办文艺调演、汇演和艺术节庆祝活动，带动和促进了群

---

① 《林芝地区林业资源保护开发工作综述》，《西藏日报》，2011-9-8.

② 《西藏一批特色优势产业带动自治区农牧民增收致富》，新华社，2011-8-29.

众性文化活动的开展。自1993年以来，西藏实施了“创建文化先进县”、“万里边疆文化长廊建设”和“少儿文化蒲公英计划”三大文化工程；①一年一度的山南地区雅砻艺术节、藏东地区康巴艺术节、那曲地区赛马会、日喀则地区珠峰艺术节、拉萨地区雪顿节、江孜的达玛节等都已成为全区性民族传统文化节日。每逢藏族传统文化节日都举行藏戏、歌舞演出，开展丰富多彩的群众自娱性文化活动。山南地区洛扎县(藏戏、歌舞)，贡嘎县昌果乡(民间舞蹈)，那曲地区比如县香曲乡(丁嘎热巴)，日喀则地区昂仁县窘唔乡(藏戏)，已先后被国家文化部命名为“中国民间艺术之乡和特色艺术之乡”。自治区人民政府还命名昌都地区芒康县、山南地区扎囊县等19个“西藏自治区民间艺术之乡”，拉萨市尼木县塔荣镇、昌都地区昌都县嘎玛乡2个“西藏自治区特色艺术之乡”。

三是文艺下乡做得较好。全区的村镇文化、社区文化、企业文化、校园文化、军营文化、旅游文化等均有了较大发展，既丰富了群众文化生活，又促进了文化产业的发展。据不完全统计，2003—2007年的5年间，区直专业团体新创作剧目30多台，新创作歌曲近200首，7地(市)专业文艺团体新创作剧(节)目近300个，演出近3 000场，观众近500万人次。其中，送戏下乡演出达2 000场，观众近300万人次。

四是文化保护取得良好成绩。自上世纪80年代以来，国家给西藏投资3亿多元，修复开放了1 400多座寺庙。90年代以来，西藏先后颁布了《西藏自治区文物保护管理条例》(1990年)、《西藏自治区布达拉宫保护管理办法》(1998年)，下发了《关于加强文物工作的通知》，使文物工作逐步走向法制化、规范化。2001年，中央第四次西藏工作座谈会确定投资3.3亿余元，实施了布达拉宫(第二期)、罗布林卡、萨迦寺“三大重点文物保护维修工程”。自治区及各地市也成立了专门的民族文化遗产抢救、整理和研究机构，先后收集各种音乐、歌曲、曲艺1万多首，文字资料3 000多万字，发表有关藏民族传统文化学术论文1 000多篇，民族文艺研究专著30多部，出版了《中国戏曲志·西藏卷》等十大文艺集成志书，使诸多濒临灭绝的民族民间文化得到全面抢救和有效保护。“十一五”期间，国家又投入5.7亿元，对西藏22处文物保护单位进行全面维修保护。其中布达拉宫被列入世界文化遗产，大昭寺、罗布林卡被列入世界文化遗产布达拉宫的扩展项目。2006年到2009年，国家和西藏共投入4 400多万元保护经费，用于非物质文化遗产代表作的保护和传承。2005年以来，我区全面启动了非物质文化遗产保护工程，经过五年来的努力，目前我区共有2项(藏戏、格萨尔)世界级、60项国家级、22项自治区级非物质文化遗产代表作，188名国家级和自治区级非物质文化遗产项目代表传承人。

① 《改革开放30年：西藏文化事业呈现大发展大繁荣局面》，《西藏日报》，2008-12-31。

中国西藏文化保护与发展协会等非政府组织相继成立，在促进西藏文化的保护和发展方面发挥了积极作用。①

五是文化交流渠道不断拓宽。西藏对外文化交流在规模、广度、深度、精度和频度等诸多方面呈现出逐步加大的趋势。文化部门先后派出团(组)360个近4 000人次，访问了美国、奥地利、智利、印度、台湾等50多个国家和地区，在海外110多个城市，进行文化交流演出200多场，观众达900多万人次。有效地弘扬了西藏民族文化，有力地回击了达赖集团“西藏文化灭绝”论。同时，接待了30多个国家和地区的200余名专家学者到西藏进行演出、讲学和举办展览等。

六是文化基础设施不断得到改善，文化产业格局初步形成。本世纪以来，西藏在中央支持下加强了文化基础建设，初步形成了以各地(市)群艺馆为龙头，以县综合文化活动中心为纽带，以乡(镇)、村文化站、室为基础的基层文化网络格局。全区已有8家自治区级文化产业示范基地，其中，岗地经贸发展有限公司为国家级文化产业示范基地；涌现出了拉萨娘热民俗风情园、唐古拉风演艺中心等一大批龙头文化企业和娘热乡民间艺术团等一批文化产业先进集体，极大地提升了西藏文化产业的整体实力和竞争力。② 根据自治区“十二五”规划，西藏将实施重大文化产业项目带动战略，规划建设民族文化产业发展园区、文化传播基地等项目，建设民族语言信息化国家地方联合共建重点工程实验室，鼓励地方特色软件研发。拉萨市娘热乡等一批乡村文化产业正在兴起，文化产业已成为自治区新的经济增长点，“十二五”末将成为支柱产业。

二、存在的主要问题和差距

（一）存在的主要问题

西藏虽然有着发展生态、文化产业所具有的得天独厚的基础和条件，也确实取得了巨大成就，但与内地生态文化产业发达的省市相比，总体上还处在初级阶段，差距还较大，存在的问题主要是：

(1) 体制上缺乏对生态、文化产业强有力的宏观管理和调控。现行的环保体制和文化体制还停留在依赖政府维护生态和政府办文化的基础上，存在给多少钱办多少事的“等、靠、要”现象，尚没有形成市场主体自觉维护生态安全和文化健康的激励约束机制，没有形成“大生态”、“大文化”的统一管理体制。生态、文化建设的资金渠道比较单一，政府部门缺乏对生态文化产业强有力的宏观管理和调控，存

① 《[回眸十一五　展望十二五] 西藏：非物质文化遗产绽放雪域高原》，中央台《新闻联播》，2010-12-7.

② 《西藏文化事业发展巡礼：广搭舞台 传承文化 经营产业》，《西藏日报》，2009-9-17.

在深入调研不够，分析、预测、规划不够，主动组织、引导和开发不够等问题。

(2) 发展生态、文化产业的观念和意识不强，没有形成优势产业。西藏的生态、文化产业起步较晚、产业规模小、经营观念相对落后，政府指令性色彩相对较浓，重视了生态的环境效益和文化的社会效益，对生态、文化的经济效益重视不够，市场主体参与生态、文化产业发展的积极性没有得到充分发挥，生态、文化产业尚未成为具有龙头影响力的优势产业，特别是科技含量及经济价值较高的产业更为薄弱。

(3) 生态、文化资源开发利用上统一协调不够。西藏的生态、文化产业仍存在部门条块分割、机制不活、企业规模小等问题。各团体、企业的体制改革总体上仍然滞后，生态文化资源没有得到最有效配置。生态、文化产品市场中的多头管理、各自为战的现象依然存在。只求眼前利益，忽视长远发展，生态、文化产品的品种单调、规模小、作业分散，产品开发和创新能力差等问题比较突出。严重地制约和影响着生态文化资源优势转化为产业、产品优势。

(4) 缺乏生态、文化产业的监管服务机构和管理人才。党的十七大要求加强和促进文化产业全面发展，建设社会主义生态文明，并进一步强调了政府职能转变的重要性，提出了由原来的单一管理转变为监督、指导、服务为主要任务的宏观调控性的文化管理机制。西藏的生态、文化产业，各方面专业人才仍很缺乏。要加强对生态、文化产业的管理，促进管理方式的转变，既要建立与西藏社会经济发展相适应的生态文化产业管理体制，又要培养从事生态、文化产业的专门人才，这是一个重要的现实课题。

(5) 资金投入不足，生态、文化服务产业化程度很低。由于生态、文化产业的生产经营不仅要有智力投入，而且还要有必要的物质载体，是否拥有充足、宽裕的资金就成为生态、文化产业是否具有竞争力的物质前提。目前，西藏的生态、文化产业存在资金来源单一、投入不足，缺乏产业化经验，不能很好地把握市场动态，精品不多，缺乏中介机构，以及具有影响力的生态、文化产品品牌等问题，制约了全区生态、文化产业的发展。

（二）发展差距

西藏的生态产业尚处于起步阶段，且只是依附于传统产业之中，没有形成独立的产业。同全国相比，差距主要体现个方面：一是没有形成独立的产业，规模偏小。除了生态畜牧业、种植业、林业有一定规模优势外，其他生态养殖业、生态工业、生态服务业的规模都很小。二是主要依靠政府投资，缺乏自负盈亏、自我发展的市场竞争性行业。三是缺乏品牌和拳头产品。四是生态科技落后。五是缺乏生态产业园区或生态产业示范基地。

西藏的文化产业近几年发展较快，但由于原有基础较薄弱及人口、经济总量很小，在许多指标上与全国仍存在明显差距。一是产业规模上的差距。从文化产业单位数、从业人员数、资产数来看，西部处于全国的弱势地位，而西藏在西部又处于后列。据统计，2004 年末，西藏的文化产业法人单位数只有 340 个，仅占全国份额的 0.107%，位居全国末位，其占全国份额低于全国平均占有份额的 3.12%，低于西部地区平均占有份额的 1.37%。从文化产业活动单位数量(包括法人单位所属和非法人单位所属)来看，东北和中西部的文化产业活动单位数量合计仅为全国总数的 39.83%，其中，西藏的文化产业活动单位数仅有 455 个，只占全国文化产业活动单位总数的 0.12%，远远低于全国平均占有数量，与西部其他省区和中东部地区平均占有数量差距也很大。东北和中西部地区的文化产业从业人员数所占比重之和只有 34.1%，其中，西藏文化事业和文化产业的全部从业人员数只有 1.5 万人，仅占全国份额的 0.150 5%，位居全国末位，大约只相当于排名倒数第二位的青海省的一半。西藏文化产业的资产拥有量仅为 8.47 亿元，低于全国平均水平 69.65 倍，与西部地区平均拥有量相差 19.18 倍，差距十分明显。而占据全国前 6 位的省份依次是广东、北京、上海、浙江、江苏、山东，其文化产业资产拥有量均超过 1 000 亿元，合计占全国文化产业总资产的 66.08%，西藏与它们相比差距很大。① 到 2009 年底，西藏的文化产业法人单位数增加到 1 572 个，仍只占全国总量的0.66%，居全国 29 位；文化产业经营面积只有 45.7 万平方米，只相当于全国总量的 0.58%，居全国末位；文化产业从业人员为 6 128 人，仅占全国总量的 0.47%，居全国第 30 位；文化产业资产总额只有 4.125 万元，仅占全国总量的 0.29%，居全国第末位。②

二是产出效益上的差距。一方面表现为资源转化上的差距，西藏有为数众多的世界级、国家级的文物和文化遗产，却只有不足 10 亿的经营性文化资产和不到 10 亿的文化产值，产生的税收只有 2 000 多万元，可见，文化资源的转化能力是相当低的。另一方面是经济效益从绝对数上看较低。2004 年时，全国文化产业万元资产平均产生营业收入数额为 9 279 元。按地区划分，东部地区的文化产业万元资产年平均产生营业收入数额达到 9 937 元，略高于全国平均水平；中西部的该项指标值均低于全国平均水平，尤其是西部地区的文化产业万元资产年平均产生营业收入数额只有 6 968 元，仅为全国平均水的 75.09%。而西藏文化产业万元资产年平均产生营业收入数额只有 5 443 元，位居全国第 30 位，低于全国平均水平 41.34%，与西部地区平均水平相差 21.89%。③ 到 2009 年，西藏文化产业的万元资产年平均产生营业收入数额增加到 7 600 元，居全国位次提升到第 4 位；但是，

---

① 数据来自国家统计局云南调查总队整理的资料《全国各地文化产业发展成效比较》，http://www.ccmedu.com/bbs54 47392.html，该数据以第一次全国经济普查的相关数据为基础数据，有较高可信度.

② 数据来自《中国文化与文物统计年鉴 · 2010》，中国统计出版社，2010.

③ 同注①.

文化产业营业收入只有3.119亿元，居全国第30位，文化市场增加值只有2.72亿元，居全国末位。①

第四节　发展建议

一、优化内部产业结构

（一）优化生态产业内部结构

目前，西藏的生态产业仍以生态农牧业、生态林业、生态旅游业为主，草业、渔业和生态工业、建筑业、环保产业、旅游之外的生态服务业都相当弱小。今后，应适当加快生态非农产业和环保产业发展，特别要加快从事工业污染和生活垃圾治理、废旧物质再回收利用的环保工业、绿色食饮品加工业、藏医药业、新能源工业的发展，鼓励技术含量高的生物产业（如生物制药、新能源产业、新材料产业等）发展。

（二）优化文化产业内部结构

我们通常将文化产业划分为资源型文化产业、制造型文化产业和创意型文化产业三种类型。文化产业内部结构是一个客观的历史演进过程，即遵循着由资源型文化产业向制造型文化产业再到创意型文化产业的发展路径。从内部结构上看，西藏文化产业主要以资源型文化产业为主，制造型文化产业和创意型文化产业为辅，其优势板块是民俗文化和旅游文化。通过对全区文化产业产值进行调查和推算：2008年全区文化产业总产值为8.7亿元，其中：文化产业核心层（即新闻服务、出版发行和版权服务、广播电视电影服务及文化艺术服务）产值为4.74亿元，占54.5%；文化产业外围层（即网络文化服务、文化休闲娱乐服务、其他文化服务）以及文化产业相关层（即文化用品、设备及相关文化产品的生产、销售）的产值为3.96亿元，占45.5%。在文化产业总产值中较大的门类依次是：旅游文化、民俗文化、演艺演出、工艺美术品、新闻、出版和版权服务以及广播电影电视，而创意型文化产业门类所占比重较小。说明了西藏文化产业是以资源型文化产业为主、制造型文化产业和创意型文化产业为辅的内部结构模式。今后要加快现代文化产业发展，逐渐提高制造型、创意型文化产业（如电视电影、动漫、休闲娱乐等）的比重。

在具体发展项目方面，可以充分利用西藏特有的自然资源和文化资源禀赋优

① 数据来自《中国文化与文物统计年鉴·2010》，中国统计出版社，2010.

势，拓宽领域空间，除了现存的大众化的生态文化旅游、传统的广播影视、新闻出版、民族歌舞、民间技艺、节日文化之外，还可以大力发展以天然草地高尔夫、大草原滑草、登山、滑雪、漂流、温泉游泳养生、自驾车等为主的健康体育休闲产业和旅游文化支柱产业；积极举办重大的文化体育和民俗赛事活动；大力发展创意设计、演艺表演、数字影视、电影制作、软件开发、动漫设计等创意文化产业，形成创意文化园区，创造和培育西藏未来文化的新形态。使西藏成为国内重要的高原生态及藏文化集中区和世界重要的生态文化旅游目的地。

二、优化区域布局

西藏地处世界屋脊，其北部是昆仑山脉，西北部是喀喇昆仑山脉，中部是冈底斯—念青唐古拉山脉，南部是喜马拉雅山脉，东部是横断山脉。这些高大的山脉构成了高原地貌的骨架，形成了独特的西藏高原生态、文化资源和景观。这些独特的生态文化资源，呈现出三大类区域不同的特点。

(1) 高原畜牧生态文化。其地域主要在辽阔的藏北高原。这里地势高、气候寒冷、空气稀薄，平均海拔在 4 500 米以上，境内有众多的湖泊和纵横的水系，是野生动物的乐园和天然的牧场。当地居民世代逐水草而居，创造了具有鲜明地域特色的高原畜牧生态文化。牧民食以乳酪牛羊肉，穿、用以裘皮和毛织品，居以牛毛帐篷，行以马、牛代步和驮运，还有那高亢的牧歌、豪放的赛马、剽悍的性格，处处呈现出高原雪山、草地、湖泊、江河生态景观，展现出游牧生态文化的风姿。今天西藏高原以外的藏族地区，基本上都属于草原牧区，这也说明了从吐蕃时期就出现了“西藏文明东向发展”。实际上正是由于这种草原生态、游牧经济、游牧文化的必然结果，使得当时许多牧民追逐的是更多的草场，而不是青藏高原以外的农田。因此，“西藏文明东向发展”的原动力主要是游牧经济的客观需要，一定程度上也体现了这种高原游牧生态文化的影响。

(2) 河谷农耕生态文化。在藏中、藏南谷地，即广阔的“一江三河”中部流域，平均海拔大致在 2 700～3 700 米之间，这里相对温暖湿润，土层深厚、土壤肥沃，适宜农耕。当地土著居民从《猴子变人》的神话时代便开始从事农耕活动，延续至今，创造了西藏的农区生态景观和农耕文明。西藏的第一块农田、第一个庄园、第一座宫殿、第一座寺庙、第一个赞普，无不诞生在这里。人们食以糌粑，聚族居于平顶的楼屋。拉萨—山南—日喀则组成的三角区域，是西藏民族文化最集中的地带；藏东南的林芝山水和雅鲁藏布河谷景观，是西藏最精华、最美丽的高原生态景观。至今，雅鲁藏布江中游地区仍是西藏最主要和最富庶的半农半牧区。从地理位置来看，藏东三江流域均属高山峡谷区，江河切割，沟壑纵横，气候呈立体分布，人们从事农林、农牧混合经济活动，多以农耕为主，依山势建房聚族而居，也可以归入农耕生态文化地域。

(3)“喜马拉雅”山地生态文化。喜玛拉雅山地是一个幅员辽阔的文化地域。我们可以将喜玛拉雅山地大致可以划分东、西和南段等三个山区地段,分别居住着不同的民族和群体,创造了各自的民族和小群体文化。在喜玛拉雅东段山区,其绝大部分置于我国传统边界以内,还包括有中国与不丹国接壤的地域,约合数十万平方公里。在那里世代居住着的主要是珞巴族、门巴族、山地藏族和不丹国人。信仰以灵的观念和灵魂观念为思想核心的、以灵物崇拜和图腾崇拜为表征的、以巫术活动为仪式行为的原始宗教,巫风灵雨弥漫,神话巫舞盛行,他们创造了无与伦比的大型的《创世史诗》、《祖先史诗》和《英雄史诗》等文化精品。在喜玛拉雅西段山区,骑跨了中国与尼泊尔、印度交界的广大地域,其北侧的我国境内主要居住着夏尔巴人和山地藏族,其南侧主要居住着尼泊尔国人和印度西北部山民。信仰以原始宗教、本教和佛教为主。而在喜马拉雅南段山区,气候温和,多雨潮湿,森林密布,动植物资源丰富,决定了人们的经济活动方式长期以采集和狩猎为主。由于多林木,人们的生产生活用具、建房盖屋多以林木为主,潮湿的气候又使人们居住于杆栏式竹木楼内,兼有狩猎和刀耕及田园农业,创造了亚热带山林狩猎——刀耕生态文化。与此相关联的也规定了他们的衣食住行文化特性:衣,属帛裙裾衣饰文化;食,属稻薯谷米即食文化;饮,属瓜果蔬菜清饮文化;住,属木(竹)构吊脚阁楼文化;行,以步代马,以篓代车,形成步背文化等等。正是这种地理环境的差异决定了他们生产生活方式的差异,并导致民俗文化地域性特征的形成。概而言之,喜玛拉雅文化就是喜玛拉雅山地族群共同创造的文化,作为地域性大文化,也是世世代代生活在喜玛拉雅山地的各民族和群体共同创造的、并经过频繁不断的交往、交流、互渗、互动、影响,而整合成的一种独具特色的,并具有原创性、象征性、膜拜性、混融性和多元统一性等特征的多民族文化。

在西藏高原内部不同的地理单元地区里,又带有一定的地域色彩,它们共同构成了多姿多彩的西藏民俗文化。除此而外,西藏文化区域分布还很广,异彩纷呈,各有特色,诸如像雄文化、珠峰文化,雅砻文化、藏北羌塘文化等等。我们提出的优化西藏生态文化产业的区域布局的基本思路是:秉承科学发展、可持续发展、非均衡发展理念,把生态文化产业打造成各区域的战略支柱产业;按照资源分布的规律,打造“一江三河”中部流域河谷生态产业带、藏中藏文化产业带和藏北、藏东、藏西若干生态文化产业发展区域,形成“中心开花,辐射周边”格局;走产业集群和产业园区发展道路,通过建设、发展若干生态产业园区和文化产业园区,逐步形成若干生态文化产业带和生态文化产业发展区,进而带动全西藏生态文化产业发展。

三、具体发展思路和建议

（一）进行生态、文化资源清查，确定生态、文化产业发展方向与重点

现行统计制度开展过国土资源、人口、农业、工业、国有资产、基本单位等清查，却没有搞过生态资源、文化资源清查。在西藏同样如此甚至做得更不够。既然西藏有必要把生态文化产业作为战略支柱产业群来优先发展，也就有必要开展生态资源、文化资源清查，以便摸清家底，统一认识。只有在这个基础上，确定生态、文化产业发展方向与重点才有科学依据，才有利于形成共识和合力。

（二）改善管理，增加投入

西藏的生态、文化产业存在多头管理现象，管理效率偏低，投入虽然随着生态安全屏障建设和文化产业振兴计划的启动而增长较快，仍然满足不了现实需要。迫切需要成立地位高于各厅局的专门委员会或领导小组，设立相关产业振兴专项基金，以便和打造战略支柱产业的需要相适应。

（三）深化改革，科学定位，解放和发展生态文化生产力

改革是解放和发展生态环境生产力和文化生产力的唯一出路。西藏的生态资源管理体制和文化体制改革还处在起步阶段，定位尚不明确，制约生态、文化产业发展的体制性、根本性问题还没有解决，面临的主要问题依然是对生态、文化产业发展重视不够，改革力度不够。因此，必须坚定不移地推进改革、加快发展。要按照“管办分开”的原则，进一步理顺政府与相关企事业单位的关系，按照“产权清晰、权责明确、政企分开、管理科学”的原则，逐步建立与社会主义市场经济体制相适应，与社会主义政治体制相协调，与生态文明建设及社会主义精神文明建设要求相符合，党委领导、政府管理、行业自律、企事业单位依法运营的生态、文化管理体制，促进生态安全和生态文明，文化事业和文化产业共同繁荣。要实行生态、文化投资主体多元化、社会化，鼓励非国有资本以参投、控股、合作经营的方式投资兴办生态文化项目和企业。

（四）完善设施，拓展领域，不断提升生态、文化产业综合实力

要着力推进自然保护区、城市湿地及生态园区建设，完善其水电路等设施。推进一批公共文化重点工程建设，实施项目带动战略。加快建设一批以群众艺术馆、体育馆、大剧院、体育场、博物馆等代表的标志性文化重点工程，推动西藏文化设施建设迈向更高层次，不断提高文化品位，并重点抓好历史文物的保护管理和开发利用工作。要加快群众性文体活动广场建设，特别是在广大农牧区，要加快建设一批群众性公益活动场所，不断提升广大农牧民的文化素质。要扶持生态、文化产业园

区建设，扶持生态、文化龙头企业发展壮大，将生态安全建设和支持生态产业发展结合起来，将文化事业发展和文化产业发展结合起来。

（五）实施生态、文化产业人才培养工程，建设高素质生态、文化产业队伍

高科技性是当前生态、文化产业的发展趋势。发展生态、文化产业需要一支既懂专业、又善经营的人才队伍，特别是要瞄准新兴生态、文化产业的需求，大力培养生物工程、生态农牧业、生物制药等生态工业、生态旅游等服务业、环保产业、旅游休闲娱乐管理、影视制作、数字技术、网络动漫及多媒体文化服务等方面的专业人才。要充分利用全国对西藏进行大力援助和扶持的有利政策，加强与国内外生态、文化培训机构的合作，多渠道培养和吸引复合型生态、文化产业人才。要积极推进生态、文化领域用人机制的改革，形成良好的激励约束机制，使人力资本真正成为生态、文化产业的核心资本。

第十章
促进西藏经济结构转型的政策建议

经济资源或要素报酬的差异和要素的流动性是促使经济结构变化的内在因素。经济资源的配置则要依靠市场或政府的力量。因此,推动经济结构转型的力量不外乎来自两个方面:一是市场力量,它的聚集和作用方向是依靠价格信号、成本等这样的“无形之手”来调节的。另一个是政府力量,即依靠政府的公共资源和法规政策等这样的“有形之手”来调节的。政府政策是政府为确保社会朝着党政系统所确定、承诺的正确方向发展,通过广泛参与和连续抉择以及具体实施而产生效果的途径,利用公共资源,达到解决社会公共问题及协调社会公众利益的管理活动过程,是对社会公私行为、价值、规范所做出的有选择性的约束与指引,通常以法令、条例、规划、计划、方案、措施、项目等形式表达出来。前者主要作用于微观领域或层面的结构转型,如要素结构、产品品种结构、商品供求结构等;后者主要作用于宏观领域或层面的结构转型,如产业、区域、城乡、所有制等结构的调节。经济结构的转型往往依赖于这两个方面的共同作用,而西藏的经济结构调整或转型则更多地依赖政府公共资源和政策的调节作用。

第一节　政府的相关战略、政策在经济结构转型中的作用概述

从经济体制演变的历史来看,有效率的制度安排是,政府计划和政策调节的对象主要是社会经济的宏观层面,市场调节的对象主要是社会经济的微观层面。经济结构和经济发展方式都属于宏观(含中观)与微观相结合以宏观为主的问题,也是政府宏观调控和政策调节的重大战略问题。对经济结构转型起主要作用的是政府调节而不是市场调节。政府调节经济结构的政策大致包括财政政策、税收政策、金融政策、价格政策、土地政策、户籍政策、竞争性产业政策与限制性产业政策等,它们构成政策体系,共同发挥调节经济结构的作用。从政府的发展战略、政策在调节经济结构中的作用程度看,区域结构、城乡结构、产业结构的改变,主要依赖政府的战略目标、政策的推动,市场起的作用相对较小。而所有制结构的调整,除了受政府的政策取向影响外,受市场经济发展的影响也较大。

在我国这样的发展中大国，区域结构、城乡结构的改变，市场力量可以起一定作用但不会起决定作用。因为这种宏观层面的经济结构转变属于经济结构战略性调整，主要依赖政府的宏观经济战略、经济政策和公共资源的推动，市场只能在大的转型方向确定之后在微观领域发挥配置资源的作用。

一、政府的区域发展战略、政策在调节区域结构方面的作用

一方面，政府的区域发展战略往往决定了区域结构转变的目标方向。我国区域经济发展的实践证明了这一点。20 世纪 80 年代初，邓小平提出的“两个大局”思想①就是改革开放以来我国实施区域经济战略的核心指导思想，“第一个大局”思想的实践，导致东南沿海地区率先改革、开放，经济特区应运而生，一大批沿海、沿江城市对外开放，逐渐形成了实力超群的“长三角”、“珠三角”、环渤海经济圈，进而促进了东部地区的率先发展。90 年代中期以后，中央开始从总体上考虑区域经济发展战略重点从“第一个大局”向“第二个大局”转变的问题，提出了一系列缩小地区差距及开发西部的指导方针和决策。于是，就有了《国家“八七”扶贫攻坚计划》，西部大开发战略，振兴东北地区等老工业基地战略，促进中部地区崛起战略等。实践证明，这些战略在缩小区域经济发展差距方面起到了决定性作用。

作为区域结构组成部分的城乡结构，其转变的主要动能来自政府的城镇化和城市化战略。从改革开放初期到 90 年代末，我国主要致力于推进农村城镇化和小城镇发展战略，本世纪以来，在调整城乡结构方面逐步实现由城镇化战略向城市化战略、统筹城乡发展、城乡一体化战略转变。伴随着我国城乡结构战略调整思路的改变，我国的城市化率逐步提高，由 1978 年的 17.38％提高到 1999 年的 30.98％、2009 年的 46.59％。② 特别是统筹城乡发展、城乡一体化战略使得我国的城市化进程明显加快。

在西藏，经过“十五”、“十一五”规划的区域发展战略的实施，逐步形成了藏中、藏东、藏西三大经济区，而且藏中经济区已成为全区的核心经济区。青藏铁路向日喀则、林芝延伸，林芝米林机场、日喀则和平机场的通航，使得西藏沿河谷布局的“一江三河”中部流域经济带内部，增加了倒“Y”形铁路、民航经济带的内涵。城镇化战略的稳步实施，使得西藏中部区域形成了以拉萨市、日喀则市、泽当镇、八一镇

① “一个大局”是指“东部沿海地区要加快改革开放，使之较快地发展起来，中西部地区要顾全这个大局”；“另一个大局”是指“当发展到一定的时期，比如本世纪末达到小康水平时，就要拿出更多的力量帮助中西部地区加快发展，东部沿海地区也要服从这个大局”。参见《邓小平文选》第 3 卷，人民出版社 1993 年版，第 277－278、373－374 页。

② 1978、1999 年的城市化率数据来自中共中央党校孙宏的博士论文《中国城市化道路研究》(2003)，2009 年数据来自 2010 年的国家统计年鉴。

为骨干的藏中城镇群,偏远地区的政府所在地也形成了有民族文化特色和高原地域特色的小城镇。建设社会主义新农村和统筹城乡发展、城乡一体化战略的实施,使得西藏的城镇化率得到稳步提高,农牧区人口过于疏散、经济缺乏集聚的状况正在得到逐步改善。

另一方面,政府的区域发展政策往往决定了区域结构转变的速度和程度。由于西藏长期以来执行的是区域不平衡发展政策,"重点发展中部"成为政府区域发展政策的主基调。这样就加速了西藏的"中部崛起",中部经济区或经济带成为西藏经济的核心区域以及国家区域发展规划中的二级经济带。随着倒"Y"形铁路民航经济带的初步形成,西藏的"中部崛起"效应还将持续和不断强化,中部辐射效应也会加强。

二、政府的经济发展战略和产业政策成为促进产业结构转型的主要动力

事实上,政府的经济发展战略、产业政策对于产业结构转型有直接的、决定性作用。我国自建国以来,就重视"生产资料生产"优先发展,坚持工业赶超战略,80年代以来致力于打造"世界工厂"。这些经济发展战略或思路的实践,导致了我国第二产业在国民经济中所占比重较高的倒"U"形结构。西藏在改革开放之前曾经跟随全国盲目追求工业化,第二产业一度占较大比重,但这种缺乏资金、能源、市场和技术支持的工业化产生了巨大的损失,导致了80年代西藏经济的长期调整。自90年代以来,西藏形成了比较切合当地实际的经济发展战略,即90年代的"稳定发展第一产业,有重点地发展第二产业,大力发展第三产业"和新世纪以来一直坚持的"一产上水平,二产抓重点,三产大发展"。也出台了大力支持第三产业尤其是旅游业、交通通信、科技教育发展的产业政策。使得西藏形成了第三产业所占比偏高、第二产业占比偏低的凹型产业结构。

三、政府的所有制经济布局调整和相应的政策成为促进所有制结构转型的重要力量

政府所有制结构调整的目标常常被解读为"国退民进",这是不确切的。作为社会主义国家,我国坚持以公有制经济为主体、多种所有制并存的经济制度。我国自经济体制改革和对外开放以来,经济所有制结构调整的主要任务是对国有经济布局进行战略调整以便把国营企业改造为国有企业,同时大力发展非公有制经济和民营经济,使经济成分的构成多元化。党的十六大以后,政府的政策取向是"两个毫不动摇",公有制经济和非公有制经济都是"毫不动摇"支持发展的对象。当然

我国市场化改革的实际结果是，非公有制经济占国民经济的比重在逐步上升，公有制经济所占比重在逐步下降。这并不意味着公有制经济的主体地位的动摇。在西藏，政府对公有制经济发展是大力支持和精心呵护的，尤其是国有企业得到了政府部门的大力扶持，现在西藏国资委直接管辖的近 20 家国有企业都是西藏各行业的佼佼者；同时，自上世纪 80 年代以来，自治区党委、政府对发展个体、私营等非公有制经济也高度重视，对于民营企业和个体工商户，在财税、金融、工商注册、用地用工等诸多方面也给予了大力鼓励其发展的政策，使得非公有制经济发展迅速，不仅在竞争性行业(如餐饮业、加工工业、批发零售贸易业等)中所占的比重已大大超过公有制经济成分，在全区的税收贡献中也远远超过了公有制经济。

当然相对而言，市场调节对于所有制结构转型的作用要大于区域结构和产业结构。民营经济或非公有制经济从本质上讲是市场经济的产物，而不是计划经济的产物。东部发达地区经济发展的经验表明，充分发挥市场配置资源的基础性作用，对于促进民营经济或非公有制经济的发展，会起到关键性作用。

第二节　政府政策环境的变化及其对经济结构转型的影响

一、政策环境与经济结构转型

(一) 政策是环境的产物

政策环境包括自然环境、经济环境、社会文化环境、国际环境等。在一个完整的政策过程中，政府政策与其外部环境之间是一种双向互动的关系，一方面，外部环境诸因素对政策有着重要的推动与制约力量，另一方面，政策改变和重塑着外部环境。经济结构转型主要是由政府来实施和引导的一种社会利益关系的调整过程，其政策设计必须考虑到各种实际因素的影响。政府政策的运行过程，实质上就是利益调整、利益实现和利益维护的过程，各种利益集团都会对结构转型政策施加影响。因此，结构转型的政策设计必须考虑到所面临的各种环境因素，尤其是社会经济政治环境的约束。

按照美国政治学家戴维·伊斯顿(David Easton)提出的政治系统理论，政策是政治系统的产出，是对周围环境所提出的要求的反应。政治系统是一个开放的系统，它容易受到环境的影响，包括社会内部环境(生态系统、生物系统、个人系统、社会系统)和社会外部环境(国际政治系统、国际生态系统、国际社会系统)的影响。环境对政治系统的影响叫输入，主要指环境的干扰或压力、要求或支持。随着政治系统的输出和政策的实施，政治系统又反馈于环境。政策输出可能会产生新的要求，而这种新的要求将进一步导致政治系统的政策输出。在政治系统循环往复、不断变化的运动过程中，政府政策源源不断地产生。

（二）西藏经济结构转型中的政府政策环境的变化

在西藏经济结构转型中，政府政策环境发生了诸多变化。一方面，近些年来，西藏紧紧抓住全国支援西藏、国家实施西部大开发战略和全区社会局势日益稳定的大好机遇，实施经济社会跨越式发展和可持续发展战略，按照科学发展观的要求全面建设小康社会与和谐社会，取得了巨大成就。目前，西藏经济发展，社会进步，民族团结，局势稳定，边防巩固，人民安居乐业，是历史上发展和稳定最好的时期之一，为经济转型提供了有利的社会环境。而且，西藏的人均 GDP 也越过了 2 000 美元大关，标志着西藏经济社会已进入了体制转型、结构转型的关键时期。另一方面，"十五"、"十一五"期间，西藏财政实力不断增强，财政保障能力明显提高。从 2000 年到 2010 年，西藏财政连续 11 年实现了收支平衡。2010 年，西藏财政总收入达到 567.6 亿元，是"十五"末期的大约 2.8 倍，其中，地方财政收入完成 42.47 亿元，是"十五"末期的大约 3 倍。[①]。随着财力的增加，各级财政的保障水平不断提高，财政调控及促进经济增长的能力显著增强；财政对环境保护和社会事业发展的投入明显增加，社会保障体系逐步健全和完善。为增强政府对经济结构转型的支持与调控作用创造了条件。

然而，与其他省区市相比，西藏的经济总量很小，经济结构层次总体上偏低，竞争力较弱，缺乏自我积累和自我发展的能力；市场发展严重不足，社会化服务体系不健全，生产要素分散，市场化水平低。当前，经济结构层次较低、结构不平衡程度偏高，经济增长质量不高，新经济增长点较少，是西藏国民经济运行中存在的突出问题，投资结构和效益也亟待改善，治理经济环境和市场秩序的工作需要进一步加强。

（三）政策环境的变化对西藏政策取向与调整的要求

西藏的改革开放和现代化建设取得了显著成绩，归功于各项科学合理的政策在西藏的有效实施。但面对外部环境的变化，现有的各项政策逐渐显现出其不完备、不协调、不适应之处。为推动西藏经济的跨越式发展、科学发展，促进经济结构转型，需要结合具体区情，调整与完善各项政府政策。

第一，在新农村建设中，要注重农村发展和农牧民问题的解决，促进全区城乡的协调发展。要把城乡一体化战略与新农村建设结合起来，努力缩小城乡居民的收入与生活水平的差距。

第二，在推进产业结构协调化、高度化过程中，为了增强产业关联效应进而增

---

① 基础数据取自《西藏统计年鉴 2011》，西藏自治区统计局编，中国统计出版社 2011 年版。

强西藏经济发展的后劲,在继续支持第三产业大力发展的同时,要适度加大支持第二产业尤其是工业发展的力度。

第三,支持经济相对发达的中部地区率先发展,帮助落后地区加速发展,逐步推进全区各个地区的协调发展。

第四,毫不动摇地支持非公有制经济或民营经济的发展,积极推进国有经济布局的战略调整。

第五,促进社会事业发展,注重解决社会问题,特别是就业、安居工程、分配公平、教育与医疗收费、生产安全、环境安全、社会治安等老百姓关心的问题,实现经济和社会的公平、和谐发展。注重资源节约和生态环境保护,促进人和自然的和谐,避免走先污染后治理的道路。

第六,注重开拓国内外市场,进一步扩大与区外、国外的交往。发挥市场需求对经济结构转型的引领作用。

二、经济结构转型中确定政府政策取向的三大原则

(一)以消除束缚生产力发展的体制性障碍为主题

所谓体制性障碍,就是传统计划经济体制中改革滞后的部分,如城乡体制分割、金融体制和产权制度改革滞后、宏观领域改革以及政府职能转变滞后等等,使得一些深层次矛盾逐步积累且难以有效缓解。当前西藏存在的经济结构不合理就与经济体制不完善和改革进展不平衡有关。在经济结构转型中,西藏的改革之路正进入纵深发展的新阶段,一些深层次的矛盾必须依靠制度建设和制度创新来解决,因而确定政府政策取向必须以消除束缚生产力发展的体制性障碍为主题。政府政策应致力于完善能够使社会资源有效配置、经济有效运行的市场机制,创造能够最大限度地提高社会整体创新能力的社会环境和制度安排。

(二)以贯彻科学发展观、构建和谐社会为基本前提

实践科学发展观、构建"社会主义和谐社会"是我们党在全面建设小康社会的关键时期提出来的,顺应了民意,体现了发展的本质特征和内在要求。

在中国,产业结构不协调,区域差距、城乡差距偏大的问题一直存在,而在西藏,这种情形则更为突出。主要表现在:第一,在产业结构方面,前已述及,西藏是全国第二产业产值比重最低的地区,属于很不协调的凹型结构。区域经济发展也很不平衡,中部经济区的经济发展水平、基础设施条件、城镇居民生活水平已高于全国平均水平,西部经济区的发展则过于滞后。第二,城乡居民年人均收入差距偏大。2003 年,西藏城镇居民人均可支配收入是农牧民人均纯收入的 4.7 倍,大大高出全国平均水平;到 2005 年,西藏城乡居民收入的差距仍有 4.05 倍,仍比全国

一般水平 3.2 倍高出不少;2009 年的西藏城乡居民收入差距仍居全国第六位。第三,农牧区医疗卫生条件较差。从全区医疗设备配置、医疗床位分布情况看,地(市)综合医院和县卫生院的医疗设备及医疗床位占全区的 90%以上。可以说,城市仅以 20%的人口占有了近 90%以上的医疗资源。由于资金投入少,致使农牧区一些地方病一直得不到有效的防治,严重危害着农牧民群众的身心健康。

西藏的区域、城乡差距偏大的状况,与践行科学发展观、构建和谐社会不相适应。其主要根源在于:一是经济总量小,经济结构不合理,经济增长主要依赖于中央财政投资的拉动,经济增长的质量和效益还不高,地方财政收入过少。虽然全区 GDP 近 20 年保持了年均 12%以上的增长速度,但由于经济结构不合理,经济效益差,自治区地方财政收入只占到 GDP 的 8%左右,财政自给能力仅为约 7%,约 93%依靠中央财政补助,且其中多半资金用于维持各级党政机关正常的运转。二是在政府有限财力的投向投量上也或多或少忽视了农牧区公共财政的建设。由于西藏行政运行成本远高于内地省区,因而一直是按“保党政机关事业人员工资、保各级党政机关正常运转”的思路来安排既定的财政资金预算支出。政府向农牧区公共产品建设投入的财政资金相对较少,公共财政尚未完全覆盖到农牧区。

政府政策是构建社会主义和谐社会的重要手段,在西藏确定促进经济结构转型的政府政策,其取向必须以构建和谐社会为基本前提,积极消除区域差别、城乡差别、行业差别过大等不和谐因素,实现经济协调、社会和谐的发展目标。

(三) 以遵从基本价值标准为基点

价值标准的确认和选择是政策决定性因素之一,结构转型期的政策决定必须遵循下列价值标准:

(1) 政治公正标准。社会主义国家的政府是人民政府,政府政策必须为全体人民谋取利益,而不是为少数人或特殊利益集团谋取利益。当然,一项政策尤其是某一方面的政策可能并不能同时满足全体公民的愿望或利益,但必须符合某种公众认可且为法律确认的规则。

(2) 经济效益标准。政府政策的特殊性在于支出的每一分钱都是纳税人的钱,从政治权力的来源上说,都是委托人的钱,因此不允许浪费。一般而论,最佳的投入产出比是经济效益标准的主要判别标准。

(3) 社会可行标准。政府政策属于公共产品,需要遵循社会可行标准。该标准包括两层意思:第一,政策的制定和施行应得到较为广泛的认同和支持。第二,政策执行不会造成严重的社会现实问题或历史遗留问题,而是直接造福于国民、造福于社会。

(4) 实践检验标准。政府政策必须十分重视在实践中的有效性,不能发挥实际效应的政策不是好的政策。一项政策究竟是有效还是无效,其效应是积极还是消极,最终都必须在政策实践中才能得到检验。

三、保障经济结构转型的政府政策的调整问题

(一)西藏在经济结构转型中主要的政策改进目标

西藏在经济结构转型过程中,主要的政策改进目标表现在以下几方面:

(1) 促进产业结构协调与高度化的政策有待进一步完善与落实。总的政策目标是“一产上水平,二产抓重点,三产大发展”。在支持“一产上水平”方面,政策支持的重点是按照“优质、高产、高效、生态、安全”的原则,发展特色农牧业、生态农牧业、现代农牧业。在支持“二产抓重点”方面,政策支持的目标是“优先发展能源产业,大力发展农畜产品加工业、高原生物和绿色食(饮)品业,有重点地发展矿产业,改造提升建材业,加快推进藏药产业化,鼓励发展民族手工业,推动工业发展上规模、上水平,切实提高工业在第二产业中的比重,促进第二产业由依靠建筑业为主向由工业和建筑业协同发展转变”。①在支持“三产大发展”方面,要“着力改造提升传统服务业,积极发展新兴服务业”。政策支持的重点是:“大力实施科教兴藏和人才强区战略”,优先发展教育科技事业,加快发展医疗卫生事业;“做大做强做精旅游业”;积极培育现代物流业,加快发展商务服务业,积极发展商贸餐饮业;大力发展金融产业,稳步发展房地产业;加快发展社区服务等服务业。

(2) 加快小城镇建设步伐,建立和完善城乡协调发展机制。城市化水平是影响西藏经济增长的一大因素。受产业结构不协调的制约,西藏城镇的要素、产业聚集效应和扩散效应尚不明显。西藏的实际情况决定了其不能照搬全国的城镇化模式。这是因为,首先,在相当长的时期内西藏难以实现工业化,缺乏工业支撑的城市规模不易扩大;其次,农牧民进入城镇存在种种屏障,不易分享城市经济带来的好处。因此,西藏应先加快基础设施建设、提高劳动力素质,为城镇化准备条件。西藏经济的跨越式发展需要加快小城镇建设。小城镇建设是西藏城市化建设的重点,需要从政府政策层面上促进人口和生产要素的相对集中,创造有利于农牧区经济集约化、规模化发展的市场条件,形成以中心城市、骨干城镇、建制镇为支撑的城镇体系。同时要大力发展县域经济,加快新农村建设步伐,有效缩小城乡居民的收入差距。

(3) 改善农牧区公共产品供给的政策有待进一步完善。到 2009 年底,西藏的农牧区人口仍占到总人口的 76.2%,农牧民的生活水平和质量是西藏社会文明程

---

① 引自《西藏自治区“十二五”时期国民经济和社会发展规划纲要》。

度的重要反映。与城镇相比,西藏农牧区公共产品供给严重不足,不仅影响到农牧民生产、生活的改善,甚至影响到农牧区基层政权的稳定。因此,从统筹城乡发展、统筹区域发展角度出发,需要在政府政策层面上尽快破除公共产品“一品两制”的制度安排,真正给予农牧民“国民待遇”,将公共财政充分覆盖到农牧区,逐步将农牧区公共产品的供给统一纳入到整个公共财政体系中来,改善其种类、数量及质量。

(4) 政府政策在降低政府干预程度方面有待进一步努力。西藏经济发展要求走市场化的道路,尽可能减少政府干预,加强市场配置资源的作用,以培育农牧区市场为重点,大力发展商品市场和要素市场,建立健全社会主义现代市场体系。但是,西藏本身具有经济底子薄弱、市场化程度低的特点,政府对经济的干预程度较高。因此,需要从政策层面上规范政府职能,使政府对经济的干预恰当而适度,有效推进西藏市场化进程,这既是调整经济结构尤其是所有制结构的需要,更是增强经济活力、提高经济效益的需要。

(5) 投资拉动经济的政策有待进一步完善与落实。资本形成总额(即总投资)包括固定资产投资、流动资产投资(即存货增加)和无形资产投资,其中,固定资产投资是推动经济增长的第一原动力。自 1994 年以来,西藏经济实现了持续快速增长,整体经济实力大大增强,人民生活大为改善,投资所起的巨大促进作用显而易见。既然西藏经济属于典型的投资拉动型,则跨越式经济发展目标和经济结构优化目标实现的关键显然就是投资拉动及其引导。因此,需要政府从政策层面上合理确定投资规模,优化投资结构,深化投资体制改革,建立科学的投资运行机制,同时,要多渠道、多样式地引进各类建设资金,引导、促进民间、区外、境外投资主体向西藏的企业或项目投资,形成多元化的投融资体系。

(6) 对外贸易政策有待进一步完善与落实。目前,西藏的外贸生产企业和流通企业的规模均较小,对外贸易并没有跟上西藏经济迅速发展的步伐,外贸并没有带来多大的经济增长效应和引导结构优化的作用。因此,有必要从政府政策层面培育西藏外贸的国际竞争力,需要加快外贸口岸、市场、通道建设,促进科工农贸结合的企业集团的组建,扩大对外贸易规模,优化进出口结构,充分利用地缘优势积极开展边境贸易,贯彻“积极、合理、有效”的原则,加大利用外资的力度,促使西藏经济尽快向外向型经济转变。

(二) 经济结构转型中政府政策调整的主要内容

(1) 政策目标调整。任何政府政策都具有强烈的“目标取向”。从根本上讲,公共政策的总体目标就是要促进社会稳定和谐、促进经济增长、促进充分就业、改善民生、促进生态安全和生态文明,保证社会公平、自由、效率和安全。在西藏不同的历史发展阶段,社会所面临的公共问题有所不同,各个阶层利益要求有所不同，因而政策目标必然有所不同。在当前的经济结构转型中，政府政策调整的主要内容就是产业结构优化及战略重点产业选择、区域布局与城乡统筹发展、国有经济战略布局调整和非公有制经济发展的政策目标调整，需要根据政府的经济发展战略和目标任务的变化，对原定政策目标进行修订或重新确立，以适应政策环境变化。

(2) 政策方案调整。方案是实现目标的具体安排，对政策目标的调整通常会要求对实施方案进行调整。政策方案的调整要根据方案本身与实际情况的差距程度来进行相应的变更，基本可行的做一些局部的修订，与现实差距过大的，则要做大幅度的调整甚至重新制定方案。

(3) 政策措施调整。政策措施是实施政策方案的具体步骤、手段和方法。可供选择的政策措施大致有财税政策措施、金融政策措施、土地政策措施、市场准入措施、价格管制措施等。在西藏，财税政策措施、金融政策措施是目前起主要作用的措施。

第三节　经济结构转型中的财政政策调整

财政政策是实现政府职能的重要手段。自西藏和平解放之后，中共中央、国务院代表西藏人民的根本利益，确立了正确的中央治藏基本财政政策，通过约 60 年持续而有效的执行，为西藏奠定了初步现代化、初步小康的基础。在经济结构转型中，为确保西藏社会经济在科学发展轨道上实现跨越式发展，中央治藏基本财政政策与西藏地方财政政策也存在一个适应性调整问题。

一、中央治藏财政政策的演变及其作用

由于西藏是我国一个特殊的边疆民族地区，自 1952 年西藏地方人民财政建立至今，中央对其一直实行着与其他省区大为不同的财政政策。

1951 年 5 月 23 日，中央人民政府与西藏地方政府签订的《关于和平解放西藏办法的协议》(俗称“十七条协议”)，为中共中央治藏财政政策勾勒出了初步的框架。协议中“依据西藏的实际情况，逐步发展西藏的农牧工商业，改善人民生活”确立了治藏财经工作基本目标；“军政委员会、军区司令部及入藏解放军所需经费，由中央人民政府供给”确立了治藏行政经费和社会经济建设支出主要由中央财政负担的基本模式。1952 年西藏地方人民财政建立之后，中央逐步通过财政管理法规、预算管理制度将“以中央财政全额拨款方式，逐步发展西藏的农工商业，提高人民生活水平”这一治藏方略长期固定下来，成为中央治藏基本财政政策，并得到了坚决的贯彻与执行。60 年来，中央对西藏的财政补助逐年增加，在地方财政收入

微薄的情况下,中央财政资金始终是西藏社会经济发展的基本推动力。这一援藏财政政策的实施,有力地推动着西藏由一个极度贫穷落后的封建农奴制社会逐步发展为经济发展、人民幸福、制度昌明的社会主义新社会。

建国伊始,举国维艰,中央为什么会在此时对西藏确立这样的财政政策?这是因为中央治藏财政政策是党的民族政策的组成部分,是中央在充分考虑西藏的自然、社会、经济、政治条件后做出的符合西藏人民根本利益的选择。民族团结和民族平等是党的民族政策的核心。西藏在和平解放之初,经济基础异常薄弱,要实现真正的民族平等,发展社会经济的任务十分艰巨,需要有强大的财政推动力才能改变"一穷二白"面貌。西藏由于自然环境恶劣、基础设施条件较差,加之沿袭了约七百年的封建农奴制度遏制了生产力的发展,使得西藏的生财、聚财基础极为薄弱,地方财政收入微乎其微,缺乏自我积累与自我发展的能力。如果没有国家的财政支持,西藏贫穷落后的社会面貌根本不可能改变。中央审时度势,以"中央财政全额拨款"为治藏方略,贯彻了"十七条协议"精神,体现了中国共产党追求真正民族平等的决心和魄力。

为实现发展社会经济、改善人民生活的目标,中央财政长期以巨额补助或转移支付及减免税收等形式,对西藏的稳定、改革和发展给予巨大支持,中央财政成为西藏社会经济发展的第一推动力,并创造性地形成了全国共同支援西藏的格局。有关中央治藏基本财政政策的基本内涵,大致可以归纳为五个方面:第一,保证物价基本稳定、经济持续增长、人民生活不断改善是每年核定中央财政补助数量的基本依据。第二,审时度势,分段推进,保证供给。第三,全国共同援藏,提高财政投资效率。第四,制度保证,专项照顾,给予优惠。第五,只予不取,轻税免税,持续补贴。

中央财政给予的长期的、不断增长的、巨额的资金支持,有力地推动着西藏的改革、建设和发展,地区生产力得到极大提高,形成了包括农业、工业、交通运输业、邮电通信业、旅游业、金融保险业等在内的较为完善的现代国民经济体系。人民生活得到极大改善,居民收入、消费水平、健康水平、文化素质、生活质量等都大幅度提高。由于中央治藏基本财政政策的制定和执行的有力,使得西藏社会经济产生了令世人瞩目的巨大变化,建国初期中央所确立的治藏政策目标在新世纪之初已基本实现,西藏人民从政治、经济两方面达到了真正的民族平等,并为西藏的跨越式发展和现代化建设奠定了基础。

二、西藏地方财政的特点

西藏财政作为省一级财政,和兄弟省区市财政相比,有着许多共同点,但它作为特殊民族自治地区的财政,又有着许多与众不同的特点,主要表现在以下几个方面：

（一）民族性

西藏是我国五个民族自治区之一，享受中央给予民族地区的财政政策。民族财政政策的内涵主要是指中央赋予民族地区较多的财政补助和转移支付，给予民族地区较大的财政税收自主权，同时要求财政体现实现民族平等、民族团结、民族共同繁荣的事权。全国只有 8 个省区享受民族地区财政政策。

（二）依赖性或输血性

西藏地方财政是地方政治、经济、历史、民族及自然环境等多方面因素的综合反映。由于历史的和现实的多种原因，西藏地区经济基础薄弱，经济发展环境制约因素多，内部经济增长极不平衡，财税贡献大的产业或行业长期处于相对滞后状态，这是西藏地方财政困难的根本原因，加之持续的轻税免税和补贴使得西藏地方财政积累率较低，自给能力不到 10%，自身财力十分有限，满足不了保障社会经济发展和人民生活的需要。因此，西藏地方财政支出的资金来源主要是中央补助，地区财政实际运行情况更易受到国家财政体制及中央转移支付制度变化的制约。西藏地方财政成立近 60 年（1952—2010）来，中央给西藏的财政补助达到了 3 000.999亿元，占西藏财政总收入的 90%以上；2010 年，国家财政补助收入突破 500 亿元，达到 530.998 亿元，占到西藏财政总收入的 93.54%①。因此，西藏地方财政表现出对中央财政极强的依赖性，这种财政呈现“输血型财政”或“吃饭财政”特征。

（三）失衡性和高消耗特征明显

失衡性一方面表现在财政收入结构失衡，地方财政总收入几乎全部来自于中央补助，至今中央财政补助占地方财政总收入的比重仍在 90%以上；在地方财政收入中，近几年来，一般预算收入一般要占 82%～84%，而在一般预算收入中，税收收入（主要是营业税、增值税、所得税）是主要项目，2000 年之前一般要占 90%以上，到 2010 年已降到 69%。另一方面是财政支出结构失衡，一般预算支出是主要项目，一般占总支出的 95%以上；在一般预算支出中，“其他”、“基本建设支出”、“文教卫生事业费”、“行政管理费”是支出大项，以 2005 年为例，分别占到总支出的 30.8%、29.8%、16.5%、14.8%。必要的特殊支出尤其是特殊的人头经费较多，“吃饭型”财政特征明显。主要原因是地方政府要对当地人民群众提供公共服务，由于西藏属于民族自治地区、边疆地区和整体贫困地区，也是构筑国家安全屏障和生态安全屏障的重要地区，加之基础设施欠账较多，使得政府的事权偏多、管理任

① 根据 1989、2011 年的《西藏统计年鉴》中的财政收支数据计算而来。

务偏重,履行职能、提供公共产品的成本大大高于内地,国家有必要给予特别的扶持政策。

三、西藏经济转型对中央与地方财政政策提出的新要求

(一)对财政政策目标的新要求

财政政策目标作为西藏政策目标的核心,必须随着经济、社会、政治状况的变化而变化。财政政策作为政府经济政策最重要的组成部分,其目标总是会根据西藏各个时期的政治经济形势,围绕财经工作的总目标不断做出调整。2001 年 6 月,中共中央、国务院召开了第四次西藏工作座谈会,提出新世纪初西藏工作的主要任务是:集中力量解决事关西藏发展稳定全局的重大问题,切实加强党的建设,促进西藏经济从加快发展到跨越式发展,促进西藏社会局势从基本稳定到长治久安。西藏的跨越式发展目标分三步走:第一步,到 2005 年,力争人均国内生产总值进入西部地区前列;第二步,到 2010 年,力争人均国内生产总值达到全国中等水平;第三步,到 21 世纪中叶建国一百周年时,实现小平同志的遗愿,进入全国现代化建设的前列。中央第五次西藏工作座谈会(2010 年)提出"要在科学发展的轨道上实现西藏跨越式发展",提出了"两个屏障"、"两个基地"、"两个目标"的六项战略定位,提出了未来十年西藏经济社会发展"两步走"的目标;提出"要继续保持中央对西藏特殊优惠政策的连续性和稳定性,进一步加大政策支持和资金投入力度。继续执行并完善财政政策,加大专项转移支付力度,对特殊民生问题实行特殊政策并加大支持"。

(二)对财政政策模式的新要求

从我国的历史看,财政政策得当、税赋公平就能使人民休养生息、安居乐业,整个国家就会繁荣发展。这充分说明,财政政策和财税体制对于政权的巩固、经济的发展和社会的长治久安有着深远而重大的影响。

西藏在经济结构转型过程中,对财政政策模式的新要求就是要以实现科学发展、跨越式发展为长期战略目标,以建设和谐西藏、平安西藏、小康西藏为重点,以社会主义新农村建设为突破口,建立与完善覆盖农牧区的公共财政框架。西藏具有产业结构失衡、区域结构失衡、城乡发展失衡的特点,各地农村的自然地理条件迥异,建设社会主义新农村,一定要坚持从西藏各地的实际出发,尊重农牧民意愿,扎实稳步地推进。要建立公共财政,使政府能够始终以满足广大人民群众的需要、维护广大人民群众的利益作为一切工作的出发点和根本点,这是政府构建和谐社会和推进新农村(牧区)建设的根本要求。按照公共财政的理念,政府要以公共利益最大化为己任,通过提供公共产品、满足社会公共需要,为经济社会有序运转提

供必要的制度保证和物质基础。同时,公共财政是一种广大公众能够进行民主参与和管理的财政运行模式,公共财政政策和收支安排都应体现“取之于民,用之于民”,符合公开、公平、公正原则。

从公共财政事权来看,西藏面临着比较繁重和特殊的任务。一是西藏的经济社会发展滞后,与全国平均水平还有较大差距,实施追赶型或跨越式发展战略,始终是公共财政需要大力支持的长期战略目标;二是西藏位于祖国西南边陲,边境线全长约 4 000 公里,稳定边疆始终是公共财政的一项重要事权。三是全区总面积达 120 多万平方公里,居全国第二位,人口虽然只有约 300 万人(第六次人口普查数据),但分布非常分散,基础设施建设的成本很高。四是西藏的人口以藏族为主,要占总人口的 92%以上。西藏的财政支出不能不考虑民族团结和各民族的共同发展问题。五是乡村人口占全区人口的比例较大,到 2009 年底仍占 75.9%,“三农”问题仍是政府在安排财政资金和政策时不能不考虑的重要的问题。而且,城乡居民收入差距较大,使得农牧民的相对贫困程度较高。从横向比较来看,西藏在全国仍是一个集中连片的贫困地区。因此,扶贫开发仍是西藏公共财政的重要任务。

从直接推进经济结构转型角度考虑,西藏和全国一道正在加快全面建设小康社会与和谐社会的步伐,如果没有包括 220 万农牧民在内的小康社会,就不是真正意义上的全面小康社会;如果没有广大农牧区的和谐,就没有全西藏的和谐。构建和谐社会,既是全面建设小康社会的前提和基础,也是我们党率领全国人民实现全面建设小康社会宏伟目标的重要保证。在西藏构建和谐社会,政府必须正确应对区域发展、城乡发展不平衡等社会发展中的主要矛盾和矛盾的主要方面,花更大气力妥善协调各方面的利益关系。必须在经济发展的基础上,通过财税政策的调整和完善,建立覆盖农牧区在内的公共财政基本框架,增加农牧区公共产品的供给,逐步缩小城乡的差距。

当前,西藏城乡之间的矛盾、地区之间的矛盾、产业结构不协调与低层次的矛盾、不同利益群体之间的矛盾、不同所有制经济成分不协调的矛盾,构成了西藏构建社会主义和谐社会的整个矛盾的集合。其中,城乡之间的矛盾、产业结构层次偏低的矛盾是西藏社会的主要矛盾所在。如何化解这些矛盾,维护其社会的稳定,关键在于政府制定的各项政策,特别是财政政策一定要从维护占人口 3/4 以上的农牧民的切身利益出发。

就西藏的公共财政而言,需要集中财力解决诸如产业结构失衡,城乡差距、区域差距偏大,乡村基础设施建设、基层政权建设滞后,生态建设和环境保护力度不够等突出矛盾以及各种结构性问题,把构建社会主义和谐社会的思路真正体现在政府财力的分配和使用上。同时,还必须对现有的财政支出格局进行适当的调整。财政对解决基础设施条件、城乡差距、腹地与边境地区的差距、生态安全与生态文明等方面，长期存在较大的“欠账”；在不应介入或不应过多介入的竞争性行业，政府“越位”的问题却大量存在。政府在财政支出的安排上应按照建立公共财政和建设和谐社会的要求进行有进有退、有保有压的调整，优化支出结构，把有限的钱花到急需解决矛盾的地方，把好钢用到刀刃上，尽量消除社会经济发展中的各种突出矛盾和隐忧，消除各种不和谐因素。

目前，西藏构建公共财政首要的工作应是健全社会保障体系，在继续完善城镇社会保障体系的同时，扩大社会保障覆盖面，使其覆盖范围逐步延伸到农牧民。只有当贫困农牧民和城镇低收入群体生活保障水平逐步得到提高，公共财政理念才能深入人心，公共财政体系才能建立，建设社会主义和谐社会才能落到实处。

（三）对财政政策评价的新要求

政策评价是依据一定的标准和程序，对政策过程的效果、效益、效率和公众回应加以判断、评定并由此决定政策变迁的活动。政策评价有利于检验政策的效果、效率、效益，有利于提高决策的科学化和民主化水平，有利于实现政策资源的有效配置，有利于决定政策的循环形式。作为政策作用的结果，政策实施效应的准确鉴别与判断有赖于科学合理的评价指标来完成。构建一套科学、完整、实用的政策评价指标体系，以适应经济结构转型对财政政策实施效应进行评价的需求，应是西藏财政政策研究的重要内容，它可为西藏现时的财政工作提供一些有益的思路。

(1) 建立中央治藏基本财政政策实施效应的评价指标体系需遵循以下三大原则：

第一，普遍性和特殊性相结合。在我国，西藏是一个带有很大特殊性的地区，因而要求在中央治藏基本财政政策实施效应评价指标体系中，既要以全国统一适用的统计指标为主，还必须要有能够反映西藏自身独特性的特定指标。

第二，稳定性和创新性相结合。基本财政政策是用以指导财政工作的长期稳定的方针和准则，其实施效应评价指标体系也应具有相对稳定性。但在社会经济的不同发展时期，各种指标的受关注程度会有所差别。党在各个时期的西藏工作的主要任务不同，作为中央治藏基本财政政策而言，其阶段性的政策目标及政策手段必然具有不同的特点。考察这一政策近60年来的实施效应，前期的评价应更多看重基础性总量指标，关注由于中央财政投入带来的地方经济总量的增长。当经济总量达到一定规模，就应该进行政策效应的全面评价，尤其应关注结构、效益方面的内涵指标。到上世纪末，50年代所确定的中央治藏财政政策目标已经完成，本世纪以来，西藏社会经济发展进入一个新时期。在经济转型中，中央对西藏的财政支持政策得以延续且力度继续加大，体现出政策的持续性和稳定性。同时，由于面临着进一步发展与完善市场经济、适应国家加入WTO、落实科学发展观、构建社会主义和谐社会、全面建设小康社会等新要求，中央治藏基本财政政策目标必然会做出相应的调整与变化。因此,对这一政策实施效应评价指标的选择及使用要体现出新的时代特征。

第三,完整性和实用性相结合。由于中央财政资金覆盖西藏社会经济发展的方方面面,对这一政策实施效应的评价必须全面完整。评价指标体系应涵盖西藏社会、经济、文化、生态等各方面,既有反映这些方面基础总量水平的指标,又有反映这些方面效率、活力与持续发展能力的指标。但是,完整全面不等于繁琐复杂,繁琐复杂的指标体系既不能突出重点,也缺乏实践运用的可行性。因此,必须做到完整与简便相结合,指标不宜过多过细,也不宜晦涩难懂。

(2) 中央治藏基本财政政策实施效应评价指标体系的基本框架。根据以上原则,中央治藏基本财政政策实施效应评价指标体系可分为三大类,分别是评价经济发展总体水平、人民生活质量和中央财政资金激活能力三个方面的指标体系。

第一类,经济发展总体水平评价指标。这类指标是评价中央财政对西藏经济发展总体推动程度的基础性总量指标,主要包括西藏的地区生产总值(GDP)、各产业生产总值、各地区生产总值、GDP 按核算方法划分的分项指标(如生产税净额、资本形成总额、最终消费支出、净出口等)。西藏自和平解放以来的相当长的时期内,由于经济基础异常薄弱,社会生产力极其低下,在这样的条件下发展社会经济,首先应追求经济总量的扩张与累积,保持较快的增长速度,奠定一定的经济规模。因此,反映经济发展总体水平的地区生产总值,各产业、各区域生产值等总量指标一直受到人们的重视,最直接体现出中央财政资金对西藏社会经济发展的拉动和贡献。

第二类,人民生活质量评价指标。人民生活质量是用来反映人民生活需要满足程度的一个概念,体现在人民物质生活、精神生活及文化生活各个层面。这一类指标主要有城镇居民可支配收入和农牧民年人均纯收入;城乡居民收入比例;人均储蓄;城镇居民和农牧民家庭恩格尔系数;城镇居民和农牧民年均消费水平;主要消费品人均拥有量;城镇居民和农牧民受教育水平;社会保障补助支出及城乡受益人数等。

中央治藏基本财政政策是中央充分考虑西藏社会、经济、政治、自然条件后做出的符合西藏人民根本利益的选择。西藏人民生活水平和质量的不断提高,直接表现出中央对民族平等的不懈追求和对西藏人权的根本尊重。胡锦涛总书记在阐述科学发展观的深刻内涵和基本要求时多次强调,坚持以人为本,就是要以实现人的全面发展为目标,从人民群众的根本利益出发谋发展、促发展,不断满足人民群众日益增长的物质文化需要,切实保障人民群众的经济、政治和文化权益,让发展的成果惠及全体人民。因此,无论过去、现在还是将来,人民生活质量评价指标都是中央治藏基本财政政策实施效应评价的中心指标,这些指标以无可辩驳的事实向全世界展示了西藏人民生活水平和质量发生的翻天覆地的变化，是对那些任意歪曲西藏人权问题，妄图破坏民族团结、分裂祖国和西藏的反动势力的最有力的回击。

第三类，中央财政资金激活能力评价指标。按照经济学理论，在经济基础已具一定规模、人民生活达到一定水平的条件下，按照边际收益递减规律，要保持同样的支撑力度，需要不断加大中央财政资金投入规模。2005 年时，中央对西藏的年度财力补助总量为 191.5 亿元，到 2010 年则猛增到 530 多亿元，5 年翻了约 1 番半。西藏跨越式发展需要中央财政更多的支持，但对中央财政补助的过于依赖又会使政策的负效应放大。在经济结构转型中要寻找两者之间的平衡点，正确处理西藏对中央财政“离不开”和“少依赖”的关系，就必须提高中央财政资金的激活能力。所谓中央财政资金的激活能力，是指中央财政资金对西藏社会经济的贡献，不仅要使之有积累，更要通过长期累积能量的释放和资金使用效率的提高充分激活其内在生产力，培养其自身的持续发展能力，促使地区财源不断生长壮大，经济自主增长能力不断提高，对中央财政经常性补助的依赖逐步减弱，地方财政完成由“输血型”向“造血型”的转变。确立中央财政资金激活能力评价指标既是整个财政管理理念与时俱进的需要，也是西藏社会经济跨越式发展的内涵所在。

这一类指标主要包括地方商品输出值、地方财政收入、各产业劳动生产率、基本建设新增主要产品生产能力、财政投资效益系数(一定时期内单位财政固定资产投资所增加的地区生产总值)。其中，地方商品输出值是指一定时期内本地商品或服务对外(包括国内其他地区和国外)输出的价值量。在像西藏这样的后发展特殊地区，对国内其他地区及国外的地方商品输出值成为全面反映地区综合生产能力、改革开放程度、各产业商品化、市场化程度和新科技应用能力的重要指标。区内外商品交换平衡是西藏经济发展的一个拐点，只有当西藏地方商品输出值不断提高，直至与区外商品输入值大体平衡时，西藏输血型财政向造血型财政的转化才能实现。

四、中央与西藏地方财政政策的调整

(一) 中央治藏财政政策的稳定与调整

西藏的自然环境恶劣艰苦，基础设施条件较差，维护政治安全、生态安全的任务繁重，这就决定了西藏的财政事权多、财政开支成本比较高。加之西藏数十年没有征收过农牧业税和其他涉农税收，工业又过于弱小，地方财源很少，因而必须依靠中央财政的支持。所以中央财政对西藏的特殊支持政策需要延续，而且力度需要不断增加。因此，在西藏经济转型尤其是经济结构转型中，中央治藏财政政策应在稳定的基础上不断进行调整。

其稳定性表现在：延续中央财政补助持续增加、各省市及部委对口支援、特大建设项目中央直接投资三管齐下的特殊支持政策。另外，中央各部委的垂直对口支援也需要继续，中央直接投巨资进行大型基础设施建设的政策也需要延续。其调整表现在：积极促进西藏地方财政"造血功能"的形成，提高地方财政自给率，最终要达到中央财政和地方财政共同支持地方经济发展的格局。

（二）西藏地方财政政策的调整

西藏充分运用中央赋予的优惠政策，积极争取国家支持，中央财政对西藏的体制性、政策性资金补助大幅增加，财力补助总量（含基本建设投资）已由 2005 年的 190 多亿元增加到 2009 年的 530 多亿元。在中央财力的支持下，西藏地方财政十分注重扩大有效需求，促进经济增长，近年来投资消费均实现了 20%以上的增长，确保了西藏经济持续 10 余年的两位数增长。同时，十分注重解决民生问题。例如，认真实施强农惠农政策，2010 年的农牧民人均补助超过了 1 800 元；城乡居民最低生活保障标准分别提高到月人均 330 元和年人均 1 300 元；到 2010 年底，已解决了 27.5 万户、143 万农牧民的安居问题，累计解决了 153 万人的安全饮水问题；[①]中央补助的医改、基本养老保险等社会保障金都足额到位；干部特殊津贴大幅提高，保健、调价补贴等新增政策资金也已补助到位。为适应中央财政政策从应对金融危机到反通胀的调整，西藏财政部门一方面要积极争取中央投资利用好国家政策，另一方面要不断壮大地方财源，正确处理好"离不开"和"少依赖"的关系，改善西藏地方财政"造血功能"，提高地方财政自给率，优化财政支出结构，降低财政资金机会成本，最终实现地方财政由"输血型"向"造血型"转变、中央财政和地方财政共同支持地方经济发展的目标。从中央到西藏地方，形成了一系列支持经济发展和结构转型的优惠财税政策。例如，国外投资者和港、澳、台投资者直接在区内投资兴办的企业按 10%的税率征收企业所得税；外省区市投资在藏兴办的企业或项目，一律执行 15%的企业所得税税率；对经国家或自治区认定为高薪技术产业和高科技产品的企业，自认定之日起，5 年内免征企业所得税；对从事水利、能源、交通等基础设施项目，从事农牧林业综合开发及其产品深加工，自投产经营之日起，免征企业所得税 6 年；对乡（镇）以下投资兴办为农牧业生产和农牧民生活服务的区域，自投产经营之日起，免征企业所得税 7 年；对兴办具有一定规模的教育、卫生事业，免征所得税。

① 数据来自《西藏统计年鉴 2010》和白玛赤林主席 2011 年 1 月 10 日在西藏自治区九届人大四次会议上做的《西藏自治区 2011 年政府工作报告》。

第四节　西藏经济转型中的金融制度安排及政策调整

经济学家一般把金融发展的状态划分为内生和外生两种。在内生发展状态中,微观经济主体,尤其是非金融微观主体的金融参与意识、金融偏好等基础性金融因素的变化对金融发展起着关键性作用。金融发展的持续推动力源于金融环境改善和微观金融主体金融偏好的变迁。富有效率的金融产权制度安排、金融创新激励机制是这种发展状态的必然内涵。这种金融发展状态也可以说是内生于经济转型过程中,反过来又对经济转型产生影响。外生金融发展状态与一国或地区的社会经济环境的变迁并不直接相关,金融发展绩效并不取决于非金融微观经济主体的参与意识、金融偏好等基础性金融因素的变化,而是取决于政府及其外设金融管理机构在金融发展中的有效引导,政府有意识的金融推动发挥着关键作用。在外生金融发展模式中,政府的金融促进政策可能是显著而有成效的;而在内生金融发展模式中,政府的金融促进政策的效果可能不太明显,因为微观经济主体对政策的合理预期行为可能会抵消政府金融优惠和促进政策的效果。

可以认为,我国金融发展状态由于政府的长期金融控制,尚处于由传统外生发展状态向内生发展状态转变之中,而且这种转变还仅仅是初步的,对于经济更加落后的西部民族地区特别是西藏地区而言,金融发展可以说还完全处于外生状态。

金融发展路径选择外生推进型模式并不意味着就一定是低效率的,而选择内生推进型的发展模式也并不意味着就一定是富有效率的,因为对效率问题的判断本身就存在着宏观效率和微观效率的差异。对我国金融国有金融制度安排和国有金融机构效率的基本判断是:我国国有金融制度安排从目前看,很明显是微观缺乏效率而宏观富有效率的。我们认为,对我国国有金融制度安排的效率判断必须坚持多角度、多维度的分析原则,特别是在对西部金融问题的分析中,这种考察视角可能更具现实意义。因为西部尤其是西藏国有金融从其产生以来就具有政治制度内生的外生金融特征,而在其发展过程中又承担了大量政策性任务,对西藏金融的效率判断要更多地着眼于宏观层面。我们认为,西藏改革开放以来的金融发展整体上是一种外生发展模式,这种外生发展模式对西藏经济发展和经济结构转型而言无疑是宏观富有效率的。我们的观点是:西藏经济结构转型时期的金融政策和制度安排是一种"帕累托改进";该时期西藏金融发生了显著变化,这种变化对西藏经济结构转型形成了资金支持;在外生金融发展模式中,国家推行的旨在推进地区平衡发展的金融优惠政策实质上是宏观有效的。

一、改革开放以来西藏金融发生的变化及其影响

可以断言，西藏金融业在改革开放以来发生了显著的变化，但由于这种变化是建立在国有金融制度占垄断地位的金融制度安排基础之上，从而使西藏金融在该时期表现出典型的外生发展特征，这种外生发展特征使得该阶段的西藏金融增长总体上是非内生的。这种显著而外生的变化对经济结构转变也产生了显著作用。

（一）西藏金融在改革开放以来发生的显著变化

改革开放以来，我国金融改革不断深入，作为其组成部分的西藏金融也发生了显著变化，而且，这些变化的主要方向都是市场化的。具体表现在：

第一，原有的金融机构在改革初期恢复业务，适应市场经济发展需要的新的金融机构不断建立，逐步形成了以中国人民银行西藏自治区分行(下称人行自治区分行)为领导的、国有独资商业银行为主体的、多种金融机构并存和分工协作的社会主义金融机构体系。1978 年 1 月，人行自治区分行从西藏财政厅独立出来；1979 年 2 月起，西藏各级人民银行同时挂农业银行牌子；1980 年 7 月，中国银行拉萨分行(以下简称中行拉萨分行)成立，1986 年 1 月，中行拉萨分行从人行自治区分行分设出来。1995 年 7 月，设立中国农业银行西藏自治区分行(以下简称农行自治区分行)。2003 年初，西藏成立了中国银行业监督管理委员会西藏分局，专门行使对辖区内的商业银行、金融资产管理公司、信托投资公司以及其他存款类金融机构的监督管理职能。至此西藏自治区形成了与全国金融业相同模式的分业经营、分业监管的金融机构体系。

在上述主要的金融机构的建立和恢复业务的同时，随着全国金融改革的深入，西藏先后建立和恢复了其他一些金融机构。如 1988 年 7 月西藏自治区设立了八廓街城市信用社；1991 年 10 月西藏自治区信托投资公司正式成立；1993 年 3 月到 5 月，先后在拉萨、昌都、林芝、山南、那曲等地区设立了城市信用社，但建立后不久，纷纷被人行自治区分行、拉萨监管办会同其他国有商业银行改组和合并。截至 2002 年底，这些城市信用社组织均已被国有商业金融机构接管或合并而退出金融领域；1999 年 12 月西藏证券经纪有限公司成立。

第二，金融业务不断拓展。随着西藏金融机构数量的迅速增加，金融业务不断拓展。截至目前，西藏各主要金融机构主要开展了存款、贷款、结算、国际金融、保险、信托、代理等商业性金融业务。金融业务的电子化程度不断提高。毫无疑问，这些业务的广泛开展为西藏经济发展和社会进步发挥了重要作用，也促进了西藏金融业现代化和跨越式发展。

第三，西藏金融机构的资产和负债额度有了进一步增加，对西藏经济发展包括经济结构优化的支持作用进一步加大。主要表现在：

(1) 西藏主要金融机构采取积极措施，通过各种渠道支持西藏农牧业发展。在 1978 年时，西藏主要金融机构对农牧业的贷款余额只有 791 万元，1994 年突破亿元，达到 1.021 6 亿元；2002 年猛增至 2.324 6 亿元，从 2002—2006 年总体上呈现快速增长态势，2006 年达到 9.213 7 亿元，此后又有所下降，2009 年为 3.016 7 亿元。[①] 同时，为了支持西藏农牧业的发展，西藏金融机构从 2001 年开始为农牧区提供农牧户小额信用贷款(以下简称小额信用贷款)，小额信用贷款在支持西藏农牧业经济结构调整、推进农牧业产业化进程、拓宽农牧业生产经营渠道、增加农牧民收入等方面发挥了积极的作用。到 2004 年底，全自治区共发放贷款证 30.5 万张，发证面达 79.05%，仅 2004 年全年共发放小额贷款 8.83 亿元，贷款余额为 9.73 亿元，比上年增加了 48.93%；全自治区扶贫贴息贷款余额为 7.51 亿元。2009 年，全年涉农信贷余额达 51 亿元，在 30 个县开展农牧业商业保险；2010 年的涉农信贷累计投放达到约 165 亿元；涉农保险覆盖 69 个县。[②] 这些新的扶贫贷款形式，大大推进了西藏农牧业生产发展。但总的来说，在西藏经济结构转型的过程中，政府财政政策支持的重点是在第三产业，对农牧业乃至“三农”的政策支持可持续性稍差，从较长时期考察，支农贷款呈现稳步上升趋势，就中短期而言，波动性特征较为明显。

(2) 城乡存款规模迅速扩大。统计资料显示，改革开放以来，西藏金融机构各项存款迅猛增加，从 1978 年时的 7.060 8 亿元，增加到 1990 年的 21.261 1 亿元，2000 年的 144.975 5 亿元，到 2010 年底达到 1 295.541 8 亿元，其中：从 1978—2010 年，城镇储蓄存款由 0.334 0 亿元增加到 267.131 7 亿元，企事业存款由 1.087 8 亿元增加到 327.573 8 亿元，财政性存款由 2.634 9 亿元增加到 136.143 4 亿元。2010 年的存款余额是 1978 年的 183.5 倍，32 年间的平均增长率为17.7%，城乡储蓄存款是 1978 年的 799.8 倍，32 年间的平均增长率为 23.2%，均大大高于同期的经济增长速度。存款的大量增加，通过转化为消费和投资，为西藏经济发展提供了巨大的资金支持。

(3) 主要行业贷款规模不断扩大，贷款结构逐步趋向合理。从 1978 年到 2010 年间，西藏各金融机构的行业贷款增长迅速(见表 10-1)。毫无疑问，这些贷款的发放对发展西藏经济、优化经济结构都发挥了积极作用。

---

① 2006、2009 年的数据为贷款数额，而非余额。

② 2009、2010 年数据来自西藏自治区 2010、2011 年政府工作报告。

表 10-1　1978—2010 年西藏金融机构部分年份分行业贷款统计表

单位：万元、%

年份	贷款总额	工业贷款	商业贷款	农业贷款	比重 1	比重 2	比重 3
1978	16 091	1 684	13 616		10.465 48	84.618 73	
1985	73 413	7 854	62 311		10.698 38	84.877 34	
1990	177 156	18 837	123 348		10.633	69.626 77	
1991	171 817	17 727	119 468		10.317 37	69.532 12	
1992	208 413	19 790	116 668		9.495 569	55.979 23	
1993	329 067	42 895	180 248		13.035 34	54.775 47	
1994	403 420	53 000	222 544		13.137 67	55.164 34	
1995	522 528	33 505	252 170	22 452	6.412 097	48.259 61	4.296 80
1996	593 957	43 215	273 736	13 777	7.275 779	46.086 84	2.319 53
1997	758 123	60 985	253 562	10 595	8.044 209	33.446 02	1.397 53
1998	788 391	58 181	248 924	7 947	7.379 714	31.573 67	1.008 00
1999	745 852	60 654	246 008	8 705	8.132 176	32.983 49	1.167 12
2000	806 248	84 600	240 382	8 739	10.493 05	29.814 9	1.083 91
2001	966 246	89 714	261 107	14 044	9.284 799	27.022 83	1.453 46
2002	1211279	92 530	328 332	33 645	7.639 033	27.106 22	2.777 64
2003	1 444 358	94 193	308 971	54 683	6.521 444	21.391 58	3.785 97
2004	1 678 969	56 021	186 296	67 694	3.336 631	11.095 86	4.031 88
2005	1 788 521	76 921	153 160	73 441	4.300 82	8.563 5	4.106 24
2006	2 037 107	58 565	147 274	92 137	2.874 91	7.229 57	4.522 93
2007	2 234 699	100 538	65 870	62 287	4.498 95	2.947 60	2.787 27
2008	2 189 754	94 376	39 939	28 104	4.309 891	1.823 90	1.283 43
2009	2 480 072	63 639	41 026	30 167	2.566 014	1.654 23	1.216 38
2010	3 014 941						

注：①上表中的“贷款总额”、“工业贷款”、“商业贷款”、“农业贷款”等几项数据来源于《西藏统计年鉴 2011》；“比重 1”＝工业贷款/贷款总额；“比重 2”＝商业贷款/贷款总额；“比重 3”＝农业贷款/贷款总额，由笔者计算。②《西藏统计年鉴 2011》上没有 2010 年的分行业贷款数据，故空缺。

从表 10-1 可以看出，西藏金融机构贷款在改革开放以来主要配置在工商业贷款上，但随着改革的深入，贷款结构出现了多元化态势，工商业贷款所占比重迅速下降，其他贷款所占比重迅速上升。这说明各行业融资渠道出现了多元化趋势，银行贷款中的非生产贷款及政策性贷款上升较快。一个值得注意的动向是，自 2007 年起，工业贷款已经超过商业贷款，从此，工业成为工农商三大部门中金融机构发放贷款最多的部门，这在一个侧面反映了西藏产业结构转型的最新动向。

第四,消费贷款飞速增长。西藏金融机构发放消费信贷业务始于20世纪90年代,目前主要办理个人住房贷款、汽车消费贷款、小额存单质押贷款等。其中建行自治区分行和中行拉萨分行分别于1993、1996年开办个人住房贷款业务,1998年人行拉萨中支制订了《西藏自治区〈个人住房贷款管理办法〉实施细则》,并于同年底转发了人民银行总行《关于下发〈汽车消费贷款管理办法〉的通知》,规范消费信贷业务,使消费信贷更加规范化。2000年,中行拉萨分行开办了小额存单质押贷款、单位集资建房批量贷款、汽车消费贷款。2000年9月,人行拉萨中支会同自治区有关部门制定了《西藏自治区国家助学贷款管理办法》,使用金融手段帮助困难学生完成学业。截至2004年底,西藏全自治区消费贷款余额为22.94亿元,比上年增长了73.39%,其中个人住房贷款余额比上年增长了75.08%,国家助学贷款比上年增长了62.8%。近几年来,金融机构鼓励个人信贷消费,不断扩大旅游、住房、汽车等消费热点的信贷服务面。这些消费贷款业务的开展无疑促进了西藏旅游、房地产、批零贸易、餐饮、交通、能源等行业的发展,并通过它们拉动更多的其他行业发展。

第五,保险业迅速发展。西藏各保险公司承保总金额已经由1995年的170.3亿元迅速增加到2010年的1 510.4亿元,平均每年增长15.7%;保费收入由1995年的2 894万元增加到2010年的50 585万元,平均每年增长21%。1987年成立的中国人民保险公司西藏自治区分公司(下称中保区分公司)是西藏最大的保险公司,2009年的保费收入为31 324万元,占西藏财险市场份额的82.92%。目前主要开办企业财产险、家庭财产险、工程险、责任险、保证险、机动车辆保险、货物运输保险、人身以意外伤害保险等险种。到2005年底,中保区分公司在全自治区各地(市)已设立了代理机构。保险业的不断发展,对推进西藏的防灾防损工作,保障人民群众生命、财产安全等方面发挥了重要作用,有力地促进了西藏经济和社会事业的全面发展。

第六,信托和证券业务不断发展壮大。信托业与银行、保险和证券业并称为现代金融业的四大支柱,主要经营信托存贷款、信托投资、经营仓库、保险箱、代客买卖房地产和证券等业务。西藏自治区信托投资公司自从成立以来在西藏金融业中发挥了重要作用,丰富了西藏的金融业。西藏的证券业起步较晚,股票发行始于1995年,西藏明珠股份有限公司为首家上市公司;目前已有9家上市公司。这些公司股票的成功发行和上市,一方面为这些企业发展壮大筹集到了大量资本金,另一方面对推进西藏的国有经济布局调整及所有制结构优化以及资本市场的发展发挥了重要作用。

(二)改革开放以来西藏金融变化的非内生性

西藏金融业在改革开放以来发生显著而重大变化的同时,金融发展的非内生性也明显地显现出来。主要表现在：

(1) 基于西藏金融推动力角度的分析。就现存的理论研究考察，对西藏金融发展的外生推动的理论研究主要是从财政性存款对金融外生性的贡献角度展开的。而西藏财政对金融发展的促进作用可以从两方面考察：一是金融机构存款总额中财政性存款所占比重；二是财政性存款对储蓄存款的倍数。自改革开放以来，西藏财政性存款占存款总额的比重总体上呈下降趋势，从 1978—1996 年，该比重由 37.3%下降到 14.3%，1996—2008 年，长期低于 10%，其中 2002—2004 年甚至降到了 3%以下，近年来又开始回升，2010 年上升到 10.5%；城乡储蓄存款占存款总额的比重虽然上升较快，目前仍处于不到 30%的较低水平。说明自改革开放以来，政府财政对西藏金融发展发挥着重要的作用，虽然这种作用有下降趋势，但西藏金融发展的外生特征依然明显。进一步分析可以得出的结论是，这种以政府金融行为为主要推动力的金融发展模式一方面说明西藏内生金融基础还比较薄弱，另一方面，这种外生的金融发展模式很可能给西藏未来金融发展和进一步转型带来负面影响。

(2) 基于西藏国有银行存差角度的分析。一方面，从整个西藏社会资金需求大，资金存在供不应求的缺口；但另一方面，西藏国有银行却长期存在巨额存差，信贷资金相对过剩。1978 年，西藏金融机构的存差为 5.45 亿元，存差率为 77.21%，直到 1983 年，存差率基本上都在 70%以上，此后有所下降，到 1993 年一度出现贷差(－0.71)，此后又逐步回升，自 2005 年起又上升到 60%以上，2010 年达到 76.7%。

自改革开放以来，西藏绝大多数年份的存差率均明显高于全国国有银行水平，巨大的存差实质上严重削弱了西藏金融业对地方经济发展的贡献和推动作用，说明金融对促进西藏经济增长和经济结构转型的支持、引导作用可能不如政府财政资金那么大，金融作用需要进一步加强。

(3) 从金融偏好角度的分析。从静态角度看，金融偏好实质上是在确定性条件下解决金融活动参与者对金融资产的选择问题。从社会群体考察，金融资源配置效率与特定时点上社会金融体系能够提供的金融产品数量和结构相关。在一个动态的金融资产配置过程中，金融资源配置主要变成了对金融资产的跨期配置问题，其效率除了与短期内市场能够提供的金融产品数量和结构相关外，更主要的是与金融制度变迁路径、金融发展格局相关。

从上述分析不难发现，西藏居民大多属于风险厌恶型，在金融资产横向配置上更多地将自己的金融资产集中于银行存款尤其是国有银行的存款性金融产品之上，而对其他类型的金融产品需求不足。这种局面削弱和限制了其他金融资产尤其是资本性金融产品的发展。截至目前，西藏仅有 9 家上市公司，而且这些上市公司在现代企业制度建设、科技进步、资本运作等方面，与内地一些著名公司相比还存在较大差距。说明西藏通过金融机构和资本市场配置和运用资源的能力还较弱，金融政策对于促进经济增长和优化经济结构的作用也比较有限，而这也正是西藏市场经济建设需要加强的一个重要方面。

二、西藏金融优惠政策的效率问题

上述分析表明，西藏金融从改革开放以来一直是外生型的金融发展模式。这种模式意味着国家的金融促进政策尤其是在西藏推行的优惠金融政策是有成效的，或者说西藏的外生金融模式在宏观上是有效的，国家进一步加强对西藏经济的金融支持是有效率的选择。

（一）对西藏优惠金融政策的简单回顾

为了适应落后的经济发展对金融的要求，西藏金融尤其是西藏国有商业银行从成立以后一直执行着优惠的信贷政策，以此促进西藏经济发展和社会进步。自改革开放以来，国家在西藏金融领域采取的优惠信贷政策大体上经历了从无息、低息、差别利率、利差返还直到目前的优惠贷款等四个阶段，这四个阶段体现了以低利率为核心的优惠信贷政策调整过程。

(1) 1978 年以前的无息、低息贷款政策。这种政策主要在改革开放以前使用，1951 年西藏和平解放后，人行西藏分行发放了一批无息农牧贷款，全部贷款使用银元，贷款量大、面广，带有救济性质；1952 年到 1959 年共发放无息贷款 340 万银元，其中对农牧业发放无息贷款 271 万银元；1959 年民主改革开始后，人行西藏分行及时调整了货币信贷政策，在继续发放无息贷款的同时，开始发放扶贫低息贷款，对缺少耕牛、农具、种子的互助组和个体农牧民及生活有困难的群众予以扶持。1963 年至 1965 年，西藏取得民主革命阶段性的伟大胜利，人行自治区分行执行“稳定发展”方针，对工商业、手工业、广大农牧民提供低利率贷款。

(2) 1978 年改革开放到 1995 年，实行贷款优惠利率政策。1980 年，人行西藏分行根据中央第一次西藏工作座谈会精神，经总行批准实行“优、低、免”的贷款利率优惠政策，除农牧区五年内免息外，对工商贷款也实行低息政策，使西藏贷款利率比全国平均低 20％～50％，对边境乡村贷款、灾区口粮贷款、民族手工业贷款、农牧民生产生活贷款等 3 年内实行免息，对农村手工业贷款实行免息；对社队和社员 1980 年 6 月底以前借用银行和信用社的贷款尚未偿还的部分实行“只收本金，不收利息”的政策。1984 年，中央召开了第二次西藏工作座谈会，对西藏进一步放宽了政策，加大了支持力度，包括在金融政策支持方面扩大了免息和低息贷款的范围。除对农牧贷款继续执行免息外，增加了对农牧集体和农牧民从事商业、手工业、建筑业贷款执行免息的优惠政策。优先支持旅游业、商业网点设施建设、经济联合体建设、城乡集体及个体经济发展，在实行优惠贷款利率的同时，在贷款期限及自有资金比例方面都采取了变通执行的优惠政策。不久，西藏人行明确提出：全自治区贷款规模实行指导性计划，不实行限额管理；优先支持发展基础产业和基础设施；重点支持国有骨干企业。

(3)“九五”期间的利差返还政策。1994 年召开的中央第三次西藏工作座谈会，继续赋予西藏财政、外贸、税收、教育、金融等一系列特殊优惠政策。这一时期的优惠货币信贷政策主要有：一是实行优惠贷款利率政策。区内各国有独资商业银行分支行的贷款实行优惠利率，优惠贷款利率比全国平均水平低 2～3 个百分点。二是实行利差返还政策。对西藏自治区工商企业的商业性贷款执行全国统一贷款利率，因此而增收的利息全部返还给效益好的国有企业用于增补流动资金。三是实行特殊的利差补贴政策。人行总行对农行西藏分行按照全国统一贷款利率与西藏优惠贷款利率之差给予补贴，并再增加 4 个百分点作为特殊利差补贴。

(4)“十五”期间的优惠贷款利率政策。2001 年召开的中央第四次西藏工作座谈会，继续给予西藏特殊优惠的金融政策支持。主要包括：一是实行优惠贷款利率。从 2001 年 1 月 1 日起，西藏各类企业、经济实体、自然人，从国有商业银行分支机构贷款一律享受比全国平均水平低 2 个百分点的贷款利率，不再计收利差和实行利差返还。农、中、建三家国有独资商业银行西藏自治区分行因执行优惠利率形成的利差损失，由人民银行根据各行当年各项贷款平均余额分别给予 2 个百分点的利差补贴。二是实行有区别的加、罚息政策。由人行拉萨中心支行制定并报人民银行成都分行审批的《西藏自治区银行贷款有差别加罚息管理暂行办法》于 2002 年开始执行。主要内容为：一是一笔贷款可办理两次展期；二是向农牧区借款人发放的各类贷款，一律不予加、罚息；三是向非农牧区借款人发放的老少边穷专项贷款、民族福利工厂贷款、民族贸易和民族用品生产贷款、国家及自治区政府贴息贷款、国家及自治区立项项目和对口援藏部委、省(市)援建的援藏项目的前期费用贷款以及其他政策性贷款，只要符合展期条件的，贷款到期(含展期到期)后，不予加、罚息。人行拉萨中心支行，农行西藏自治区分行《关于做好西藏“十五”期间农牧金融工作的指导意见》中明确规定，对农牧民开展多种经营所需的流动资金在 1 万元及以下的，根据信用等级解决，不需要担保、抵押。同时农行西藏分行《中国农业银行西藏自治区分行信用想(镇)、村管理方法》明确规定，信用乡(镇)、村农牧户贷款一律执行信用贷款，并且贷款金融可扩大到金卡 2 万元、银卡 1 万元、铜卡 0.5 万元。《中国人民银行拉萨中心支行关于认真落实“十一五”特殊优惠金融政策的贯彻意见》，明确了银行信贷工作重点支持“三农”、重点建设项目、特色产业、重点调控企业、国家助学贷款、消费信贷等行业领域[①]。实行以优惠贷款利率为核心的特殊优惠金融政策。各金融机构在西藏自治区的分支机构,其人民币贷款利率统一执行比全国各档次贷款基准利率水平低2个百分点的优惠贷款利率政策。

（二）中央对西藏实行的金融优惠政策的经济绩效

我们认为,上述金融优惠政策的推行对推进西藏经济发展和社会进步都发挥了巨大的作用,国家在西藏推行的金融优惠政策产生了明显的经济绩效。

从宏观效率层面考察,改革开放以来的西藏外生金融制度安排无疑是有效率的。这种有效性表现在:(1)西藏现代金融的形成与西藏的民主改革和市场经济建设有密切关系,它的产生实质上是西藏政治制度变迁和演进的产物,金融的效率实质上要通过政治效率体现出来。(2)西藏的国家垄断型金融制度变迁与全国金融业整体变迁步调高度吻合,这种金融制度安排是适应经济发展水平比较低下的环境的,它完全替代了其他民间的金融形式,从微观视角看,这种外生金融制度安排似乎是低效率的;而在总体上则表现出宏观有效性。为了支持和解释这个判断,笔者选择改革开放以来西藏国有金融机构的贷款余额及其变化、贷款余额与当年地区生产总值的比、贷款余额与财政支出余额比等几个指标来加以分析(见表10-2)。

表10-2 贷款余额、地区生产总值和当年财政支出对比表 单位:亿元

年份	贷款余额	地区生产总值	财政支出	比重1(%)	比重2(%)
1978	1.6091	6.65	4.5734	24.20	68.77
1979	2.4626	7.3	4.9996	33.73	68.49
1980	2.3223	8.67	4.6602	26.79	53.75
1981	2.0709	10.4	4.3535	19.91	41.86
1982	2.2508	10.21	5.0137	22.05	49.11
1983	3.1542	10.29	5.8777	30.65	57.12
1984	5.9135	13.68	10.2377	43.23	74.84
1985	7.3413	17.76	10.2941	41.34	57.96
1986	6.6909	16.93	8.9749	39.52	53.01
1987	5.5918	17.71	9.1341	31.57	51.58
1988	10.8054	20.25	10.4766	53.36	51.74
1989	15.3021	21.86	11.9231	70.00	54.54

① 西藏金融业2007年发展回顾及2008年发展对策,西藏蓝皮书2008版。

续表 10－2

年份	贷款余额	地区生产总值	财政支出	比重1(%)	比重2(%)
1990	17.715 6	27.7	12.924 2	63.96	46.66
1991	17.181 7	30.53	15.001 8	56.29	49.14
1992	20.841 3	33.29	16.612	62.61	49.90
1993	32.906 7	37.42	21.601 2	87.93	57.73
1994	40.342	45.99	30.299 8	87.72	65.88
1995	52.252 8	56.11	34.874 9	93.13	62.16
1996	59.395 7	64.98	38.119 5	91.41	58.66
1997	75.812 3	77.24	39.096 1	98.15	50.62
1998	78.839 1	91.50	46.196 6	86.16	50.49
1999	74.585 2	105.98	54.422 3	70.38	51.35
2000	80.624 8	117.80	61.610 8	68.44	52.30
2001	96.624 6	139.16	106.206 7	69.43	76.32
2002	121.127 9	162.04	139.890 4	74.75	86.33
2003	144.435 8	185.09	148.196 6	78.04	80.07
2004	167.896 9	220.34	136.069 0	76.20	61.75
2005	178.852 1	251.21	189.161 2	71.20	75.30
2006	203.710 7	291.01	202.302 4	70.00	69.52
2007	223.469 9	342.19	279.363 1	65.31	81.64
2008	218.975 4	395.91	384.017 3	55.31	97.00
2009	248.007 2	441.36	471.128 8	56.19	106.75
2010	301.494 1	507.46	562.583 4	59.41	110.86

注：上表中改革开放以来的"贷款余额"、"地区生产总值"和"当年财政支出"等分别来自《西藏统计年鉴2006》第250、27、89页。比重1＝贷款余额/地区生产总值；比重2＝财政支出/地区生产总值。

从表10-2和图10-1可以看出，"贷款余额"、"地区生产总值"和"当年财政支出"三项指标在改革开放以来呈同步上升趋势，这说明银行贷款、财政支出共同促进了西藏经济发展和社会进步。而且，改革开放以来银行贷款余额明显上升，在某些年份已经接近地区生产总值而高于财政支出。这表明，西藏自改革开放以来金融在获得快速发展的同时对经济的干预能力也有了进一步增强，从而意味着西藏内生金融在该时期有了一定程度的发展壮大。

从下图还可以看出，在绝大多数年份，三条曲线的变化趋势相同而且线与线之间的差距非常小，这说明在该阶段西藏经济在缓慢发展的同时也带动了西藏金融和财政的发展。同时财政支出线与金融贷款余额线拟合度很高，说明西藏金融与财政之间存在着正相关关系和规律。由于90年代中期以来，三条线的距离开始拉

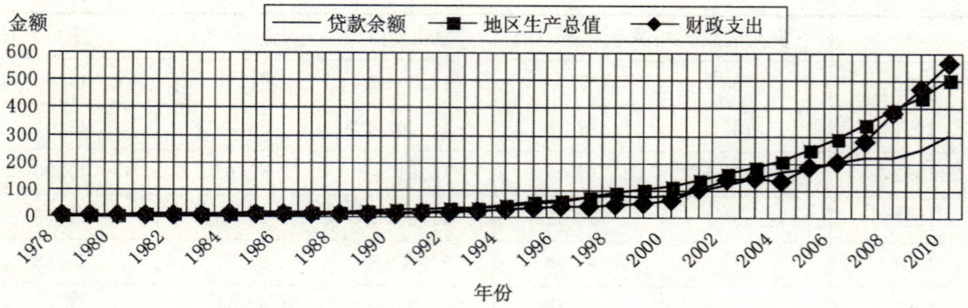

图 10-1 贷款余额、地区生产总值和财政支出对比图

大且波动幅度加大,这说明这一时期以来,西藏经济在获得巨大发展的同时也带动了西藏金融业的迅猛发展。这种现象实质上也暗示着改革开放以来西藏金融对经济的干预能力可能在不断提高。

从相对数角度看,表 10-2 中的贷款余额占 GDP 的比重(比重 1)与财政支出占 GDP 的比重(比重 2)及其变化情况显示,1978—2006 年间,西藏银行贷款在地区生产总值中的比重与财政支出在地区生产总值中的比重在趋势上是高度一致的;从 2007 年起,贷款余额占 GDP 的比重有所下降,财政支出占 GDP 的比重有所上升。这表明银行贷款和财政支出对西藏经济发展的支持作用都较大,但贷款比重变化的波动更大,近年来对经济发展的贡献相对有所下降,值得注意。

综上所述,我们可以得出以下基本结论:在 1978—2010 年间,西藏外生金融发展与经济发展保持了同向密切关系,这说明西藏金融对于西藏经济增长和经济结构优化起到了促进作用;而金融业自身的发展也构成了西藏经济发展和社会进步不可或缺的因素。

(三)西藏金融发展路径的合理选择

与全国一样,西藏金融发展必须逐步实现由外生发展向内生发展过渡,但是受经济水平和经济环境制约,这个过渡期肯定要比全国长。在这个过渡期,毫无疑问必须逐步培育微观的金融内生发展基础。金融内生发展要求市场化的金融主体进入金融领域,外生金融则要求继续保持国家垄断型金融制度安排结构。如何抉择就引出了另一问题,即西藏金融发展应该更重视国家干预的作用还是更重视市场配置资源的作用。

回顾西藏金融发展历程尤其是上世纪 90 年代以后的发展历程,我们可以发现西藏金融创新尝试从来都没有停止过,然而在西藏经济发展水平比较落后、金融意识淡薄等非正式制度安排对人们的金融偏好依然有着重大影响的条件下,这种带有市场化目的的尝试并没有产生理想的效果;保持和继续发展外生的金融制度安排，借助财政干预能力，在积极发展非金融经济的基础上，逐步改变人们对财政能力的依赖，并最终为内生金融发展创造条件可能是明智之举。当然，长期的国家财政支持以及宗教文化等非正式制度安排，使人们对金融债权和金融债务大多采取规避态度，这将使西藏金融发展内生化过程较之其他地区要漫长、曲折得多。

综上所述，我们认为在经济体制转轨和经济结构转型过程中，西藏金融的外生发展模式还必须维持相当长的时间，这可能会使西藏金融的改革与开放相对滞后，由此可能对未来西藏金融与全国金融的并轨造成新的摩擦成本。但基于西藏自身特殊制度安排的需要，这种由政府集中对摩擦成本“买单”可能是“次优”选择，因为在包括金融偏好在内的微观金融基础没有达到市场化要求之前，财政“买单”明显要优于市场“买单”。在一个市场基础比较薄弱的地区，市场“买单”和放开市场就可能意味着失去市场。因此，在我国不发达地区，这种财政“买单”的外生金融发展模式的维持可能在相当长的时期内必须依赖政府的财政能力。

三、几点建议

综上所述，产业战略和相应的以财政、金融政策为主的产业政策，成为影响西藏经济发展和经济结构转型的主要因素，市场准入、土地、外贸等政策也可以成为影响经济结构转型的政策体系的组成部分。如何整合这些政策，使之发挥更大的政策效应，我们提出如下一些建议：

(1) 根据西藏经济结构转型的目标，需要给非农经济、城镇经济、非公经济配置更多的以财政、金融为重点的优惠经济政策，从而引导西藏经济朝着新型工业化、城镇化、市场化方向发展。

(2) 在西藏被证明宏观有效的外生推动型财政、金融发展模式，在一个相当长的时期内难以退出，这和在微观层面培育内生发展模式并不矛盾，需要将两者有机结合起来。也就是说，在宏观层面，仍要把积极争取国家支援、对口支援作为西藏财政、金融自身发展及支持经济发展的主要路径，要用足、用好中央赋予西藏的优惠的财税、金融等政策，用好、用足对口援藏省市、部门、企业的对口援藏政策；在微观层面，又要推进财政金融的体制、机制改革，加强和改善其管理，培育内生发展微观基础，提高西藏经济自身的生财、聚财、理财能力，提高财政金融政策支持经济发展的效益。

(3) 发展西藏资本市场，为企业改革、企业融资和改善经营服务。西藏资本市场建设、公司股份制改造均落后内地经济发达省份，名副其实的现代公司制企业极少，这不利于实现西藏的公司融资多元化，同时也不利于经济体制改革和经济结构转型。为此，我们建议，在“十二五”期间可选择 5 家左右资本雄厚、信誉良好的企业有重点地培育并使之上市交易，并在整合现有企业的基础上组建旅游、藏药、矿业、建材、食饮品加工、手工业等大型企业集团。

(4) 通过引进和培育担保公司,设立小额贷款担保基金,出台担保贷款管理办法,解决企业、个体工商户、农牧民的融资难问题。

(5) 运用政府公共资源,加强基础设施建设,保护和改善生态环境、人文环境;加快经济技术开发区、工业园区、工业集中区建设,支持工业布局调整和产业集群发展;实行有差别的财税政策,设立特色产业和高技术产业发展专项资金,支持符合产业战略的重点行业、重点企业、重点项目发展。

参考文献

[1] [美]保罗·萨缪尔森,威廉·诺德豪斯;萧琛,主译.经济学(第18版)[M].北京:人民邮电出版社,2008.

[2] [美]N·格里高利·曼昆;梁小民,等,译.经济学原理(宏观经济学分册第5版)[M].北京:北京大学出版社,2009.北京:商务印书馆,2005.

[3] [美]保罗·R·克鲁格曼.国际经济学——理论与政策(第六版)[M].北京:中国人民大学出版社,2006.

[4] [英]阿瑟·刘易斯;周师铭,等,译.经济增长理论[M].

[5] [德]柯武刚,史漫飞;韩朝华,译.制度经济学——社会秩序与公共政策[M].北京:商务印书馆,2002.

[6] [美]J. E.安德森;唐亮,译.公共决策[M].北京:华夏出版社,1990.

[7] [美]D.C.缪勒;杨春学,等,译.公共选择理论[M].北京:中国社会科学出版社,1999.

[8] 雷蒙·德W·戈德史密斯.金融结构与金融发展(中译本)[M].上海:三联书店、上海人民出版社,1994.

[9] [美]舒尔茨.改造传统农业[M].北京:商务印书馆,1987.

[10] [美]艾伯特·赫希曼.经济发展战略[M].北京:经济科学出版社,1991.

[11] [美]霍利斯·钱纳里.结构变化与发展政策[M].北京:经济科学出版社,1991.

[12] [美]西蒙·库兹涅茨.各国的经济增长[M].北京:商务印书馆,1985.

[13] [美]道格拉斯·诺斯.经济史中的结构和变迁[M].上海:三联书店,1991.

[14] 李悦.产业经济学(第四版)[M].北京:中国人民大学出版社,2008.

[15] 张金锁,康凯.区域经济学(第二版)[M].天津:天津大学出版社,2003.

[16] 张培刚.新发展经济学[M].郑州:河南人民出版社,1993.

[17] 谭崇台.发展经济学[M].上海:上海人民出版社,1989.

[18] 叶静怡.发展经济学[M].北京:北京大学出版社,2003.

[19] 林毅夫.中国:经济转型与经济政策[M].北京:北京大学出版社,1999.

[20] 林毅夫.自生能力、经济发展与转型:理论与实证[M].北京:北京大学出版社,2004.

[21] 林毅夫.发展战略与经济改革[M].北京:北京大学出版社,2004.

[22] 林毅夫.林毅夫自选集[M].太原:山西经济出版社,2010.

[23] 刘伟,李绍荣.转轨中的经济增长与经济结构[M].北京:中国发展出版社,2005.

[24] 李华,等.产业结构优化与国有经济战略性调整——模型分析及政策研究[M].北京:中国经济出版社,2005.

[25] 林善炜.中国经济结构调整战略[M].北京:中国社会科学出版社,2003.

[26] 周振华.现代经济增长中的结构效应[M].上海:三联书店,1991.
[27] 刘世锦.中国"十五"产业发展大思路[M].北京:中国经济出版社,2000.
[28] 谷书堂,等.经济和谐论[M].北京:中国经济出版社,1993.
[29] 国家统计局.新中国 60 年[M]. 北京:中国统计出版社,2009.
[30] 陆百甫,等.大调整:中国经济结构调整的六大问题[M].北京:中国发展出版社,1998.
[31] 徐逢贤.跨世纪难题:中国区域经济发展差距[M].北京:社会科学文献出版社,1999.
[32] 陈迪平.中国二元经济结构问题研究[M].长沙:湖南人民出版社,2000.
[33] 吴敬琏.中国增长模式抉择[M].上海:上海远东出版社,2006.
[34] 马拴友.财政政策与经济增长[M],北京:经济科学出版社,2003.
[35] 张杰.制度、渐进转轨与中国金融改革[M].北京:中国金融出版社,2001.
[36] 王诗宗.公共政策:理论与方法[M].杭州:浙江大学出版社,2003.
[37] 西部蓝皮书.中国经济发展报告(2009、2010)[C].北京:社会科学文献出版社,2009、2010.
[38] 中国工业经济联合会.中国新型工业化道路——21 世纪中国工业的发展方向[M].北京:中国经济出版社,2004.
[39] 臧旭恒,等.产业经济学(第三版)[M].北京:经济科学出版社,2005.
[40] 张可云.青藏高原产业布局[M].北京:中国藏学出版社,1997.
[41] 徐飞,索南平措.西藏自治区民营经济发展报告 2007[M].西藏人民出版社,2008.
[42] 金世洵.西藏自治区十一五规划思路研究[M] .北京:中国藏学出版社,2008.
[43]《西藏自治区概况》编写组、《西藏自治区概况》修订本编写组.西藏自治区概况[M].北京:民族出版社,2009.
[44] 赵曦.中国西藏区域经济发展研究[M] .北京:中国社会科学出版社,2005.
[45] 多杰才旦,江村罗布.西藏经济简史(第一版)[M].北京:中国藏学出版社,1995.
[46] 多杰才旦,江村罗布.西藏经济简史(第二版)[M]. 北京:中国藏学出版社, 2002.
[47] 孙勇.西藏非典型二元结构下的发展改革[M].北京:中国藏学出版社,1991.
[48] 孙勇.西藏经济社会发展简明史稿[M].拉萨:西藏人民出版社,1997.
[49] 孙勇.西藏经济社会若干问题探讨——高山拾贝者的足迹[M].北京:中国藏学出版社,2009.
[50] 俞允贵,文德明,金巴杨培.西藏产业论[M].北京:中国藏学出版社,1994.
[51] 洛桑.灵智多杰,张可云.青藏高原产业布局[M],北京:中国藏学出版社,1997.
[52] 耿香玲,毛阳海.丰厚的资源美好的展望[M].拉萨:西藏人民出版社,2001.
[53] 中共西藏自治区委员会宣传部.以科学的发展观为指导推进西藏经济社会跨越式发展[M].拉萨:西藏人民出版社,2004.
[54] 西藏社会科学院:西藏蓝皮书.中国西藏发展报告(2006、2007、2008、2009、2010、2011)[C].拉萨:西藏人民出版社,2006、2007、2008、2009、2010、2011.
[55] 狄方耀,等.西藏经济学导论(第三版)[M].拉萨:西藏人民出版社,2010.
[56] 赵曦.中国西藏区域经济发展研究[M].北京:中国社会科学出版社,2005.
[57] 赵曦,周炜.中国西藏扶贫开发战略研究[M].北京:中国藏学出版社,2006.
[58] 牛治富.西藏跨越式发展研究[M].拉萨:西藏人民出版社,2004.

[59] 中华人民共和国统计局. 中国统计年鉴(2008、2009、2010、2011)[Z]. 北京:中国统计出版社 2008、2009、2010、2011.

[60] 西藏自治区统计局. 西藏统计年鉴(2008、2009、2010、2011)[Z]. 北京:中国统计出版社, 2008、2009、2010、2011.

[61] 林毅夫. 自生能力、经济转型与新古典经济学的反思[J]. 经济研究,2002(12).

[62] 林毅夫,李永军. 比较优势、竞争优势与发展中国家的经济发展[J]. 管理世界,2003(7).

[63] 林毅夫,刘明兴. 经济发展战略与中国的工业化[J]. 经济研究,2004(7).

[64] 张军. 资本形成、工业化与经济增长:中国的转轨特征[J]. 经济研究,2002(7).

[65] 简新华,曾宪明. 论科学发展观的形成、贡献和落实[J]. 经济学动态,2005(1).

[66] 郭克莎. 我国产业结构变动趋势及政策研究[J]. 管理世界,1999(5).

[67] 吕政. 论工业的适度快速增长[J]. 中国工业经济,2004(2).

[68] 郭克莎. 工业化新时期新兴主导产业的选择[J]. 中国工业经济,2003(2).

[69] 郭熙保,胡卫东. 发展观的演进与深化[J]. 社会主义经济理论与实践(人大复印报刊资料), 第 81～84 页,2005,(1).

[70] 简新华,曾宪明. 科学发展观研究综述[J]. 经济研究资料,2005(11).

[71] 中国社会科学院经济学部课题组. 改革开放 30 年来中国经济学的发展[N]. 人民日报, 2008-05-13,(7).

[72] 吴敬琏. 注重经济增长方式转变,谨防结构调整中出现片面追求重型化的倾向——在十届政协第六次常委会专题组会议上的发言[R]. 经济管理文摘,2004 (21).

[73] 刘霞辉. 从马尔萨斯到索洛:工业革命理论综述[J]. 经济研究,2006(10).

[74] 杨小凯. 后发劣势[N]. 经济学消息报,2000-12-22.

[75] 张卓元,路遥. 积极推进国有企业改革[J]. 财经论丛,2003(1).

[76] 朱水成. 中国地方公共政策评估现状与对策[J]. 甘肃社会科学,2001(3).

[77] 李时椿,常建坤. 新型工业化道路和传统产业的优化升级[J]. 改革,2004(5).

[78] 任保平,洪银兴. 发展经济学的工业化理论述评[J]. 学术月刊,2004(4).

[79] 简新华,许辉. 后发优势、劣势与跨越式发展[J]. 经济学家,2002(6).

[80] 赖小琼. 二元经济结构条件下农村剩余劳动力的形成与转移[J]. 财政研究,2004(1).

[81] 魏后凯. 比较优势、竞争优势与区域发展战略[J]. 福建论坛,2004(9)

[82] 路爱国. 国外产业政策研究若干新进展[J]. 经济学动态,2006(10).

[83] 刘朝明. 区域增长极的理论模型及应用创新研究[J]. 经济学动态,2006(6).

[84] 马利. 我国二元经济结构转化的新思路[D]中国学术期刊网,2007.

[85] 梁端. 优化民族地区产业结构促进民族经济协调发展[J]. 经济与社会发展,2004(11).

[86] 宋洪远, 廖洪乐. 关于西藏产业结构调整与经济发展战略问题的思考[J]. 管理世界,2003 (1).

[87] 赵曦. "⊥"型经济布局结构与重点区域开发[J]. 财经科学,2006(3).

[88] 张文,张可云. 论统筹区域发展与和谐社会建设——构建和谐社会的区域视角[J]. 云南民族大学学报,2006(7).

[89] 方敏. 西藏产业结构演化模式分析[J]. 西藏研究,2005(3).
[90] 金世洵. 西藏自治区经济社会发展取得的成就及展望[J]. 宏观经济管理. 2008(5).
[91] 西藏自治区人民政府. 西藏"十一五"国民经济和社会发展规划纲要报告[EB/OL]. 新华网西藏频道,2006-01-24.
[92] 西藏自治区人民政府. 西藏自治区"十二五"时期国民经济和社会发展规划纲要[EB/OL]. 人民网,2011-02-11.
[93] 向巴平措. 在西藏自治区第九届人民代表大会第三次会议上的政府工作报告[EB/OL]. 中国西藏新闻网,2010-01-28.
[94] 白玛赤林. 在西藏自治区第九届人民代表大会第四次会议上的政府工作报告[EB/OL]. 中国政府网,2010-01-10.
[95] 李玲燕,李曦晖. 西藏产业发展前瞻后顾[J]. 西藏研究,1995(2).
[96] 王韶泉. 西藏第三产业比重偏高的成因、影响及趋向[J]. 西藏统计通讯,1995(3).
[97] 金世洵. 对口援藏在西藏经济社会发展中发挥了特殊作用,新华网,2010 年 01 月 18 日.
[98] 孙勇. 对西藏特殊矛盾的几点认识[J]. 西藏发展论坛,2010(6).
[99] 许建生. 1991—2007 年西藏非典型二元经济结构测度和演化研究[J]. 西藏研究,2009(2).
[100] 郝鹏. 在全区发展改革工作会议上的讲话(摘要)[J]. 西藏经济,2007(4).
[101] 宋朝阳. 西藏产业结构研究[D]. 博士学位论文,2005(4).
[102] 沈开运. 西藏经济的过去、现实及展望[J]. 西藏研究,2001(3).
[103] 刘雨林. 西藏产业结构调整与主导产业选择[J]. 贵州民族研究,2006(6).
[104] 胡鞍钢,温军. 西藏现代化发展道路的选择问题(上)[J]. 中国藏学,2001(1).
[105] 刘雨林. 论西藏生态、经济、社会可持续发展的关系[J]. 广西民族大学学报(哲学社会科学版),2007(12).
[106] 朱晓明. 第 5 次西藏工作座谈会:新世纪西藏工作的重要里程碑[N]. 中国民族报,2010-2-1.
[107] 狄方耀,杨本锋. 西藏二元经济结构的演进轨迹、主要特征及转化思路探讨[J]. 西藏研究,2008(6).
[108] 廖洲. 从数字看西藏[J]. 学习月刊,2008(5).
[109] 杨明洪,沈颖. 西藏农业经济增长的实证分析:1980—2003 年[J]. 四川大学学报,2006(2).
[110] 毛阳海. 西藏现行产业结构对经济的影响[J]. 中国统计,1996(12).
[111] 赵国庆. 关于旅游业作为西藏经济主导产业的探讨[J]. 中国藏学,2004(3).
[112] 王清先. 对投资拉动西藏经济增长效应的初步分析[J]. 中国藏学,2005(3).
[113] 方敏. "十五"时期西藏经济运行特点及 2006 年趋势分析[J]. 西藏研究,2006(1).
[114] 中华人民共和国国务院新闻办公室. 白皮书:西藏民主改革 50 年(2009 年 3 月)(转载)[EB/OL]. 新华网西藏频道,2009-03-04.
[115] 中华人民共和国国务院新闻办公室. 白皮书:西藏和平解放 60 年(2011 年 7 月 11 日)(转载)[EB/OL]. 新华网西藏频道,2011-07-13.
[116] 西藏自治区工商联. 和平解放以来西藏自治区非公有制经济发展综述[N]. 西藏日报,

2011-7-15.

[117] 西藏"十二五"初步构建"一圈三带两点一线"城镇化布局[EB/OL]. 新华网,2011-03-21.

[118] 西藏高原崛起三大新兴经济区[EB/OL]. 新华网,2010-11-22.

[119] 贡秋扎西,杨斌. 西藏经济增长方式初探[J]. 西藏研究,2006(1).

[120] 罗莉. 简析西藏特色资源与绿色产品[J]. 西藏民族学院学报,2004(3).

[121] 潘清明. 西藏经济增长的产业结构贡献分析[J]. 西藏大学学报,2007(4).

[122] 毛阳海. 知识经济与西藏可持续发展初探[J]. 中国藏学,2001(4).

[123] 李继刚,毛阳海. 西藏亟需进行国有企业民营化战略调整[J]. 产权导刊,2008(4).

[124] 毛阳海,路赟. 西藏经济结构变迁简论[J]. 西藏民族学院学报,2007(6).

[125] 毛阳海. 适度的新型工业化是西藏经济发展的内在要求[J]. 西藏研究,2009(1).

[126] 温军. 西藏产业的可持续发展问题研究[J]. 地理研究,2000(2).

[127] 陈朴,毛阳海,王代远. 西藏财政支出和支出结构对经济增长影响的实证分析[J]. 西藏研究,2009(2).

[128] 毛阳海. 试论西藏经济包容性发展的意义与路径[J]. 西藏民族学院学报,2011(4).

[129] 杨本锋. 西藏区域经济差异及协调发展研究[D]. 中国学术期刊网,2008.

[130] 张志恒,毛阳海. 和平解放以来西藏外生金融发展的实证考察[J]. 西藏研究,2005(4).

[131] 陈爱东. 西藏建设社会主义新农村的有效路径[J]. 民族经济,2006(2).

[132] 张志恒. 西藏金融发展(1951—1978)的经济学分析[J]. 西藏民族学院学报,2005(1).

[133] 魏小文. 西藏跨越式发展的经济结构调整的税收对策[J]. 新视角,2005(6).

[134] 陈爱东. 推进城乡基本公共产品均等化视角下西藏农牧区反贫困的财政政策研究[J]. 西藏民族学院学报,2011(3).

[135] Denison, E. F. (1962). Sources of Economic Growth in the United States and the Alternative Before Us. Committee for Economic Development.

[136] Leontief. Domestic Production and Foreign Trade: The American Capital Position Re-Examined. Proceedings of the American Philosophical Society 97(1953).

[137] Romer, P. M. (1986). Increasing Returns and Long-Run Growth. Journal of Political Economy, Vol. 94, No. 5: 1002-1037.

[138] Schultz. The Economics of Being Poor. Journal of Political Economy August, 1980.

[139] North. D. C(1994). Economic performance through time[J]. American Economic Review 84, PP. 360.

[140] Steen Thomsen. Ownership structure and economic performance in the largest European Companies[J]. Strategic Management Journal , Volume: 21, issus, 2000, pp. 690.

[141] H. Chenery, S. Robinson, M. Syrquin, Industrialization and Growth: A Comparative Study [M]. Oxford University Press, 1986.

[142] Blejer, Mario I. And Marko Skreb, eds. (2001). Transition: the First Decade. Cambridge, MA. : MIT Press.